市场营销核心课程规划教材

网络营销

■ 李 莉 主编

厦门大学出版社　国家一级出版社
XIAMEN UNIVERSITY PRESS　全国百佳图书出版单位

图书在版编目(CIP)数据

网络营销/李莉主编.—厦门:厦门大学出版社,2014.6(2020.8重印)
市场营销核心课程规划教材
ISBN 978-7-5615-4737-3

Ⅰ.①网… Ⅱ.①李… Ⅲ.①网络营销-高等学校-教材 Ⅳ.①F713.36

中国版本图书馆 CIP 数据核字(2014)第 099115 号

厦门大学出版社出版发行

(地址:厦门市软件园二期望海路 39 号　邮编:361008)

http://www.xmupress.com

xmup @ public.xm.fj.cn

厦门兴立通印刷设计有限公司印刷

2014 年 6 月第 1 版　2020 年 8 月第 2 次印刷

开本:787×1092　1/16　印张:19.25

字数:445 千字　印数:3 001~4 000 册

定价:45.00 元

如有印装质量问题请与承印厂调换

前　言

在当今信息时代,互联网已经成为我们生活和工作的有机组成部分。人们对网络的认识逐渐加深,网络在当今社会的影响力也迅速扩大,因此互联网也就演化为企业快速成长的发动机。不管从事什么行业,在工作中都离不开互联网。

在互联网条件下,市场竞争日益白热化,企业对网络营销方面的专业人才的需求量也越来越大。网络营销是指企业利用网络技术来开展各类营销活动,是传统营销在互联网时代的延伸和发展。它不仅有效地拓展了营销的工具和方法,也创新了营销的思维和市场。面对网络这个虚拟的市场,企业急需既懂得传统市场营销理论,又熟悉网络市场、技术知识,能帮助企业进行整体网络营销规划,熟练掌握各种网络市场实际操作技能的人才。网络营销课程的知识涉及市场营销学、工商管理、经济学、计算机和网络技术、美学、法学等多个学科,是当前网络经济环境下应用型人才培养的重要内容之一,成为管理类人才培养的重要组成部分。

目前国内外关于网络营销的教材比较多,但是笔者在多年的教学实践中发现这些教材很少能把网络营销的理论和网络营销实践进行有效结合。它们要么重理论、轻实践,比较重视网络营销相关理论的阐述,理论体系较完整,但是实践可操作性较小,学生学习后其网络营销的动手能力得不到提高;要么重实践、轻理论,编写时注重网络营销的各项实践操作技能,学生的动手能力在一定程度上得以提高,但是缺乏对网络营销整体理论体系的完整介绍,学生学习后能掌握一些基本的网络营销方法,但对网络营销整体的、全局的策划、管理能力没有得到提高。最佳的网络营销教材应该是理论与实践的结合,因此,本教材在编写时突出了以下特点:

1. 体系的创新。本教材分为网络营销基础篇、网络营销方法篇、网络营销策略篇三大篇,共十一章,既注重对网络营销相关理论体系的介绍,又注重网络营销实践方法的运用,使学生既能了解到完整的网络营销知识体系框架,树立网络营销的整体意识,对网络营销有全局把握,又能掌握具体的网络营销的常用方法。

  2. 内容反映互联网发展的最新动态，具有时代前沿性。目前全球互联网发展迅猛，变化非常快，新知识、新观念、新工具、新方法不断涌现，因此本教材在编写时注重吸收互联网最新动态，具有明显的时效性，反映互联网的最新进展。

  3. 结构的系统性和务实性。本教材强调结构的系统性和务实性，第一篇网络营销基础篇侧重介绍网络营销概念、网络消费者消费行为特点以及网络营销战略规划，使学生在对网络营销基本背景知识了解的基础上，对企业网络营销战略目标规划有整体把握；第二篇网络营销方法篇侧重介绍网络营销常用工具与方法的具体运用。学生通过第一篇的学习，了解了企业的网络营销战略目的和网络营销的战略规划，第二篇则让学生了解网络营销战略规划需要通过哪些工具方法实现。第三篇网络营销策略篇侧重网络产品价格、渠道、促销策略的具体实施。网络营销说到底还是一种营销活动，不管运用何种工具方法，最后在市场上还是以一定的产品、价格、渠道、促销体现出来。本教材基本遵循企业网络营销实践规律，在介绍网络营销基础理论的前提下，重在网络营销基本技能的培养与训练，旨在提高学生的应用能力、动手能力，全书结构系统、务实。

  本教材由长期从事网络营销教学与实践的高校教师共同编写，可以作为高等院校市场营销、电子商务、物流管理、信息管理等众多工商管理类专业学生的教材，也可作为从事网络营销、网站策划等相关工作者的培训用书和参考用书。本教材由李莉任主编，负责全书的统稿工作，陈娟任副主编，具体编写分工为：第一、二章由谭颖编写，第三、四、五、八章由李莉编写，第六、七章由陈娟编写，第九、十、十一章由唐红涛编写。

  由于网络营销的发展非常迅速，加上编者水平有限，书中难免存在欠缺之处，恳请专家和读者予以批评指正。另外，本书在编写过程中参考和借鉴了国内外众多专家、学者的研究成果，融入了出版社编辑的辛勤劳动，在此向他们表示诚挚的感谢！

编　者

2014 年 4 月

目 录

第一篇 网络营销基础篇

第一章 网络营销概述 ·· 3
  第一节 网络营销基本概念 ·· 4
  第二节 网络营销的理论基础 ·· 14
  第三节 网络营销职能和内容体系 ·· 20
  第四节 网络营销的信息传递 ·· 23
第二章 网络市场购买行为分析 ·· 30
  第一节 网络对消费者的影响 ·· 31
  第二节 网络消费者行为分析 ·· 35
  第三节 网络顾客忠诚度管理 ·· 42
第三章 网络营销战略规划与组织 ·· 53
  第一节 网络营销战略分析 ··· 54
  第二节 网络营销战略计划 ··· 65
  第三节 网络营销的组织 ·· 76

第二篇 网络营销方法篇

第四章 网络营销常用工具与方法 ·· 85
  第一节 网络信息发布常用工具 ··· 87
  第二节 网络顾客服务与顾客关系常用工具 ·· 92
  第三节 网络品牌构建的常用工具与方法 ··· 98
  第四节 网上销售常用方法 ·· 102
  第五节 社会化媒体网络营销工具 ··· 108
第五章 网络营销导向的企业网站建设 ·· 129
  第一节 企业网站与网络营销 ··· 130

第二节　网络营销导向的企业站点规划 …………………………………………… 135
　　第三节　企业网站的基本要素 …………………………………………………… 141
　　第四节　网络营销导向的企业网站建设的一般原则与标准 …………………… 148
　　第五节　企业网站建设的评价 …………………………………………………… 152
第六章　搜索引擎营销 ……………………………………………………………………… 161
　　第一节　搜索引擎营销的基本原理 ……………………………………………… 163
　　第二节　搜索引擎营销的主要模式 ……………………………………………… 169
　　第三节　搜索引擎优化 …………………………………………………………… 172
第七章　许可 E-mail 营销 ………………………………………………………………… 181
　　第一节　E-mail 营销的基本原理 ………………………………………………… 182
　　第二节　许可 E-mail 营销的基本形式与过程 …………………………………… 189
　　第三节　E-mail 营销的效果评价与控制 ………………………………………… 198
第八章　网络广告 …………………………………………………………………………… 203
　　第一节　网络广告概述 …………………………………………………………… 204
　　第二节　网络广告的实施 ………………………………………………………… 215
　　第三节　网络广告的效果评估 …………………………………………………… 219

第三篇　网络营销策略篇

第九章　网络营销产品与价格策略 ………………………………………………………… 231
　　第一节　网络营销产品策略 ……………………………………………………… 232
　　第二节　网络品牌策略 …………………………………………………………… 241
　　第三节　网络价格策略 …………………………………………………………… 244
第十章　网络渠道策略 ……………………………………………………………………… 254
　　第一节　网络渠道功能与类型 …………………………………………………… 255
　　第二节　网络市场中间商 ………………………………………………………… 263
　　第三节　网络渠道设计 …………………………………………………………… 267
第十一章　网络促销策略 …………………………………………………………………… 278
　　第一节　网络促销概述 …………………………………………………………… 279
　　第二节　网站推广 ………………………………………………………………… 285
　　第三节　网络销售促进与公共关系 ……………………………………………… 290

参考文献 ……………………………………………………………………………………… 301

Marketing Textbooks Series

第一篇

网络营销基础篇

第 1 章 网络营销概述

知识目标：
- 了解网络营销的产生与发展，以及中国网络营销发展的现状。
- 理解网络营销的基本概念、基础理论。
- 掌握网络营销的内涵、网络营销的职能和内容体系。

能力目标：
- 正确认识网络营销，理解网络营销的内涵。
- 能在实际工作中应用网络营销的观点。

案例导读

网络营销诞生

1996年，北京44中初三学生张博迁在"瀛海威时空"的电子超市上，订购了新知书店的《INTERNET 使用秘诀》一书。这是中国商家在网络上卖出的第一件商品，也是中国人进入网络时空，进行网上购物的第一次尝试。

时隔一年，一个中国农民进行了新的尝试。那是一次真正意义上的、完整的、网络营销的商务运作。也是一个中国农民的成功突破！

1997年初，新华社播发了这条令人感叹，又令人震惊的消息：55岁的中国山东青州黄楼镇的农民李鸿儒，在自家小院创办的"万红花卉公司"，开始利用网络进行花卉营销，把生意做到了全世界。他依靠一名大学生，上网发布自家的花卉品种，把销售市场扩大到全世界，又把世界最新的花卉信息，集中到农家小院里来。当他获知观赏凤梨被确定为香港国际花卉贸易博览会上的主题花卉的时候，立即从荷兰引进3 000盆凤梨，且很快销售一空。一个封闭的农家小院里的中国农民，从此，昂首阔步地走进了跨国网络营销的大市场。

在此之前，尽管有关网络营销的知识和书籍已经很多，网络营销网站的探索也已经在紧锣密鼓地进行，网络营销的理念已经被炒得很热，但是，没有营销主体的参与和实践是不行的。当我们相当一批网络工作者尚在研究和思考网络的功能和作用的时候，一个中国农民已经把该挣的钱，装进了口袋里，已经用自己的成功实践，为我们，为理论研究和探索作出了最好的注脚和诠释。特别是,一个中国农民从农家小院走向跨国网络营销大市场的成功实践,鲜明而又生动地向人们展示了网络营销的无限生机和巨大商业价值。自此,中国商品流通的历史,开始进入了网络营销时代。

第一节　网络营销基本概念

一、网络经济的发展

21世纪是信息社会时代,科技、经济和社会的发展正在迎接这个时代的到来。随着计算机网络的发展,信息社会的内涵有了进一步的改变,并被称为信息网络时代。在信息网络时代,网络技术的发展和应用改变了信息的分配和接受方式,改变了人们生活、工作、学习、合作和交流的环境,企业也必须积极利用新技术变革企业经营理念、经营组织、经营方式和经营方法。上个世纪90年代,飞速发展的国际互联网(Internet)促使网络技术应用呈指数级增长,在全球范围内掀起应用互联网热,世界各大公司纷纷借助互联网提供信息服务和拓展业务范围,积极改组企业内部结构和发展新的管理营销方法,抢搭这班世纪之车。

目前信息技术的发展,特别是通讯技术的发展,促使互联网成为辐射面更广、交互性更强的新型媒体,它不再局限于传统的广播电视等媒体的单向性传播,而且还可以与媒体的接受者进行实时的交互式沟通和联系。截至2012年,全球网民数量迎来了两个里程碑式数字:欧洲网民数量突破5亿大关,亚洲则突破10亿大关,全球网民数量超过24亿,中国网民数量达到5.64亿。

随着Internet作为信息沟通渠道被运用于商业,Internet的商用潜力被挖掘出来,显现出巨大的威力和发展前景。网络营销的效益是使用网络的人数的平方,随着入网用户数量呈指数倍增加,网络的效益也随之以更大的指数倍数增加。据IDC的统计,2009年底网络上直接进行的交易额达380亿美元,借用网络促成的交易额就更大,而且预计2013年,全球互联网络市场的交易额可达16兆美元。

此后,随着企业网站数量和上网人数的日益增加,各种网络营销方法也开始陆续出现,网络营销进入了快速发展时期。纵观企业营销观念的演变史,最具革命性的进步意义就在于突出消费者利益和走向世界。而利用互联网进行的营销活动——网络营销恰恰迎合并突出了这种特征,它直接、高效、低成本地实现了营销观念的两大主要目标,因此,网络营销必将成为21世纪营销的重要形式。

二、网络经济对传统营销的冲击

18世纪中叶,随着第一次产业革命在英国的勃兴,机械化大生产的社会生产方式在一些资本主义国家迅速得到了确立,这标志着工业经济时代的诞生。在过去的两个多世纪里,这种生产方式深刻地改变着人类的生活方式与消费方式,进而导致了营销理论的不断创新。在工业经济时代,企业营销理论先后经历了生产观念、产品观念、推销观念、市场营销观念、生态营销观念以及社会营销观念。在这一演变过程中,推动营销观念更新的主要力量是生产方式与消费方式的变化。当前,网络经济而作为推动网络经济发展的科学技术,以其巨大的威力深刻地影响着人们的生产和消费方式。由此,也必然引起企业营销观念的创新。

(一)传统的营销观念不能适应现代生产方式的变化

营销观念的产生总是基于一定的生产方式与消费方式,若片面强调营销观念对生产的指导作用,而不对生产方式对市场营销观念的决定性作用加以研究,那将是一种因果倒置的思维。工业经济时代的营销观念,从生产观念到市场营销观念,都是服从于大规模、标准化这一生产方式的。从根本上说,这些营销观念只有适应、支持并帮助这一生产方式实现其应有的规模效益,才能成为主流的营销观念,并得到当时企业界的认同和运用。以信息化为基本特征的网络经济已经深刻地影响着生产方式,工业经济时代的营销观念越来越显得与这种新型生产方式不相符合。具体来说,表现在以下几个方面:

1. 工业经济时代的营销观念与现代企业战略管理理念不符

现代企业的战略管理重点是培养和发展能使企业在未来市场竞争中居有利地位的核心竞争力。在战略管理过程中,企业应首先考查现有资源和核心竞争力及其在适当市场机会中的价值,然后确定这种机会与能力的差距,最后作出如何弥补差距的战略决策。核心竞争力应具有充分的用户价值、独特性和延展性,应该能为企业打开多种产品市场提供支持。传统营销强调的是产品组合(如 4P 的扩展),而网络经济时代则注重资源组织,以打破资源型障碍、提高核心资源和竞争力优势。作为战略,传统营销理论强调单一企业的自身产品营销,在网络经济的生产方式下,营销主体——企业则往往以联合的身份出现,也即由几个企业各自提供具有核心竞争力含义的产品,从而共同构成一个面向用户的产品,因而,这种强强联合(如微软公司与英特尔的联合)将在市场营销中占据越来越重要的地位。

2. 工业经济时代的营销观念与全球化的生产方式不相符合

全球化依托信息化的发展自 20 世纪 80 年代以后在发达国家迅速发展起来,跨国公司是全球化经营的先锋,目前人们普遍认为全球化经营可以带来三个方面的好处,即增加市场份额、提高价格水平(顾客得到的价值增加)和对地方竞争对手造成压力。这种全球化经营方式的兴起给企业营销提出了众多有挑战性的课题:对不同国家消费需求的预测,如何适应不同国家文化环境、法律环境;如何克服贸易壁垒,顺利使产品进入不同的国家;在营销管理上,如何实现国际化等等。面对这些问题,许多国家的企业都准备不充分。

3. 传统市场营销理论中的产品与网络经济时代的生产形态大相径庭

在信息化社会里,服务产品正以前所未有的速度增长,如信息产业已经成为美国经济增长的火车头,其特点是规模总量大、技术含量高、单位产品的附加值大。另外,由于高新技术的不断涌现,新兴产业群也不断涌现,这使传统市场营销中的产品概念远远不能满足当今生产方式发展的需要。

4. 网络经济对传统分销渠道的挑战

传统营销理论中所说的分销渠道往往以各级批发和零售商业为主渠道,依赖储运设备进行实物分销,而实际上互联网的兴起为商流注入了新的内容,生产者与消费者可以通过电子数据迅速达成交易。因此,生产者与消费者的信息交换成本很低,中间商越来越受到威胁,那种起源于20世纪50年代为零售商需要而设计的包装方式也正受到严峻考验。

5."柔性"化生产对工业经济时代的大批量、标准化生产的冲击

工业经济时代的生产经营活动往往包括企业的市场调查、新产品开发与设计、新产品试销以及产品销售,甚至包括产品的售后服务。这样的一个全能型生产者在大批量、标准化生产时代是一种经济的、有效率的行为,它的深层次原因是企业内部信息传递成本较低,强化内部管理比外部企业合作更具优势,因而越是大型企业,就越是综合化。但是,从理论上分析,这样的一个多职能综合体,除了产品对外,内部各部门、各职能间的交易都是内部的,往往产生内部资源的浪费。一种较为理想的现代生产者之间的布局是企业内部职能实体化,传统的工业企业将沦落为加工中心,它只是社会生产者的配角,而主角则是众多的专业设计公司,它们与消费群共同设计出符合某一消费群特定需要的商品或服务。因此有必要建立起非标准化的效率标准,即小批量、多品种的效率标准。应用计算机辅助制造,按事先编好的程序,在一条生产线上,一个产品就是一个型号。从某种意义上说,标准多到"没有标准"了,所以非标准化生产即是"柔性"化生产。

6.网络经济下信息成本的大幅度下降对传统生产方式的冲击

信息成本的大幅度下降使信息不对称导致的效率损失大为减少,市场进一步细分,并最终走向个性化产品的生产。信息完全对称是经济学中完全竞争市场运行的一个基本条件,信息不对称必然产生效率损失,但这是就全社会而言的。对于一个具体的企业来说,信息不对称则有可能产生两个相反的作用,一方面,有的企业往往利用生产者与消费者之间的信息不对称,使自己占据的信息优势成为获得超额利润的重要手段;另一方面,由于信息不对称,企业也带有很大的盲目性,高效率产出与大额库存并存,最终导致企业资源的浪费。但随着信息革命的推进,生产者与生产者之间、生产企业内部、生产者与销售者之间以及消费者之间的信息传递成本大为降低。由于信息化能使企业准确地即时掌握消费者需求信息,为企业进行市场细分提供依据,并能给企业提供较为准确的潜在顾客群,有助于该企业进行细分市场的利润分析,所以信息化为市场细分提供了新的机遇。

(二)传统的营销理论不能完全适应网络经济条件下的消费方式

营销观念从消费方式开始,实际上,随着消费方式变化速度的加快,市场营销理论越来越加强了对消费者行为的分析。我们认为,研究消费方式的变化应将消费方式放在网络经济为消费提供的可能条件上来考虑,这样,就可以揭示传统营销理论的内在矛盾,同时要辅以经济学的思考方法。具体来说,传统营销理论与现代消费方式存在以下几方面的不适应性:

(1)工业经济下的市场营销理论只将消费者当成纯粹的消费者,而网络经济时代的消费者实质上是"产消者"。

从生产与消费合一到生产与消费分离,再到生产与消费合一,反映了人类自由时间的解放与劳动人性化,阿尔文·托夫勒在其《第三次浪潮》一书中指出,在第一次浪潮时期,即农业经济社会,绝大多数人消费的只是他们自己所生产的东西。他们既不是通常意义上的生产者,也不是一般意义上的消费者,可称之为"产消者"。工业革命把上述两种职能分离开来,由此出现了所谓的生产者和消费者,人类由"为使用而生产"发展到"为交换而

生产"。但是,随着消费水平与消费能力的提高,消费者参与生产,从而再次投入为"使用而生产"的经济内容将大为增加,人类再次进入更高的消费层次。从开放式的电脑操作系统与各种软件到家庭装饰和时装设计,消费者越来越多地参与了生产过程。实际上,这一为使用而参与生产本身就构成了消费的一部分,是消费的开端,或者说,消费者因为成为产消者而达到了预期使用效果而获得心理满足。工业经济下的营销理论只将消费者看成纯粹的产品使用者,因而也只能从消费者使用后的感觉来验证其产品满足消费者的程度,这是后验性的。网络经济时代的消费方式要求产品效果的测定是先验性的,也即在产品生产之前及之中,消费者就能评估这一产品的使用效果。

(2)工业经济下的市场营销理论无法满足个性化需求。

新的营销观念要有满足人的内在需求的必然性,就必须实现个性化需求。在工业经济时代,消费者并不能真正地直接地表达其消费需求,消费者个体需求信息必须被进行加工、整理,以符合批量生产的要求;如果达不到批量生产的要求,消费者需求就无法得到满足,或者消费者只能付出更高的代价来得到该种产品。这一规律是由工业经济时代的生产水平决定的。传统市场营销实践只能帮助生产企业完成这种行为,而无法真正满足消费者的个性需求。比如,消费者在市场上买到的服装是否合意,主要看该消费者的身材是否最接近于服装所要依此加工的模特儿,也就是说单一消费者只能作为某一服装加工企业的市场定位中所确定的总体中的一个样本。按照统计学原理,个体差异会随着统计整理的进行而逐步减小以至消失。另外一个典型的事例是消费者的审美追求也得不到足够的尊重与满足,生产者、商业经营者并非天然不尊重消费者对美的追求,而且,从当代的营销理论来看,消费者的需求是企业的中心。但是,在工业经济时代,如果要满足多样化的审美需求,势必导致成本的大幅度上涨。因此,生产企业在设计产品时,对审美的追求也只能根据统计的原则来进行。在市场细分中,将收入、职业、宗教、审美等差异很大的指标进行规范化并加以综合,用科学的眼光来审视这种综合的逻辑,显然是错误的。但是,在现实与经济学理想的一个巨大差异是,在现实的经济活动中,生产者、商业经营者控制了更多的资源,凭借这些资源,以各种媒体作为载体,消费者被引进了生产经营者所设计的对美的定义。

(3)工业经济下营销理论无法满足消费者的最大需求。

在工业经济时代,由于大规模生产的发展,一方面大大增加了消费者选择商品的可能性;另一方面专业化分工的结果使工商分工越来越细,商业获得了空前的发展,消费者在商业的不断发展中获得了一些便利,但是,这也可能导致消费者寻找、挑选成本的提高,消费者为比较产品之间微小差别所花的时间和金钱在增加。这与满足消费者最大的需要之间产生了矛盾,而这一矛盾在工业经济时代是无法克服的。

三、网络营销产生的背景

(一)Internet 的发展与普及奠定了网络营销产生的技术基础

Internet 是全世界最大的计算机网络,已经有 40 多年的历史。它起源于美国国防部高级研究计划局(ARPA)于 1968 年主持研制的用于支持军事研究的计算机实验网 ARPANET。ARPANET 建网旨在帮助那些为美国军方工作的研究人员通过计算机交换信息,它的设计与实现是基于这样的一种主导思想:网络要能够经得住故障的考验而维持正常工作,当网络的一部分因受攻击而失去作用时,网络的其他部分仍能维持正常通信。最初该网络被用来进行学术和军事的研究。

20世纪90年代以来,随着互联网应用的日益普及,以及通信技术的快速发展,互联网为人们快速和方便的信息沟通提供了良好的平台,各国经济正在向全球化和信息化的方向发展,这种网络经济时代的到来改变了人类社会过去的信息交流方式和商业运作模式。通过互联网,人们可以实现文字、图片、声音和视频等信息的传递以及实时沟通,各种网络技术的出现和进步将传统商务转移到互联网上实现,为经济的发展创造了无限商机。互联网的出现缩短了传统市场营销中生产者和消费者之间的距离,减少了商品流通过程中的诸多环节。随着3G时代的到来,消费者只要拥有一台可以上网的个人电脑(PC)、掌上电脑(PDA),就可随时随地实现网络沟通与网上购物。可以说,信息技术与网络技术的发展,将市场营销推向了一个新的发展阶段。市场营销与互联网不可避免地结合到一起,可以说互联网的迅猛发展使市场营销逐步走入网络时代,网络营销应运而生。

(二)消费观念的变化奠定了网络营销产生的观念基础

满足消费者的需求是企业经营的核心。随着科技的发展、社会的进步、文明程度的提高,消费者的观念在不断地发生变化。

1. 个性化消费的回归

在过去相当长的历史时期,工商业都是将消费者作为单独个体进行服务,个性消费是主流。到近代,工业化和标准化的生产方式提供了大量低成本、单一化的产品,消费者的个性需求被忽视。另外,在短缺经济或近乎垄断的市场中,可供消费者挑选的产品很少,消费者的个性化需求不得不被强制压抑。而在市场经济充分发展的今天,多数产品无论在数量还是品种上都极为丰富,消费者完全能够按照自己的心理愿望来挑选和购买商品或服务。从理论上讲,没有哪两个消费者的心理是完全一样的,每个消费者都成为一个细分市场,个性化消费正在成为消费主流。消费者以个人心理愿望为基础挑选和购买商品或服务,心理上认同感是作出购买决策的先决条件。消费者的选择不单是商品的使用价值,以商品供应千姿百态为基础的单独享有成为社会时尚。

2. 消费主动性的增强

在社会分工日益细化和专业化的趋势下,消费者对购买的风险感随选择的增多而上升,并对传统单向的"填鸭式"营销沟通感到厌倦和不信任。消费者在购物中开始主动地通过各种可能的途径去收集产品或企业的有关信息并进行分析比较。通过分析比较,消费者减轻了风险感,增加了对所购产品的信任,也降低了购买后产生后悔的可能性。

3. 对购物方便性的追求

现代社会生活节奏加快、工作压力加大。一部分消费者在购物时以方便性为目标,追求时间和劳动成本的尽量节省,特别对于需求和品牌选择都相对稳定的日常消费者,这点尤为突出。而另一部分消费者则恰好相反,由于劳动生产率的提高,他们可供支配的时间增加,一些自由职业者或家庭主妇希望通过购物来消遣时间,追求生活乐趣,保持与社会的联系,减少心理的孤独感,因此他们愿意花较多的时间和体力进行购物。在较长时间内,这两种相反的心理同时并存。

4. 价格仍然是影响购买的因素

虽然营销工作者倾向于以各种差别化来减弱消费者对价格的敏感度,避免恶性削价竞争,但价格始终对消费者心理有着重要的影响。这说明即使在当代发达的营销技术面前,价格作用仍不可忽视。若价格降低幅度超过消费者的心理预期,消费者也难免会改变既定的购物原则。

(三)市场竞争的日益激烈奠定了网络营销产生的现实基础

随着市场竞争的日益激烈,为了在竞争中占有优势,各企业都使出了浑身解数想方设法地吸引客户,很难说还有什么新颖独特的方法出奇制胜。一些营销手段即使能在一段时间内吸引客户,也不一定能使企业的利润增加。市场竞争已不再是依靠表层营销手段的竞争,更深层次的竞争已经开始。面对这样的现实环境,网络营销展现了多种竞争优势。

1. 成本费用控制

开展网络营销给企业带来的最直接的竞争优势是企业成本费用的控制。网络营销采取的是新的营销管理模式。它通过互联网改造传统的营销管理的组织结构与运作模式,并通过整合生产、采购等部门,实现对企业成本费用最大限度的控制。开展网络营销,企业可以降低经营过程中的交通、通信、人工、财务和办公室租金等成本费用,可最大限度地提高经济效益。

2. 发现新的市场机会

互联网上没有时间和空间控制,它的触角可以延伸到世界的每一个地方。因此,利用互联网从事市场营销活动可以覆盖过去靠人工进行销售或者传统销售方式所不能达到的市场,从而为企业创造更多新的市场机会。

3. 增加客户满意度

在激烈的市场竞争中,增加客户满意度、提高客户忠诚度是企业营销的目标。由于市场中消费者千差万别,要想采取有效的营销策略来满足每个消费者的需求十分困难,而互联网的出现改变了这种情况。利用互联网,企业可以将产品介绍、技术支持和订货情况等信息放到网上,消除时间和空间的限制,使消费者可以随时随地、主动地根据自己的需求有选择地了解感兴趣的信息,最终达到高效地为客户提供满意的产品和服务的目的。

4. 价格优势

由于网络营销能为企业节约巨额的促销和流通费用,使产品和价格的降低成为可能,可以实现以更低的价格销售。

四、网络营销基本概念

网络营销就是以国际互联网络为基础,利用数字化的信息和网络媒体的交互性来辅助营销目标实现的一种新型的市场营销方式。网络营销最直观的认识就是以客户为中心,以网络为导向,为实现企业目的而进行的一系列企业活动。

(一)广义的网络营销

网络营销的同义词包括:网上营销、互联网营销、在线营销、网络行销等。这些词汇说的都是同一个意思,笼统地说,网络营销就是以互联网为主要手段开展的营销活动。

网络营销

网络营销具有很强的实践性特征,从实践中发现网络营销的一般方法和规律,比空洞的理论讨论更有实际意义。因此,如何定义网络营销其实并不是最重要的,关键是要理解网络营销的真正意义和目的,也就是充分认识互联网这种新的营销环境,利用各种互联网工具为企业营销活动提供有效的支持。这也是为什么在网络营销研究中必须重视网络营销实用方法的原因。

(二)狭义的网络营销

狭义的网络营销是指组织或个人基于开放便捷的互联网络,对产品、服务所做的一系列经营活动,从而达到满足组织或个人需求的全过程。网络营销是一种新型的商业营销模式。

网络营销的通俗定义:以互联网为手段开展的营销活动,即以互联网为工具营造销售氛围的活动。网络营销不是网上销售:销售是营销到一定阶段的产物,销售是结果,营销是过程;网络营销的推广手段不仅靠互联网,传统电视、户外媒体、宣传单亦可。一般认为网络营销不仅局限于网上,一个完整的网络营销方案,除了在网上做推广外,还有必要利用传统方法进行线下推广。这可以理解为关于网络营销自身的营销,就像关于广告的广告一样。

网络营销活动是一个过程,一般可以将该过程分为七个阶段:

(1)界定市场的机会。企业参与市场竞争,首先要寻找突破口,明确市场机会在哪里;其次要识别未被满足或服务不周的需求,细分目标市场,评估机会的吸引力以及所需的资源。

(2)制定营销战略。选择细分的目标市场,产品定位以及资源的配置。

(3)设计客户体验。所谓客户体验是指客户在与组织的交互过程中,对组织的产品、服务及相关激励因素的感知。在互联网环境下,客户体验包括站点的易用性、可靠性、安全性,信息的丰富度和可达性,定制功能,交互性等。

(4)构思客户界面。它是客户体验设计的逻辑延伸,在界面构思中需要考虑的要素包括场景、内容、社区、定制、沟通、交换链接、商务活动。

(5)设计营销计划。需要企业通过对各种营销手段的创意设计,以创造出期望表述的客户体验,突出网络营销个性化和交互性的特点,制定出产品、品牌、价格、促销、渠道、社区等营销策略。

(6)分析客户信息。利用数据分析技术分析网络营销过程中所收集到的各类信息,为构建更加牢固的客户关系提供决策支持。

(7)评估营销计划。评估网络营销计划是否达到了组织预期的目标,设计一套有效的评价指标体系是客观评价网络营销计划的关键。

五、网络营销的发展历史

网络营销在国外有许多译法,如 Cyber-Marketing、Internet Marketing、Network Marketing、E-Marketing 等。不同的单词词组有着不同的含义,目前比较习惯采用的翻译方法是 E-Marketing,E 表示电子化、信息化、网络化的含义,既简洁又直观明了,而且与电子商务(E-Business)、电子虚拟市场(E-Market)等相对应。

网络营销是伴随互联网进入商业应用和信息技术的发展而诞生与发展的。尤其是万维网（WWW）、电子邮件、搜索引擎等得到广泛应用之后，网络营销的价值才越来越明显。电子邮件虽然早在1971年就已经诞生，但在互联网普及应用之前，并没有被应用于营销领域；1993年，出现了基于互联网的搜索引擎；1994年10月，网络广告诞生；1995年7月，全球最大的网上商店亚马逊成立。1994年被认为是网络营销发展的重要一年，因为网络广告诞生的同时，基于互联网的知名搜索引擎Yahoo、Webcrawler、Infoseek、Lycos等也相继诞生，另外，美国亚利桑那州两位从事移民签证咨询服务的律师Laurcncc Cantcr和Martha Siegel通过互联网发布E-mail广告只花费了20美元的上网通信费用就吸引来25 000名客户，赚了10万美元。由于这次事件所产生的影响，人们才开始认真思考和研究网络营销的有关问题，网络营销的概念也开始逐渐形成。从这些事实来看，可以认为网络营销诞生于1994年。

相对欧美许多国家，我国网络营销起步较晚。在1994年到2003年间，我国的网络营销大致可分为三个阶段：传奇阶段（1994—1997年）、萌芽阶段（1997—2000年）、应用和发展阶段（2000—2003年）。在进入2004年之后，中国的网络营销开始快速的多方位的发展，并且表现出了和之前不一样的新特征。

（一）传奇阶段（1994—1997年）

1994年4月20日，中国国际互联网正式开通，网络营销是随着互联网的应用而逐渐被商家和企业所运用的。在这一时期，网络营销相对较为神秘，大多数人都没有相对清晰的网络营销概念和方法。而在这一时期作为网络营销的经典神话的"山东农民网上卖花"，只是这一经典案例在网上并没有太多的记录，其真实性也无处可查。

（二）萌芽阶段（1997—2000年）

在1997年10月之前，中国上网人数仅仅为62万，WWW网站也只有约1 500个。但发生在1997年前后的部分事件都标志着中国网络营销进入萌芽阶段，例如网络广告和E-mail营销在中国的诞生、电子商务的促进、搜索引擎的涌现等。到2000年底，多种形式的网络营销被应用，网络营销呈现出快速发展的势头。

（三）应用和发展阶段（2000—2003年）

进入2001年之后，网络营销已经不再是空洞的概念了，而是开始进入了实质性的应用和发展时期。企业在生产经营活动中采用网络调研、网络广告、网络分销、网络服务等网络营销手段。我国多数企业已经在逐步开展网络营销，其中应用比较普遍的行业有计算机、金融和通信。

网络营销服务市场初步形成，尽管还不完善，但是很多服务商还是以此为主要业务，而一些公司也在该领域形成了一定的优势。而从2001年开始，各大企业也纷纷建立起了属于自己的网站，开始实质性地进行网络营销。随着各大企业的进入，网络广告也开始了它的变革。此时的网络广告不仅在表现形式、媒体技术等多方面的改变，而且服务费用等也有了一定的标准。

（四）多方位快速发展阶段（2004年至今）

进入2004年后的中国网络营销获得了多方位快速发展，并且表现出新的特征，不仅体现在网络营销服务市场规模的扩大，同时也体现在企业网络营销的专业水平提高、企业对网络营销的认识度和需求层次提升,以及更多的网络营销资源和网络营销方法不断出现等方面,与此同时也存在一些发展中的问题。

目前中国网络营销发展的阶段特征可归纳如下:

1. 企业网站数量有所增长,网站建设专业水平有待提高

根据中国互联网络信息中心的统计,截至 2012 年 12 月,中国网站数量为 268 万,中国中小企业的数量约 4 300 万家,占中国企业总数的 99% 以上,目前中小企业的网站普及率在 5% 左右。近些年,我国企业网站数量的变化并不是始终呈上升趋势。

2007 年是中国 B2B 类电子商务网站发展最辉煌的时刻,阿里巴巴也是在当年 11 月份于香港交易所上市。当时很多企业加入 B2B 会员,主要以贸易型与服务型企业居多,其中有部分企业另外建立起自己的独立网站。由于竞争开始激烈起来,建独立网站的企业也越来越多。

2008 年建独立网站的企业比 2007 年多了近一倍。主要原因是:(1)竞争越来越激烈,需要独立网站更全面地展示与营销(SEO、SEM);(2)通过做 B2B 网站的会员,对网站的好处有点了解,于是主动建独立网站。

2009 年网站数量持续上升,达到历史最高峰。这是网络发展的惯性,而且几乎 60% 以上的中小企业需要做网络营销推广,如搜索竞价、电子商务平台推广、SEO 推广、SEM 推广等。

2010 年网站数量速减,主要原因是 2008 年美国次贷危机,对中国贸易型企业有很大影响,加上企业原材料上涨,人工成本提高,中小企业经营越来越难。2009 年开始严重,到了 2010 年很多企业倒闭,因此很多网站也随着企业的倒闭而慢慢消失了。同时 C2C、B2C 电子商务网站基础条件成熟了。

2011 年互联网进入 B2C 电子商务非常热潮的时候,更多的创业者开始利用互联网实现创业。比如在淘宝上开店,竞争也开始激烈了,慢慢延伸建独立网站,网站的主要作用是电子商务(B2C)或产品营销(品牌及文化)。因此,网站的数量又开始渐渐多起来了。

虽然我国企业网站建设发展速度较快,但是呈现只重视数量而忽视质量的问题,因为网站专业水平等因素的制约,使得企业网站未能为企业带来明显的效益,从而影响了更多企业建设网站的积极性。

2. 网络营销服务市场继续快速增长,新型网络营销服务不断出现

网络营销服务市场规模不断扩大的同时,网络营销服务产品类别也在不断增加。尽管其服务市场规模还比较小,但显示出较好的发展前景。其中值得关注的领域包括网络营销管理工具(例如网站访问统计分析系统、实时在线服务工具等)、专业的网络营销顾问咨询服务、网络营销培训等。

3. 企业对网络营销的认识程度和需求层次提升

企业对网络营销的需求层次是一个难以量化的指标,不过通过一些事例分析可以发现,企业对网络营销的认识和需求产生了明显的转变。至少有两个信号表明企业的网络营销需求层次在不断提升:第一,企业更希望获得完整的网站推广整体方案而不仅仅是购买孤立的网站推广产品,第二,规范的网站优化思想获得越来越多的认可。企业对网站推广综合解决方案的需求有明显增加的趋势。经过众多网络营销服务商几年的努力,国内

网络营销服务市场逐渐走向成熟,尤其是搜索引擎推广相关的网络营销产品已经为越来越多的企业所了解。网站优化已经成为网络营销经营策略的必然要求,如果在网站建设中没有体现出网站优化的基本思想,在网络营销水平普遍提高的网络营销环境中是很难获得竞争优势的。

4. 搜索引擎营销呈现专业化、产业化趋势

搜索引擎营销是目前网络营销中最具活力的领域,经过几年的发展,传统的登录免费搜索引擎等简单初级的推广手段已经不适应网络营销环境,搜索引擎服务提供商适时地推出诸如关键词竞价广告、内容关联广告等产品(如百度的主题推广和搜狗的搜索联盟等),进一步增加了搜索引擎营销的渠道,并且扩展了搜索引擎广告的投放空间。对于企业营销人员来说,也就意味着开展搜索引擎营销需要掌握的专业知识更加复杂,例如对于网站优化设计、关键词策划、竞争状况分析、推广预算控制、用户转化率、搜索引擎营销效果的跟踪管理等,搜索引擎营销已经逐渐发展成为一门专业的网络营销知识体系。

搜索引擎营销的专业性提高也为专业的搜索引擎营销服务商提供了发展机会,搜索引擎优化公司和搜索引擎广告代理公司在2005年前后持续涌现,并在各自的领域发展出了一批有影响力的公司,搜索引擎营销的产业化趋势逐渐形成。不过相比国外搜索引擎营销市场上的各种深度产品及服务,中国的搜索引擎营销的整体水平还处在较低层次。

5. 更多有价值的网络资源为企业网络营销提供了新的机会

随着互联网经济的再度火热,出现了越来越多的网络营销资源,其中包括可用的免费推广资源以及网络营销管理服务,如免费网络分类广告、网上商店平台、免费网站流量统计等。网络营销资源的增加不仅表现在免费资源的数量,同时也表现在网络营销资源可以产生的实际价值方面。例如,现有领先的B2B电子商务平台通过与搜索引擎营销策略的相整合,为潜在用户获取B2B网站中的商业信息提供了更多的机会,从而提高了B2B电子商务平台对企业网络营销的商业价值,也使得B2B电子商务打破了原有只有付费会员登录才能获取商业信息的局面。在这方面,阿里巴巴、惠聪等行业领先者已取得了突破性进展。这些更具价值的网络营销信息传递渠道,增加了中小企业网络营销成功的机会。

6. 网络营销服务市场直销与代理渠道模式并存

网络营销服务市场目前主要的产品和服务包括以域名注册、网站建设、企业邮局等为代表的基础网络营销服务,以及竞价广告、网络实名/通用网址、B2B电子商务平台等网络推广产品。目前国内网络营销服务市场直销与代理渠道并存,部分基础网络营销服务已经形成了完善的电子商务模式,但传统代理渠道在网络网络推广产品市场仍然是主流。

基础网络营销服务全面实现电子商务化。在网络营销服务领域,值得特别肯定的是提供域名注册、虚拟主机、企业邮局等产品在内的基础网络营销服务商。这些服务商并不完全依赖传统的代理销售渠道,而是走代理商和网上直接销售相结合的道路,并且整个业务流程的电子商务化日益完善,从域名注册、域名解析,到虚拟主机和企业邮局等产品的在线购买、在线支付等环节,都可以方便地实现用户自由购买、自助管理。这些基础网络营销服务商已经率先成为国内最先进的电子商务企业。这不仅代表着我国网络营销服务已经达到一个崭新的高度,也预示着网络营销服务的电子商务化是完全可以实现的,代表了先进的网络营销产品销售模式。

网络营销

基础网络营销服务商成功地全面实现电子商务化,也为网络营销其他领域的服务商作出了表率。这些服务商的成功经验表明,在线直接销售并未影响代理渠道的销售,因为用户的购买方式和需求毕竟是不同的,一些互联网应用水平较高的用户更看重在线购买的便捷性。

7. 新型网络营销概念和方法受到关注

随着 Web 2.0 思想逐渐被认识,出现了一些网络营销概念,如博客营销、RSS 营销等,这些新型网络营销方法正逐步为企业所采用。自从 2002 年"博客"(BLOG)的概念在国内出现以来,它已经成为互联网上非常热门的词汇之一。国内不仅出现了一批有影响力的中文博客网站,而且利用博客来开展网络营销的实践尝试早已开始,部分博客网站开始提供企业博客服务,为企业网络营销增加了新的模式和新的机会,因而博客在网络营销中的应用也成为令人关注的研究领域。

资料链接 1-2

中国 E-marketing 的发展历程

在我国,E-marketing 起步较晚,到 1996 年才开始被我国企业尝试。

1997—2000 年是我国网络营销的起始阶段,电子商务快速发展,越来越多的企业开始注重 E-marketing。

2000 年至今,E-marketing 进入应用和发展阶段,E-marketing 服务市场初步形成:企业网站建设迅速发展;网络广告不断创新;营销工具与手段不断涌现和发展。

到 2008 年 6 月底,中国网民数量高达 2.53 亿,居世界第一位,网购人数达 6 329 万人。

到 2009 年底,中国网民数量高达近 4 亿,居全球第一。

到 2010 年 6 月,总体网民规模达到 4.2 亿。

到 2011 年 6 月底,我国网民总数达到 4.85 亿,互联网普及率为 36.2%,较 2010 年底提高 1.9 个百分点。

截至 2012 年 12 月底,手机网民数量为 4.2 亿,中国网民数达到 5.64 亿,全年新增网民 5 090 万人,普及率为 42.1%。

目前,网络调研、网络广告、网络分销、网络服务、网上销售等网络营销活动,正异常活跃地介入企业的生产经营中。

第二节 网络营销的理论基础

一、网络营销的核心理念

网络营销作为新的营销方式和营销手段实现企业营销目标,它的内容非常丰富。一方面,网络营销要针对新兴的网上虚拟市场,及时了解和把握网上虚拟市场的消费者特征和消费者行为模式的变化,为企业在网上虚拟市场进行营销活动提供可靠的数据分析和营销依据。另一方面,网络营销在网上开展营销活动来实现企业目标,而网络具有传统渠道和媒体所不具备的独特的特点:信息交流自由、开放和平等,而且信息交流费用非常低廉,信息交流渠道既直接又高效,因此在网上开展营销活动,必须改变传统的一些营销手段和方式。网络营销作为在 Internet 上进行的营销活动,它的基本营销目的和营销工具是一致的,只不过在实施和操作过程中与传统方式有着很大区别。下面是网络营销中一些主要内容:

(1)网上市场调查。网上市场调查主要利用 Internet 的交互式的信息沟通渠道来实施调查活动。它包括直接在网上通过问卷进行调查,还可以通过网络来收集市场调查中需要的一些二手资料。利用网上调查工具,可以提高调查效率、增强调查效果。在利用 Internet 进行市场调查时,重点是如何利用有效的工具和手段实施调查和收集整理资料,获取信息不再是难事,关键是如何在信息海洋中获取想要的资料信息和分析出有用的信息。

(2)网上消费者行为分析。Internet 用户作为一个特殊群体,有着与传统市场群体截然不同的特性,因此要开展有效的网络营销活动,必须深入了解网上用户群体的需求特征、购买动机和购买行为模式。Internet 作为信息沟通工具,正成为许多兴趣、爱好趋同的群体聚集交流的地方,并且形成各个特征鲜明的网上虚拟社区,了解这些虚拟社区的群体特征和偏好是网上消费者行为分析的关键。

(3)网络营销策略制定。不同企业在市场中处于不同的地位,在采取网络营销实现企业营销目标时,必须采取与企业相适应的营销策略,因为网络营销虽然是非常有效的营销工具,但企业实施网络营销时是需要进行投入的和有风险的。同时企业在制定网络营销策略时,还应该考虑到产品周期对网络营销策略制定的影响。

(4)网上产品和服务策略。网络作为信息有效的沟通渠道,可以成为一些无形产品如软件和远程服务的载体,改变了传统产品的营销策略特别是渠道的选择。作为网上产品和服务营销,必须结合网络特点重新考虑产品的设计、开发、包装和品牌的传统产品策略,如传统的优势品牌在网上市场并不一定是优势品牌。

(5)网上价格营销策略。网络作为信息交流和传播工具,从诞生开始实行自由、平等和信息免费的策略,因此网上市场的价格策略大多采取免费或者低价策略。因此,制定网上价格营销策略时,必须考虑到 Internet 对企业定价影响和 Internet 本身独特的免费思想。

(6)网上渠道选择与直销。如果说 Internet 对企业营销影响最大是什么,那应该是对企业营销渠道影响最大。Dell 公司借助 Internet 的直接特性建立的网上直销模式获得巨大成功,改变了传统渠道中的多层次的选择和管理与控制问题,最大限度降低渠道中的营销费用。但企业建设自己的网上直销渠道必须进行一定投入,同时还要改变传统的经营管理模式。

(7)网上促销与网络广告。Internet 作为一种双向沟通渠道,最大优势是可以实现沟通双方突破时空限制直接进行交流,而且简单、高效和费用低廉。因此,在网上开展促销活动是最有效的沟通渠道,但开展网上促销活动必须遵循网上一些信息交流与沟通规则,特别是遵守一些虚拟社区的礼仪。网络广告作为最重要的促销工具,主要仰赖Internet的第四媒体的功能,目前网络广告作为新兴的产业得到迅猛发展。网络广告作为在第四类媒体发布的广告,具有传统的报纸杂志、无线广播和电视等传统媒体发布广告无法比拟的优势,即网络广告具有交互性和直接性。

(8)网络营销管理与控制。网络营销作为在Internet上开展的营销活动,它必将面临许多传统营销活动无法碰到的新问题,如网络产品质量保证问题、消费者隐私保护问题,以及信息安全与保护问题等等。这些问题都是网络营销必须重视和进行有效控制的问题,否则网络营销效果会适得其反,甚至会产生很大的负面效应,这是由于网络信息传播速度非常快而且网民对反感问题反应比较强烈而且迅速。

二、网络营销的基础理论

客观现实和技术基础是现有市场营销理论赖以形成和发展的根基。网络强大的通信能力、电子商务系统便利的商品交易环境,改变了原有市场营销理论的根基。在网络环境和电子商务中,信息的需求和传播模式发生了很大的变化,信息的传播由单向的传播模式,逐步演变成一种双向的交互式的信息需求和传播模式,即在信息发生源上积极地向用户展现自己产品信息的同时,用户也在积极地向信息发生源索要自己所需要的信息;同时,市场的性质也发生了深刻的变化。生产厂商和消费者可以通过网络直接进行商品交易,从而避开某些传统的商业流通环节,原有的以商业作为主要运作模式的市场机制将部分地被基于网络的网络营销模式所取代,市场将趋于多样化、个性化,并实现彻底的市场细分化。另外,在网络环境下,生产者和消费者在网络的支持下直接构成商品流通循环过程。其结果使得商业的部分作用逐步淡化,消费者参与企业营销的过程、市场的不确定因素减少,生产者更容易掌握市场对产品的实际需求。同时,由于网络和电子商务系统巨大的信息处理能力,为消费者挑选商品提供了极大的选择余地。

由于这些变化,使得传统营销理论不能完全胜任对网络营销的指导。但是网络营销仍然属于市场营销理论的范畴,它在强化了传统市场营销理论的同时,也提出了一些不同于传统市场营销的新理论。目前网络营销理论主要建立在以下基础理论之上:

(一)网络直复营销理论

直复营销(direct marketing)理论是一种为了在任何地方产生可度量的反应和(或)达成交易而使用一种或多种广告媒体的相互作用的市场营销体系。直复营销中的"直"(direct),是指不通过中间分销渠道而直接通过媒体连接企业和消费者;直复营销中的"复"(response),是指企业与消费者之间的交互,消费者对这种营销努力有一个明确的回复(买还是不买)。

直复营销理论是20世纪80年代引人注目的一个概念。美国直复营销协会对其所下的定义是:"一种为了在任何地方产生可度量的反应和(或)达成交易所使用的一种或多种广告媒体的相互作用的市场营销体系。"直复营销理论的关键在于它说明网络营销是可测试的、可度量的、可评价的,这就从根本上解决了传统营销效果评价的困难性,为更科学的营销决策提供了可能。

网络营销作为一种有效的直复营销策略,说明网络营销的可测试性、可度量性、可评

价性和可控制性。因此,利用网络营销这一特性,可以大大改进营销决策的效率和营销执行的效用,表现在以下四个方面:

第一,直复营销作为一种相互作用的体系,特别强调营销者与目标客户之间的"双向信息交流"。互联网作为开放、自由的双向信息沟通网络,企业与客户之间可以实现直接的、一对一的沟通和信息交流,企业可以根据目标客户的需求进行生产,在最大限度地满足客户需求的同时,提高营销决策的效率和作用。

第二,直复营销活动的关键是为每个目标客户提供直接向营销人员反馈信息的渠道。企业可以凭借客户反馈找出不足。互联网的方便和快捷使得客户可以方便地通过互联网直接向企业提出建议和购买需求,也可以直接通过互联网获得售后服务。企业也可以从客户的建议、需求和要求的服务中,找出企业的不足,按照客户的需求进行经营管理,减少营销费用。

第三,直复营销强调在任何时间、任何地点都可以实现企业与客户的"信息双向交流"。互联网的全球性和持续性的特性,使得客户可以在任何时间、任何地点直接向企业提出要求和反馈问题;企业也可利用互联网突破空间和时间的限制,低成本地与客户实现双向交流。

第四,直复营销活动最重要的特性是其效果是可测定的。利用互联网提供的企业与客户的沟通与交易平台,企业可以很直接地获悉并处理每一个客户的订单和需求。因此,通过互联网可以实现以最低成本最大限度地满足客户需求,同时了解客户需求、细分目标市场。

网络营销的这个理论基础的关键作用是要说明网络营销是可测试、可度量、可评价和可控制的。有了及时的营销效果评价,就可以及时改进以往的营销努力,从而获得更满意的结果,所以,在网络营销中,营销测试是应着重强调的一个核心内容。

(二)网络关系营销理论

关系营销(relationship marketing)是1990年以来受到重视的营销理论,它主要包括两个基本点:首先,在宏观上认识到市场营销会对范围很广的一系列领域产生影响,包括顾客市场、劳动力市场、供应市场、内部市场、相关者市场,以及影响者市场(GVM、金融市场);在微观上,认识到企业与顾客的关系不断变化,市场营销的核心应从过去简单的一次性交易关系转变到注重保持长期的关系上来。企业是社会经济大系统中的一个子系统,企业的营销目标要受到众多外在因素的影响,企业的营销活动是一个与消费者、竞争者、供应商、分销商、GVM机构和社会组织发生相互作用的过程,正确理解这些个人与组织的关系是企业营销的核心,也是企业成败的关键。

关系营销的核心是保持顾客,为顾客提供高度满意的产品和服务,通过加强与顾客的联系,提供有效的顾客服务,保持与顾客的长期关系。并在与顾客保持长期关系的基础上开展营销活动,实现企业的营销目标。实施关系营销并不是以损伤企业利益为代价的,根据研究,争取一个新顾客的营销费用是老顾客费用的五倍,因此加强与顾客的关系并培养顾客的忠诚度,是可以为企业带来长远利益的,它提倡的是企业与顾客双赢策略。

互联网作为一种有效的双向沟通渠道,企业与顾客之间可以实现低费用成本的沟通和交流,它为企业与顾客建立长期关系提供有效的保障。这是因为,首先,企业利用互联

网络营销

网可以直接接收顾客的订单,顾客可以直接提出自己的个性化的需求。企业根据顾客的个性化需求利用柔性化的生产技术最大限度地满足顾客的需求,为顾客在消费产品和服务时创造更多的价值。企业也可以从顾客的需求中了解市场、细分市场和锁定市场,最大限度地降低营销费用,提高对市场的反应速度。其次,企业利用互联网可以更好地为顾客提供服务和与顾客保持联系。互联网的不受时间和空间限制的特性能最大限度方便顾客与企业进行沟通,顾客可以借助互联网在最短时间内以简便方式获得企业的服务。再次,企业通过互联网可以实现对从产品质量、服务质量到交易服务等过程的全程质量的控制。最后,企业通过互联网还可以实现与企业相关的企业和组织建立关系,实现双赢发展。互联网作为最廉价的沟通渠道,它能以低廉成本帮助企业与企业的供应尚、分销商等建立协作伙伴关系。

(三)网络软营销理论

软营销(soft marketing)是网络营销中有关消费者心理学的另一个理论基础。它是针对工业经济时代的以大规模生产为主要特征的"强势营销"提出的新理论,该理论认为顾客在购买产品时,不仅要满足基本的生理需要,还要满足高层的精神和心理需求。因此,软营销的一个主要特征是对网络礼仪的遵循,通过对网络礼仪的巧妙运用获得希望的营销效果。它强调企业进行市场营销活动的同时必须尊重消费者的感受和体验,让消费者能舒服地主动接收企业的营销活动。传统营销活动中最能体现强势营销特征的是两种促销手段:传统广告和人员推销。在传统广告中,消费者常常是被动地接收广告信息的"轰炸",它的目标是通过不断的信息灌输方式在消费者心中留下深刻的印象,至于消费者是否需要、是否愿意接收则不考虑;在人员推销中,推销人员根本不考虑被推销对象是否愿意和需要,只是根据推销人员自己的判断强行展开推销活动。

在互联网上,由于信息交流是自由、平等、开放和交互的,强调的是相互尊重和沟通,网上使用者比较注重个人体验和隐私保护。因此,企业采用传统的强势营销手段在互联网上开展营销活动势必适得其反,如美国著名的 AOL 公司曾经对其用户强行发送 E-mail 广告,结果招致用户的一致反对,许多用户约定同时给 AOL 公司服务器发送 E-mail 进行报复,结果使得 AOL 的 E-mail 邮件服务器处于瘫痪状态,最后不得不道歉平息众怒。网络软营销恰好是从消费者的体验和需求出发,采取拉式策略吸引消费者关注企业来达到营销效果。在互联网上开展网络营销活动,特别是促销活动,一定要遵循一定的网络虚拟社区形成规则,有的也称为"网络礼仪(netiquette)"。网络软营销就是在遵循网络礼仪规则的基础上巧妙运用达到一种微妙的营销效果。有关网络软营销理论的应用将在网络营销促销策略中进行详细介绍。

(四)网络数据库营销理论

数据库营销在西方发达国家的企业中已相当普及,在美国,DonnelleyMarketing 公司 1994 年的调查显示,56%的零售商和制造商有营销数据库,10%的零售商和制造商正在计划建设营销数据库,85%的零售商和制造商认为在 20 世纪末,他们将需要一个强大的营销数据库来支持他们的竞争实力。从全球来看,数据库营销作为市场营销的一种形式,正越来越受到企业管理者的青睐,在维系顾客、提高销售额中扮演着越来越重要的作用。

网络数据库营销(database marketing service,DMS)是在 IT、Internet 与 Database 技

术的基础上逐渐兴起和成熟起来的一种市场营销推广手段,在企业市场营销行为中具备广阔的发展前景。它不仅仅是一种营销方法、工具、技术和平台,更是一种企业经营理念,也改变了企业的市场营销模式与服务模式,从本质上讲是改变了企业营销的基本价值观。通过收集和积累大量的消费者信息,经过处理后预测消费者购买某种产品的可能性,以及利用这些信息对产品进行精确定位,有针对性地制作营销信息达到说服消费者购买产品的目的。通过数据库的建立和分析,各个部门都对顾客的资料有详细全面的了解,可以给予顾客更加个性化的服务支持和营销设计,使"'一对一'的顾客关系管理"成为可能。

目前在中国,传统的营销方式仍占据着相当的地位,数据库营销只是对传统营销方式的补充和改变。但从长期看,数据库营销必将随着企业管理水平,尤其是营销管理水平的提升而得到创新使用。现在一些具有领先观念的企业如上海罗氏、通用汽车、广东美的已经建设了 CRM 系统。随着经济的日益发展和信息技术对传统产业的改造,消费者个性化需求的满足成为可能,中国加入 WTO 以后,企业将面临更加严峻的形势,如何在这场强敌环伺的角力中胜出,需要全方位地提升企业的竞争力——特别是企业的客户信息能力,作为企业经营战略中非常重要的营销体制也必须吸收西方先进的营销理念和手段,革除传统营销模式的弊端。数据库营销是先进的营销理念和现代信息技术的结晶,必然是企业未来的选择。

与传统的数据库营销相比,网络数据库营销的独特价值主要表现在三个方面:动态更新、顾客主动加入、改善顾客关系。

1. 动态更新

在传统的数据库营销中,无论是获取新的顾客资料,还是对顾客反应的跟踪都需要较长的时间,而且反馈率通常较低,收集到的反馈信息还需要繁琐的人工录入,因而数据库的更新效率很低、更新周期比较长,同时也造成了过期、无效数据记录比例较高,数据库维护成本相应也比较高。网络数据库营销具有数据量大、易于修改、能实现动态数据更新、便于远程维护等多种优点,还可以实现顾客资料的自我更新。网络数据库的动态更新功能不仅节约了大量的时间和资金,同时也更加精确地实现了营销定位,从而有助于改善营销效果。

2. 顾客主动加入

仅靠现有顾客资料的数据库是不够的,除了对现有资料不断更新维护之外,还需要不断挖掘潜在顾客的资料,这项工作也是数据库营销策略的重要内容。在没有借助互联网的情况下,寻找潜在顾客的信息一般比较难,要花很大代价,比如利用有奖销售或者免费使用等机会要求顾客填写某种包含有用信息的表格,这不仅需要投入大量的资金和人力,还受地理区域的限制,覆盖的范围非常有限。

在网络营销环境中,往往是顾客自愿加入网站的数据库。最新的调查表明,为了获得个性化服务或获得有价值的信息,有超过 50% 的顾客愿意提供自己的部分个人信息,这对于网络营销人员来说无疑是一个好消息。请求顾客加入数据库的通常做法是在网站设置一些表格,在要求顾客注册为会员时填写。但是,网上的信息很丰富,对顾客资源的争夺也很激烈,顾客的要求是很挑剔的,并非什么样的表单都能引起顾客的注意和兴趣,顾客希望得到真正的价值,但肯定不希望对个人利益造成损害,因此,需要从顾客的实际利益出发,合理地利用顾客的主动性来丰富和扩大顾客数据库。在某种意义上,邮件列表可以认为是一种简单的数据库营销,数据库营销同样要遵循自愿加入、自由退出的原则。

3. 改善顾客关系

顾客服务是一个企业留住顾客的重要手段,在电子商务领域,顾客服务同样是取得成功的最重要因素。一个优秀的顾客数据库是网络营销取得成功的重要保证。在互联网上,顾客希望得到更多个性化的服务,比如,顾客定制的信息接收方式和接收时间,顾客的兴趣爱好、购物习惯等等都是网络数据库的重要内容,根据顾客个人需求提供针对性的服务是网络数据库营销的基本职能,因此,网络数据库营销是改善顾客关系最有效的工具。

网络数据库由于其种种独特功能而在网络营销中占据重要地位,网络数据库营销通常不是孤立的,应当从网站规划阶段开始考虑,列为网络营销的重要内容,另外,数据库营销与个性化营销、一对一营销有着密切的关系,顾客数据库资料是顾客服务和顾客关系管理的重要基础。

第三节　网络营销职能和内容体系

一、网络营销的职能

网络营销是企业整体营销战略的一个组成部分,是为实现企业总体经营目标所进行的、以互联网为基本手段营造网上经营环境的各种活动。网络营销的核心思想就是"营造网上经营环境"。所谓网上经营环境,是指企业内部和外部与开展网上经营活动相关的环境,包括网站本身、客户、网络营销服务商、合作伙伴、供应商、销售商、相关行业的网络环境等。网络营销的开展就是与这些环境建立关系以达到提升企业竞争力的过程。因此,网络营销应该具有以下八项基本职能:

(一)网络品牌

网络营销的重要任务之一就是在互联网上建立并推广企业的品牌,以及让企业的网下品牌在网上得到延伸和拓展。网络营销为企业利用互联网建立品牌形象提供了有利的条件,无论是大型企业还是中小企业都可以用适合自己企业的方式展现品牌形象。网络品牌建设是以企业网站建设为基础,通过一系列的推广措施,达到顾客和公众对企业的认知和认可。网络品牌价值是网络营销效果的表现形式之一,通过网络品牌的价值转化实现持久的顾客忠诚和更多的直接收益。

(二)网站推广

获得必要的访问量是网络营销取得成效的基础,尤其对于中小企业,由于经营资源的限制,发布新闻、投放广告、开展大规模促销活动等宣传机会比较少,因此通过互联网手段进行网站推广的意义显得更为重要,这也是中小企业对网络营销更为热衷的主要原因。即使对于大型企业,网站推广也是非常必要的,事实上许多大型企业虽然有较高的知名度,但网站访问量也不高。因此,网站推广是网络营销最基本的职能之一,是网络营销的基础工作。

(三)信息发布

网络营销的基本思想就是通过各种互联网手段,将企业营销信息以高效的手段向目标用户、合作伙伴、公众等群体传递,因此信息发布就成为网络营销的基本职能之一。互联网为企业发布信息创造了优越的条件,不仅可以将信息发布在企业网站上,还可以利用各种网络营销工具和网络服务商的信息发布渠道向更广的范围传播信息。

(四)销售促进

市场营销的基本目的是为增加销售提供支持,网络营销也不例外,各种网络营销方法大都直接或间接具有促进销售的效果,同时还有许多针对性的网上促销手段。这些促销方法并不限于对网上销售的支持,事实上,网络营销对于促进网下销售同样很有价值,这也就是为什么一些没有开展网上销售业务的企业一样有必要开展网络营销的原因。

(五)网上销售

网上销售是企业销售渠道在网上的延伸。一个具备网上交易功能的企业网站本身就是一个网上交易场所,网上销售渠道建设并不限于企业网站本身,还包括建立在专业电子商务平台上的网上商店,以及与其他电子商务网站不同形式的合作等。因此网上销售并不仅仅是大型企业才能开展,不同规模的企业都有可能拥有适合自己需要的在线销售渠道。

(六)顾客服务

互联网提供了更加方便的在线顾客服务途径,从形式最简单的FAQ(常见问题解答),到电子邮件、邮件列表,以及在线论坛和各种即时信息服务等。在线顾客服务具有成本低、效率高的优点,在提高顾客服务水平、降低顾客服务费用方面具有显著作用,同时也直接影响到网络营销的效果,因此在线顾客服务成为网络营销的基本组成内容。

(七)顾客关系

顾客关系对于开发顾客的长期价值具有至关重要的作用,以顾客关系为核心的营销方式成为企业创造和保持竞争优势的重要策略。网络营销为建立顾客关系、提高顾客满意和顾客忠诚提供了更为有效的手段,通过网络营销的交互性和良好的顾客服务手段,增进顾客关系成为网络营销取得长期效果的必要条件。

(八)网上调研

网上市场调研具有调查周期短、成本低的特点。网上调研不仅为制定网络营销策略提供支持,也是整个市场研究活动的辅助手段之一。合理利用网上市场调研手段对于市场营销策略具有重要价值。网上市场调研与网络营销的其他职能具有同等地位,既可以依靠其他职能的支持而开展,同时也可以相对独立进行,网上调研的结果反过来又可以为其他职能更好地发挥提供支持。

网络营销的各个职能之间并非相互独立的,而是相互联系、相互促进的,网络营销的最终效果是各项职能共同作用的结果。为了直观描述网络营销八项职能之间的关系,可以从其作用和效果方面来作出大致的区分:网站推广、信息发布、顾客关系、顾客服务和网上调研这五项职能属于基础,主要表现为网络营销资源的投入和建立,而网络品牌、销售促进、网上销售这三项职能则表现为网络营销的效果(包括直接效果和间接效果)。图1-1描述了网络营销八项职能之间的关系。

网络营销

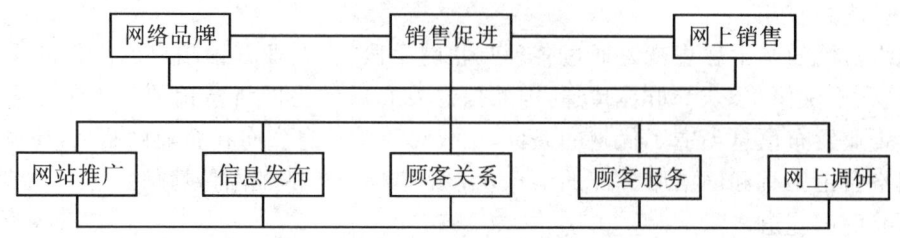

图 1-1 网络营销职能关系图

网络营销的职能是通过各种网络营销方法来实现的,同一个职能可能需要多种网络营销方法的共同作用,而同一种网络营销方法也可能适用于多个网络营销职能,因此完全将网络营销职能与方法之间建立一一对应的关系是不合适的。网络营销的八项职能也说明,开展网络营销需要用全面的观点,充分协调和发挥各种职能的作用,让网络营销的整体效益最大化。

二、网络营销的内容体系

本书将网络营销内容体系分为网络营销基础、网络营销方法、网络营销策略三部分,如图 1-2 所示。

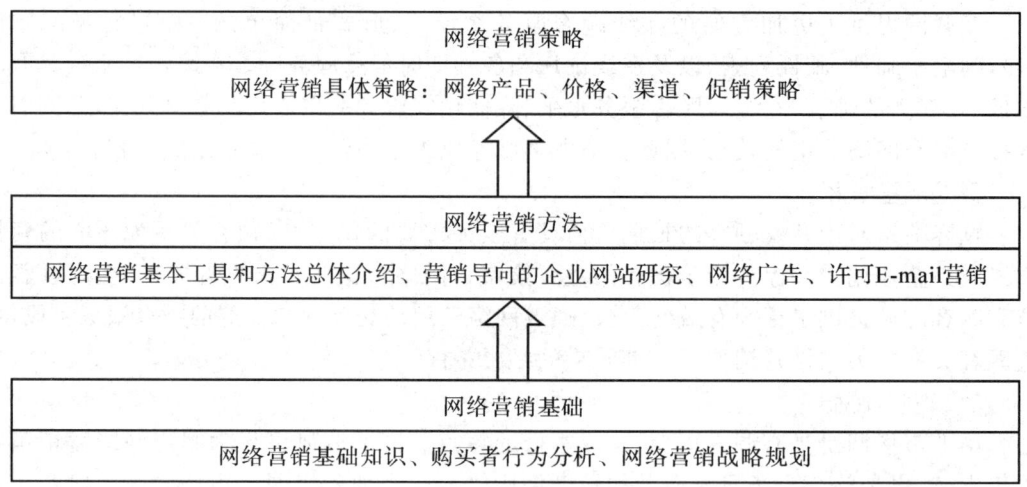

图 1-2 网络营销内容体系框架

网络营销基础主要详细阐述网络营销的基本概念、基本职能以及网络营销信息传递模型和一般原则,深入分析了网络消费者的消费行为特点,并联系实际介绍了网络营销战略规划制定的内容与过程,使学生在对网络营销基本背景知识了解的基础上,对企业针对网络消费行为,如何进行网络营销战略目标规划有整体把握。

网络营销方法侧重介绍网络营销常用工具与方法的具体运用。首先以网络营销八大职能为主要线索,从网络信息发布、在线顾客服务与顾客关系、网络品牌的建立与维护、网上销售、网站推广等几方面对实现这些职能的网络营销方法从应用的角度出发,分别进行介绍。这些内容是网络营销方法体系的基础。由于网络营销的职能是通过各种网络营销方法来实现的,同一个职能可能需要多种网络营销方法的共同作用,而同一种网络营销方法也可能适用于多个网络营销职能,因此这里还对一些综合性的网络营销工具和方法,如企业网站建设、搜索引擎营销、网络广告、许可 E-mail 营销进行了重点介绍。

网络营销策略侧重介绍了网络产品、价格、渠道、促销策略的具体实施。

第四节　网络营销的信息传递

网络营销的八大职能中,信息传递是核心,各种常见的网络营销方法如企业网站、搜索引擎、电子邮件、网络广告等都是为了实现营销信息传递的目的。企业通过网站或各种信息平台发布信息,通过电子邮件、网络广告直接向用户传递信息,用户通过搜索引擎检索,链接到相关网站获取更加详细的信息,也可以通过实时聊天工具获取对某些具体产品的进一步了解。网络营销的本质就是信息传递,了解网络营销中信息传递的原理和特点以及信息交互的本质,是认识网络营销的核心思想,充分发挥网络营销功能的基础。

一、网络营销的信息传递特点

一般的通讯过程就是信息发送者和接收者之间的信息传递,即由信源(发信者)发出信息,通过信息通道传送信息,再由信宿(接收者)获取信息,这就构成了通讯过程。如图 1-3 所示。

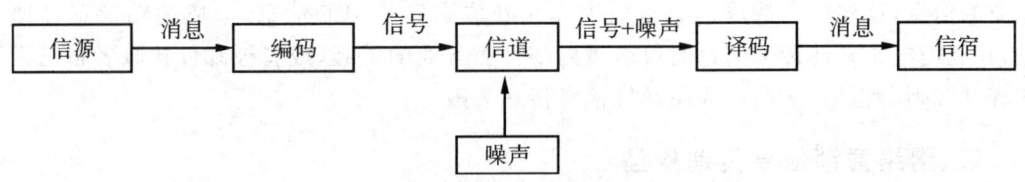

图 1-3　通讯系统的模型

与一般的信息传递系统类似,在网络营销信息传递系统中,同样存在信息源、信息传递渠道、信息接收者等基本要素,不过,网络营销的信息传递有其自身的特点,了解这些特点对于网络营销策略制定和实施具有重要意义。

（一）网络营销信息传递效率高

网络营销信源主要表现为企业网站上的各种文字、图片、多媒体信息、网络广告信息、搜索引擎信息等,由于这些信息本身已经数字化,通过 TCP/IP、E-mail 等方式可以直接作为信号来传输,因此不需要编码和译码的过程,减少了信息传递的中间环节,使得信息传递更为直接,信息接收者与发送者之间甚至可以进行直接的交流,这也使得网络营销的信息传递效率大为提高。

（二）网络营销信息传递方式多样化

在网络营销中,信息传递有多种方式,从信息发送和接收的主动与被动关系来看,有通过电子邮件等方式向用户发送信息的主动传递方式,或者将信息发布在企业网站上等待用户来获取信息的被动传递方式;从信息发送者和接收者之间的对应关系看,可以是一对一的信息传递(如一对一电子邮件、即时信息等),也可以是一对多的信息传递(如邮件列表、网络广告等)。

(三)网络营销信息传递渠道多样化

网络营销信息传递方式多样化同时也决定了网络营销信息传递渠道的多样化。网络营销信息的传递具有多种渠道,如企业网站、搜索引擎、供求信息平台、电子邮件、即时信息等,不同渠道传递信息的方式有所区别,因此只有在充分了解各种网络营销信息传递渠道特性的基础上,才能有效地应用各种网络营销策略。

(四)网络营销中的信息传递是双向的

与一般的信息只能从信息发送者向接收者传递不同,网络营销信息可以是双向传递的,或者说具有交互性,企业可以通过各种网络渠道将信息传递给用户,用户也可以直接获取企业信息并将信息传递给企业。这种交互性对于企业和用户双方都是有利的,企业将正确的信息传递给了正确的用户,用户则得到了自己需要的有助于购买决策或者正确的产品使用的信息。

(五)网络营销信息传递中存在噪声

在网络营销信息传递过程中,同样存在噪声的影响,主要表现为对信息传递的各种障碍,尤其在信息直接传递时这种现象更为明显。其中可能是由于企业的信息发布准备工作不力,也可能是传播渠道的技术问题,或者信息接收者为避免打扰人为设置的障碍等。例如,假如一个企业网站没有登录搜索引擎,用户通过搜索引擎等常规手段将无法获得该企业的信息,这样就会造成信息接收方无法获取自己希望的信息,造成被动信息传递无效;在利用电子邮件传递信息时可能遭到邮件服务商的屏蔽,或者被邮件接收者自己设置的邮件规则所拒绝,从而造成主动性信息传递失败。

二、网络营销信息传递模型

一个完整的网络营销信息传递系统同样包括信息源、信息传播载体和传播渠道、信息接收渠道、信息接收者、噪声和屏障等基本要素(如图1-4所示)。但是每一种要素在网络营销信息传递系统中的具体含义不同。

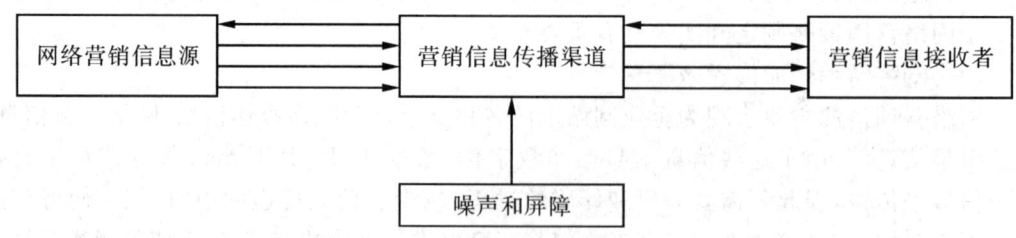

图1-4 网络营销信息传递模型

(一)网络营销信息源

网络营销信息源就是企业通过互联网向用户传递的各种信息。例如企业网站上的企业简介、产品介绍、促销信息,以及通过外部网络资源发布的网络广告、供求信息等都属于信息源的内容。

(二)网络营销信息载体和传递渠道

企业可以通过企业网站、电子邮件、搜索引擎等信息载体和渠道向用户发布和传递信息,用户也可以通过企业网站反馈表单、电子邮件、网络社区、实时通讯工具等方式向企业传达信息。

(三)网络营销信息接收渠道

信息接收渠道和传递渠道是同一事物的两个方面。虽然信息接收/获取渠道和信息传递渠道所依赖的工具相同,但是由于在网络信息传递系统中所处方向不同,对信息渠道的期望目标和应用方式也不同。例如对于搜索引擎这种信息渠道,从企业角度出发,是希望企业网站在搜索引擎有好的排名;而从用户的角度,则是希望通过搜索引擎获得尽可能丰富、有效的信息。

(四)网络营销信息接收者

网络营销信息的接收者是用户或潜在用户。在网络营销信息传递系统中,由于具有双向传递的特点,信息接受者同时也是信息发送者。

(五)噪声和屏障

影响网络营销信息传递的因素。每一种具体的信息传递渠道和网络营销方法,都有不同的噪声和屏障来影响网络营销效果。例如企业发布的信息发布准备工作不力、用户为避免他人的打扰人为设置的障碍或者利用电子邮件传递信息时遭到服务商的屏蔽等,这些都属于噪声和屏障。企业应该对这些噪声和屏障采取针对性措施,以保证网络营销信息的有效传递。

三、网络营销信息交互性的实质

互联网时代的营销不乏各种新概念,"交互营销"就是其中之一,当我们收看电视广告时,选定了某个频道自己就无法决定播出什么,只有看或者不看的选择,也无法向电视台去询问有关广告中产品的情况,因此电视广告就不具有交互性。当收到某个商场寄来的产品目录时,如果对某个产品感兴趣,可以打电话询问,这种直复营销方式就有了一定的交互性,但仍然不能称为交互营销,因为顾客与商家之间的交流不是实时的。当我们通过电脑浏览一幅交互式网络广告或者一个多媒体形式的产品演示时,用户可以根据自己的兴趣点击某个部分进行详细的研究,甚至可以改变各种图像的显示方式,可以选择不同的背景音乐,或者根据自己的指令组合为新的产品模型,也就是说具有一定的交互性。

可见,交互性的特征是用户可以实时参与,这种参与可以是有意识的询问、在一定程度上对原有顺序和内容的改变,也可以是随机的、无意识的点击等行为。交互的程度除了设定程序的组合之外,也与参与者的兴趣和方式有关。在互联网上,交互式广告、网络游戏、智能查询、在线实时服务等等都有不同程度的交互性,因此,一般将交互性作为互联网的重要特征之一,随着交互电视等技术的不断发展和普及,交互性将不再是互联网所特有的,但可以肯定的是,交互性在营销中的作用将更为突出,交互式营销也将成为网络营销的重要特色。

信息经济学原理告诉我们,当交易双方存在信息不对称时,掌握对方信息多的一方在谈判和交易中处于有利地位。在企业网络营销活动中,信息源来自于企业,并且对信息传递渠道产生重要影响,企业显然属于掌握信息多的一方,但是互联网为用户提供了许多更方便有效地了解企业信息的途径,这就使得用户可以利用这种资源获取更多有利于自己购买产品的信息。如果用户对一个企业的产品信息一无所知,而拥有较多的另一个生产同类产品的企业信息,那么结果将可能是购买他所了解的产品。由于企业与用户之间存在这种相互依赖的关系,企业为了获得用户愿意付出对信息的一部分控制权,事实上,由于市场竞争的存在,每个企业都希望用户对自己的产品了解更多的信息。于是,网络营销便成为企业向用户传递营销信息的策略之一。但是,由于许多企业的营销信息无法有效地传递给目标用户、所传递的信息对用户没有价值或者不能满足用户的需要,用户为了制定购买决策还需要主动去获取部分信息。

交互性营销的作用是与单向营销信息传递和传统营销方法的强制性相对而言的。与强制性相比,由于用户可以在一定程度上参与到营销活动中去,使得用户与商家的距离大大缩短,同时也大大减少了用户获取信息的成本和时间(有时甚至是实时的),商家与用户之间的沟通手段也更加多样化,用户可以方便地了解到更多自己希望的信息。对用户来说,交互性的营销方式更能引起兴趣和关注。因此,网络营销交互性的实质是:"网络营销交互性的实质就在于企业更容易向用户传递网络营销信息,同时用户也可以更方便地获取有效的信息。"认识到这一点,对于有效开展网络营销具有积极的指导意义。接下来要解释的是网络营销信息传递原理对网络营销实践的价值。

在2001年初,美国互联网广告署(Internet Advertising Bureau)悄悄地改名为交互广告署,尽管缩写仍然是IAB(Interactive Advertising Bureau),并且所关注的领域并没有实质性的改变,但两个概念的内涵显然有一定的差别,"交互广告"将交互性与网络广告更加紧密地结合在一起,尽管有些网络广告实际上并不一定具有充分的交互功能。由此推测,将网络营销称为交互营销应该也有一定道理。与强制性相比,由于用户可以在一定程度上参与,交互性使得用户与商家(广告主)的距离大大缩短,同时也大大减少了对用户的回应时间(有时甚至是实时的),沟通手段也更加多样化,用户可以方便地了解到更多自己希望的信息,买卖双方信息不对称的情形有较大的改善,因此对用户来说,交互性的营销方式更能引起兴趣和关注。因此,网络营销的交互性最主要的优势之一在于更容易向用户传递信息,或者说,"交互性营销的实质在于用户可以更方便地获取信息"。当我们了解了交互营销的实质之后,如何更有效地利用交互性就成为网络营销要研究的重要内容之一。

四、网络营销信息传递的原则

与一般信息传递系统不同的是,网络营销中的信息传递是双向的,即网络营销具有交互性。其实质是企业更容易向用户传递网络营销信息,同时用户也可以更方便地获取有效的信息。网络营销信息传递的原理是提供详尽的信息源,建立有效的信息传播渠道,为促成信息的双向传递创造条件。为保证网络营销信息传递有效,应该遵循以下基本原则:

（一）提供尽可能详尽而有效的网络营销信息源

无论是企业通过各种手段直接向用户所传递的信息，还是用户主动获取的信息，归根结底都来源于企业所提供的信息源，只有有效信息尽可能丰富，才应能为网络营销信息有效传递奠定基础。因此，企业网站上的基本信息应全面、及时（包括信息的及时更新、补充）；要做好优化设计，例如用户优化，就是以用户需求为导向，设计用户更喜欢的网页布局、格式、更方便的导航等，还包括对网络环境的优化、对网站维护的优化。

（二）建立尽可能多的网络营销信息传递渠道

在信息传播渠道建设上，应采取完整信息与部分信息传递相结合、主动性和被动性信息传递相结合的策略，通过多渠道发布和传递信息，才能创造让尽可能多的被用户发现这些信息的机会。

例如，企业建立属于自己的网站，并且进行必要的推广，让更多人知道；还有登陆主要的搜索引擎来获取自己需要的信息；也可以利用黄页、博客等渠道来发布信息。

（三）尽可能缩短信息传递渠道

在创建多个信息传递渠道的基础上，还应创建尽可能短的信息传递渠道，因为信息渠道越短，信息传递越快，受到噪声的干扰也就越小，信息也就更容易被用户接收。这也从根本上解释了为什么搜索引擎检索结果中靠前排列的信息更容易得到用户点击，而用户自愿订阅的邮件列表营销效果更胜一筹等看起来理所当然的问题。

企业可以利用网络实名/通用网址为用户访问网站提供方便，还有对搜索引擎优化、内部列表 E-mail 营销等方法来缩短信息传递渠道，让信息传递得更快，更早地被用户接收。

（四）保持信息传递的交互性

交互性的实质是营造企业与用户之间互相传递信息变得更加方便的环境，除了上述建立尽可能多且短的信息传递渠道之外，还应建立多种信息反馈渠道，如论坛、电子邮件、在线表单、即时信息等，以保证信息传递交互性的发挥。

企业可以利用企业内部列表 E-mail 来增强和顾客的关系，还可以建立详尽的 FAQ 和即时的顾客在线咨询服务帮助客户解决更多难题，并与目标顾客直接进行沟通，了解顾客对产品或服务的评价和顾客提出的还没有满足的需求，保持与顾客的紧密关系维系顾客的忠诚度。

（五）充分提高网络营销信息传递的有效性

由于信息传递中的障碍因素，使得一些用户无法获取到自己需要的全部信息，提高信息传递的有效性，也就是减少信息传递中噪声和屏障的影响，让信息可以及时、完整地传递给用户。如提高网页下载速度，下载速度决定了信息传递渠道的周期，如果下载过慢，延长了信息传递渠道，在这个过程中更容易受到其他因素的影响，用户很可能在网页还没有下载完成之前就已经离开了网站，到竞争者网站上去获取信息，这样便失去了一个潜在顾客。降低 E-mail 退信率，分析邮件被退的具体原因，站在客户的角度思考问题，这样问题才会得以解决。

做好以上几点，对网络营销信息传递的有效性具有重大意义。

本章小结

1. 网络营销就是以国际互联网络为基础，利用数字化的信息和网络媒体的交互性来辅助营销目标实现的一种新型的市场营销方式。

2. 网络营销的理论基础包括网络关系营销理论、网络直复营销理论、网络软营销理论、网络数据库营销理论。

3. 网络营销的基本职能表现在八个方面：网络品牌、网站推广、信息发布、销售促进、销售渠道、顾客服务、顾客关系、网上调研。

4. 一个完整的网络营销信息传递系统包括信息源、信息传播载体和传播渠道、信息接收渠道、信息接收者、噪声和屏障等基本要素。

5. 网络营销信息传递的一般原则为：提供详尽有效的信息源，建立尽可能多且短的信息传播渠道，保持信息传递的交互性，提高信息传递的有效性。

案例讨论

淘宝网——网络营销的经典战例

淘宝（taobao.com）是阿里巴巴（alibaba.com）旗下的一家C2C电子商务企业，成立于2003年。在其他企业的广告还局限于Banner、Logo之类的传统形式时，淘宝网采用的广告策略就是全方位、地毯式地弹出窗口，并且用了很多技术使广告过滤工具失效，因此当用户访问各种主流网站时都有淘宝的弹出窗口广告，不管你对他有什么感觉，他都会让你记住"淘宝的"这个词。其广告效果是显而易见的。淘宝当年便从易趣那儿抢走了超过1/3流量。但仅依靠广告轰炸并不一定能够吸引足够的客户使用，因此淘宝还推出了一系列的配套策略。

1. 三年免费

淘宝成立时提出了三年免费服务的策略，而在淘宝迅速取得巨大成功时仍然维持承诺。从淘宝的观点看，他们认为会员并不一定会在乎那么点会员费，但淘宝失去的将是企业的信誉。

2. 与B2B平台对接

淘宝利用其特有的优势将C2C业务与阿里巴巴的B2B业务对接，个体卖主可以从B2B平台上批量采购，然后通过淘宝的C2C平台实现零售，为客户带来了极大的方便。

3. 支付宝

支付宝（alipay.com）是阿里巴巴推出的又一拳头产品。它在很大程度上解决了国内电子商务一直面临的电子支付问题，在电子商务领域，其市场占有额达到了90%。

4. 安全服务

淘宝在注册上采用更严格的实名制认证，提供"淘宝旺旺"即时交易沟通工具，应用"诚信通"工具评测客户的诚信，制定严格的交易流程和交易规章。淘宝采取了这样一系列措施尽可能地保障了交易的安全。

5.其他服务

目录管理服务保障了客户商品的正确分类,与快递公司建立战略伙伴关系既保障了交易的传递效率,又降低了客户的物流成本。

淘宝的一系列营销策略迅速使其成为国内最著名的C2C网站。从2003年开始,在网站发布不到一年的时间里,其访问流量就达到了易趣的4倍以上,注册会员也在2005年超过了易趣。2006年初易趣的市场份额已不到淘宝网的1/2。按照阿里巴巴总裁马云的话说,他拿着望远镜也看不到对手。

(资料来源:Justin Doebele,Standing Up to Ebay,Forbes,2005.4.18;Liu Baijia,Ebay Eachnet loses out to Taobao,China Daily,2006-5-10)

讨论:

进入淘宝网,试着开一个小店,进入支付宝,试着注册一个支付宝账户,思考淘宝网采用了哪些营销策略击败竞争对手。

思考题

1. 什么是网络营销?
2. 简述网络营销的产生和发展现状。
3. 网络营销的基础理论有哪些?
4. 网络营销的特点有哪些?
5. 网络营销常见的方法有哪些?
6. 网络营销的职能体系是什么?
7. 网络营销交互性的实质是什么?
8. 网络营销信息传递的原则怎样应用?

第 2 章
网络市场购买行为分析

知识目标：
- 了解网络市场购买行为。
- 理解网络对消费者的影响。
- 掌握网络顾客忠诚度管理方法。

能力目标：
- 正确认识网络市场以及消费者购买行为。
- 能在实际工作中应用网络营销的顾客忠诚度管理方法。

案例导读

"麦包包"的发展之路

"麦包包，买包包！"前半句用告知语气，后半句用肯定语气，这是网商叶海峰登陆淘宝B2B商城后，用日卖包包1 000只的业绩在网购一族中烙下的品牌形象。

因出口而"触网"

1995年毕业的叶海峰，一直在箱包和纺织行业闯荡，做过技术员，干过销售，当过业务经理。2001年，因国企改制而失业的叶海峰，凭着年轻人的一腔热情，借款10万元注册了一家公司，专做箱包进出口业务。

因业务联络需要常常上网，叶海峰成了较早"触网"的那批人。随后的2003年，网络直销大肆兴起，他意识到机会真的来了。时至今日，叶海峰也许早已记不清通过阿里巴巴平台获得了多少订单，但他一直认为花钱买"中国供应商"服务确实划算。因为网络带给他的不仅是效益，还有全新的思维观念。

贴牌微利被迫转型

叶海峰的公司像其他出口企业一样，主要是帮国外企业做贴牌，这也注定了利润空间非常狭窄。"毛利率通常为5%，有时为了揽单，3%的毛利也要做。"贴牌生产总是以挤压利润为代价，在微利中倍感困惑的叶海峰，于2005年成为阿里巴巴诚信通客户，试水国内贸易。

为了做大内销市场,叶海峰充分调动以前作出口时的资源,对现成的行业人脉、工艺技术及代理品牌优势进行整合利用。期间,他还特地请人开发设计了一家包包直销网站。

2008年,随着淘宝B2B商城上线,叶海峰的公司以"麦包包"这一网络品牌形象隆重登场。"成本控制是我们的强项,高质低价正好契合了网购一族的需求。"叶海峰说,虽然旗舰店开张前三个月没有一笔生意,但随着一段时间的摸索,如今,麦包包的日销量平均已达1 000只。

如果没有及时通过电子商务转战国内市场,如今的叶海峰可能像很多外贸企业一样,面临着停工或破产的风险。先人一步的决策总带给他无与伦比的想象空间,如今,叶海峰的公司已从十几个人的外贸小团队发展到150余人的大队伍,其中,仅客服人员就达40多个。

现在,叶海峰把主要精力都放在网购内销上,外贸业务已经退居其次。

不算秘诀的秘诀

公司规模日益庞大,叶海峰并没有做什么特别的推广计划,在他眼里,产品才是最重要的,是根本。"产品是商业的核心,在产品上我们花了很大的心思。"叶海峰告诉记者,麦包包的产品出自7名优秀设计师之手。为了更好地把握产品的时尚元素,一名在意大利开有设计中心的合伙人,总是定期给叶海峰提供最新的箱包潮流资讯,并给出设计建议。

自己的包包如何在浩如烟海的淘宝产品中令人眼前一亮,是叶海峰考虑得最多的问题,公司为此专门聘请了视觉总监和摄影师,为产品上架做包装。

"我们既有自主品牌,也有代理品牌。"叶海峰说,目前麦包包的自主品牌有十几个,根据不同群体进行风格定位。例如,"飞扬空间"的客户群定位为16~26岁的小女生,突出"可爱"元素;"浪美"则显得大牌一点,年龄层瞄准26~36岁的女士,格调上会效仿一些国际名牌;"卡唐"则走韩版路线,以"中性"为主要风格,消费者为18~28岁,颜色也多为咖啡色、棕色为主,黑、白、杏色作为辅助颜色;"阿尔法"走经典风格,主打32~42岁的女性。

据悉,麦包包现在计划推出的新款产品将达1万余种,按春夏和秋冬两季,每个品牌每季会开发15~20组。"此前的一款魔方包,累计销售了5 000多个。"尝到了独特设计带来的甜头,叶海峰透露,麦包包在设计上的策略会更加开放,比方说在全国范围内聘请兼职设计师、为设计师建立个人品牌等。

叶海峰很OPEN,这也正是网商身上的闪光点。有理由相信,更多的"叶海峰们"会用行动创造出网络时代的新传奇。

第一节 网络对消费者的影响

一、我国网络市场及其特点

中国互联网络信息中心(CNNIC)发布的第31次《中国互联网络发展状况统计报告》显示,截至2012年12月底,我国网民规模达到5.64亿,互联网普及率为42.1%,保持低速增长。与之相比,手机网络各项指标增长速度全面超越传统网络,手机在微博用户及电

网络营销

子商务应用方面也出现较快增长。报告显示，截至2012年12月底，我国网络购物用户规模为2.42亿，网民使用网络购物的比例提升至42.9%。2012年，我国网络购物市场交易金额达到12 594亿元，较2011年增长66.5%。2012年网络零售市场交易总额占社会消费品零售总额的6.1%，呈以下特点：

1. 年网购交易额达1.26万亿，服装、日百消费热度高

2012年，我国网购用户人均年网购消费金额达到5 203元，与2011年相比增加1 302元，增长25%。用户网购频次有了显著的提升，用户半年平均网购次数达到18次，较2011年增加3.5次。全年网络购物市场交易金额达到12 594亿元，较2011年增长66.5%，占社会消费品零售总额的6.1%。

用户网上购买最多的商品类型是服装鞋帽，81.8%的用户最近半年在网上购买过服装鞋帽；第二位的是日用百货，用户购买的比例为31.6%；第三位的是电脑、通讯数码产品及配件，用户购买比例为29.6%。

2. 手机网购带动消费增长，消费情景更加多元化

有40.7%的网购用户过去半年使用过手机查询过商品。其中首要的方式是登录购物网站的客户端软件浏览，达53.6%；与2011年相比，购物网站APP应用在网购用户中的渗透水平明显加深。

2012年实际通过手机购物的用户规模达到5 544万人，占手机网民的13.2%。用户使用手机网购的情景较为多元化，有53.3%的用户在家休闲时用手机网购，对于部分用户而言，手机已经开始逐步替代家庭电脑在用户网购中的地位；有31.8%的用户是在无法使用电脑联网时用手机网购；26.2%的用户在上班、上学时用手机网购；还有13.9%和10.6%的用户是在乘坐公共交通工具和排队等候时用手机网购。

3. 社会化因素影响网购，促进消费达成决策

28.4%的网购用户最近半年使用过社会化分享网站，这些用户中有52.8%的人表示自己在社会化分享网站上浏览、关注过商品购物方面的信息。而在关注社会化分享网站上商品信息的用户中，有18%的人在决定购买商品之前，会经常登录社会化分享网站看看相关商品信息。

使用社会化分享网站的网购用户中，有41.8%的用户在社会化分享网站上看到商品信息或促销信息，最后实际购买了该商品。其中最近半年购买过1~3次的占到了55%，购买过3~5次的有23%，5~10次的有15%。

4. 用户满意度相对较高，网购深度影响线下消费

2012年，对网络购物整体表示满意的用户为89.3%，与2011年基本持平；表示不满意的用户占比从6.7%下占到5.5%。用户网络购物不满意的方面最主要是送货时间太长，占49.2%的比例；第二位是感觉商品与网站宣传不一致，占49%；第三位是买到假冒伪劣产品，占3.3%。

网络购物深度影响了线下消费，65%的用户表示自己通过网上购物减少了外出购物频率，55%的用户表示通过网上购物节约了日常购物花费。在购物网站选择方面，无论用户网购熟悉产品还是不熟悉的产品，用户评价因素的影响都最大。对比而言，用户网购熟悉产品时，受价格高低影响更大，有22.7%的比例；用户网购不熟悉的产品时，更多受

用户评价的影响,占到了44.8%。

随着人们对网络环境的熟悉,人们在网上从事的活动范围也越来越广。搜索引擎、即时通信、在线娱乐等仍然是人们使用最多的Internet服务,基于Web2.0的应用得到快速发展,其他服务如网络金融服务、团购等得到广泛的重视和快速发展。

二、网络消费者的动机类型

所谓动机,是指推动人进行活动的内部原动力(内在的驱动力),即激励人行动的原因。人只要处于清醒的状态之中,就要从事这样或那样的活动。无论这些活动对主体具有多大的意义和影响,对主体需要的满足具有怎样的吸引力,也无论这些活动是长久的还是短暂的,它们都是由一定的动机所引起的。网络消费者的购买动机是指在网络购买活动中,能使网络消费者产生购买行为的某些内在的驱动力。

动机是一种内在的心理状态,不容易被直接观察到或被直接测量出来,但它可根据人们的长期的行为表现或自我陈说加以了解和归纳。对于企业促销部门来说,通过了解消费者的动机,就能有依据地说明和预测消费者的行为,采取相应的促销手段。而对于网络促销来说,动机研究更为重要。因为网络促销是一种不见面的销售,网络消费者复杂的、多层次的、交织的和多变的购买行为不能被直接观察到,只能够通过文字或语言的交流加以想象和体会。

网络消费者的购买动机基本上可以分为两大类:需求动机和心理动机。前者是指人们由于各种需求,包括低级的和高级的需求而引起的购买动机,而后者则是由于人们的认识、感情、意志等心理过程而引起的购买动机。

(一)网络消费者的需求动机

研究人们的网络购买行为,首先要研究人们的网络购买需求。

1.传统需求层次理论在网络需求分析中的应用

在传统的营销过程中,需求层次理论被广泛应用。需求层次理论是研究人的需求结构的理论,它是由美国心理学家马斯洛在1943年出版的《人类动机的理论》一书中提出来的。马斯洛把人的需求划分为五个层次:生理的需求、安全的需求、社交的需求、尊重的需求和自我实现的需求。马斯洛的需求层次理论对网络消费需求层次分析也有重要的指导作用。

2.现代虚拟社会中消费者的新需求

马斯洛的需求层次理论可以解释虚拟市场中消费者的许多购买行为,但是,虚拟社会与现实社会毕竟有很大的差别,马斯洛的需求层次理论也面临着不断补充的要求。而虚拟社会中人们联系的基础实质是人们希望满足虚拟环境下三种基本的需要:兴趣、聚集和交流。

(1)兴趣

分析畅游在虚拟社会的网民,我们可以发现,网民之所以热衷于网络漫游,是因为对网络活动抱有极大的兴趣。这种兴趣的产生,主要出于两种内在驱动。一是探索的内在驱动力。人们出于好奇的心理探究秘密,驱动自己沿着网络提供的线索不断地向下查询,希望能够找出符合自己预想的结果,有时甚至到了不能自拔的境地。二是成功的内在驱动力。当人们在网络上找到自己需求的资料、软件、游戏,或者打入某个重要机关的信息库时,自然产生一种成功的满足感。

(2)聚集

虚拟社会提供了具有相似经历的人们聚集的机会,这种聚集不受时间和空间的限制,并形成富有意义的个人关系。通过网络而聚集起来的群体是一个极为民主性的群体。在这样一个群体中,所有成员都是平等的,每个成员都有独立发表自己意见的权利,使得在现实社会中经常处于紧张状态的人们渴望在虚拟社会中寻求到解脱。

(3)交流

聚集起来的网民,自然产生一种交流的需求。随着这种信息交流频率的增加,交流的范围也在不断地扩大,从而产生示范效应,带动对某些种类的产品和服务有相同兴趣的成员聚集在一起,形成商品信息交易的网络,即网络商品交易市场。这不仅是一个虚拟社会而且是高一级的虚拟社会。在这个虚拟社会中,参加者大都是有目的,所谈论的问题集中在商品质量的好坏、价格的高低、库存量的多少、新产品的种类等等。他们所交流的是买卖的信息和经验,以便最大限度地占领市场,降低生产成本,提高劳动生产率。对于这方面信息的需求,人们永远是无止境的。这就是电子商务出现之后迅速发展的根本原因。

(二)网络消费者的心理动机

网络消费者购买行为的心理动机主要体现在三个方面。

1. 理智动机

理智动机是建立在人们对于在线商场推销的商品的客观认识基础上的。众多网络购物者大多是中青年,具有较高的分析判断能力。他们的购买动机是在反复比较各个在线商场的商品之后才作出的,对所要购买的商品的特点、性能和使用方法,早已心中有数。理智购买动机具有客观性、周密性和控制性的特点。在理智购买动机驱使下的网络消费购买动机,首先注意的是商品的先进性、科学性和质量高低,其次才注意商品的经济性。这种购买动机的形成,基本上受控于理智,而较少受到外界气氛的影响。

2. 感情动机

感情动机是由于人的情绪和感情所引起的购买动机。这种购买动机还可以分为两种形态。一种是低级形态的感情购买动机,它是由于喜欢、满意、快乐、好奇而引起的。这种购买动机一般具有冲动性、不稳定性的特点。还有一种是高级形态的感情购买动机,它是由于人们的道德感、美感、群体感所起的,具有较大的稳定性、深刻性的特点。而且,由于在线商场提供异地买卖送货的业务,大大促进了这类购买动机的形成。

3. 惠顾动机

这是基于理智经验和感情之上的,对特定的网站、图标广告、商品产生特殊的信任与偏好而重复地、习惯性地前往访问并购买的一种动机。惠顾动机的形成,经历了人的意志过程。从它的产生来说,或者是由于搜索引擎的便利、图标广告的醒目、站点内容的吸引;或者是由于某一驰名商标具有相当的地位和权威性;或者是因为产品质量在网络消费者心目树立了可靠的信誉。这样,网络消费者在为自己作出购买决策时,心目中首先确立了购买目标,并在各次购买活动中克服和排除其他同类产品的吸引和干扰,按照事先的想法购买行动。具有惠顾动机的网络消费者,往往是某一站点的忠实浏览者。他们不仅自己经常光顾这一站点,而且对众多网民也具有较大的宣传和影响功能,甚至在企业的商品或服务一时出现某种过失的时候,也能予以谅解。

消费者购买的过程包含了心理过程和行为过程,心理是内在的变化,行为是外在的表现,心理的变化将经历动机、知晓、学习、和信念四个阶段,是消费者在完成购买行为之前的消费态度的形成过程,即购买决策过程;行为的变化则一般经历信息收集、商品比较、购买行为和购后反应,是购买决策的实践过程。消费者心理与行为结合起来的交互作用才最终构成消费者购买的完整过程。

总体来看,消费者网上购物的消费动机与传统购物的消费动机并没有太大区别,只是互联网条件下消费动机的产生具有更多的影响因素。网上购物作为一种新兴的商业模式,在信息收集、商品比较、购买行为和购后反应等消费行为方面与传统购物模式还是有着较大差别的。

第二节 网络消费者行为分析

一、网络消费者分析

(一)网络个体消费者

1. 网络个体消费者的消费特征

网络个体消费者是一个独特的群体,他们有着一些较传统环境下消费者不同的消费特征。

(1)寻求便捷性。现代生活压力很大,人们的生活节奏比较快,很多网络消费者选择在网上购物以节省时间。同时,数字产品最大的特点就是能直接在网上进行配送,例如IP电话卡、实时手机充值卡等可以在几秒钟实现直充,流行的电视剧或电影能在付款后马上在线观看,这也是吸引很多消费者进行网络消费者的主要原因。

(2)善于理性分析。网络消费者以高学历、年轻化人员为主,有较丰富的上网经验。因此,他们在网络购物时会通过搜索引擎、网络购物比较网站、相关的购物网站对特定产品进行详细比较,这种比较涉及价格、款式、性能等。

(3)追求个性化。现代人都希望标新立异,对个性化需求越来越明显,而互联网及购物空间给了他们这样的机会。一方面,面临全球化、无时空限制的网络市场,消费者可以从琳琅满目的商品中进行选择。另一方面,网络可以满足消费者的个性化定制需求,很多互联网企业可以基于消费者不同的喜好和设想,定制生产消费者喜爱的商品。

(4)喜欢时尚。众多网络消费者都年轻、时尚,他们会选择在网上寻找新奇、独特的商品,满足自己的时尚心理。很多网络游戏商、网络增值服务商正是抓住了他们这种心态,开发销售许多增值的虚拟商品和服务。例如QQ秀就是最好的例证,一套时尚的QQ秀可能需要几十甚至几百元钱。

2. 网络个体消费者的分类

按照网络消费动机,网络消费者总体上可以概括为以下五类:

网络营销

(1)便捷购买型。这类顾客追求方便、快捷的网上购物。他们每月只花少量时间上网,但他们网上交易比重却占了一半。企业必须为这类人提供便利,让他们觉得在该企业网站上购买商品将会节约更多的时间。

(2)过程享受型。这类顾客的突出表现是在网上"冲浪",他们访问的网页是其他网民的数倍,但他们在网上下单交易的机会相比却不多。冲浪型网民对时常更新、具有创新设计特征的网站很感兴趣。

(3)新手体验型。这类顾客是刚触网的新手,他们很少购物,而喜欢在网上聊天、发送免费问候卡。那些有着著名传统品牌的公司应对这群人保持足够的重视,因为网络新手们更意愿相信生活中他们所熟悉的品牌。

(4)讨价还价型。这类顾客有一种趋向购买便宜商品的本能,著名的 eBay 网站一半以上的顾客就属于这一类型,他们喜欢讨价还价,并有强烈的意愿在交易中获胜。

(5)内容黏着型。这类消费者使用网络时,更多关注网站的内容。一些网民常常访问新闻和商务网站,而另一些则喜欢运动和娱乐网站,各有偏好,但需求着眼点都是"内容"。商家可以利用这类顾客对内容的黏着,通过内容推荐或介绍的形式展开商品的营销和销售。

资料链接 2.1

Dell——网上直销先锋

Dell(dell.com)是全球最大的计算机生产商,其产品包括台式机、笔记本、网络服务器、工作站和存储设备。计算机行业是过去 20 年增长最快的行业,但计算机行业的生产企业也面临着巨大的挑战。首先,技术的快速变化使企业维持库存时产生了巨大的损失,许多公司每周损失 0.5%~2%;其次,传统的垂直集成模式在计算机行业几乎消失了,因为研发成本太高以及技术变化太快使得谁也没有能力保证计算机生产线的每个部件都是领先于其他企业的。

Michael Dell 于 1984 年创建该公司,其创建时的营销理念是越过分销商直接将产品销售给最终用户,为顾客提供定制服务,满足顾客的技术需求意识。Dell 所基于的业务模式即成立五个关键策略:快速周转,按订单生产,消除分销商所引起的价格和时间成本,优良的服务和支持,低库存和低资金投入。

Dell 的这一营销理念克服了计算机行业面临的困难。Dell 的直销几乎不需要占用库存,企业的全部精力集中在加快供应链上零部件和产品的周转,产品的库存周期只有 2.5~5 天,而其竞争对手 Compaq、IBM 则占用 50~90 天的库存。Dell 投放新产品的速度也比竞争对手快,不需要降价销售库存,因为 Dell 根本就没有存货。

在产品开发上,Dell 与其供应商建立了紧密的合作关系,使得供应商将精力集中在它自己擅长的零部件上。与此同时,Dell 将其研究集中在以客户为中心的、与伙伴协同开发与设计上,并以此培养供应链能力。

Dell 允许客户自己设计产品并通过网络下订单、选择配送方式,下单后客户可以在线跟踪订单的执行。客户定制的产品一般情况下可在 3~6 个工作日内完成组装,组装后的产品根据客户的要求可在 1～5 个工作日内投递。

Dell 公司从 1984 年成立,到 1992 年就成为《财富》500 强企业,2011 年排名第 34 位,目前每年净收入约 600 亿美元。Dell 公司也是增长最快的计算机生产商,其股价从 1988 年招股时的 8.5 美元/股到 2006 年 11 月 3 日时的复权价为 2 327.24 美元,上涨了 270 多倍。

(资料来源:http://www.dell.com/content/;Roman Kapuscinski,Rachel Q Zhang,Paul Carbonneau,Robert Moore,Bill Reeves,Inventory Decisions in Dell's Supply Chain,Interfaces,2004,34(3),191—205,INFORMS)

(二)网络组织消费者分析

1. 网络组织消费者的分类

网络环境下组织消费者可以分为企业组织消费者和集团客户消费者两类。企业组织消费者是指通过网络贸易渠道购买产品和服务,将其用于其他产品和服务的生产、销售的组织。而网络集团客户消费者是指通过互联网聚集,进行数量较大的消费性采购,购买后的商品不再进入流通领域。网络集团客户通常提供便利的交流和沟通平台,围绕某一购买目的将同类型的购买者在网上有机地组织在一起,形成一个利益目的明确的购买组织,并以集团客户购买者的身份进行购买谈判,争取更低的购买价格和更优质的服务。

2. 网络组织消费者的消费特征

这类组织消费者拥有一些共同的特征,购买数量大、以直接购买为主,需满足个性化、定制化需求。这些组织消费者对商品的需求数量都很大,通常从生产企业直接购买,而不通过任何中间环节。同时,组织消费者还会根据自己的个性化需求从生产企业进行大规模定制。

此外,企业组织者和集团客户组织者还拥有其各自的特征。

对于企业组织消费者,其购买需求具有派生性、波动性,购买的专业性强、具有互惠性。企业组织者对产品的需求是从终端消费者的需求引发而来的,因此,由潮流、喜好等引发消费者行为的变化不可避免会带来企业组织的需求波动,从而也导致企业组织购买行为的波动性。同时,很多企业组织都是生产型厂商,而生产材料,尤其是生产加工机器的专业性很强,企业组织的采购人员一定要具备专业的素质。最后,企业组织购买者在购买生产资料的同时也会销售自己的产品,因此企业组织采购会具有互惠性。这种互惠不一定是直接的双方互惠,也可能是三角互惠或多角互惠。

集团客户消费者最大的特点在于其从众及求廉心理的驱动和购买的一次性行为。与个人购买不同,集团购买参加者并非都有明确的购物需求,有时只是在漫无目的网上浏览过程中看到了网上团购的信息,参与到其中的讨论或者是看到团购价格和单购价格的差距较大,在从众及求廉心理的驱使下,产生了购买行为。集团客户的组织往往都是临时的、一次性的,购买成功后就会解散。成员不固定,人数也不能准确预测。对网络消费者的分析非常关键,这将会直接影响网络贸易企业对市场的选择和定位。

二、网上消费者的购买行为类型

网上消费者的购买行为是影响网络营销的重要因素。了解网上消费者的购买类型、

网络营销

购买动机,可以帮助网上消费者正确把握自己的消费行为,并为企业网络营销提供决策的科学依据。网上消费者的购买类型,按照消费者需求的个性化程度,可以将网上消费者的购买行为类型划分为简单型、复杂型和定制型购买。

(1)简单型购买。简单型购买的产品大多是书籍、音像制品等类的标准化产品。消费者对它们的个性化需求不大,基本上属于同质市场。消费者购买这类产品通常以传统购买习惯为依据,不需要复杂的购买过程,购买前一般不会进行慎重的分析、筛选,主要以方便购买作为首要条件。

(2)复杂型购买。此类购买行为主要发生在购买电视机、电冰箱等技术含量相对较高的耐用消费品的场合。由于消费者对这些产品的许多技术细节不了解,因而对品牌的依赖性较大。随着这些产品逐渐走向成熟,消费者对它们变得越来越熟悉,这种复杂型购买将逐步趋于简单化。对这些产品,消费者的个性化需求主要表现在产品的颜色、外观造型上,对厂商的要求不是很高,厂商介入的程度不高。

(3)定制型购买。这类购买是指消费者按照自己的需求和标准,通过网络要求厂商对产品进行定制化生产。定制型购买的产品大致有三类:①技术含量高、价值高的大型产品,通过定制,虽然增加了制造成本,但可以大大削减非必要功能,从而获得更个性化同时也是更经济的产品。②技术含量不高,但价值高的个性化产品。这类产品与消费者的兴趣、偏好有直接的关系。③计算机软件及信息产品。

三、网络消费需求的特点

网络消费是一种新型的消费形式,它与传统的消费形式相比,有类似的地方,也有其独有的特点。

(一)网络消费仍具有层次性

网络消费本身是一种高级的消费形式,但就其消费内容来说,仍然可以分为由低级到高级的不同层次。需要注意的是,在传统的商业模式下,人们的需求一般是由低层次向高层次逐步延伸发展的,只有在低层次的需求满足之后,才会产生高一层次的需求。而在网络消费中,人们的需求是由高层次向低层次扩展的。在网络消费的初期,消费者侧重于精神产品的消费,如通过网络书店购书、通过网络光盘商店购买光盘。到了网络消费的成熟阶段,消费者在完全掌握了网络消费的规律和操作,并且对网上购物有了一定的信任感后,才会从侧重于精神消费品的购买转向日用消费品的购买。

(二)网上消费者的需求具有明显的差异性

不同的网上消费者因所处的时代、环境不同而产生不同的需求,不同的网上消费者在同一需求层次上的需求也会有所不同。网上消费者来自世界各地,国别、民族、信仰以及生活习惯的不同,因而产生了明显的需求差异性。这种差异性远远大于实体商务活动的差异。所以,从事网络营销的厂商要想取得成功,必须在整个生产过程中,从产品的构思、设计、制造,到产品的包装、运输、销售,认真思考这种差异性,并针对不同消费者的特点,采取有针对性的方法和措施。

(三)网上消费者的需求具有交叉性

网上各个层次的消费不是相互排斥的,而是具有紧密的联系,需求之间广泛存在交叉的现象。例如,在同一张订购单上,消费者可以同时购买最普通的生活用品和昂贵的饰品,以满足生理的需求和尊重的需求。这种情况的出现是因为网上商店可以囊括几乎所有商品,人们可以在较短的时间里浏览多种商品,因此产生交叉性的购买需求。

(四)网络消费需求的超前性和可诱导性

电子商务构造了一个全球化的虚拟大市场,在这个市场中,最先进的产品和最时髦的商品会以最快的速度与消费者见面。以具有超前意识的年轻人为主体的网上消费者必然很快接受这些新商品(包括国内和国外的),从而带动其周围消费层新一轮的消费热潮。从事网络营销的厂商应当充分发挥自身的优势,采用多种促销方法,启发、刺激网络消费者的新需求,唤起他们的购买兴趣,诱导网上消费者将潜在的需求转变为现实的需求。

四、影响消费者网上购买的因素

影响消费者网上购买的因素有社会阶层、家庭环境、风俗时尚、个人心理等多方面,除此之外,在网络环境中主要还受到以下几点外在因素的影响:

(一)商品的价格

按销售学的观点,影响消费者消费心理及消费行为的主要因素是价格,即使在今天完备的营销体系和发达的营销技术面前,价格的作用仍是不可忽视的。只要价格降幅超过消费者的心理界限,消费者因此心动而改变既定的消费原则也是在所难免的。对一般商品来说,价格与需求量常常表现为反比关系,同样的商品价格,价格越低,销售量越大。网上销售的商品价格越低于传统流通渠道的商品价格,对消费者产生的吸引力越大。

(二)购物的时间

这里所说的购物时间包含两方面的内容:购物时间的限制和购物时间的节约。传统的商店,每天只能营业十几个小时,网上商店的全天候营业,使消费者在任何时间上网购物,没有任何时间的限制。

现代社会中人们生活节奏的加快,使时间对于每个人来说都变得十分宝贵,人们用于外出购物的时间越来越少。拥挤的交通、日益扩大的购物场所,延长了购物所消耗的时间和精力;商品的多样化使得消费者眼花缭乱,而层出不穷的假冒伪劣商品又使消费者应接不暇,人们迫切需要新的快速方便的购物方式和服务。网上购物适应了人们的这种需求。人们可以坐在家中与厂商沟通,及时得到邮寄的商品或获得上门服务,节省了购物时间。

网上购物顺应了现代社会生活的快节奏,理所当然地成为人们上网购买的动机之一。

(三)商品的选择范围

在 Internet 这个全球化的市场中,商品挑选的余地大大扩展,而且,消费者可以从两个方面进行商品的挑选,这是传统的购物方式难以做到的。

一方面,网络为消费者提供了多种检索途径,消费者可以通过网络,方便快速地搜寻全国乃至全世界相关的商品信息,挑选满意的厂商和满意的产品,获得最佳的商品性能和价格。另一方面,消费者也可通过新闻组、电子公告牌等,告诉千万个厂商自己所需求的产品,吸引众多的厂商与自己联系,从中筛选符合自己要求的商品或服务。有这样大的选择余地,精明的消费者自然倾向于网上购物了。

网络营销

(四)商品的新颖性

追求商品的时尚与新颖是许多消费者,尤其是青年消费者重要的购买动机。这类消费者一般经济条件较好,他们特别重视商品的款式、格调和流行趋势,而不太在意商品使用价值和价格的高低。他们是时髦服装、新潮家具和新式高档消费品的主要消费者。网上商店由于载体的特点,总是跟踪最新的消费潮流,适时地为消费者提供最直接的购买渠道,加上最新产品的全方位网上广告,对这类消费者所产生的吸引力越来越大。

(五)安全可靠性

网络购买必须考虑的另外一个要素是网上购买的安全性和可靠性问题。由于在网上消费,消费者一般需要先付款后送货,这使过去购物的一手交钱一手交货的现场购买方式发生了变化,网上购物中的时空发生了分离,消费者有失去控制的离心感。因此,为降低网上购物的这种失落感,在网上购物各个环节必须加强安全措施和控制措施,保护消费者购物过程的信息传输安全和个人隐私保护,以及树立消费者对网站的信心。

五、网络消费者购买决策的过程

网上消费者的购买过程就是网上购买行为形成和实现的过程。与传统购物不同,这是一个较复杂的过程,其基本模式如图 2-1 所示。

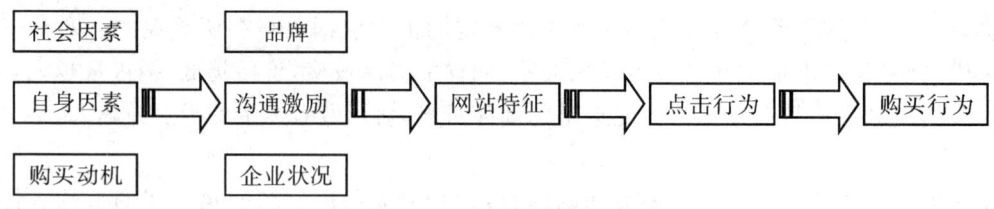

图 2-1 网络消费者购买决策过程

与消费者的传统购买行为相类似,网上消费者的购买行为早在实际购买之前就已经开始,并且延长到实际购买后的一段时间,有时甚至是一个较长的时期。从酝酿购买开始到购买后的一段时间,其购买过程大致可分为五个阶段:唤起需求、收集信息、比较选择、购买决策和购后评价。

(一)诱发需求

购买过程的起点是诱发需求,这种需求是在内外因素的刺激下产生的。在传统的购物过程中,诱发需求的因素是多方面的:有来自人体内部所形成的生理刺激,如冷暖饥渴;来自外部环境所形成的心理刺激等。

但对于网络营销来说,诱发需求的动因只能局限于视觉和听觉,文字的表述、图片的设计、声音的配置成为诱发网上消费者购买的直接动因。从这方面来讲,网络营销对消费者的吸引具有相当的难度。这就要求从事网络营销的经营者注意了解与自己产品有关的实际需求和潜在需求,了解在不同时间段消费者产生这些需求的程度,了解这些需求是由哪些刺激因素诱发的,进而采取相应的促销手段去吸引更多的消费者浏览网页,诱导他们的需求欲望。

(二)收集信息

当需求被唤起之后,每个消费者都希望自己的需求能得到满足。所以,收集信息、了解行情成为消费者购买过程的第二个环节。这个环节的作用就是汇集商品的有关资料,为下一步的比较选择奠定基础。

消费者对信息的收集主要来自个人渠道、商业渠道和公共渠道。在传统的购买过程中,消费者对于信息的收集大都出于被动进行的状况,如,亲朋好友或同事提供的购买信息和体会;厂商的展览推销、上门推销、中介推销、各类广告宣传等。在网上购买过程中,商品信息的收集主要是通过 Internet 进行。与传统购买不同,网上购买信息的收集具有较大的主动性。一方面,网上消费者可根据已了解的信息,通过 Internet 跟踪查询;另一方面,消费者又在不断地网上浏览中,寻找新的购买机会。由于消费层次的不同,上网消费者大都具有敏锐的购买意识,始终领导着消费潮流。

(三)比较选择

比较选择是购买过程中必不可少的环节。消费者对各渠道汇集而来的资料进行比较、分析、研究,了解各种商品的特点及性能,从中选择最为满意的一种。一般说来,消费者的综合评价主要考虑商品的功能、质量、可靠性、样式、价格和售后服务等。通常,一般消费品和低值易耗品较易选择,而对耐用消费品的选择则比较慎重。

网上购物不直接接触实物,因此网上消费者对商品的比较主要依赖于厂商对产品的描述,包括文字的表述和图片的描述。经销商对自己的产品描述得不充分,就不能吸引众多的顾客;反之,如果过分夸张描述,甚至带有虚假的成分,则可能永久地失去顾客。对于这种分寸的把握,是每个从事网络营销的厂商都必须认真考虑的。

近年来在传统媒体上所出现的虚假广告现象也不可避免地出现在网络广告上,因此网上消费者也应当从不同角度考察网络广告的可信度。一般可通过如下方式进行:

(1)看发布渠道。一般来说,在著名站点上发布广告的厂商,其经济实力较强,可信度较高,反之,其可信度较低。

(2)看广告用语。语言是广告对外传播信息的一种主要的表达形式,客观、实事求是地反映商品的特点是网络广告的基本要求。

(3)看主页内容更换的频率。网络营销成功的企业,其主页内容必定经常更换,不时推出新的信息和产品;而不重视网络营销的企业,对主页的内容漠不关心,主页总是以老面孔展现在消费者面前。

(4)尝试性购买。若要购买一个不熟悉网站上的商品,可先作一次或几次尝试性购买,了解其产品质量和服务质量,然后再进行大规模购买。

(四)购买决策

网上消费者在完成对商品的比较选择后,便进入购买决策阶段。网上购买决策是指网上消费者在购买动机的支配下,从两件或两件以上的商品中选择一件满意商品的过程。购买决策是网上消费者购买活动中最主要的组成部分,它基本上反映了网上消费者的购买行为。

与传统的购买方式相比,网上购买者的购买决策有许多独特之处。首先,网上购买者理智动机所占比重较大,而感情动机的比重较小,这是因为消费者在网上寻找商品的过程本身就是一个思考的过程。他有足够的时间仔细分析商品的性能、质量、价格和外观,从容地作出自己的选择。其次,网上购买受外界影响较小。购买者常常是独自坐在计算机前上网浏览、选择,与外界接触较少,决策范围有一定的局限性,大部分的购买决策是自己作出的或是与家人商量后作出的。因此,网上购物的决策行为较之传统的购买决策要快得多。

网上消费者在决策购买某种商品时,一般必须具备三个条件:第一,对厂商有信任感;第二,对支付有安全感;第三,对产品有好感。所以,树立企业形象、改进货款支付办法和商品邮寄办法、全面提高产品质量,是每个参与网络营销的厂商必须重点抓好的三项工作。

(五)购后评价

消费者购买商品后,往往通过使用对自己的购买行为进行检验和反省,重新考虑这种购买是否正确、效用是否满意、服务是否周到等问题。这种购后评价往往决定了消费者今后的购买动向。

商品的价格、质量和服务与消费者的预期相匹配,消费者会感到心理上的满足,否则,就会产生厌烦心理。购后评价为消费者发泄内心的不满提供了一条非常好的渠道,同时也为厂商改进工作收集了大量的第一手资料。

为了提高企业的竞争力,最大限度地占领市场,企业必须虚心倾听顾客反馈的意见和建议。Internet 为网络营销者收集消费者购后评价意见和建议提供了得天独厚的条件,企业从网上收集到这些评价后,通过计算机的分析、归纳,可以迅速找出工作中的缺陷和不足,及时改进自己的产品和服务。

第三节 网络顾客忠诚度管理

网络购物的高速发展,吸引了大批商家创办网络商店。同期,我国网络卖家数量剧增,这使网络商店之间的竞争十分激烈。但与此同时,这种新型的购物方式也面临着高科技本身带来的巨大挑战,消费者将鼠标轻轻一点就可以花费最小的时间和精力在网上进行竞争品牌间的价格比较和信息反馈,这会直接导致企业间激烈的价格竞争和顾客忠诚的消失。

在当前竞争如此激烈的市场里面,创造和保持顾客忠诚度一直是企业最重要的市场营销策略之一,在企业从事的网络营销活动中,如何赢得顾客忠诚是企业在竞争中胜出的关键,吸引和保持顾客的忠诚变得至关重要。众多管理学者的实证研究和成功企业的经历证明:顾客忠诚能增加企业的收益、节约成本、增加品牌价值。因此,如何在虚拟的网络世界中保持顾客忠诚成为从事网络营销企业面临的重要挑战。

资料链接2.2

关于客户忠诚度的三个神话

世界市场营销学排名前5位的学者之一库马尔(V. Kumar),在其著作《管好客户,获取利润》(Managing Customers for Profit)一书中,揭露了促使企业追求顾客忠诚度目标的三个神话。

神话一:忠诚客户的服务成本低。人们通常认为,客户在适应了某家公司之后,由于越来越熟悉这家公司的业务流程,所以他们不再需要更多关注。然而,研究发现忠诚客户的管理成本并不低。库马尔说:"客户往往期望自己的忠诚得到回报。随着时间的推移,公司可能会发现这类客户对自己而言变得越来越无利可图。"

神话二:忠诚客户愿意付出更高价格。人们还以为,由于不愿接受因变换供应商而付出的代价与不便,客户往往愿意出高价钱与原供应商合作。库马尔认为,实际情况并非如此。根据一家高科技服务供应商的数据,与新客户相比,购买同一产品,老客户往往少付 5%~7%的价钱。

神话三:忠诚客户往往能有效开拓公司市场。人们还固执地以为,如果某个客户坚持购买公司的产品,就有理由相信他满意公司的产品或服务,并且会把公司介绍给他的朋友。库马尔说,这种想法是错误的。他的研究表明,购买行为本身与其态度或行为上的忠诚并不一定密切相关。试图树立良好口碑的公司一定要透过采购行为看问题,深入探讨客户对该公司的看法。

所以企业要仔细观察一下你的忠诚客户,判断一下他们的利润回报率究竟有多高。你可能发现,你要求推销员们瞄准的那种客户类型与经常购物的那种类型相去甚远。

一、顾客忠诚度

顾客忠诚度,又可称为顾客黏度,是指顾客对某一特定产品或服务产生了好感,形成了"依附性"偏好,进而重复购买的一种趋向。顾客忠诚度是指在受到环境影响或竞争企业营销策略可能引发潜在的转换行为之下,顾客保持对某一种商品或使用某一种特定服务的感觉、承诺和偏好,使其对其他的竞争者具有免疫力及减少搜寻其他竞争者的选择,并愿意继续与业者维持一定的关系和未来再购买或继续使用的意图。其延伸的相关行为表现包含积极口碑和推荐、愿意支付较高的价格等。具体表现为:

第一,客户忠诚是指消费者在进行购买决策时,多次表现出来的对某个企业产品和品牌的偏向性购买行为。

第二,忠诚的客户是企业最有价值的顾客。

第三,客户忠诚的小幅度增加会导致利润的大幅度增加。

第四,客户忠诚营销理论的关心点是利润。建立客户忠诚是实现持续的利润增长的最有效方法。企业必须把做交易的观念转化为与消费者建立关系的观念,从仅仅集中于对消费者的争取和征服转为集中于消费者的忠诚与持久。

顾客忠诚度是指顾客因为接受了产品或服务,满足了自己的需求而对品牌或供应(服务)商产生的心理上的依赖及行为上的追捧。顾客忠诚度是客户忠诚营销活动中的中心结构,是消费者对产品感情的量度,反映出一个消费者转向另一品牌的可能程度,尤其是当该产品在价格上或产品特性上有变动时,随着对企业产品忠诚程度的增加,基础消费者受到竞争行为的影响程度降低了。所以顾客忠诚度是反映消费者的忠诚行为与未来利润相联系的产品财富组合的指示器,因为对企业产品的忠诚能直接转变成未来的销售。

二、网络顾客忠诚度

(一)网络顾客忠诚的特点

网络忠诚度就是把传统的顾客忠诚度概念引入在线消费者或网络用户行为中,网络忠诚度与忠诚度在本质上是相似的,而忠诚度是否能成功转为网络忠诚度的关键,在于网站经营者能否适当地使用信息技术与消费者建立关系。因此,网络忠诚度可定义为在受到环境影响或营销手法可能引发潜在的转换行为之下,网络顾客保持对网络零售商的商品或服务所存在着的感觉、承诺和偏好,对其他的竞争者具有免疫力,并愿意继续与业者维持一定的关系和未来再购买或继续使用的意图,其延伸的相关行为表现包含减少搜寻努力、推荐给他人、提供正面口碑以及愿意支付较高的价格等。

网络顾客忠诚在根本上还是符合传统行业的基本规律的,但是由于互联网的广泛使用,网络顾客忠诚也有着一些与传统顾客忠诚不同的新特点:

第一,消费者之间互相推荐的速度更快、影响范围也更广。互联网传播的速度让消费者之间的沟通更加快捷顺畅,如果有消费者有很愉快的购物经历,将会得到更快更广的传播,因此网络顾客忠诚更容易培养。

第二,企业可以为消费者创造更多的价值。在电子商务环境下,消费者的个性化需求可以得到很好的满足,订单可以得到迅速处理,而这些在传统的商务环境相对较难实现。

第三,消费者与电子商务企业之间的良好关系相对来说更加容易建立,互联网时代双方的交流更加方便快捷,它给消费者对企业行为的评价提供快速反馈的渠道,也让企业可以更好地关注到每位消费者。因此,消费者和企业之间的良好关系更加容易建立起来。

第四,在网络顾客忠诚度容易建立的同时,企业也更加容易失去网络顾客的忠诚度。因为消费者在互联网时代有了更多的产品和服务选择,也更容易跳到其他网站,企业如果在提供的产品或服务方面有一丁点的失误都可能导致消费者转换到其他电子商务网站,从而增加了企业失去顾客忠诚的可能性。

(二)网络忠诚度的作用

在互联网迅猛发展、信息爆炸的 E 时代,竞争异常激烈,市场已经转为买方市场,顾客决定着企业的生存与发展。因此企业之间的竞争已经不是技术以及产品的竞争,而是争夺顾客的战争。谁获得了顾客,获得了顾客的忠诚,谁就赢得了这场战争。网络营销条件下顾客忠诚对企业的重要意义主要体现在:

1. 忠诚顾客的价值创造作用

首先,顾客参与企业价值的创造。在网络环境下,顾客不再是各种活动的被动接受者,顾客在与企业的交往中已经由被动转为主动,特别是那些忠诚的顾客,他们积极参与企业价值的创造和竞争活动,逐渐成为企业价值的共同创造者。他们与企业的关系更加密切,已经成为企业新的竞争力资源。其次,忠诚顾客会产生更多的利润回报。消费者购买商品时所支付的超过商品成本的那部分价格就是顾客提供给公司的利润回报。很明显,顾客保留的时间越长,购买次数越多,企业从该顾客身上获得的回报也就越多。而且单次购买的消费量会随着时间的变长而增加,这在电子商务中表现得尤为明显:网站的初次登陆者可能是有目的地前来搜寻某种商品,而随着对网页熟悉程度的提高,他对公司网站上销售的产品也有了更多的了解,在选购裙子的同时可能会顺带购买一双皮鞋。当顾客对该网站的信赖度进一步提高后,他可能在以后的网上购物活动中都将这一家网站作为首选,这样一来,公司就可以在这位顾客身上实现更多的向上销售和交叉销售,获得更多的利润回报。最后,忠诚顾客的利润率会更高。忠诚顾客对价格并不敏感,大多数情况下他们支付的价格实际上比新顾客要高。忠诚顾客不像新顾客者一样喜欢优惠券等折价措施,在商店对部分商品降价时,老顾客购物车中的降价商品所占的比重要远远低于新顾客。网上购物时,大多数购买者往往因为购物的方便而愿意支付一定程度的溢价。这主要是因为忠诚顾客在维系同企业关系的过程中常常能获得较高的价值,因而他们不像新消费者那样十分在意价格。因此,忠诚顾客的利润率相对较高。

2. 忠诚顾客的成本降低作用

首先,培养忠诚顾客能降低企业的顾客获取成本。企业在获取顾客时要付出较大成本,争取一个新顾客的成本是维系一个老顾客的成本的5倍。研究发现,电子商务下新顾客的获取成本要大大高于传统方式下的获取成本(如网上零售比传统零售的成本高20%~40%),这就意味着网上争取新顾客的成本将更高。获取一名新顾客的成本可能超过100美元,即使对亚马逊这样成功的电子零售商而言,这一成本也在15美元以上,而相比之下,亚马逊留住一名现有顾客的成本仅为2~4美元。这主要是由于网络巨大的包容性所带来的"信息爆炸"使顾客难以抉择而易于叛离。但是,如果企业能将首次购买者留住,他们带给企业的利润将随着交易量的增多而大幅度地增加。可见,如果忽视对网上顾客忠诚度的培育,企业花费在吸引顾客上的高成本会付之东流,因而只有建立顾客忠诚才能使企业利益增加。其次,培养忠诚顾客能够降低营业成本。由于新顾客在首次交易中不熟悉网站的布局与业务流程,企业需要提供较多的服务。而忠诚顾客则在持续的购买活动中积累了丰富的知识,他们几乎不再需要业务流程方面的指导,产品知识的逐渐增多也将减少相关的咨询服务,顾客与业务人员的交往还会使双方合作的默契提高,从而提高经营效率。忠诚顾客因熟悉业务流程而需要较少的服务时间,从而使网站能接纳更多的在线购物者,服务人员也可以为更多的顾客提供服务。这些都将直接导致企业成本降低、经营效率提高,并进而提升企业的竞争能力。

3. 忠诚顾客的口碑效应

顾客的口碑效应在传统经济中已经被重视。而根据 Reichheid 和 Schefter 的调查,口碑效应在电子商务中具有更大的影响:超过半数的网上顾客都是口碑效应的产物。作为公司与顾客之外的第三方,忠诚顾客的宣传作用大大强于广告,能对其他顾客产生更大的影响。而且,"物以类聚,人以群分",推荐而来的顾客与老顾客往往在需求上具有某些相似点,他们都有明确的购买目的,不像其他网络顾客浏览者那样频繁地更换购物站点。因此,忠诚顾客推荐而来的顾客往往比通过广告、降价等方式吸引来的顾客质量更高。并且,网络巨大的覆盖面与便捷的信息传递能力使顾客之间的信息传递更为方便,网上"口碑"的作用范围更深更广,能为企业带来顾客乃至忠诚顾客。值得注意的是,口碑对提升企业形象也具有积极的作用。

4. 消除网络信息透明化带来的负面影响

网络技术的发展使得信息高度透明化,卖方在信息的获得上不再占有优势,消费者可以在网络经济提供的"颠倒的市场"中获得很大的权利,他们利用互联网提供的各种信息,为自己寻求更大的价值。他们在信息基础上,与卖方进行讨价还价,将多个卖方进行比较,从中找出满足自己需要的、质量和价格结合更好的产品和服务。而消费者忠诚的建立,可以有效地制止消费者对企业信息需求的欲望,排斥其比较心理,使企业获得终生消费者,从而排除网络信息透明化对企业的不良影响。

5.顾客忠诚对企业的整体价值

事实上,忠诚是一种原则,是企业长期服务于所有成员的各项原则的总和。顾客的忠诚与员工和投资者的忠诚紧密相关。忠诚顾客的产生离不开忠诚员工的努力,而忠诚顾客带来的价值又会保留更多的员工,吸引更多的长期投资者。员工、顾客和投资者这三者作为"忠诚的力量",又将会形成一种难以估量的"忠诚效力",使企业的整体竞争优势大幅度提升,从而帮助企业在竞争中处于领先地位。

较低的维系与服务成本、重复购买与交叉购买的利润贡献、更高的利润率及网上口碑带来的新顾客都将直接促进利润的增长,而这些优势若能得到长期保持,就能赢得员工与投资者的忠诚,提高企业的竞争能力,而竞争能力的提高反过来又会吸引更多的顾客留在企业内部并成为忠诚顾客,三方面忠诚的相互作用就形成了一种螺旋上升的良性循环。如果考虑到忠诚顾客在提供市场需求信息、竞争者对手信息等方面的作用,顾客忠诚就足以被视为一种宝贵的资源,它是网络营销企业制胜的竞争法宝。

(三)网络忠诚度的影响因素

在顾客忠诚的形成过程中,网络顾客经历了一个从交易过程向关系过程转化的阶段。顾客并不是无缘无故地忠诚于某一个企业的,它一定是建立在一定的基础之上,而且受诸多因素影响的。其影响因素主要表现在:

1.品牌形象

品牌犹如企业的灵魂,决定着企业的命运。在 e 时代的商务环境下,企业品牌的作用毋庸置疑。良好的品牌形象有助于降低顾客的购买风险,增强购买信心,同时还能满足顾客在获得产品功能之外的社会和心理需求,从而影响其选择和偏好,建立起对品牌的忠诚。面对海量的商品信息,网络消费者在很大程度上会以网络品牌为选择依据。在某种程度上,域名就是网站的品牌,而要让顾客在广阔无际的互联网中轻易地找到自己的网站,一个鲜明、简洁、易记的域名便和企业品牌一道肩负起吸引并留住顾客的使命。

2.产品质量

优良的产品是形成顾客忠诚的基础,从行为角度讲,顾客忠诚的第一表现是重复购买,而重复购买的前提是产品得到消费者的认可,因此产品因素是建立顾客忠诚的基础。产品因素对于建立顾客忠诚的作用可从三个方面予以体现:首先,顾客购买产品的前提一般是基于对相关产品知识的了解,因而以适当的方式将有关产品的知识在第一时间传递给目标顾客对企业而言十分重要,也就是说,我们可以假设产品知识与产品因素正相关。其次,顾客购买决策的作出源于顾客对自身需要的认识,而需要的产生可由内在刺激和外在刺激引发,无论是内在刺激还是外在刺激,只有当顾客确认其需要可以由特定产品满足时购买行为才会实现,因此产品的有用性在购买行为的实现中扮演了十分重要的角色。换句话说,我们可以假设有用性与产品因素正相关。最后,顾客感知价值即顾客在购买和使用某具体产品之后对其价值的实际感受在顾客忠诚中起到的作用是不可忽视的,从某种意义上讲,它直接决定了顾客购买行为的再实现,因而又被称为顾客忠诚的预言家,从这一点意义上讲,我们可以假设感知价值与产品因素正相关。

3. 顾客满意

顾客满意是指顾客通过对一种产品或服务的可感知效果或结果与他们的期望值相比较后,所形成的愉悦或失望的感觉状态。如果可感知效果低于期望,顾客就不满意;如果可感知效果与期望相匹配,顾客就会满意;如果可感知效果超过期望,顾客就会高度满意或欣喜。长期以来,许多企业的营销者及管理者认为顾客满意与顾客忠诚之间的关系是简单的、近似线性的关系,即顾客忠诚的可能性随着其满意程度的提高而增大。但是,据美国贝恩公司的一次调查显示,在声称对公司产品满意甚至十分满意的顾客中,有65%～85%的人会转购其他;产品在汽车业中,顾客满意率平均为85%～95%,而顾客的再购率却只有30%～40%;在餐饮业中,表示满意或非常满意的顾客中,仍会有60%～80%的人成为品牌的转换者。那么,顾客满意对顾客忠诚是否有影响、影响程度有多大?根据鲍勃·哈特利和迈克尔·W.斯塔基在《销售管理与顾客关系》一书中的研究显示:在完全无竞争领域,顾客的持续购买与顾客满意之间不相关,顾客无论是否满意都会再次购买,只有当满意度降到了令其无法容忍的地步时才会放弃。在低度竞争领域,顾客的持续购买与顾客满意度之间弱相关,即高度忠诚并不需要过高的满意度,低度满意和轻度的不满意对顾客持续购买的影响也不太大,但如果顾客不满意或者非常不满意,其忠诚度会急剧下降。在高度竞争领域,导致顾客忠诚的顾客满意的基点较高,满意和比较满意难以有效地令顾客产生再购买以及积极的人际宣传行为,如果顾客的满意度下降,顾客的忠诚度会急剧下降。如果顾客不满意,不仅不会再购买,而且可能劝阻其周围的人购买甚至通过现代信息传播媒介劝阻更多的人购买,从而置企业于困境。只有让顾客感到相对主要竞争对手而言高度满意或者意外惊喜,才可能令顾客产生高度忠诚。

4. 安全信任

顾客对品牌的信任感会影响顾客对品牌的忠诚度,这种信任会降低消费者消费的不确定性,但这种忠诚感只是顾客的意向性忠诚。信任可以促进消费者对特定品牌的忠诚,从态度测量的观点看,品牌忠诚也包含着信任的成分。信任是构成顾客忠诚的核心要素,这是因为顾客忠诚形成于顾客对于自己信任的商家产品的购买。研究显示,信任使购买行为决策的实施变得简单易行,同时也使顾客对商家产生购买依赖感。一般的,信任的产生渠道有三个。第一,为了使顾客在众多产品和服务中作出选择,提供广泛并值得信赖的信息是非常有必要的,当顾客认识到这些信息是值得信赖并可以接受的时候,彼此之间的信任机制会逐步产生并不断增强,因此我们假设广泛的信息与信任正相关。第二,对顾客隐私权的尊重有助于信任感的进一步深化。Jupiter 的调查显示,零售商将顾客个人信息贩卖给其他零售商是阻止网上购物最主要的原因,因此对顾客个人信息保密,充分尊重其隐私权是顾客忠诚建立中不可忽视的一个问题,由此我们假设隐私权的尊重与信任正相关。第三,支付的安全性保障有助于信任机制的增强。支付环节的安全性曾被视为顾客网上购物行为实现的最大障碍,对各国网上购物者的调查都证实了顾客对于支付环节的安全性十分关注。因此,如果能加强这一环节的管理,顾客忠诚的建立将得以保证。基于

网络营销

此，我们假设支付的安全性与信任正相关。

5. 转换成本

转换成本是指顾客重新选择一家新的服务提供商所付出的代价，它不仅包括货币成本，而且也包括面对一个新的供应商所导致的不确定性而引发的心理和时间成本。一方面，网络的虚拟性会使消费者在转换商家的过程中所感受到的心理不确定性更为突出，从而使心理和情感成本大大增加。因此，在网络营销条件下，企业可以通过会员制、顾客俱乐部、网络虚拟社区等来增加顾客的转换成本，从而提高顾客忠诚。另一方面，网络营销条件下，商品信息非常透明，消费者可通过各种网络渠道了解到各种替代产品的详细情况，如性能、价格、质量等，并将其与现有的产品作对比，从而决定是否转换供应商。因此，在网络营销条件下，如果可替代的产品很多，转换成本较低，消费者也容易不忠诚。

6. 服务质量

服务质量是影响顾客行为意向的一个重要的决定性因素。此外，服务质量还直接影响了重复购买行为和推荐意愿的产生。而这些都直接决定了消费者是否会忠诚。对网上购物者而言，良好的服务可以从三个方面进行衡量。首先，良好的服务意味着顾客可以随时与企业进行便利的互动式沟通，企业的信息会以最快的速度传递给顾客，而顾客的意见和建议也可以及时得到企业的回应，换句话说，互动的便利与服务质量正相。其次，良好的服务还意味着企业必须对顾客的提问作出及时回答，据调查，24小时是大多数顾客期望其咨询得到回复的心理界限，多达61%的消费者希望其咨询能在24小时内有回音，也就是说，及时回应与服务质量正相关。最后，良好的服务还意味着在交易达成后有良好的物流环节保证顾客能在最短时间内拿到所订购的货物，不致因物流不畅导致顾客不满，也就是说，我们可以假设及时运达与服务质量正相关。

三、网络顾客忠诚度的维护

顾客的忠诚度关系到顾客愿意再次接受企业服务的程度。企业应该自始至终保障顾客拥有美好的消费经历与经验，以此建立和维护顾客的忠诚度。

（一）愉快的购物体验

（1）带给顾客一致、具有品牌保证的消费感受。品牌不仅让顾客联想起产品，同时也会唤起一连串的感受。顾客对产品与服务的体验越深刻，其表现与反应也越直接、越发自内心。因此，企业应该能够将顾客的期望转化为品牌印象，使其深植于顾客心中。

（2）节省顾客时间并减少不便。网络营销的特性之一就是带给顾客快捷和方便的服务。

（3）让顾客放心，建立有效的保障系统。美好的购物经历除了来自满意的产品与服务，还有安全感。网络银行刚问世的时候，多数客户最担心的就是安全性。于是，security the first bank 巧妙地将客户的恐惧转换成企业的资产，视安全为经营策略的核心，并首先表现在公司的名称上。让客户查询订单处理的进度，也是提供客户安全感的一种方式。客户希望知道商家是否收到订单、要求的服务是否已被受理、是否按照所要求的付款方式扣款和开列单据等。

（4）与合作伙伴提供与客户一致的服务和品质。除本企业外，分销商或其他合作伙伴也要能够与客户保持互动。例如，客户订购的产品与送货服务由第三方完成，虽然客户通常不会在意是用哪一种方式与企业打交道,但他绝对会要求企业为最后品质以及所有的消费经验与感受负责。

(5)尊重每一位客户的独特性。如果网络企业不能尊重每位客户的独特性,将无法提供客户自始至终满意的消费经验。

(二)良好的售后服务

企业要赢得客户的心,必须让产品能够在任何时候、任何地方都符合客户的需求,指导客户安装、使用,跟踪客户的使用状态、反馈意见,保障客户退货、调换或及时维修的权利。

(三)开展数据库营销和个性化服务

对电子商务企业而言,掌握客户信息的能力将直接影响企业的营销效果。因此必须尽可能多地收集实际客户与潜在客户的信息,用"以客户为中心"的战略整合以前"以产品、服务、功能或财务为中心"组织的客户信息,构建客户信息数据仓库,预测客户的购买行为并提供购买建议等。鼓励客户自己定制个性化需求与设计、检查历史交易记录、提供个人资料信息,以完善对客户的个性化服务。

本章小结

1. 网络消费者的购买动机基本上可以分为两大类:需求动机和心理动机。前者是指人们由于各种需求,包括低级的和高级的需求而引起的购买动机;后者则是由于人们的认识、感情、意志等心理过程而引起的购买动机。

2. 按照消费者需求的个性化程度,可以将网上消费者的购买行为类型划分为简单型、复杂型和定制型购买。

3. 影响消费者上网购买的因素除了社会阶层、家庭环境、风俗时尚、个人心理等之外,在网络环境中主要还受到商品价格、购物时间、购买的商品、商品的选择范围、商品的新颖性、安全可靠性等多因素的影响。

4. 网上消费者的购买过程就是网上购买行为形成和实现的过程。其购买过程大致可分为五个阶段:唤起需求、收集信息、比较选择、购买决策和购后评价。

5. 网络忠诚度是在受到环境影响或营销手法可能引发潜在的转换行为之下,网络顾客保持对网络零售商的商品或服务所存在着的感觉、承诺和偏好,对其他的竞争者具有免疫力,并愿意继续与业者维持一定的关系和未来再购买或继续使用的意图,其延伸的相关行为表现包含减少搜寻努力、推荐给他人、提供正面口碑以及愿意支付较高的价格等。

6. 网络忠诚度的形成受到诸多因素的影响,包括品牌形象、产品质量、顾客满意、安全信任、转化成本、服务质量等。网络顾客忠诚度的维护可以通过培养愉快的购物体验、提供良好的售后服务、进行数据库营销提供个性化服务等方面进行。

案例讨论

网络电话时代或将到来

尽管传统VOIP网络电话在中国仍未获得经营许可,但伴随着新型网络电话的崛起,

网络营销

目前网络电话发展已呈茁壮之势。一方面,传统VOIP网络电话通过规避电信条例,采取多种手段曲线落地;另一方面,新的网络通话技术已经避开号段,有望以电信业"名正言顺"的对手身份强势崛起。

业内人士认为,这两种网络电话方式凭借低价乃至免费的优势,将"抢夺"更多的用户数量,对电信运营商产生强有力的冲击,一个全民使用网络电话的时代或将到来。

移动网络电话市场火爆

王凯在20分钟内给七个朋友打了电话,约大家在附近公园打球,让人意外的是,他这一轮电话"攻势"下来,手机没有产生任何话费。原来,他使用了一款名叫"有信免费社交电话"的软件,所有电话都是以网络电话的形式拨打出去。

事实上,网络电话早已不是新鲜事。过去,网络电话都是使用VOIP技术,简而言之就是将模拟声讯号数字化,以数据封包的形式在IP数据网络上做实时传递,可以实现电脑与固话或手机之间的通话。

而今,随着智能手机的普及和移动互联网技术的发展,网络电话又有了新的通信手段——社交网络电话,即通话双方都在3G手机上安装了同一款网络电话软件进行语音交流,不需要经过电信运营商的号段端口。

不论是VOIP网络电话还是社交网络电话,其共同特点是资费低廉。以VOIP网络电话中使用群体最大的Skype为例,其拨打国外资费为每分钟0.019欧元,远低于用中移动运营商拨打美国的8元/分钟的资费。

而社交网络电话在wifi网络下拨打电话只消耗流量。据业内人士介绍,使用网络通话耗费30M流量可通话240分钟以上。以中移动为例,用户只需20元就可以购买150M流量,实现1 200分钟以上的通话时长。

近年来,网络电话公司以VOIP电话和新型社交网络电话双拳出击,赢得了巨大的市场,发展速度十分惊人。2011年,微软以85亿美元收购Skype,并以其取代MSN,后者的所有客户都转移到了Skype。2012年6月,Skype官方称其每月活跃用户量达到2.5亿。

深圳市有信网络技术有限公司市场营销总监卓节旋告诉记者"有信免费社交电话"自2012年4月上线到现在,已经拥有了上千万的注册用户。"从去年11月开始,每个月的客户增长速度已经达到200万,现在每天的日活跃客户达100多万。"

传统VOIP网络电话曲线落地

按照《中华人民共和国电信条例》的相关规定,VOIP网络电话属于基础电信业务,需要许可证经营。2005年,国家在深圳等四个城市试点电脑与电话方式的网络电话业务,但八年过去了,VOIP通信业务的政策仍然"大门紧闭",势头强劲的网络电话公司中的VOIP业务不得不通过在海外注册、与海外电信运营商合资等各种方式曲线求生。

业内人士介绍,许多网络电话公司都注册在香港,为的就是逃脱内地监管。2009年10月,杭州优恒网络技术有限公司(UUCall的运营商)因涉嫌违规运营网络电话,被浙江省通信管理局勒令停服整改。2009年12月,UUCall宣布并入中华电信(香港)国际有限公司,管辖地和服务器移至香港,域名迁往美国。与此同时打起海外牌的还有KC网络电话,其注册所在地为香港。

另外,许多网络电话公司通过与海外运营商合资来跳出管制。如Skype在2004年的运营是由合资公司 TOM 持股 51%，Skype 只持股 49% 的方式来规避监管。

新型社交网络电话跳过号段

2010 年 6 月，苹果公司在发售 iphone4 的同时推出了 FaceTime 软件。该软件能够实现手机间"无拨号通话"，苹果用户只需在 wifi 网络下，利用网络流量实现交流。

随后适用于其他智能平台的社交网络电话如雨后春笋般遍地而起。据不完全统计，智能手机市场的"免费网络电话"软件已经突破 20 个，YY 语音、有信等软件下载量已经突破千万级别。

严格来说，新型社交网络电话跟 VOIP 有本质不同，但其出现并不是技术创新，而是借了移动互联网发展的"东风"，它将以前只能在电脑上通话的软件移植到了手机上，属于"从软件到软件"的联系，并不呼叫手机号码，所以不需要像 VOIP 那样通过电信运营商的号段端口，是仅通过互联网实现的真正的网络电话。

受益于此，网络电话公司的业务可以从 VOIP 的基础电信业跳到增值业务的范畴。根据电信条例，增值业务并不需要接受经营许可的管制。也就是说，网络电话公司可以借助新型社交网络电话摘下多年的政策"紧箍咒"，名正言顺地站上电信市场竞争舞台。

全民使用时代或将到来

社交网络电话的兴起开启了手机"免费通话"的大门。在 3G 移动互联网技术不断进步、智能手机快速普及的背景下，网络电话的全民使用时代或将到来。

中国移动互联网产业联盟常务副理事长兼秘书长李易说"这已经成为趋势，国内互联网的发展技术已经可以实现软件之间的实时通话。随着社交网络的发展，以网络实现实时通话将会成为其中的一个重要部分，例如国外的脸书（Facebook）等社交软件已经开发了实时通话的功能，这些都是只需要网络流量的通信手段。"

"这有可能对电信运营商形成真正的威胁。"独立电信分析师付亮说"如果有互联网巨头进驻经营这种业务，当它的软件在手机上安装到一定数量时，语音通信就可能在社交软件之间进行，而运营商的号段业务就会被弱化，手机号码可能被软件账户所替代。"

微信的发展轨道似乎印证了这个说法。2011 年 1 月上线以来，微信注册用户超过三亿，分别超过了电信的 1.55 亿和联通 2.33 亿手机用户。微信因此被戏称为"第二大运营商"，免费短信的普及时代在某种程度上已经实现。

李易称，技术的进步趋势难以阻挡，互联网产品正在大规模普及。"现在不光是年轻人，许多政界商界人士也在使用微信，他们是为了省钱吗？不，这是技术潮流改变了用户的交流习惯。"李易说："在政策开放的条件下，免费网络电话的普及将会快速进行，现在香港地区使用 Skype 软件交流已经非常普遍了。"

"免费网络电话的普及时代是会到来的。"卓节旋告诉记者，有信的业务发展将会弱化 VOIP 业务，大力发展免费社交网络电话业务。

讨论：

1. 案例中列举的网络电话你都了解吗？它们的消费群体有哪些？
2. 为什么 Skype 会留到最后？
3. 你认为微软收购 Skype 后，会怎样调整其策略，维护客户的忠诚度？

思考题

1. 影响网络消费者细分的因素有哪些?
2. 分析网络消费者的需求。
3. 简述我国网络消费现状。
4. 网络消费者购买行为的特点有哪些?
5. 影响网络忠诚度的因素有哪些?
6. 网络顾客忠诚度怎样维护?

第 3 章
网络营销战略规划与组织

知识目标：
- 了解网络营销战略的含义；
- 理解网络营销的几种战略模式；
- 了解制订网络营销战略计划的基本步骤；
- 理解网络营销组织与传统营销组织的区别。

能力目标：
- 能根据企业实际情况进行网络营销战略计划的编写。

案例导读

分类信息平台——搜搜客的战略失败

搜搜客是翰荣传媒集团旗下的网络平台，集团旗下包括国内最大的分类广告运营商智高广告，以及国内最大的人才类媒体经营公司得胜传媒，这两家公司在上海就占据了当地传统分类广告领域80%以上的市场份额。搜搜客率先提出纸媒体web2.0的理念，主体内容不再依靠传统的采编手段来获得，完全由线上网民和纸媒读者主动通过个人分类信息来进行发布，以期达到线上线下、报纸读者网民的各个领域的互动。除了分类信息网站赖以作为竞争力内容的个人免费信息外，网民和纸媒体读者还可以在《搜搜客》生活周刊上发布各种城市生活所需的衣食住行等各方面民生信息，互动地满足了白领人群对个人生活信息的丰富需求。2006年11月，获得D&H capital和Asian Groove HK基金旗下的Powerway公司1.2亿元投资。风险投资之所以斥重金押宝，看中的是其身后强大的传统资源优势。

然而，搜搜客在拿到风险投资后却并没有做好传统媒介资源与网络的整合，而是单兵深入餐饮市场开展订餐服务。在上海这个餐饮服务竞争最为激烈的市场，大众点评网等传统订餐品牌已经占据相当大的市场份额和成熟的网站产品线规划，在资源整合推广上具有深厚的市场基础。面对严峻的市场挑战，单兵深入的搜搜客不仅缺乏成熟的网站战略规划，更没有发挥集团资源的价值，在推出了"易商通""订餐宝"等几个失败的网络产品之后就逐步退居三线。

网络营销

启发总结：

很多企业在发展网络营销的时候，其屡屡受挫的根源，就是没有根据企业自身的资源优势，来决定如何选择及利用网络化手段，合理地开展网络营销活动。网络营销成功的关键就在于，是否真正厘清了企业自身的资源优势，并将优势与网络化手段做了合理的整合。

自20世纪70年代以来，战略经营的理念日益深入人心。大量实践证明，企业的成功，首先是战略规划的成功。制定科学的营销战略，能为企业指明发展方向。随着互联网的普及与应用，企业经营环境正面临着前所未有的变化。面对变化多端的环境，企业必须制定科学的网络营销战略，确立恰当的方向和适宜的发展轨迹，才能充分运用有利的市场机会，求得企业的成长与壮大。

第一节　网络营销战略分析

企业战略是指企业为了适应未来环境的变化，寻找长期生存和稳定发展的途径，并为实现这一途径优化配置企业资源、制定总体性和长远性的谋划与方略。网络营销战略是企业以市场需求为导向，在网络营销环境分析的基础上，对企业网络营销的任务、目标以及实现目标的方案、重点和措施作出的总体的和长远的谋划。它是指导企业网络营销活动、合理分配企业网络营销资源的纲领。

企业应该在充分分析企业外部环境和内部条件的基础上，选择和确定能实现企业目标的有效战略，并将战略付诸实施，对战略的实施过程进行控制和评价，以实现企业的网络营销战略目标。企业战略规划过程如图3-1所示。

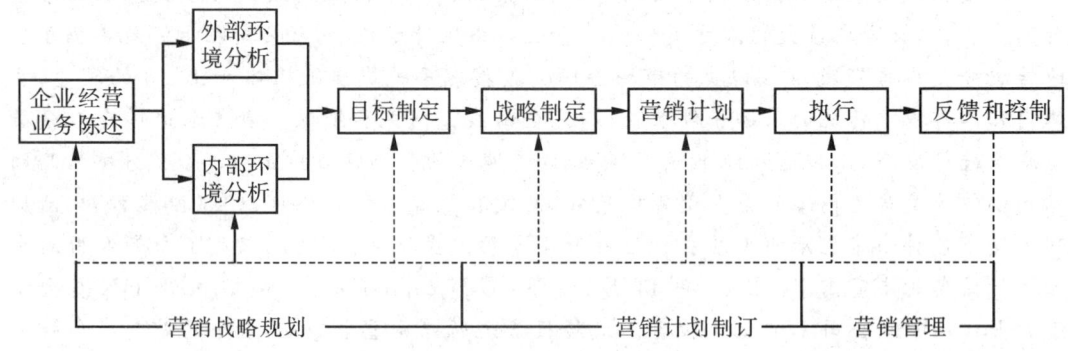

图 3-1　企业战略规划过程

一、网络营销战略环境分析

企业的一切行为，都是直接或间接地受到环境的制约和影响，因此环境分析是战略管理的关键内容。企业通过外部环境如政治法律环境、经济环境、科技环境、社会文化环境等进行分析，能发现企业面临的机会和威胁；通过对内部环境如企业的可控资源、生产经营状况、技术水平、营销能力等进行分析,能识别企业自身的优势和劣势。企业通过环境分析,综合研究市场机会和威胁,企业自身优劣势,为企业制定网络营销战略提供依据。

二、明确网络营销目标和任务

企业在网络营销环境分析的基础上,进一步明确网络营销活动的目标和任务。网络营销的目标选择可以是增加企业销售、加强与顾客之间的关系、塑造良好的企业品牌形象、降低销售费用等。具体来说,网络营销一般有以下几种战略目标:

(一)销售型网络营销目标

销售型网络营销目标是指为企业拓宽销售网络,借助网上的交互性、直接性、实时性和全球性为顾客提供方便快捷的网络销售服务。目前许多传统的零售商店都在互联网设立了销售点。

(二)服务型网络营销目标

服务型网络营销目标主要为顾客提供网上联机服务,顾客通过网上服务人员可以远距离进行咨询和售后服务。目前大部分信息技术型公司都建立了此类站点。

(三)品牌型网络营销目标

品牌型网络营销目标主要是在网上建立自己的品牌形象,加强与顾客的直接联系和沟通,建立顾客的品牌忠诚度,为企业的后续发展打下基础并配合企业现行营销目标的实现。目前大部分站点属于此类型。

(四)提升型网络营销目标

提升型网络营销目标主要通过网络营销替代传统营销手段,全面降低营销费用,改进营销效率,改善营销管理和提高企业竞争力。目前的 Dell、Amazon、Haier 等站点属于此类型。

(五)混合型网络营销目标

可能想同时达到上面几种目标,如 Amazon.com 公司通过设立网上书店作为其主要销售业务站点,同时创立世界著名的网站名牌,并利用新型营销方式提高企业竞争力,它既是销售型又是品牌型,同时还是提升型。

三、网络营销战略方案的选择

企业在明确了网络营销任务后,就要结合网络营销的任务、产品和服务的特点及目标市场的需求特性,选择合适的网络营销战略,确保网络营销战略目标的实现。

(一)网络营销战略的重点

由于互联网的使用扩大了企业的视野,重新界定了市场的范围,缩短了与消费者的距离,改变了市场竞争形态。因此,企业网络营销战略的重点一般主要表现在以下几方面:

1. 巩固顾客关系

企业经营的直接目的之一是为企业的拥有者带来利润,而利润是由顾客给的,没有顾客就谈不上企业发展。在网络环境下,企业规模的大小、资金实力的雄厚与否从某种意义上已不再是企业成功的关键要素,企业都站在一条起跑线上,通过网页走向世界,展示自己的产品。消费者较之以往也有了更多的主动性,面对着数以十万计的网址有了更广泛

网络营销

的选择。为此,网络营销成功的关键是如何跨越地域、文化、空间的差距,再造顾客关系,发掘网络顾客、吸引顾客、留住顾客,了解顾客的愿望以及利用个人互动服务与顾客维持关系,建立并巩固自己的顾客网络。

(1)提供免费服务。提供免费信息服务是吸引顾客最直接、最有效的手段。美国一家名为 Interactive HyPen Net USA 的日商企业,自 1996 年底开始,在旧金山市提供免费的互联网络连线服务,顾客只要负担 19.95 美元的开户费,填写一份有关个人性别、学历、爱好与上网目的等的个人资料,即可拥有免费的网络连线账号。

(2)组建网络俱乐部。网络俱乐部是以专业爱好和专门兴趣为主题的网络用户中心,对某一问题感兴趣的网络用户可以随时交流信息。目前,网络世界里的用户俱乐部形形色色、各种各样,如车迷俱乐部、生活百科园地、流行话题交流中心、流行精品世界、手表博物馆、美食大师等等。网络用户俱乐部的每个分类项目都设有讨论区,可以吸引大批兴趣爱好相同的网友聚集在一起交流信息和意见,这既便于企业一对一地交流和沟通,又方便把各分类项目的信息快报免费提供给用户。为此,企业可以通过在网上开设或者赞助与之产品相关的网络俱乐部,把产品或企业形象渗透到对产品有兴趣的用户,并利用网络俱乐部把握市场动态、消费时尚变化趋势,及时调整产品及营销策略。

2. 定制化营销

网络环境下,巩固顾客、扩大网上销售的重要战略手段是通过定制化、个性化营销提升顾客满意度。所谓定制化营销是指利用网络优势,一对一地向顾客提供独特化、个人化的产品或服务。互联网的趋势使得企业由大量销售转向定制化的销售,企业通过互联网将能够了解每个消费者的要求并迅速给予答复,在生产产品时就可以对其进行定制。企业根据网上顾客在需求上存在的差异,将信息或服务化整为零或提供定时定量服务,进而让顾客可以根据自己的喜好去选择和组合,从而对网站在为大多数顾客服务的同时,变成能够一对一地满足顾客特殊需求的市场营销工具。例如在美国,几家电子邮报已推出一种新型报纸——个人化报纸,如《华尔街日报》的个人版,读者每天早晨一打开电脑,即可读到一份专门为你自己设计的报纸,其内容基本上是你需要并感兴趣的。这个服务,在美国本土每月只需 15 美元左右,即可享受全天 24 小时的新闻剪报。

通用汽车公司别克牌汽车制造厂提供一种服务系统,让客户在汽车销售商的陈列厅里的计算机终端前自己设计所喜欢的汽车结构,客户可从大量可供选择的方案中就车身、车轴悬架、发动机、轮胎、颜色、车内结构等作出具体选择,客户可以看到自己选择的部件组装出来的汽车样子,并可继续更换其中的部件,直到满意为止。客户每设计出一种配置,车子的价格也同时计算出来,客户可利用软件进行模拟驾驶试验,满意自己设计结果的客户可填写订单,电子信用分析系统帮客户制订付款计划,一旦作出选择,通过在线订购订单输入通用汽车的生产计划表,从客户填写订单到工厂按客户设计的配置生产出汽车并交货,前后只需 8 周时间。

定制化营销使顾客在选择服务的方式和内容时有充分的主动权,在更高的层次体现企业为最终用户服务的理念。这不仅需要网站经营者对目标群体有准确的细分和定位,还需要恰当运用网络营销的各项技术来实现这一理念。应用定制化营销方式可以有效地吸引更多的网民,而这恰恰是网上企业生存的源泉。

3. 建立网上营销伙伴

网络的时代是一个强调协作、注重关系的时代，因为无论是生产商、供应商还是顾客都被网络连在一起，相互之间的关系发生了微妙的变化。由于全球经济的一体化，任何一个企业都不可能在所有业务上都成为领先者，必须联合该行业中其他上下游企业，建立一条业务关系紧密、经济利益相连的行业供应链，实现优势互补，共同增强市场竞争实力。

由于网络的自由开放性，网络时代的市场竞争是透明的，谁都能较容易地掌握同业与竞争对手的产品信息与营销行为。因此网络营销获取市场的关键在于如何适时获取、分析、运用来自网上的信息，如何运用网络组成合作联盟，并以网络合作伙伴所形成的资源规模创造竞争优势。建立网络联盟或网上伙伴关系，就是将企业自己的网站与他人的网站关联起来，以吸引更多的网络顾客。具体而言，有以下两种方式：

（1）结成内容共享的伙伴关系。内容共享的伙伴关系能增加企业网页的可见度，能向更多的访问者展示企业的网页内容。比如说：一个在网上销售运动自行车的企业与网上销售运动服装的企业结成伙伴，在他们卖出运动服装（或自行车）的同时提供自行车或运动服装，达到相互配合的作用。

（2）交互链接和搜索引擎。交互链接和网络环是应用于链接相互网站来推动交易的重要形式。在相关网站间的交互链接有助于吸引在网上浏览的顾客，便于他们一个接一个地按照链接浏览下去，以提高企业网站的可见性。网络环只是一种更为结构化的交互链形式，在环上一组相关的伙伴网站连在一起，并建立链接关系，访问者可以通过一条不间断的"链"，看到一整套相关网站，从而给访问者提供更为充实的信息。

（二）网络营销发展战略的选择

与传统市场发展战略相同，网络营销市场发展战略选择也包括密集型战略、一体化战略和多元化战略。

1. 密集型增长战略

密集型增长战略是指企业在现有业务范围内，充分利用在产品和市场方面的优势，挖掘潜力，实现企业长期发展的战略。其重点是对现有产品和市场的开发。在企业现有产品和现有市场还有发展潜力的情况下，则可以采用密集型增长战略。实行这种战略通常有三条途径：

（1）市场渗透。即企业采取更积极的措施在现有的市场上扩大现有产品的销售。这样的销售可以从以下几方面努力：在维持现有消费者的基础上通过各种营销手段如价格策略、促销方式、渠道的变更等，使原有的主顾更多地购买本企业的产品；用各种竞争手段把竞争企业的顾客争取过来，转而购买本企业的；设法刺激和促使未曾购买过本企业产品的顾客购买。

（2）市场开发。即企业采取种种措施，进入新的市场来扩大现有产品的销售。这种销售可以：扩大销售区域，由地区的销售扩展到全国的销售，由国内销售扩展到国际性销售，由一国销售扩展到多国（地区）的销售；增加目标市场，进入新的细分市场，也是有效的市场开发的方法。

（3）产品开发。即企业在现有的市场提供新产品或改进产品，增加现有产品的吸引力。产品销售要注意在规格、花色、品种、型号等方面要满足消费者需求，才能达到企业销售增长的目的。

2. 一体化增长战略

当企业所处的行业很有发展前途,或者企业实行"一体化"能较大幅度地提高效率时,往往采用"一体化增长"战略。此战略可以有三种形式:

(1)后向一体化

后向一体化是指企业购买、合并或兼并本企业的原材料供应企业,实行产供联合。变过去向供应企业购买原材料为自己生产原材料,如羊毛衫厂原来购买毛线制成毛衣,改为自己生产加工毛线。有些大的零售公司和连锁超市公司不仅建立中央采购配送中心,由过去从批发企业进货,转为自己直接从生产企业进货,实行"批零一体化";而且还拥有自己的工厂,生产出的产品在自己商店出售,也是"后向一体化"。

(2)前向一体化

前向一体化是指企业通过购买、合并或兼并本企业的后续生产或经销企业,实行产销结合,或者延伸自己的产品。如养鸡场开烤鸡店,面粉厂利用自己的产品加工糕点、面包等,都属于前向一体化。

(3)水平一体化

水平一体化也称横向一体化,是指企业通过购买或兼并同行业中的企业,或者在国内或国外和其他同类行业合资生产经营。如日本的资生堂与北京日化四厂合资生产"华姿"系列化妆品等,就是水平一体化。

3. 多元化增长战略

多元化也称为多角化、多样化增长策略,是指企业尽量增加经营的产品种类,实行跨行业生产经营多种产品和业务的一种战略。这种战略能使企业自身的特长得以充分发挥,人、财、物力资源得以充分利用,且减少风险,提高整体效益。多元化经营具体做法也有所不同,主要有:

(1)同心多元化

同心多元化是指企业利用原有的技术、特长、专业经验等开发与本企业产品有相互关系的新产品。如制造面粉的企业,可以利用副产品麸皮制造饲料,或者把面粉加工成方便面,由此增加产品种类。这种做法,不仅消耗了本企业生产的产品(如生产方便面的面粉),还节省了费用,如运费、包装费等。在西方国家,企业内部用自己的成品做原料再次加工的产品,可以免缴第一次生产出的产品营业税。企业进行同心多元化还可以派生出许多产品种类和经营项目。仍以面粉厂为例,利用加工的麸皮作饲料,还可以增设饲养部门,发展畜产事业。

(2)水平多元化

水平多元化是指企业仍面向原有的市场,通过采用不同的技术开发新产品,增加产品种类和品种。如某食品加工机械制造企业,除生产和经营食品、加工机械外,还生产农用的收割机,并准备生产农药、化肥等农用化工产品。

(3)集团多样化

集团多样化是指大企业通过收购、兼并其他行业的企业,或者在其他行业投资,扩大经营领域,增加与企业现有的产品或服务大不相同的产品或服务。如石油公司经营金融、餐旅业、造船业等。集团多样化的发展趋势是经营范围更加广泛,重点为发展尖端产品。越来越多的国家和地区的企业在使用这一方法。我国许多企业采用这一方法获得成功。比如,北京祥云公司利用技术方面的优势,既经营计算机、光电产品、化工产品,又经营体育用品、室内装饰、专利事务所以及"祥云宝"饮料。由于多样化经营拓宽了企业的限界,发挥互补功能,使这个以 7 万元贷款起家的祥云公司,发展成为产值 5 000 万元,年利润 500 万元的大公司。

(三)网络营销战略模式

企业在了解网络营销战略目标的基础上,还需要根据自己的特点及目标顾客的需求特性,选择一种合理的网络营销模式。常见的网络营销战略模式有以下几种:

1. 留住顾客、增加销售

留住顾客、增加销售的网络营销模式可以用图 3-2 来描述。

顾客服务 ⇒ 增强与顾客的关系 ⇒ 留住顾客 ⇒ 增加销售

图 3-2 留住顾客增加销售的模式

现代营销学认为保留一个老顾客相当于争取五个新的顾客。而网络双向互动、信息量大且可选择地阅读、成本低、联系方便等特点决定了它是一种优于其他媒体的顾客服务工具。通过网络营销,可以达到更好地服务于顾客的目的,从而增强与顾客的关系,建立顾客忠诚度,永远留住顾客。满意而忠诚的顾客总是乐意购买公司的产品,这样,自然而然地就提高了公司的销售量。

"小天鹅"公司通过大量的市场调研,得出一组营销数据,即 1∶25∶8∶1。也就是 1 个顾客使用小天鹅产品并得到了满意的服务,他(她)会影响周围其他 25 位顾客,因为这比广告或宣传更具有客观、公正的特点。同时,其中 8 个人会产生购买欲望,1 个新顾客会产生购买行为。这就是顾客的市场辐射效应。

2. 提供有用的信息刺激消费

向顾客提供有用的信息以达到刺激消费的网络营销模式可以用图 3-3 来描述。

有用的信息 ⇒ 刺激消费 ⇒ 增加购买

图 3-3 提供有用的信息刺激消费的模式

本模式尤其适用于通过零售渠道销售的企业,它可以通过网络向顾客连续地提供有用的信息,包括新产品信息、产品新用途等,而且还可根据情况适时地变化,保持网上站点的新鲜感和吸引力。这些有用的新的信息能刺激顾客的消费欲望,从而增加购买量。

3. 简化销售渠道、减少管理费用

简化销售渠道、减少管理费用的网络营销模式可以用图 3-4 来描述。

```
直接销售+减少管理费用 ⟹ 购买方便+折扣 ⟹ 促进购买
```

图 3-4　简化销售渠道、减少管理费用的模式

使用网络进行销售对企业最直接的效益来源于它的直复营销功能,即通过简化销售渠道、降低销售成本,最终达到降低管理费用的目的。本模式适用于将网络用作直复营销工具的企业。利用网络实施直复营销,对顾客而言,必须购买方便,使顾客减少购物时时间、精力和体力上的支出与消耗;对企业而言,实现简化销售渠道、降低销售成本、减少管理费用的目的。在网上,书籍、鲜花和礼品等网上商店是这种模式的最好应用。

4. 让顾客参与、提高客户的忠诚度

让顾客参与、提高客户的忠诚度的网络营销模式可以用图 3-5 来描述。

```
新的娱乐 ⟹ 促进顾客的参与 ⟹ 顾客重复购买 ⟹ 提高忠诚度
```

图 3-5　让顾客参与、提高客户的忠诚度的模式

新闻业已有一些成功运用此模式的例子。报纸和杂志出版商通过它们的网页来促进顾客的参与。它们的网页使顾客能根据自己的兴趣形成一些有共同话题的"网络社区",同时也提供了比传统的"给编辑的信"参与程度高得多的读编交流机会。这样做的结果是有效地提高了订户的忠诚度。电影、电视片的制作商也采用此模式提高产品的流行程度。

5. 提高品牌知名度以获取更高的利润

通过提高品牌知名度以获取更高利润的网络营销模式可以用图 3-6 来描述。

```
提高品牌知名度 ⟹ 获取顾客忠诚度 ⟹ 更高利润
```

图 3-6　提高品牌知名度获取更高利润的模式

将品牌作为管理重点的企业可通过网页的设计来增强整个企业的品牌形象,CoCa-Cola、Nike、Levi Strauss 等著名的品牌都已采用网络作为增强品牌形象的工具。企业可以通过网页的设计,突出品牌宣传,树立整体的企业品牌形象,建立顾客忠诚度,实现市场渗透,最终达到提高市场占有率的目的。例如可口可乐公司,不是将网络作为直复营销的工具,而是将网络作为增强品牌形象的工具。

6. 数据库营销

网络是建立强大、精确的营销数据库的理想工具,因为网络具有即时、互动的特性,所以可以对营销数据库实现动态的修改和添加。拥有一个即时追踪市场状况的营销数据库,是公司管理层作出动态的、理性的决策的基础。传统营销学中的一些仅停留在理论上的梦,通过网络建立的营销数据库可以实现,例如对目标市场的准确细分、对商品价格的及时调整等。数据库营销模式是传统营销模式的现代化,具有科学性和预测性的优势。

四、网络营销战略的规划与实施

网络营销不仅是一种简单的新营销方式,它通过采取新技术来改造和改进目前的营销渠道和方法,涉及企业组织文化和管理的方方面面。如果不进行有效的规划和执行,网络营销战略可能只是一种附加的营销方法,不能体现出战略的竞争优势,相反只会增加企业的营销成本和管理的复杂性。在选择网络营销战略后,就要组织制定网络营销战略规划和实施计划。

(一)网络营销战略的规划

为有效实施网络营销战略,企业的网络营销战略规划应该包括以下几方面内容:

1. 目标规划

在企业确定网络营销战略的同时,应选择与之相适应的营销目标、营销策略及策略组合。目标规划包括短期目标规划和中长期目标规划。

2. 技术规划

网络营销的实施离不开技术和技术人员的支持,技术规划就是要根据企业网络营销战略的需要,制订相应的技术开发、技术引进和人才培养计划,满足企业网络营销发展的技术需要。

3. 组织规划

开展网络营销要求企业建立数据库,实行信息化管理。组织规划就是要求企业根据营销战略,对企业的组织结构和形式进行必要的调整和改革,确保网络营销战略的实现。例如建立技术支持部门、数据采集处理部门、网络营销服务部门,对传统的生产、技术、售后服务和营销部门进行有效整合。

4. 管理规划

为满足网络营销的需要,企业必须根据组织的变化调整企业的管理,制定相应的管理规划。例如将生产、客户服务、咨询、市场调查和技术支持有效整合为一体,加强对综合型管理人才的培养和引进。

值得注意的是,随着网络经济的发展和技术进步,企业的网络营销规划并不是一成不变的,应该根据市场的变化和实施情况进行适当调整,以适应发展的需要。

(二)网络营销战略的实施

网络营销是一种有别于传统市场营销的新的营销方式,它可以在控制成本费用、市场开拓、顾客关系保持等方面有着很大的竞争优势。但网络营销的实施不是简单的某一个技术方面或者某个网站建设方面的问题,它需要企业从整个营销战略、营销部门管理和规划、营销策略制定和实施等方面进行调整。企业网络营销战略的实施要求企业将规划目标分解为网络营销各部门和各个环节的目标,形成一套完整的目标和执行体系,并制订网络营销计划。

网络营销战略的实施是系统工程,应加强对规划执行情况的评估。首先,判定是否充分发挥该战略的竞争优势和有无改进余地;其次,及时识别执行规划时出现的问题并加以改进;再次,对企业所采用的网络信息技术的发展情况进行评估。计算机和通信技术的迅速发展,使得新技术和应用影响到企业的竞争优势和网络营销的时效性,这要求企业必须根据网络通信技术的发展和网络营销的需要对技术进行不断的升级改造或更新。

五、网络营销战略选择的影响因素

企业在制定网络营销战略时,需要结合自身特点,根据企业的性质、规模、市场地位以及产品生命周期来选择适合自己的网络营销战略。

(一)企业性质与网络营销策略

在确定了网络营销的战略地位和作用之后,企业必须根据自己所在行业的特点,结合企业自身状况、目标市场,以及所处的市场环境,选择合适的网络营销策略来实施企业网络营销战略,最终达到企业的网络营销目标。以下分三种行业类型说明不同的企业性质采取不同的网络营销战略。

1. 制造业

制造业作为工业经济时代的主要产业,在网络时代到来时它所面对的更多的是一种挑战。制造业根据目标市场不同,可以分为工业组织市场和一般消费者市场。前者主要是生产资料市场,面对的是企业或其他团体组织,如飞机、机床制造公司、政府等;后者面对的是一般消费者,是大众性市场,如家电、日用品等。对于面对工业组织市场的企业,由于目标市场相对比较稳定,顾客群体比较少,网络营销的重点是通过密切顾客关系,建立长期稳定的合作伙伴和协作关系。主要目标是借助互联网为顾客提供服务和产品信息,通过互联网降低双方交易费用,最大限度控制营销费用,增加双方的价值。如波音公司(http://www.boeing.com/flash.html)有分散在世界各地的几百家甚至上千家零配件供应商,同时又把飞机卖给多家航空公司。过去航空公司需要零配件,就要找飞机制造商,飞机制造商再同几百家甚至上千家零配件供应商联系,零配件制造商再把所需的零配件寄给飞机制造商,飞机制造商再把零件寄给航空公司。为克服不必要的中转问题,波音公司建立了具有信息中介功能的网络营销站点和配套的信息管理系统,航空公司不需要通过飞机制造商而通过网站就可以了解到各地零配件制造商的情况,直接同他们联系,找到自己需要的产品。

对于面向大众消费者市场的制造企业,由于面对的消费者群体人数多而且差异性比较大,网络营销的出现使得这些企业既面临机遇也面临更多的挑战。企业必须先了解购买者、购买对象、购买目的、购买组织和购买行为等,依此为依据设计企业自身的网络营销战略。具体采用的网络营销策略方式有,一是利用网络营销加强顾客服务,增强与顾客的关系,达到留住顾客和增加销售的目标;二是通过提供有用信息来刺激消费者增加购买;三是通过提供有效购买渠道,方便顾客购买;四是通过建立交互式渠道促进顾客参与企业营销活动,吸引顾客重复购买;五是通过网上品牌形象来换取顾客的忠诚,取得更高利润。

2. 服务业网络营销策略

服务的生产和消费一体化的特征,使得服务行业受到时间和空间的限制。互联网作为一种跨越时空限制的信息沟通渠道,给服务性行业带来挑战的同时更多的是机遇。服务行业可以通过网络营销实现远程服务,如网络收费电影,消费者可以随时通过网络观看自己想看的影片;银行业开通网上服务可以为顾客提供全天候而且不出门即可以享受的服务等。目前,许多服务性行业如金融类的证券、银行、投资和保险等企业都在开展网上服务,实施网络营销策略并取得了巨大竞争优势。

3. 信息类

这类企业的产品和服务主要以信息方式表现出来,如软件和娱乐业等行业。这些企业的共同特点是其产品和服务可以通过网络进行传播,无须通过传统的物流配送网络来实现。信息类企业由于突破了传统的实物配送限制,因此营销的关键是建立品牌和吸引消费者对产品的关注,从而购买和使用产品。

(二)企业规模与网络营销战略

传统企业往往以规模大小来区分企业的强弱,而网络营销具有的虚拟性特点,使得这一区分标准已经过时。现在中小企业凭借网络营销的优势,同样可以通过开展网络营销活动,占领传统上只有大型企业才可以进入的市场。对于中小型企业来说,开展网络营销对企业更多的是一种机遇。

1. 中小企业通过网络可以突破自身局限,拓宽市场

中小企业由于规模较小,各方面的资源都比较有限,因此在开拓目标市场时一般要受到企业规模和地理位置限制,无法同时跨越多个地区经营,更谈不上开拓国外市场;但通过网络营销,中小企业可以在无约束的网上虚拟市场同大企业开展竞争,因为在网上,消费者看重的是产品的质量和服务,至于地理位置和企业规模大小则不是消费者考虑的主要因素。

2. 中小企业通过网络营销获取新的竞争优势

由于网络市场的虚拟性等特点,传统市场上大型企业的优势力量在网上已不再起作用,因此中小企业有机会在新的市场上利用全新网络营销策略占领市场,获取新的竞争优势,并可以迅速成长为新的强大企业,如美国的 Amazon.com 网上商店利用网上虚拟市场空间迅速壮大。

3. 中小企业通过网络有效树立品牌形象

传统市场下,中小企业由于条件限制在提供服务方面很难和大企业相比,利用网络营销,中小企业可以突破时间和空间限制提供全天候服务,同时树立企业在网络市场上的品牌形象。

鉴于以上网络优势,中小企业在制定网络营销战略时可以充分利用互联网的虚拟特性,整合外部有效的资源为实现企业的营销目标提供有效的营销活动支持。如企业的产品生产可以借助互联网实现外包,企业只专注于开发新产品和建立品牌,以及提供服务等高附加值的经营活动。

对于规模较大的企业来说,网络营销也可以为其带来巨大的机遇。由于其自身规模、资金、人力等方面的优势,能够较容易建立自己独特、完善的网站,并提供优势产品和服务,树立自身形象。当然也要注意,某些大规模企业由于在传统市场占有一定的优势,因此容易忽视新兴的网上虚拟市场,有的企业虽然有一定关注,但总是想等待网上市场成熟后再进入。规模大的企业这些内在的稳健做法,很容易受到一些新兴的成长型的企业利用网络力量所发起的挑战。如 PC 电脑老大 Compaq 公司曾经利用它的独特的营销策略,凭借快速的市场反应和品牌战略,以及完善的销售网络迅速占领市场,成为全球第一大 PC 厂商。而在 1994 年还处在亏损状态的 Dell 公司,利用它超前的直销理念,整合互

网络营销

联网开展网上直销迅速崛起,1999年第三季度在美国本土市场一举超过Compaq公司成为市场份额第一的公司。目前Dell公司在全球市场的份额仅次于Compaq公司,而且与Compaq公司的距离迅速缩小。因此大企业要将自身的传统优势与网络营销优势整合起来,在新的竞争环境和市场中发展自己。

(三)市场地位与网络营销策略

与企业规模大小类似,企业在市场上的地位不同对企业的网络营销战略也有很大影响。一般从经济学的边际效用角度讲,网络营销给市场地位较弱的企业带来的效用要大于给强势企业带来的效用。对于弱者,网络营销更多的是一种机遇和成长机会;对于强者,网络营销更多的是一种挑战,因为这些企业的传统营销策略优势可能在网络时代失去了竞争优势。

根据企业在目标市场上所处的地位不同,可以将企业分成领导者、挑战者、追随者和补缺者四个层次。

1. 领导者

作为市场的领导者,由于传统营销策略优势或其他方面优势,在传统产品市场上一般占有支配地位,往往成为竞争者矛头指向的对象,竞争者或向其正面发起攻击,或者模仿它,或者避免与其冲突,寻找其空白点与其竞争。因此领导者必须时时保持警惕,在制定网络营销战略时,要考虑竞争者的网络营销战略对新兴市场和传统市场带来的威胁和冲击,然后根据时机选择合适的网络营销战略进行对抗和防御,以保持在传统市场和新兴市场上的竞争优势和领导地位。

2. 挑战者

挑战者一般在市场上处于第二、第三或者再靠后的企业,它们不甘于现状,会向市场领导者发起攻击,而且努力想成为市场领先者。因此一般对网络营销持一种非常积极的态度,将网络营销看作是竞争的有力武器,制定网络营销战略时一般采取的是积极全力投入的态度。如联想公司作为市场挑战者,它积极利用互联网来改造和整合企业营销策略,设计满足中国人需要的网络时代的天禧电脑,积极拓展电子商务,利用互联网整合传统营销渠道,在1999年底一举成为亚太市场占有率第一的电脑公司。但需注意的是,企业利用网络营销作为新的竞争手段,要控制网络营销投资的风险以及对现有经营管理理念带来的冲击。

3. 追随者的网络营销策略

作为市场的追随者,他们在市场夹缝中求生存,网络营销对企业的生存和发展既是机遇也是挑战。这类企业由于规模较小,一般不会主动采取营销策略,而是紧跟着领导者或挑战者走,不愿意也没有实力承担更大的风险,所以在采取网络营销战略时,也往往遵循这一原则。它们追随或模仿领导者的战略,并努力寻找一条不会引起竞争者报复的网络营销渠道来发展自己。

4. 补缺者的网络营销策略

市场补缺者,往往在市场上处于夹缝中求生存的地位,它们通常会选择大企业不感兴趣或不愿意涉足的市场进行经营。网络营销的出现给补缺者带来很大的机遇,它们在实施网络营销战略中应充分发挥网络营销给小企业带来的机遇,寻找机会迅速成长。如我国大别山老区的农民利用互联网,将他们的布鞋市场拓展到全国和扩展到海外,营销费用降低了近五分之四。

(四)产品生命周期与网络营销策略

产品生命周期指产品导入市场到被市场淘汰所经历的时间。采用网络营销的企业产品周期发生了新的变化。当企业一个产品引入市场成功,进而步入市场成长期时,企业可以通过互联网及时了解市场需求变化和顾客新的需求和建议,及时转入下一代更新换代产品的设计开发,并在上代产品的成熟期推出。当老产品步入衰退期时,新产品已经步入成长期,市场仍保持持续增长。因此,企业采用网络营销后,产品的生命周期会大大缩短,所以企业必须详细了解和记录当前产品的销售状况和顾客需求情况,为下一次营销策略制定提供详细的数据支持。

此外企业在实施网络营销时,除了要注意受到产品生命周期影响外,还应该注意在产品生命周期不同阶段应采取不同的网络营销策略。产品生命周期一般分为导入期、成长期、成熟期和衰退期。

1. 引入期

在引入期,产品作为新产品上市。互联网的用户一般都是年轻人居多,而且在消费方面愿意进行新的尝试,所以企业要借助于互联网采取措施,努力扩大新的产品的知名度和影响力。

2. 成长期

在成长期,产品得到认可,产品的销售和利润都持续增长,但竞争开始加剧,在这一关键时期,企业应充分利用互联网的全球性和开放性的特点,充分拓展市场空间,将产品以最快时间和最经济方式在不同市场进行销售,提高市场占有率。

3. 成熟期

在成熟期,产品销售增长率达到极限,竞争也达到了白热化,部分竞争者开始退出,企业在这一阶段应利用互联网努力拓展新的市场空间,并通过网络调研对产品进行适当调整,最大限度满足顾客的个性化需求。同时利用互联网渠道的效率来控制营销费用,获取最大利润。

4. 衰退期

衰退期,产品的销售量持续下降,在这一阶段企业应利用互联网尽快销售完库存产品,并将营销重点转移到新产品上来,同时要尽量采取措施缩短衰退期的时间,避免市场份额的丢失。

第二节 网络营销战略计划

网络营销战略为企业指明了前进的方向和目标。但网络营销战略的实施还需要企业根据营销战略,制订切实可行的网络营销计划。网络营销计划是在网络营销战略的指导下,对网络营销活动的实施进行较为全面而有序的安排,明确网络营销活动的目标和责任。

目前许多企业都已经建立了自己的网站,但是网站给企业带来的实际利益却不尽如

网络营销

人意。很多企业建立网站带有很大的盲目性，并不清楚自己建站的目的，也没有建立一个合理的目标去检验网站是否有效，这使得他们网站取得的效果甚微，投入与回报相差甚远。其实这种情况的出现，是因为这些企业没有制订正规的营销计划并加以执行。因此要解决这个问题，必须要制订一个出色的网络营销计划。

一、网络营销活动过程

制订网络营销计划，必须以网络营销活动的过程为依据。网络营销的活动过程一般包括以下步骤：

(1)通过确定合理的目标，明确界定网络营销的任务；
(2)广泛听取各部门的意见；
(3)确定营销预算；
(4)分配营销任务；
(5)依据营销任务规划营销活动的内容；
(6)创建友好、信息丰富的网页，企业的网页应能全面地反映营销活动的内容；
(7)与互联网连接；
(8)改进、提高企业网页水平；
(9)网上营销的测试与网页修改；
(10)使网络营销和企业的管理融为一体。

网络营销计划应全面考虑上述每个管理过程，然后才能制定出完整的计划书。

(一)确定网络营销的目标

网络营销与传统营销一样，首先必须明确其营销目标。只有确定了明确的营销目标，才能有计划、有组织地实施营销活动并对其进行正确的评价。确定网络营销目标，首先应考虑对企业整体利益的影响，因为网络的全球性与针对性，企业无论规模大小与实力强弱，只要能提供符合顾客需要的产品与服务，顾客就会积极主动地与企业进行接触，并通过相关的信息比较，选择那些具有相对优势的企业并形成购买行为和顾客忠诚，从而实现企业价值与企业利益。其次应注意企业形象的树立与完善。正是因为网络的交互性，企业与顾客之间可以更频繁、更方便地进行信息的交流与情感的沟通。企业可以通过网站主页等各种有效途径，与顾客、投资者、新闻界、政府等各方面的公众建立良好的关系，从而树立良好的企业形象并形成品牌忠诚。最后应根据确立的网上竞争优势，积极地开拓市场。网络营销行动的开展，可以通过信息服务等多种方式发现顾客，并通过个性化的服务，确立与顾客的亲密关系，巩固已有的市场并不断开拓新的市场。

(二)广泛听取各部门的意见

企业中的每一位员工对网络营销计划的制订积极地发表意见是非常必要的，这也是开展网络营销最基本的一步。同时，让每个与此项目有关的人都感觉到至少他们的意见是被考虑过的。从管理的角度来讲，尽可能多地接纳意见是很重要的。因为好的意见来自于不同方面。网络营销活动的开展可以根据各个职能部门的意见进行周密的计划与缜密的安排，并有效地付诸实施，同时尽可能地避免意外事件的发生。

(三)网络营销预算

网络营销费用的支出应根据企业实力和实际需要进行预算,同时必须说明具体的开支项目与各部门的责任及费用情况。在具体计划之中应当注意把建立一个网站或主页的费用与维护网站的费用计算进去,只有如此才能保证企业网站或主页的正常运行。

(四)改进、提高网页水平

网络营销计划的一个主要内容是如何创建友好的、信息丰富的并能全面反映企业营销活动内容的网站或主页。一个好的网站或主页能够更好地展示商品,即通过图片、数据、文字等将商品的特点、性能、规格、各项技术指标、价格与优惠措施、售后服务及质量承诺等信息传递给消费者,帮助顾客了解商品并积极地购买。网页的设计应营造出一种使消费者身临其境的商业氛围,网页内容的制作应将艺术创意与科学的信息分类、索引相结合,以简便、灵活、快捷、双向互动式信息查询方式服务于网络访问者。通过网页内容和形式的改进、提高以及适时的修改,建立企业与顾客之间的相互信任关系,建立企业及商品的信誉。同时需要注意的是,企业网站或主页应该提供给顾客尽量全面、客观的信息,并对相关的信息进行及时的更新,应该尽可能提高主页速度,并且充分地利用网络互动性的特点,设置不同的访问路径和讨论空间,以利于企业与顾客之间的信息交流与情感沟通。

(五)信息系统的管理

传统的市场营销活动中对促销效果的调查与评价是一个相当棘手的问题。比如,通常的公共关系活动与广告需要不断地对其传播效果进行评估以确定下一步的公共关系策略,这种评价主要是从促销的覆盖面和接受者的反应来进行的。而在网络营销过程中,只要你的主页加上一个计数器,则有多少人来访问就会一目了然,而这部分访问者基本上可以作为潜在顾客,辅之以诚心的说服工作和手段,目标市场也就更加明了,也就容易促成认知顾客的形成,并积极地向行动顾客转化。

网络双向互动的特点决定了网上企业应设专门的部门或专人对信息进行管理。必须根据企业营销活动的需要大批量收集整理并传播与企业经营活动相关的信息并使之成为有效的信息系统,并且企业的网络营销信息系统应通过相应的部门或机构积极寻求有实力、讲诚信、在网民中具有较高威望与声誉的网络服务商进行合作。

(六)选择网络服务商

随着因特网的发展,专门提供 Web 相关服务的网络服务商(ISP)的业务范围不断拓展,日趋完善,并按照用户的需要调整公司的业务。网络服务商通常都为用户提供以下服务:把 WWW 作为市场营销工具的建议、Web 购物服务、市场调研与分析、编写 HTML 文档、文档格式转换与图像操作、命令文件的创建等。网络服务商可以为用户提供磁盘空间,用户可自行组织准备发布的信息;也可以为用户提供全套的 Web 服务,包括帮助用户定制 Web 文档、进行市场调研等;或向用户提供创建 Web 页面的咨询服务等。

选择网络服务商,既可以听取当前其他客户的反馈意见作为参考,也可以亲自访问服务商及其客户的主页,掌握服务商的业务质量和功能等第一手资料。

选择网络服务商应主要考虑:服务商的站点特征、能提供哪些服务、服务商的发展历史及业务背景、设备及其性能、服务费用等因素,据此作出综合的评价与选择。

网络营销

（七）网络营销人才的素质培养

企业之间的竞争,归根到底是人才的竞争。有效的网络营销,是通过一批具有高素质的网络营销人才完成的。网络营销人才主要包括网络营销策划人才、网络调查人才、客户关系管理人才、信息咨询与传播人才等。例如,网络技术人员(国外称网络师 WebMaster,WM)应具备以下基本素质:树立积极维护企业形象的意识,创新思维和设计能力,协调企业的整个信息系统的能力,较强的沟通技巧、良好的人际关系与沟通能力,良好的心理素养与心理协调能力,财务预算管理和规划能力等。

对网络营销人才须注重对他们的培养与提高,培养的途径可以是多样化的,既可以委托正规院校进行,也可以通过社会培训与短期培训的方式进行,应积极地营造让广大网络营销人才成长的环境,并促使网络营销人才与企业共同发展进步。

同时,企业还应选拔专门的网上信息管理监督人员,维护企业的网上形象,避免网上信息监管不当而导致的混乱。网上信息监管人员应拥有关闭有害信息的权力,确保网上不会出现过时信息以及与企业宗旨、目标相违背的信息,并监视与企业相关的重要的网络论坛、新闻组等场所中的言论,以避免对企业有不满情绪的员工发出的不适当、欠准确甚至有误导倾向的信息。

除了上述内容之外,网络营销部门在制定网络营销宏伟蓝图之时还应充分考虑到企业形象的可持续性、网络营销计划与企业整体营销计划的紧密联系、网络营销计划与企业整体目标之间的紧密联系等等,同时,还要考虑到在网络营销计划与实施过程中,应对顾客与社会公众的需求进行深入细致的分析研究,不断地满足顾客的需求,积极地实现顾客满足和企业价值。

二、网络营销计划的制订

企业在开展网络营销前应认真地进行论证和规划,在对所掌握的信息进行分析之后,撰写网络营销计划书,网络营销计划书主要回答两个问题:为什么要运用网络作为本企业的营销工具？如何运用互联网作为本企业的营销工具？

要回答上述的两个问题,并使得企业负责人正确地作出决策——是否应该在互联网上创建企业的站点,开展网络营销,在营销计划书中通常包括以下内容:

(1)企业的发展历史

简要介绍企业的发展历程,让访问者了解企业的历史和现状,让他们对企业的未来充满信心。

(2)企业业务简介和营销服务宗旨

简要介绍企业目前已开展的业务和将来要开展的业务。说明企业的营销服务宗旨,其目的是让客户更多地了解企业和企业的产品,通过前卫而富于创造性的营销计划,使企业与客户的关系更为紧密。

(3)企业为什么要上网

阐述企业在目前的环境中为什么要上网、上网的必要性、进入互联网对企业意味着什么。

(4)如何开展网络营销

说明开展网络营销的可行性,如组织机构的确定、费用的预算等。要保证网络营销的成功,要在企业所有标志物、印刷品上都印上企业的网络地址;至少在两个以上的搜索引擎上注册企业的网址,注册时采用与企业有关的关键词(如企业的名称、产品名称、产品广告语等),以达到访问者看到该词就能联想到本企业的目的;在相关的国家、地区举行新闻发布会。

(5)网页设计框架

网页就如同企业的门面,网页设计的好坏直接关系到访问者是否愿意访问企业的网站。网页设计框架应阐述网页中包含的内容及基本结构。在网页的框架设计中应包括以下基本内容:

①首页。主要应有企业名称、服务内容和顾客、最新消息、联系方法、投资者信息、人才招聘、交通图。在首页中应包括企业的标志、营销宗旨以及一个创造性的主题。

②企业介绍。企业的发展历程、我们是谁(欢迎信息)、主要人员(附上主要成绩)、我们能做什么(列出服务内容、列出公司各部门)、成功案例、奖励、我们在哪里(地址和地图)。

③服务内容与顾客。服务内容列表(各项内容举例)、各类服务联系人(E-mail 地址)、顾客表、公文(分国别、分语种)。

④新闻发布。企业新闻、与企业或本行业有关的消息。

⑤建议、评论、论坛。

⑥投资者信息年度财务报表、公司上市情况。

⑦人才招聘信息。

⑧其他。

三、网络营销计划书实例

某鲜花网站网络营销计划书

一、市场分析

1. 网上业务可行性分析

- 研究自身商务需求确定网上业务
- 根据商品特色、行业特点选择网上开展的业务

根据广师校内的特点,我们观察到,学校师生达到两万多人,人数多,客户空间大;除了国家规定的节假日外,学校本身有很多特别的活动,所以校内人员表达情意的机会很多,如毕业典礼、教师节、同学生日等;在学校的人员一般比较在意这些节日和活动、重视情意的表达,所以前景很好;在学校,大家在学习上花的时间比较多,在选择礼物方面可能时间不是很宽裕;而且校内人员用电脑较多,在网上消耗的时间较长等等。由此而得,我们选择作以工大校内业务为主的网上鲜花店。

2. 目标客户分析

(1)目标客户基本状况分析

- 男女都适合,年龄18~40岁,学历大专以上
- 客户可以是校外的(校外的学生或社会人员),为校内的人员订购鲜花;也可能是校

内的(学生或老师),为校内的人员订购。

(2)目标客户心理分析

客户喜欢来去匆匆、希望免费、喜欢点击。学生通常都喜欢上网,喜欢尝试一些新鲜的事物,挑战新事物。在某些特别的日子里,总想给朋友、同学、老师送上一份祝福,但有时可能学习比较紧张,或者是时间比较匆忙,或是不想花太多心思去弄。但又带有一种不信任的心理,"怕不送货""怕受骗""质量差"等。

• 为了解决顾客网上订购的后顾之忧,我们可以做到:

①支持支付宝担保交易;

②无支付宝用户支持货到付款,或者是上门自提,不满意不付款;

③24小时在线订购,最快1小时送到;我们是校内人员,所以速度会较快。

3.市场定位分析

(1)竞争者分析

从事相关行业的的企业也很多,如中国网上花城、广州鲜花网等等,它们主要从事鲜花礼品的在线订购、销售、速递等服务。有着最优秀的服务意识以及专业的鲜花咨询、服务人员,提供完备的网下、网上支付手段,提供优质的售前、售中、售后服务体系。其销售网络遍及全国各地,全年无休,24小时为客户提供服务。但是他们做的范围较广,在时间和保鲜方面有时会做得不太到位,而订单却很多,可能会出现弄乱的情况。

(2)销售区域性与潜在性分析和消费层次与需求特征分析

我们专做广师本部这一地区,工作人员都在主要在广师内,所以收集信息、筹货、送货会更及时到位。广师人员多,节日及活动多,如毕业典礼、教师节、同学生日等;学生学习任务重,时间较匆忙,喜欢上网,尝试新鲜事物,而却注重情意,喜欢彼此赠送礼物。鲜花看上去新鲜、漂亮、温馨,给人一种温暖、青春、向上的喜悦之情,是大部分人的选择对象。

二、网站设计需求

1.系统需求

(1)该电子商务网站平台基于中文 windows 2000 及以上,IIS 5.0 和 Access 数据库,且可以随着网络的平稳升级而升级。

(2)平台基于开放的 Internet 技术,具有良好的通用性、兼容性、可扩展性,能够与电子邮局及其他互联网服务良好集成。

(3)能满足基本的稳定性、安全性方面的严格要求,使网站不会因为任何平台程序方面的问题而中断服务。

(4)为满足对页面的及时更新,能够方便灵活地更新商品信息,平台采用数据库链接更新来实现,以及保障系统的稳定运行。

2.系统完善的具体方案

(1)建立完善的产品信息展示系统

产品展示是企业网站的重要职能。建立一个完善的产品信息展示系统,分类合理,访问快捷,添加方便,管理科学。这样的一个产品信息展示系统,能够使客户快速了解产品信息,并找到自己所需要的,或者发出询价意向,或者给出反馈意见,企业通过产品的展示和反馈,能够快速了解变化中的市场需求,把握商机,运筹帷幄。

(2)树立电子商务网站诚信经营的良好企业形象

诚信是企业之本。广师鲜花网正是靠诚信经营、质量第一赢得了客户和市场的青睐。在中文版B/S结构网站的建设中,也要展示出企业的诚信形象,通过互动良好,实现个性化定制的企业电子商务网站,来更好地为顾客服务。

(3)电子商务网站功能模块

项目	内容
会员注册	注册用户必须进行邮箱验证,审核后,根据业务性质对用户权限进行管理
网站新闻	网站的最新促销公告、网站新闻、会员活动、积分兑换等等
咨询服务	通过数据库对客户的留言咨询及时回馈
购物车管理	实现我的购物车,可以放入购物车、修改购物车、清除购物车重新采购
热门商品榜	通过计数器对最多顾客关注、最热门收藏、最多人购买进行统计
展示商品	数据库直接更新页面的商品,自动将最新上市产品排到靠前的位置

三、网站整体风格

1. 明确网站的风格

时尚,温馨,喜庆,浪漫。

2. 使网站的标志尽可能出现在每个页面

有自己的LOGO,每页显示。

3. 突出网站的标准色彩

以红色和少量绿色,代表喜庆和青春。

4. 突出网站的标准字体

关键字以3号彩色为主,如网站名;导航字体以小四粗体彩色为主;主页产品介绍以五号宋体为主。

四、网站架设步骤与内容规划

1. 网站整体结构

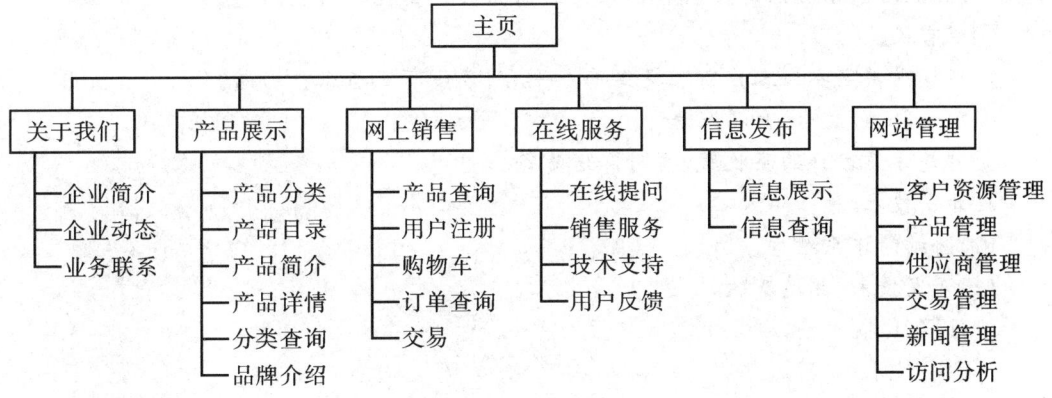

2. 架设步骤

网络营销

把整个网站分为几个块,如首页制作、购物车、数据库、信息收集等,每人负责一块,同时进行,最后合并。

3. 内容规划

(1) 网站的导航系统

网站采用全局导航系统,访问者可以清楚了解网站的内部结构,方便他们在不同部门之间跳转。

(2) 功能模块

网站建设以界面的简洁化、功能模块的灵活变通性为原则,为维护人员提供一个自主更新、维护的动态空间和发挥余地,去完善好网站,达到一次投资,长期受益,降低成本的根本目的。

(3) 网站首页

网站首页是网站的第一内容页,整个网站的最新、最值得推荐的内容将在这里展示。在制作上采用 ASP 动态页面,系统可以调用最新的内容在首页显示。在内容上,首页有商品分类、精品推荐、特价商品等信息,并且管理员在后台可以动态更新首页的内容,使整个网站时时充满生机和活力。在设计上,注重协调各区域的主次关系,以营造高易用性与视觉舒适性的人机交互界面为终极目标,给浏览者耳目一新的感觉,吸引浏览者经常访问网站。

(4) 主要栏目

① 网站动态

本栏目为动态,其主要内容就是及时发布出最新节日及羊城鲜花网活动。

② 精品推荐

本栏目为静态,主要介绍网站的最新、最受欢迎的商品款式,通过展出的各种图片让买家一目了然。

③ 商品介绍

本栏目为动态,其主要内容就是介绍网站最新商品的种类和价格等。此栏目为整个网站的重要部分。网站采用商品展示系统来管理商品。这样,商品信息的发布非常方便、快捷,而且能给网站访问者提供非常强大的商品快速查找的功能。

④ 留言板

本栏目提供主要为客户留言提供一个平台,方便商家与客户沟通。

⑤ 购物车、付款台、商品配送

主要是方便客户购买收藏、支付和送货等。

4. 开发技术

(1) 网站的体系结构

(2) 开发技术、环境及软件

- HTML 技术
- CSS 技术
- XML 技术
- ASP 技术

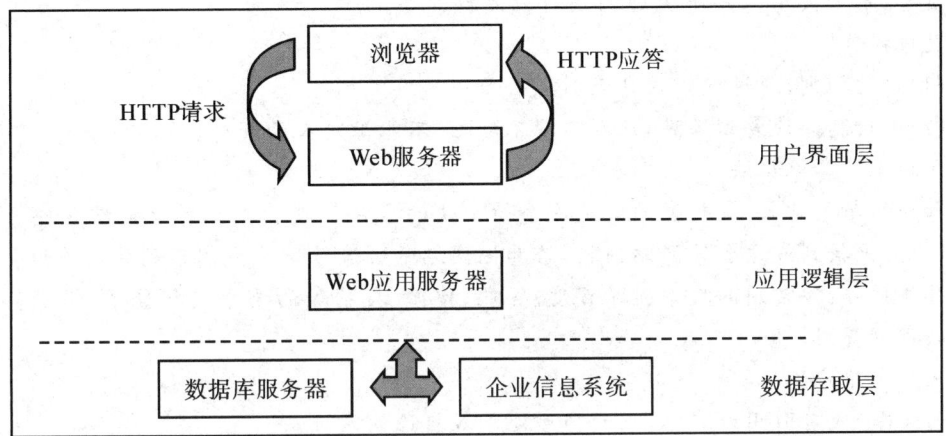

- Dreamweaver,Fireworks,Flash 软件
- Access 数据库

五、技术支持和培训

除严格的质量监控与管理外,我们在售后服务、人员培训等方面也有充分的支持:

1.专门的客户服务部,为每一位客户建立详细的客户档案,并全面负责相关服务工作。

2.提供专门的技术支持热线。

3.提供专门的技术支持 E-mail 信箱。

4.提供方案的相关技术培训(2 天),包括以下内容:

(1)FTP 密码修改手册;

(2)用户邮件转发使用;

(3)浏览器电子邮件功能设置;

(4)如何在 Mail 服务器中添加新用户;

(5)数据库服务说明;

(6)添加标准计数器;

(7)用户自设邮箱密码更改;

(8)客户反馈表制作;

(9)域名注册 & 解析常见问题;

(10)空间租用常见问题;

(11)合同期内提供技术支持和上门服务。

六、网站推广

1.线上推广

- qq 群推广法:

用几十个 qq,每个 qq 加入几十个群,每天发 N 遍网站。平均 50 个 qq×每个 qq 加入 50 个群×每个群 50 个人＝75 000 人观看。如果 qq 更多,加入的群更多,加入的是大群,每个群的人数更多,则宣传效果更好。即使排除不在线的 qq 用户,效果也不容低估。要忍辱负重,不怕被踢。另外,QQ群还可以发群邮件。

具体操作:

(1)建站初期,通过促销信息吸引点击率;

(2)群信息必须爱心满满,让人不得不转帖,不能诅咒人的那种。

- 搜索引擎推广法:

如今的新手站长,最热衷的就是这个短平快的方法。搜索网站的功能就是整合网络资源,给网民找到最适合的网站内容,给其他网站带去流量是其意想不到的副作用。

具体操作:按常用的搜索引擎百度、谷歌、搜狐、搜狗等的要求进行登录,根据具体情况缴纳部分费用。

- 软文推广法:

写文章,或者引用好文章,里面巧妙地加入自己的网址。

具体操作:

- 征集中学生、大学生对此项活动的看法,用征文比赛的形式选取优秀的文章。
- 在个人博客或者论坛发布软文,而且要避免被删除。

补充:当去到BBS论坛或者社区发帖的时候,有两大方法:一是把自己的网站看低,主动去别的论坛上发帖,例如发布:站长您好,我的网站是http://www.XXXXXXX.cn希望和贵站交换友情链接,可否？请求对方给个友情链接,这样不算广告贴,对方不会删除你的。这样就留下了外链。二是把自己的网站拉高,狂吹,吹嘘自己是中国最X的网站,这样好奇心就吸引人来了。

- 交换友情链接推广法:

这是最原始的网站推广网站。

具体操作:

(1)与PR值比较高的网站交换链接,争取高的浏览量。

(2)网站推广同盟网站推广法。要懂得借用外力,几个站长联合在一起,达成宣传共识。在宣传自己网站的时候,顺便也捎带上别的网站。用同样的劳动,得到更多的收获;

(3)免费资源网站推广法。

- 给其他网站提供免费的服务:

比如免费评测、免费天气查询代码、免费ip或域名查询、免费股票查询代码、免费搜索代码、免费pr评价、免费电子书、免费查询、免费认证、免费素材等等。要让自己提供的服务成为其他网站的标准配置,时间久了,流量自然有了。

- 发布任务网站推广法:

在威客网站发布任务,不仅能够吸引接受任务的人,而且能够吸引一大批旁观者,充分利用这种一对多的传播优势。

2. 线下推广

- 传单宣传:

印发宣传单,线下宣传网站推广法。既可以自己印发,也可以和其他传统企业合作,使用它们的现有渠道。比如和超市合作,在购物小票上印制自己网站的网址,可以拿网站上的资源和超市交换。

第三章 网络营销战略规划与组织

• 免费赠送：

批发一批有意思的小玩意，如书签、小卡通、精美饰品等，当作订购鲜花的赠品，免费快递你的情意给你的亲朋好友。这样可以很快地积累了人气，自己也不亏本。

七、费用清单

参照康盛虚拟主机：

名称	.com英文国际域名	租用虚拟主机费	系统开发维护费用	网站推广费用
金额	75元/年	299元/年	1 000元/年	1 000元/年

其他一次性投入费用：

产品展示系统：产品展示系统是一套基于数据库的即时发布管理系统，可用于各类产品的实时发布以及企业产品数据管理，前台用户可通过页面浏览和查询，后台管理可以管理产品价格、简介、样图等多类信息。后台维护界面添加类别、添加种类，前台即可实时显现。1 200元/个

新闻发布系统：网站新闻发布系统，又称信息发布系统，是将网页上的某些需要经常变动的信息，类似新闻、新产品发布和业界动态等的更新信息集中管理，并通过信息的某些共性进行分类，最后系统化、标准化发布到网站上的一种网站应用程序。800元/个

会员管理系统：可以自由增减和设置会员类型，如"普通会员"、"VIP会员"等，而且会员类型的设置不受任何数量限制；可为不同类型会员提供个性化服务，设置某种会员类型是否可以浏览某种/某类商品以及某类信息，企业可对会员资料进行查询和统计。每个会员一个会员账户，可以查询每一个会员的基本信息，为企业的经营提供决策依据。1 200元/个

留言本/在线反馈：企业可以从网上获取各种客户反馈信息，是企业用来在Internet的Web网站收集客户意见的系统。300元/个

产品订购系统：产品订购系统是网站建设系列的主要产品之一。它是企业通过网络实现网上产品营销环节的有力工具，它可以满足产品在网上的展示与内容管理、客户信息管理、产品订购销售管理等诸多需求。1 500元/个

栏目管理系统：管理员可以对自己网站的栏目进行任意更改（添加栏目、修改栏目、删除栏目、移动栏目）1 200元/个

在线订购系统：访问者可以通过该系统来订购产品，订购信息可以通过邮件的形式发送到信箱，也可以是后台。1 000元/个

网上支付：支持多个在线支付功能，只需在支付平台开户后，选择其中一个填入资料即可轻松在线支付，网上支付平台在保障支付安全的基础上让客户充分体会便捷的服务。1 500元/个

用户权限管理：通过权限管理来设定不同管理员账号拥有不同的浏览权限的管理级别。1 000元/个

站内公告：可以在网站内任何动态页面发布公告。500元/个

第三节　网络营销的组织

为了保障网络营销战略的顺利实施,企业还必须改进自身组织结构,建立以网络营销系统为核心的新型企业组织结构,转变观念,充分利用网络信息优势,促进企业的长远发展。

传统营销组织是建立在亚当·斯密分工理论基础之上的,其部门之间分工明确,形成了金字塔形组织结构。这种建立在专业化分工基础上的金字塔形组织结构在工业革命时期的专业化、标准化生产或重复性工作中发挥了巨大的作用。但这一结构的弊端也是显而易见的,如各职能部门之间缺乏快速统一的沟通协调机制;森严的等级制度极大地压抑了员工的主创精神;信息沟通渠道过长,容易造成信息失真以及由不相容目标所导致的代理成本的增加,决策者也无法对顾客的需求和市场的变化作出快速反应。科层式营销组织使企业出现严重的官僚主义,企业服务的顾客被抛在一边,这些都严重制约了企业的进一步发展。而在网络环境下,企业间的竞争已进入"无边界"状态,竞争焦点集中于创新能力、反应速度、定制化产品、客户化服务,营销组织的管理"速度"成为决定胜负的关键。传统科层式营销组织结构已经无法适应激烈的市场竞争和多变的顾客要求。

一、网络营销对营销组织的影响

网络营销的实施对组织的影响是深远的,它使组织形式可以摆脱传统地域的限制,组织机构可以更加灵活地适应市场环境的变化。

(一)对组织形式的影响

传统企业只能在集中化和分散化中选择其一。以前,企业的制造工厂、服务设施和销售部门如果远离总部,就不得不将这些部门作为分散、自治的组织,以保证部门的效率和效用,否则遇事都要由总部决策,必将导致决策滞后,影响决策管理的效果,甚至作出错误的决策。而在网络条件下,信息的收集、传播和处理将不再受地理位置的影响,通信网络将地理位置分散的各部门联系在一起,因而企业各部门可以根据业务需要选择不同的管理方式。

(二)对组织结构的影响

传统企业的组织结构一般都是垂直式的层次结构,信息沟通主要通过命令和报告,容易滋生官僚主义,影响营销组织机构的正常运转。由于信息渠道不通畅,组织机构的设置主要考虑内部管理的需要,而没有考虑如何满足外部市场的需要。客户购买产品或寻求服务时,要与多个部门打交道,而且还经常碰壁。网络营销的实施使企业在网络平台上运作,信息沟通可以实现平等交互。实施网络营销后,营销组织机构可以扁平化,减少中间层次,加强不同部门之间的合作,以统一协调的工作方式面对市场。

(三)对组织运行的影响

传统营销组织的运作只是单向传输信息,很少有交互;部门之间是相互平行隔离的关系,很少直接沟通,也缺乏沟通渠道。企业实施网络营销后,组织的运行是市场驱动模式,根据市场变化由相关营销部门组成临时团队应对变化,通过部门之间的直接沟通解决问题。因此,网络营销实施后,企业工作流程非常通畅,但对企业组织人员素质和信息沟通渠道也提出了更高的要求。

二、网络营销组织与传统营销组织的区别

信息技术和网络技术的应用为企业的营销组织创新提供了广阔的空间和灵活的方式。在网络条件下,企业营销组织的主要功能是实现信息的整合与管理市场开发,以及提供高质量的客户服务。网络营销组织是沟通企业与市场的桥梁。

企业的网络营销组织与传统的营销组织有着本质的区别,主要表现在:

(1)真正以市场为导向。在变化多端和日趋微型的市场里,营销组织只有密切接触市场,真正以市场为导向,才能产生对市场极为敏锐的嗅觉,捕捉稍纵即逝的机会。而现在不少企业的组织结构是按照经营顺序设置相应的职能部门,以研究开发为起点,顾客为终点,中间依次设置采购、生产、营销部门,这种模式从企业经营的角度来看是合理的,但缺点也是明显的。其一是各职能部门只是被视为企业运行链条中的一个个单向联系的环节,缺乏相互间的有效协作。更为不足的是顾客仅被视为企业运行过程的终点而不是起点,以这种导向构建的营销组织充其量只能视为企业的产品推销部门。而缺少以对市场的关注为起点的研究开发只会使新产品缺乏市场价值。因此再造后的营销组织必须是真正的市场导向组织。

(2)以顾客为营销组织的核心。营销的实质是通过满足顾客需求而营利,顾客是企业营销的客体。以标准化产品为代表的"大量生产、大量消费"已经结束,顾客需求日益个性化和多样化,企业必须彻底改变传统的组织结构,借助信息技术的发展为顾客提供及时、有效的服务。变革后的营销组织要能对所有的客户进行对口管理和终身服务,与顾客建立中长期的伙伴关系,使顾客真正成为营销组织的核心。

(3)有利于企业营销协调和信息沟通。营销不仅是营销部门的事,它依赖于企业各部门的共同配合,在顾客、竞争等微观环境发生深刻变化的情况下更应如此。要通过企业营销组织再造,让营销真正融入每一业务部门的日常工作中,使各部门都认识到它们自己就是企业营销的一个环节,营销不只是一个部门的名称,而是企业的营业宗旨,在企业内实现真正的营销协调,才能提高企业的整体竞争力。

(4)具有弹性和快速反应能力。传统的严格定位、纵向管理和逐级负责的营销组织模式在行业发展平衡、市场变动不大的环境中常常是有效的,但这种等级分明、层次较多、官僚主义明显的组织已无法适应新的信息革命和社会市场环境的变化。因此营销组织的再造应突破传统组织的僵化性,做到因事设人而非因人设事,使营销组织灵活且富有弹性,并能针对顾客需求和市场竞争的变化作出快速反应,使企业掌握竞争的主动权。

(5)有利于扩大企业竞争优势。在激烈的竞争中,越来越多的企业放弃多元化战略而转向在其主领域(市场技术)中建立真正的竞争优势。在其具有一定优势的核心领域,谋求将供产、产销等环节纳入企业竞争战略规划。而通过收购或兼并实现垂直一体化代价高昂,企业更愿意与上下游企业建立灵活、协调的生产销售网络,降低投资成本和交易费

用,提高经营效益。营销组织的再造应能充分发挥营销组织和外界联系密切的特长,为企业与上下游业者建立起中长期伙伴关系,扩大企业竞争优势。

三、网络营销组织结构的重构

(一)网络营销组织结构的类型

1. 以客户为核心的组织机构

在网络营销条件下,原有的工作单元间的界限被打破,而重新组合形成了一个直接为客户服务的工作组。这个工作组直接与市场接轨,以市场的最终效果衡量自己生产流程的组织状况,以市场的最终效果衡量各组织单元之间协作的好坏。实际上,这已经发展到一种新的管理模式,企业间的业务单元不再是封闭式的金字塔式层次结构,而是网络状的相互沟通、相互学习的网状结构,这种结构打破了原来的业务单元之间的壁垒,业务单元之间广泛进行信息交流、共享信息资源,从而减少了内部摩擦,提高了工作效率。

2. 扁平型组织结构

在网络营销的构架下,企业组织信息传递的方式由单向的"一对多式"向双向的"多对多式"转换。网络式的企业组织结构里的信息传递不需要中间环节就可以到达沟通的双方,大大提高了工作效率。由于企业构建了内部网、数据库,所有的业务单元可以直接通过网络快捷地交流,管理人员之间沟通的机会大大增加,组织结构呈分布化和网络化结构。

另外,网络还让企业中间管理人员可以获得更多的直接信息,大大提高了他们在企业管理决策中的作用,从而实现了扁平化的组织结构。网络营销的推行,使企业过去高度集中的决策中心组织改变为分散的多中心决策组织,企业的决策都由跨部门、跨职能的多功能型的组织单元来制定,这种多组织单元共同参与、共担责任,并由共同利益驱动的决策过程使员工的参与感和决策能力大大提高,充分发挥了员工的主观能动性,从而提高了整个企业的决策能力。

(二)网络营销组织构架

在网络条件下,满足客户需求不仅仅是营销部门的工作,而应该是企业全体员工的共同职责。然而,根据管理分工及效率要求,日常具体的网络营销业务及其相关工作,仍需按照一定的原则来组建专门化的网络营销部门,由专人来负责专门化的网络营销工作。

由于小型企业网络营销业务有限,公司人员较少,通常没有设置专门的网络营销部门。大中型企业专门化的网络营销组织的出现也有一个过程。起初,企业网上的营销活动开展较少,可能不会单独设立网络营销部门。随着网上营销活动规模的扩大,企业往往就会考虑设立专门的网络营销部门。一般来说,企业网络营销组织包括以下部门:

1. 网络营销管理部门

网络营销管理部门负责企业网络营销活动的组织、实施与控制,负责企业网络营销战略与策略的制定、实施与控制。

2. 网络营销系统管理和维护部门

网络营销系统管理和维护部门负责企业网站的设计与适时更新、网站的日常维护与管理、企业内外部网络系统协调等工作。

3. 数据库营销部门

数据库营销部门负责客户有关信息的存储，建立详细客户档案，并对客户信息进行整理分析，为网络营销决策提供依据；还可通过引进或开发决策支持系统，为企业决策者提供多种营销方案，方便决策者开展模拟决策活动。

4. 网络营销策划部门

网络营销策划部门负责对企业产品推广，对价格、渠道、网络广告、网络公关等活动的规划和策划。

5. 客户服务部门

客户服务部门负责处理因网络交易而派生的各种销售服务问题及客户关系维护。

6. 网上业务结算部门

网上业务结算部门负责网上交易结算。

7. 商品仓储与配送部门

商品仓储与配送部门负责商品配送与储存管理。

本章小结

1. 网络营销战略是企业以市场需求为导向，在网络营销环境分析的基础上，对企业网络营销的任务、目标以及实现目标的方案、重点和措施作出的总体的和长远的规划。它是指导企业网络营销活动、合理分配企业网络营销资源的纲领。

2. 企业应该在充分分析企业外部环境和内部条件的基础上，选择和确定能实现企业目标的有效战略，并将战略付诸实施，对战略的实施过程进行控制和评价，以实现企业的网络营销战略目标。

3. 企业在制定网络营销战略时，需要结合自身特点，根据企业的性质、规模、市场地位以及产品生命周期来选择适合自己的网络营销战略。

4. 网络营销战略为企业指明了前进的方向和目标。但网络营销战略的实施还需要企业根据营销战略，制订切实可行的网络营销计划。网络营销计划是在网络营销战略的指导下，对网络营销活动的实施进行较为全面而有序的安排，明确网络营销活动的目标和责任。

5. 为保障网络营销战略的顺利实施，企业应改变传统组织结构，建立起以市场为导向、以顾客为核心，有利于营销协调和信息沟通，具有快速反应能力的网络营销组织。

案例讨论

强生公司的网络营销

一、强生公司简介

美国强生公司是世界上最大的、综合性的医药保健公司，也是世界上产品最多元化的公司之一。公司成立于1886年，迄今为止已在世界54个国家设有200家子公司，全球共有员工112 000多名，产品畅销全球175个国家。强生公司为世界500强企业，长期以

网络营销

来,强生公司在各个领域获得一系列殊荣:自1986年起,强生公司被《职业母亲》杂志连年评为职业母亲的最佳公司,被《商业周刊》评为2001年度全美最佳经营业绩的上市公司,2002年度全美50家表现最杰出公司榜首,2002年度全美"最佳声誉公司",2003年被《财富》杂志评为全美最受赞赏公司之第5位。强生生产婴儿护理、医疗用品、家庭保健产品、皮肤护理用品、隐形眼镜和妇女卫生等系列产品。著名的"邦迪"牌创可贴更是人人居家外出的必备品。策划强生这类企业的网站要比策划通用、戴尔等企业的网站难得多。因为设计单一产品企业网站时,当以纵横捭阖为旨;而建立多种产品企业网站时,则以聚敛收缩为要。这有点类似于书法要诀中"小字贵开阔,大字贵密集"之辩证关系。

面对旗下众多的产品和品牌,强生网站如果不厌其烦地一味穷举,就可能做成"医疗保健品大全"之类。当然,"大全"本身并无不好,问题是互联网生来就是"万类霜天竞自由"的辽阔天地,人们稀罕的不是遍地"山花烂漫",而是在寻觅哪边"风景独好"?今日网上谁主一方沉浮,谁就为一方豪杰,可谓英雄割据正当时。所以,强生以"有所为,有所不为"为建站原则,以企业"受欢迎的文化"为设计宗旨,明确主线,找准切入点后便"咬住青山不放松",将主题做深做透,从而取得极大成功。

二、强生公司站点主题及创意

管理学者素来对强生公司的"受欢迎的文化"推崇备至。该企业文化的内涵体现在公司信条中。这是自其成立之初就奉行的一种将商业活动与社会责任相结合的经营理念:第一,公司需对使用其产品和服务的用户负责;第二,对公司员工负责;第三,对所在社区和环境负责;第四,对公司股东负责。这些信条自开创者做起,已为历届继任者坚持至今,而且他们坚信,只要做到信条的前三条,第四条就会自然做到,企业也会受到公众的欢迎。强生的百年成功历史,就是其执着地实践了这些信条。

进一步而言,网上的"受欢迎"是什么?它是指企业对千百万网民实际需求的关注与满足,而且这种满足必须是与互联网媒体特性、企业现有产品相结合,同时在网上还要具有特色的、别人难以模仿的新颖服务项目。最后,这种服务对于网民和企业都必须是可持续性的、能不断交流的、可增进双方亲和力与品牌感召力的项目。

明确这些边界条件后,强生就选择其婴儿护理品为其网站的形象产品,选择"您的宝宝"为站点主题,整个站点就成了年轻网民的一部"宝宝成长日记",所有的营销流程自然就沿着这本日记悄然展开。

将一家拥有百年历史,位居《财富》500强企业的站点建成什么"您的宝宝"网站?!变成一部"个人化的、记录孩子出生与成长历程的电子手册"?!这一创意是否太离谱了?但是,只要顺其网站走上一遭,就会发现这的确是个"受欢迎"和充满"育儿文化"气息的地方。

在这里,强生就像位呵前护后、絮絮叨叨的老保姆,不时提醒着年轻父母们该关注宝宝的睡眠、饮食、哭闹、体温,以及如何为他洗澡……年轻父母们会突然发现,在这奔波劳顿、纷乱繁杂的世道中,身边倒确实需要一个这样的"保姆"的不断指点。随着孩子的日日成长,这老保姆会时时递来"强生沐浴露""强生安全棉""强生尿片""强生围嘴""强生2合1爽身粉""强生Ve保湿蜜",以及其他几十种强生产品。

虽然不尽强生滚滚来,但这份育儿宝典会告诉您这些用品正是孩子现在所必需的。

而且这时的网站又成了科学与权威的代言人,每种产品都是研究成果的结晶,还有各项最新研究报告为证,您只需按这吩咐去做准没错!所以人们不会觉得她比街头推销员更讨嫌。一个站点做到这样,能说它不成功吗?

三、公司网站内容与功能

进入强生网站,左上角著名的公司名标下是显眼的"您的宝宝"站名。每页可见的是各种肤色婴儿们的盈盈笑脸和其乐融融的年轻父母,这种亲情是化解人们对商业站点敌意的利器。首页上"如您的宝宝××时,应怎样处理?""如何使您的宝宝××?"两项下拉菜单告诉来访者,这是帮人们育儿答疑解难的地方。

整个网页格色调清新淡雅,明亮简洁。设有"宝宝的书""宝宝与您及小儿科研究院""强生婴儿用品""咨询与帮助中心""母亲交流圈""本站导航""意见反馈"等栏目。

"宝宝的书"由电子版的"婴儿成长日记"和育儿文献组成。前者是强生在网上开设的日记式育儿宝典,任何用户登录后,站点就生成一套记录册,并可得到强生"为您的宝宝专门提供的个性化信息服务"。

事实上,育儿宝典的服务是从孕期开始的,其中有孕期保健、孕期胎儿发育、娱乐与情绪控制、旅行与工作、产前准备、婴儿出生、母婴保健……然后是初生婴儿的1周、2周、3周……4月、5月……使用者按此时序记录婴儿发育进展时,站点就不断提供各类参考文章,涉及婴儿的知觉、视觉、触觉、听力系统,以及对光线的反应、如何晒太阳、疾病症状等。

各项操作指导可谓细致周全,如教人如何为婴儿量体温,居然分解出六个步骤进行。至于如何为孩子洗澡,更是先论证一番海绵浴和盆浴不同的道理,然后再要求调节室内温湿度,再分解出浴前准备六步骤和浴后处理六步骤……一个网站认真到了这地步,不由你不叹服其"对服务负责"信条的威力,相信其进入《财富》500强绝非偶然。

网站还为年轻父母提供了心理指导,这对于某些婴儿的父母来说具有特别重要的意义。如"我的宝宝学得有多快?"栏目就开导人们,不要将自己的孩子与别人的孩子作比较,"将一个婴儿与其兄弟姐妹或其他婴儿比较是很困难的,只有将他的现在和他的过去作比较;而且你们的爱对婴儿来说是至关重要的。因此,无条件地接受他,爱他,就会培养出一个幸福、自信的孩子来"。

促进人们的交流是互联网的主导功能,强生参与运作了一个"全美国母亲中心协会"的虚拟社区。"全美母亲中心"是分布于各州的妇女自由组织,目的是"使参加者不再感到孤立无助,能展示其为人之母的价值,切磋夫妇在育儿方面的经验,共同营造出一个适合孩子生长的友善环境"。

强生网站提供服务时,客户输入的数据也进入其网站服务器,这是一笔巨大的资产,将对企业经营起着不可估量的作用,这也是对其认真服务的回报。当然,网站对任何登录的客户数据均有保密的承诺,但这些信息对该公司却是公开的。它需要登录者提供自己与婴儿的基本信息,并说明其与婴儿间的关系(母亲、父亲、祖父、祖母……)。对于愿意提供"婴儿皮肤类型""是否患尿布疹""如何喂养(母乳、牛乳、混合、固体食品)"者,就可获得皮肤保健、治疗尿布疹和喂养方面的专项信息服务。当然,对于顾客主动从"反馈"栏发来的求助与问询,网站的在线服务自会给予相应解答。

网络营销

同样，凡参加"母亲中心"论坛的妇女在被正式接纳前，也需按"极感兴趣""有兴趣""不太感兴趣""不感兴趣"的选项，对各种讨论题作出回答，如"母亲工作""残疾儿童""抚养婴儿""取名字""孩子出生前后家庭关系变化""孕期保健""婴儿用品""我的宝宝做得如何""趣闻轶事"等。

上述这些客户登记及回答信息到了公司营销专家、心理学家、市场分析家等手中，自然不久就会形成一份份产品促销专案来，至少对企业与顾客保持联系起相当重要的作用。并由于这些方案具有极强的家庭服务需求针对性，故促销成功率应当不低。

四、强生公司网站简评

面对庞大的企业群和无数产品，强生网站若按一般设计，可能就会陷入"前屏页面查询加后台数据库"的检索型网站之流俗格局。从网络营销角度上看，这类企业站点已呈"鸡肋"之颓势。这就如同各种典籍类工具历来都有，但任何时候都不会形成阅读热潮和建立起忠实的顾客群体一样，且对强生来说，那样做还无助于将其底蕴深厚的企业文化传统发挥出来。

如今，企业站点在设计上做了大胆的取舍，毅然放弃了所有品牌百花齐放的方案，为旗下每家公司注册了独立域名，并能从站点"Websites"目录中方便地查到，只以婴儿护理用品为营销主轴线。选择"您的宝宝"为站点主题，精心构思出"宝宝的书"为其与客户交流及开展个性服务的场所，力求从护理层、知识层、操作层、交流层、情感层、产品层上全面关心顾客，深入挖掘每个家庭的需求，实时跟踪服务。

借助互联网，强生开辟了丰富多彩的婴儿服务项目；借助于婴儿服务项目，强生建立了与网民家庭的长期联系；借助于这种联系，强生巩固了与这一代消费者间的关系，同时又培养出新一代的消费者。强生这个名字，必然成为最先占据新生幼儿脑海的第一品牌，该品牌可能将从其记事起，伴随其度过一生。网络营销做到这一境界，已是天下无敌。

讨论：
1. 强生公司的网络营销战略为什么能取得成功？
2. 强生公司的网络营销战略模式属于哪一种？
3. 在目前市场环境下，你认为强生公司可以进行哪些改变？

思考题

1. 什么是网络营销战略？制定网络营销战略应该满足哪些要求？
2. 网络营销战略模式有哪些？
3. 小王是家用电器制造公司营销部的工作人员，主要负责网络营销工作。该公司的主要产品有电视机、冰箱和空调，这些产品均具有环保特征，并可以为用户提供个性化设计。但由于家电产品竞争激烈，该公司的市场份额出现了下降趋势。为扭转局面，该公司决定开展网络营销活动，请你为该公司确定网络营销目标，并制定简单的网络营销计划书。

Marketing Textbooks Series

第二篇

网络营销方法篇

第4章
网络营销常用工具与方法

知识目标：
- 了解信息发布、在线顾客服务的基本方法；
- 掌握网络品牌的基本内容与建立、维护网络品牌的基本工具；
- 熟悉网站推广的具体手段。

能力目标：
- 掌握网络营销常用的工具与方法；
- 能够针对企业实施网络营销的不同要求，运用各种网络营销工具与方法来实现网络营销的各项目标。

案例导读

网络营销诞生

2009年7月，500年一遇的天文事件日全食牵动了国人的眼球。但是作为普通人，并不了解一些观测日全食相关的专业知识。当大家在寻找如何观测日全食方法时，知名动漫品牌PP猪的一套生动可爱"PP猪日全食观测傻瓜攻略"成为了网络追捧的热点。该套漫画形象展示了日全食的观测方法，解决了日全食观众的燃眉之急，而最后杰士邦的爆笑包袱更让人忍俊不禁。但在网民们哈哈大笑之时，恰恰中了PP猪和杰士邦的埋伏。这正是PP猪漫画为杰士邦日全食整合营销打响的漂亮第一枪。

而随后，在日全食发生的前一天，天涯、猫扑出现了旗帜广告"为什么会发生日全食"，一句话就抓住了网民的眼球。随后运用网络互动游戏的形式来让网民体验用杰士邦制造日全食的惊喜快感：用鼠标移动杰士邦去套太阳，而太阳像个顽皮的小孩，四处躲闪，终于太阳落网了。画面黑了下来，日全食发生了……DM网络整合营销机构创意策划的日全食互动游戏banner广告，正是符合了网络整合营销4I原则中的interest趣味原则，现在的网络经济就是娱乐经济，恶搞的、娱乐的新闻传播得最快。杰士邦把创意发挥得淋漓尽致，连"日全食"也让它彻底地恶搞了一把。如此"香艳"的创意，受到网友的热烈欢迎，更有不少网友为了能长久体验，在博客或者论坛上转贴这则广告。

当然，这还没完，杰士邦日全食网络整合营销案例还大胆创新地运用社会化媒体中社

网络营销

区、博客、IM等多种形式形成网民的呼应。比如发起社区日全食＋杰士邦讨论话题,设计IM病毒表情,恶搞杰士邦创意。让杰士邦这个和日全食八竿子打不着的产品和日全食紧密连接起来。日全食是俘获公众眼球的百年事件,巧借日全食事件与貌似不相关的杰士邦品牌嫁接,起到了四两拨千斤的效果。

在企业的网络营销活动中,其本质核心是信息的传递。网络营销信息传递需要借助各种有效的网络营销工具。网络营销职能需要通过各种不同的网络营销工具来实现。常用的网络营销工具包括企业网站、搜索引擎、电子邮件、网络实名(通用网址)、即时信息、电子书、博客、微博等。企业通过网站或者专业服务商发布信息,通过电子邮件直接向用户传递信息,用户通过搜索引擎检索信息并到网站获得更详细的信息,用户通过网站下载各种有价值的信息,如电子书、驱动程序、产品使用说明书等,通过实时聊天工具获取对某个产品的了解等。企业借助于这些网络营销工具,才可以实现营销信息的发布、传递,与用户之间的交互,以及为实现销售营造有利的环境。

本章以网络营销八大职能为主要线索,对实现各项职能的网络营销工具和方法从应用的角度出发,重点从网络信息发布、在线顾客服务与顾客关系、网络品牌的建立与维护、网上销售等几方面进行介绍。由于职能中的网站推广也属于网络促销策略,会在后面的章节里进行专门介绍,因此本章就不进行阐述。

需要指出的是,网络营销的八大职能都需要一定的网络营销工具来实现,但是职能与工具并非一一对应的关系,某些工具同时会实现多种网络营销职能(见图4-1),因此如果某项网络营销工具同时实现几种不同职能,则只会在相对比较重要的职能中进行阐述。另外,由于社会化网络媒体如博客、微博、微信等在网络营销中的作用日益突出,且能实现营销多种职能,属于综合性网络营销工具,因此本章也将专门对其进行介绍。

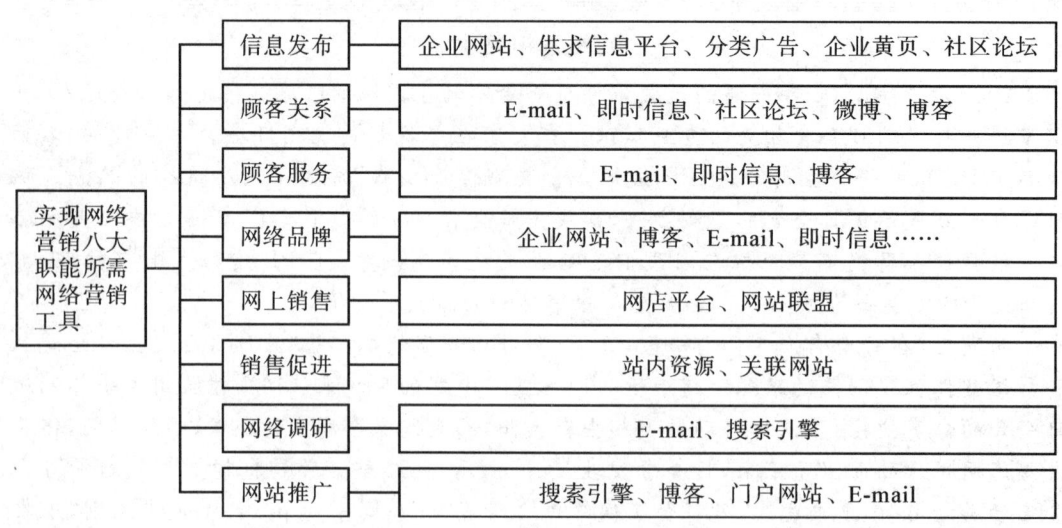

图4-1 实现网络营销八大职能所需的网络营销工具

第一节　网络信息发布常用工具

信息发布是网络营销的基本职能之一。在网上发布信息是网络营销最简单的方式。企业可以借助各种网络营销资源在本企业网站或相关网站发布自己的企业和产品信息，达到宣传和促销的目的。

一、信息发布的渠道资源

信息发布需要一定的信息渠道资源，这些资源可以分为内部资源和外部资源。内部资源包括企业网站、注册用户电子邮箱等；外部资源包括搜索引擎、供求信息发布平台、网络广告服务资源、合作伙伴的网络营销资源等。掌握尽可能多的网络营销资源，并充分了解各种网络营销资源的特点，向潜在用户传递尽可能多的有价值的信息，是网络营销取得良好效果的基础。因此，信息发布职能的基础之一，就是挖掘和利用信息发布和传播的渠道资源。当具备了必要的信息发布和传播的渠道资源之后，传递什么信息，以及如何更有效地传递信息就成为信息发布所要解决的问题。这里将信息发布的资源挖掘和应用原则归纳如下：

（一）充分利用和挖掘内部资源

企业网站是信息发布的首要渠道，也是最完整的网络营销信息源，因此应充分发挥企业网站的信息发布功能。一个小型企业网站每天的平均访问量也许只有两三百人，看起来似乎不多，但是一个月下来就将近一万。一万人看过企业网站，要比发放一万份宣传单资料的效果好得多。即使一个最简单的网站，也比印刷的宣传单提供更多的信息，并且可以不断更新，向潜在用户提供最新信息，主动来到企业网站的用户对网站内容的关注显然多于随手收到的宣传资料。

（二）合理利用免费资源

网络营销的优势之一是其成本相对低廉，这与网上相当多的免费资源有密切关系。尽管现在很多服务都开始收费，但是仍然存在一些有价值的免费资源。如网址推广最基本的工具之一——搜索引擎，仍然有很大的免费推广机会。合理利用免费信息发布资源，仍然可以在一定程度上发挥其作用。不过值得提醒的是，在利用免费资源时一定不要贪图便宜，不该使用免费资源的就一定要避免，如免费邮箱、免费主页空间等。这些服务不仅很不稳定，还容易错失商业机会，或者对企业形象也有很大的伤害。

（三）广泛挖掘合作伙伴资源

合作伙伴资源是网络营销中很有价值的资源之一，这种资源的应用通常是互惠互利的，在不投入资金的情况下合作伙伴之间都取得满意的效果。企业网站的网络营销功能之一就是"资源合作"，充分发挥网站的功能，可以实现与其他合作伙伴、供应商、分销商之间多方面的合作，从而获得更多的信息发布机会，如通过合作伙伴的邮件列表发送信息、与合作伙伴交换广告空间，从而实现信息发布渠道的扩展。

（四）以合理的价值选择适合自己企业的服务商的资源

充分挖掘网络营销资源并不意味着不投入资金，有些网络营销服务投入一定的资金

网络营销

是必要的,但同样的资金投入方式和投向不同,产生的效果也有很大的差异,有时候甚至发挥不了应有的作用。因此对网络营销中信息发布资源的研究,一个重要的目的就是让企业选择最适合的网络营销服务和服务商,让网络营销发挥最大的效果。

二、信息发布的常用平台

可供发布信息的平台除了企业自己的网站外,主要还有供求信息平台、分类广告、企业黄页、网络社区等。

(一)供求信息平台

供求信息平台是互联网上发布供求信息、进行网络推广的一个网站或者载体。它可以分为全球性的或地域性的,综合性的或行业性的,等等。目前有代表性的门户综合型如阿里巴巴(见图4-2)、慧聪、供求平台、环球资源等,行业性的如中国化工网、中国鞋网、环球服装网等。在供求信息平台上,有大量的供求信息,企业不仅可以通过浏览相关企业的信息获得商机,也可以自己将公司概况、产品信息等发布在供求信息平台上。

图4-2 综合性供求信息平台——阿里巴巴

(二)网络分类广告

网络分类广告是一种全新的网络广告服务形式,是传统意义上的分类广告借助互联网这样一个载体的表现,它是充分利用计算机网络的优势,对大规模的生活实用信息,按主题进行科学分类,并提供快速检索的一种广告形式。网络分类广告不仅可以使企事业单位和个人商户在互联网上发布各类产品信息和服务信息,而且可以满足广大网民对消费和服务信息的需求。

分类广告最早出现在西方,它是报纸发展到一定阶段之后适应市场需求的产物。分类广告,就是在报纸版面位置相对固定的地方刊登的短小广告集纳,它把广告按性质分门别类进行有规则的排列,便于读者查找,也适应了市场经济多层次、多类别广告信息传播的需要。

网络分类广告按主题归类,以生活实用信息为主,满足大众日常生活需求;大量同类的广告放在一起,形成网上"行业超级市场",方便消费者比较选择;消费者根据需要可以主动阅读,因而越来越受到消费者的喜爱。

现在网络分类广告在美国已经非常普遍,是人们日常浏览互联网的主要内容之一。2001年新浪网在国内最早推出网络分类广告业务,并开通了"新浪分类信息"频道作为网络分类广告的媒体平台。网络分类广告在我国起步较晚,很多早期的分类广告都是免费的,而且这种广告形式也得不到大广告主的认可。随着越来越多的中小企业开始在网络上开展营销活动,网络分类广告才逐渐受到关注。我国现在最常见的分类广告站点主要以两种不同形式存在:一种是专业的分类广告网站,一种是综合性网站开设的相关频道和栏目。另外一些网站的信息发布区,也在发布分类广告。专业型的网站(如58同城网,见图4-3)功能比较完善,分类也比较全面,用户很容易在适合自己产品的类别发布广告,查找信息也比较方便。综合性网站的分类广告栏目可以从众多的网站访问者中吸引一部分人的注意,专业的经贸信息网站则容易直接引起买卖双方的关注。

图4-3 专业型分类广告58同城网首页

(三)企业黄页

黄页,起源于北美洲,1880年世界上第一本黄页电话号簿在美国问世,至今已有100多年的历史。黄页是国际通用按企业性质和产品类别编排的工商企业电话号码簿,以刊登企业名称、地址、电话号码为主体内容,相当于一个城市或地区的工商企业的户口本,国际惯例用黄色纸张印制,故称黄页。网络黄页就是纸上黄页在互联网上的延伸和发展。

网络黄页一方面改变了用户手工翻阅的传统模式,排除了时间、空间的约束,为广大互联网用户提供了便利的查询通道。与纸上黄页相比较,网络黄页具有无地域限制的优点;支持电话、短信、电子邮件等多种客户沟通方式;不少网站提供企业商情信息发布功能;企业还可以即时更新信息,这是纸上黄页所望尘莫及的。另一方面,加强与网络结合可以拓宽企业对外宣传的渠道。在一些沿海城市,这么做还有一种作用——能体现这个企业在观念上更为"FASHION(时尚)"。网络黄页满足了企业信息化最基本的要求。

当今的黄页,已经在全世界许多国家得到了广泛的普及和使用,在黄页比较发达的国家和地区,黄页的商业媒体属性和市场效益便更加明显,这已是工商业的共识。以美国为例,每年有50%以上的公司企业要在黄页上做广告宣传,美国人说,除了《圣经》,使用率最高的就是黄页了。黄页的发展,已经使美国的商家和消费者习惯了从黄页上迅速、便捷地查找所需要的产品和服务信息,同样,也已经成为商家推销产品和服务、促进商务交流的有力手段。

在我国,网络黄页一般的分类如下:

按归属可以分为三种类型:(1)电信部门推出黄页:如中国电信黄页、网通黄页、铁通黄页等;(2)各大门户网站推出的黄页:如新浪黄页(见图 4-4)、搜狐黄页、网易黄页;(3)专业的网络黄页服务机构:如全球黄页、经贸大黄页、网库黄页。

图 4-4 新浪企业黄页

按照效果分为两种类型:(1)免费注册的普通型商家黄页,该类型除了不能在商家黄页首页和相关页面有推荐显示的机会外,具有商家黄页的所有其他功能;(2)收费服务的推广型黄页,可以在网站首页、黄页首页、黄页分类页等位置突出显示,增加商机。

按照区域性也可以分为两种类型:(1)有全国性市场的战略专业化的黄页网站(此黄页适合做全国市场的商家去做,可以帮助推动商业发展以及宣传地方文化);(2)有针对地方性市场的黄页,这是一般的地方门户型网站针对地方商家推出的,可以在同城有一个网络身份证,便于市民查询以及地方商家推广。

(四)网络社区

网络社区是指包括BBS/论坛、讨论组、聊天室、博客以及其他社会性网络等在内的网上交流空间,同一主题的网络社区集中了具有共同兴趣的访问者。由于众多用户的参与,网络社区不仅使网民可以自主交流,也逐渐成为营销者发布营销信息的场所。早期的网络社区营销人员通过发布广告信息等方式达到宣传的目的。但是随着网络社区逐步走向规范,在社区里直接发布广告信息越来越受到限制,即使在社区中有专门的广告发布区,浏览者也比较少,其网络营销的价值也越来越低。

二、网络信息发布应注意的问题

网络信息发布是很多企业都会做的事情,网上的信息也是铺天盖地,但绝大部分的企业都是盲目地发布信息,发布的量大但效果一般。当然,信息发布得越多越好,但如何使得信息发布能收到很好的效果,应该注意以下几点:

(一)寻找合适的信息发布平台

网络信息发布平台的选择不能盲目,选择好的平台会使效果大增。寻找平台的方法有:

(1)找权重高的网络信息发布平台,如:pr 高、对搜索引擎友好等;

(2)逆向思维,假如自己是客户,会在什么平台上搜索信息,依据客户习惯来找平台。

(二)信息内容合理设计

在了解了网络营销信息发布的基本工具后,还需要对准备信息的内容进行必要的设计。网络信息发布的内容包括很多方面,如企业介绍、企业新闻、产品介绍、促销信息、网络广告等。这些内容看起来很简单,但是真正要做到信息发布的效果最大化,则必须对信息的内容本身进行很好的设计,否则发布的信息能难引起浏览者的关注和信任,达不到理想的营销效果。

信息的内容要新颖,标题要目标明确。信息发布的内容包括文字、图片、多媒体文件等,尤其以文字信息最为重要,是主要的信息表现形式。因此信息发布要求网络营销人员有良好的文字表达能力,至少做到把问题说清楚。内容尽量丰富,所谓丰富不是堆积无用的文字,而是要和信息标题有相关性,最好是有层次感的内容,方便客户阅读。信息要完整,信息内容写完后要检查是否将所有的空白处填写完毕,包括产品型号、数量、有效期、价格等,越完整的信息越受到平台和搜索引擎喜爱,对访客来说也方便查找所需要的信息。最好带有联系方式,那么就算信息被删除,一旦被搜索引擎收录,有意向的客户有可能会通过联系方式来咨询。同时,要带有图片,图文并茂的信息比较有可靠性。

(三)不要重复发布

在网络发布信息时不要重复发布同样内容的信息,如果你希望多次宣传这个产品信息,也要对标题和内容做一些小小的修改,同一渠道发布两条一样的信息是徒劳的,因为搜索引擎只会收录一条信息。

(四)注重信息的时效性

网站内容陈旧的现象在不少网站上存在。甚至有些在很久以前就结束的事件还在使用将来时,这样的信息不仅对用户没有价值,也会失去用户的信任。在信息发布时应避免出现这种情况。

第二节 网络顾客服务与顾客关系常用工具

顾客服务与顾客关系都是网络营销职能的组成部分。顾客服务是建立和维系顾客关系的必要手段。顾客服务水平的高低直接决定了顾客关系的好坏。目前随着互联网的发展,我国企业都已经不同程度地开始涉足网络顾客服务。

资料链接4】

据中国互联网络信息中心(cnnic)发布的《2012年下半年中国中小企业互联网应用状况调查报告》的调查统计,截至2012年12月底,我国中小企业利用互联网提供客户服务的比例为53.3%。重点行业中,信息传输、计算机服务和软件业,以及生活服务业企业中该项应用的普及率较高,分别达到68.0%和63.2%,建筑业企业由于其工程特点和服务对象的特殊性,普及率最低,而其他行业的差异不大,都在平均水平上下。

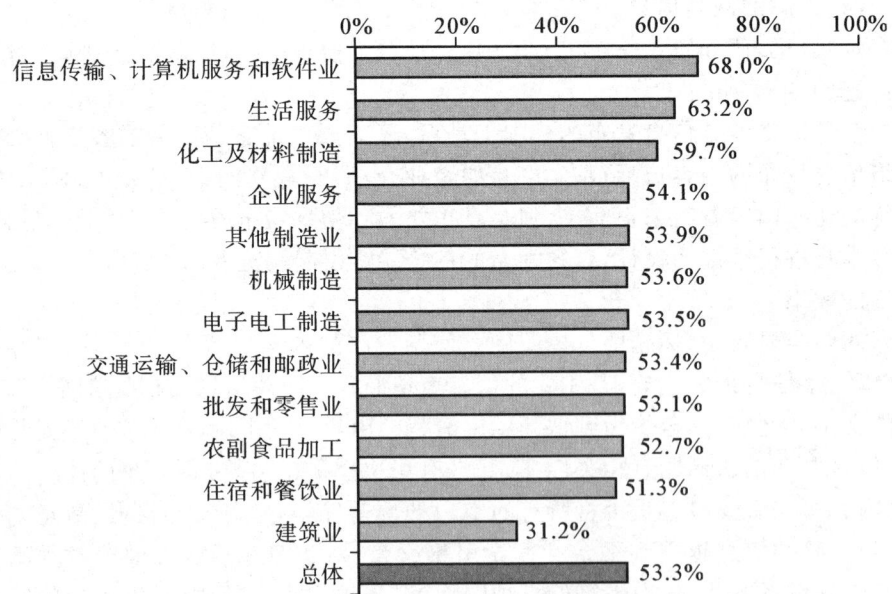

重点行业中2012年提供过网络客户服务的企业的比例

资料来源:cnnic2012年下半年中国中小企业互联网应用状况调查报告

作为企业开展电子商务,尤其是在线销售活动的重要的支撑服务,且除了已经相对成熟和标准化的网络客服软件,还有微信、微博等其他互动渠道的兴起,网络客服在服务质量和服务形式多样性上得到快速提升。通过互联网,企业可以更加快速、直接地面向客户,有效解决顾客的问题和疑惑,因此企业利用互联网提供顾客服务已经成为重要的发展趋势。

一、网络顾客服务的主要内容

网上顾客服务过程实质上是满足顾客除产品以外的其他派生需求的过程。用户上网购物所产生的服务需求主要有:了解公司产品和服务的详细信息,从中寻找能满足他们个性需求的特定信息;需要企业帮助解决产品使用过程中发生的问题;与企业有关人员进行网上互动接触;了解或参与企业营销全过程等四个方面的需求。另外,顾客处于购买决策的不同阶段,其所需要的服务内容也不尽相同。

(一)售前服务

网上售前服务是指企业在产品销售之前,针对消费者的购物需求,通过网络向消费者开展诸如产品介绍、产品推荐、购物说明、协助决策等消费者教育与信息提供活动。企业网络营销售前服务的主要任务是向潜在的用户提供产品技术指标、产品性能、式样、价格、使用方法、功能、特色等全面有用的信息。

(1)发布产品信息和相关知识,开展网上消费者教育,培养消费需求。销售之前,企业应积极利用网络媒体开展多方面的消费者教育活动。利用网络展开发布信息、介绍消费时尚、引导消费潮流、宣传消费知识、营造消费文化、培养消费观念等服务。设计网上产品信息的发布时应努力使客户看到这些产品信息或知识后,基本上不再需要通过其他渠道了解产品信息的效果。另外,需要注意的是,很多企业提供的服务往往是针对某一特定群体的,并不是针对网上所有公众。对于一些复杂产品,客户在选择、购买与使用时需要了解大量与产品相关的知识和信息才能作出购买决策,特别是一些高新技术产品,企业在详细介绍产品各方面信息的同时,还需要介绍一些相关的知识,帮助客户更好地使用产品,以增强他们对购买行为的信心,减少顾虑,提高顾客满意度。

(2)建立虚拟展厅充分展示产品形象,激发购买欲望。网上购物的缺陷之一就是难以满足消费者眼观手摸商品的需求。如果建立网上虚拟展厅,利用网络上立体逼真的图像,结合声音甚至味道来展示企业的产品,使消费者临其境感受到产品的存在,对产品能有一个较为全面的认识与了解,则会将商品更好地展现在网上用户面前,激发他们的购买欲望。在技术上,企业应在展厅中设立不同产品的显示器,并建立相应的导航系统,使消费者能迅速、快捷地寻找到所需的产品信息。

(二)售中服务

网上售中服务主要是指销售过程中的服务。在交易过程中,企业向用户提供简单方便的商品查询、体贴周到的导购咨询、简便高效的商品订购、安全快捷的货款支付、迅速高效的货物配送等服务,以保证商品交换活动顺利实现。另外,在设计网上营销网站时,除了提供网上订货功能外,还要提供订单执行查询功能,方便顾客及时了解订单执行情况。如美国的联邦快递(www.fedex.com)通过其高效的邮件快递系统将邮件在递送过程中的信息输送到指定的数据库,用户可以直接通过因特网查找邮件的足迹与最新动态,直到收件人安全地收到为止。

(1)建立"虚拟组装室",努力开展定制营销,满足个性化需求。在虚拟展厅中,对于一些可以由消费者自主决策进行组装的产品,可设计多种备选方案,由消费者根据自己的需求或喜好,对产品进行个性化组装。

(2)建立实时沟通系统,增强消费者网上购物的信心。用户对网上购物的安全性与可靠性存有较大的顾虑。如果能建立及时的信息沟通系统,则可以大大消除他们的顾虑,增强他们网上购物的信心。为使企业的各种信息能及时地传递给消费者,应建立及时、快捷的信息发布系统,为加强与消费者在文化、情感上的沟通,要建立信息的实时沟通系统,还要建立快速高效的用户查询系统。

(3)发挥网络优势,提供个性化服务。按照用户,特别是一般消费者的要求提供特定的有针对性的服务,包括服务时空的个性化、服务方式的个性化、服务内容的个性化。

(三)售后服务

网上售后服务就是为了使用户需求得到更好的满足,企业借助因特网直接沟通的功能,以便捷的方式满足用户在产品消费过程中所派生的各种需求。网上售后服务有两类,一类是基本的网上产品的消费支持和技术服务;另一类是企业为满足用户附加需求而提供的各种附加利益的服务。提供网上产品的消费支持和技术服务,可以帮助用户通过网站直接找到相应的企业或者专家进行技术咨询,从而减少诸多不必要的中间环节。

网上销售服务与传统的网下销售服务相比,具有方便快捷、灵活有效、成本低廉、直接自助的特点,从而大大增强了企业的竞争实力。网上销售服务是24小时开放的,不受作息时间的限制,用户可以根据需要从网上自助寻求相应的帮助。企业可以减少销售服务和技术支持人员,从而减少了管理费用和服务成本。

二、在线顾客服务的主要工具

对任何一个企业而已,顾客服务至关重要。互联网提供了更加方便和有效的顾客服务手段。优秀的在线服务体系的作用主要体现在三个方面:增进顾客关系,增加顾客满意度;提高顾客服务效率;降低顾客服务成本。

从表现形式和所采用的手段来看,在线服务包括用户自助服务和人工服务两种基本形式。自主服务是用户通过网站上的说明信息寻找相应的解答,或者自己通过加入网络社区等方式获取自己感兴趣的信息。自主服务的常见方式有FAQ、会员通讯等。人工服务则是需要根据顾客提出的问题,通过人工回复的方式当时给予回答,如通过电子邮件或者各种即时聊天工具等回答。总体来说,在线顾客服务常用的工具有:FAQ、电子邮件、在线表单、即时信息、在线论坛等。

(一)常见问题解答(FAQ)

FAQ是英文Frequently Asked Questions的缩写。在网络营销中,FAQ被认为是一种常用的在线顾客服务手段。在很多网站上都可以看到FAQ,列出了一些用户常见的问题,是一种在线帮助形式。FAQ之所以重要是因为:一方面,用户在使用一些网站的功能或者服务时往往会遇到一些看似很简单,但不经过说明可能很难搞清楚的问题,有时甚至会因为这些细节问题的影响而放弃购买,其实在很多情况下,只要经过简单的解释就可以解决这些问题;另一方面,绝大多数用户在遇到问题时,宁可自己在网站上找答案,或者自己不断试验,而不是马上发邮件给网站管理员,何况即使发了邮件也不一定能很快得到答复。一个好的 FAQ 系统,应该至少可以回答用户 80% 的一般问题以及常见问题。这样不仅方便了用户,也大大减轻了网站工作人员的压力,节省了大量的顾客服务成本,并且提高了顾客的满意度。

在网站中提供 FAQ 页面,主要是为顾客提供有关产品、公司情况方面的信息,它既能够引起那些随意浏览者的兴趣,也能够帮助那些在产品使用中遇到疑难问题的顾客迅速找到所需的信息,获得常见问题的现成答案。

精心设计 FAQ 页面不仅可以方便用户使用,而且能够为企业和用户节约许多在线时间。为此,FAQ 页面必须容易在网络上找到,而且页面上的内容必须清晰易读、易于浏览。设计一个容易使用的 FAQ 需要注意的问题有:

(1)经常更新。为保证 FAQ 的有效性,要经常更新问题,回答客户提出的一些热点问题,要了解并掌握客户关心的问题有哪些。

(2)问题要短小精悍。对于提问频率高的常见的简单问题,不宜用很长的文本文件,这样会浪费客户的时间。而对于一些重要问题的回答应在保证精准的前提下尽可能简短。问题的回答应尽可能地提供足够的信息,达到对顾客有实质性的帮助。

(3)提供检索。为保证方便客户使用,FAQ 应该提供搜索功能,客户通过输入关键字可以直接找到有关问题;问题较多时,可以采用分层目录式的结构组织问题的解答,但目录层次不能太多,最好不要超过四层;将客户最经常提问的问题放到前面,对于其他问题可以按照一定规律排列,常用方法是按字典顺序排列;对于一些复杂问题,可以在问题之间设计连接,便于方便地找到相关问题的答案。

(4)信息披露要适度。信息披露的程度以既对顾客产生价值又不让竞争对手了解企业内情为准。

(二)电子邮件

在通过 FAQ 无法得到满意的解答时,就需要一对一的在线顾客服务工具。电子邮件作为一种基本的互联网通信工具,在顾客服务中的作用非常重要,担负着主要的在线顾客服务功能,不仅表现在一对一的顾客咨询,更多情况下是作为长期维持顾客关系的工具。随着顾客对服务水平的要求越来越高,回复顾客 E-mail 咨询的时间已经成为衡量一个企业整体顾客服务水平的标准。

(三)在线表单

在线表单是用户可以通过浏览器向服务器端提交信息的功能,如我们常用的用户注册、在线联系、在线调查表等都是在线表单的具体应用形式。电子邮件和在线表单都是在线联系工具。在线表单的作用与 E-mail 类似,顾客不需要利用自己的电子邮件发送信息,而是通过浏览器界面上的表单填写咨询内容,提交到网站,由相应的顾客服务人员处理,由于可以事先设定一些格式化的内容,如顾客姓名、单位、地址、问题类别等,通过在线表单提交的信息比一般的电子邮件更容易处理。因此有为数不少的网站采用这种方式。

从功能上说,在线表单和电子邮件这两种常用的在线联系方式都可以实现用户信息传递的目的,但从效果上来说却有着很大的区别,如果处理不当,在线表单可能会存在很大的潜在问题,因此应该对此给予必要的重视。

首先,由于在线表单限制了用户的个性化要求,有些信息可能无法正常表达;其次,当表单提交成功之后,用户也不了解信息提交到什么地方,多长时间可能得到回复,并且自己无法保留邮件副本,不便于日后查询。因此,有时会对采用在线表单的联系方式会产生不信任感。另外,顾客填写的联系 E-mail 地址也有错误的可能,这样将无法通过 E-mail 回复用户的问题,甚至会造成用户不满。在线表单自身的特点决定了其具有一定的限制,因此只能作为电子邮件的辅助手段而不能完全替代。

(四)即时信息

由于通过 E-mail 咨询并不一定能得到及时回复,因此越来越多的顾客希望得到即时顾客服务。以聊天工具为代表的即时信息已经成为继 E-mail 和 FAQ 之外的另一种常用的在线顾客服务工具。

即时信息(instant messaging,IM)是指可以在线实时交流的工具,也就是通常所说的在线聊天工具。即时消息早在 1996 年就开始流行,当时最著名的即时通信工具为 ICQ。ICQ 最初由三个以色列人开发,1998 年被美国在线收购,现在仍然是受欢迎的即时聊天工具。

即时消息有针对个人应用和企业应用的不同类型,目前占主导的是个人应用,并且大多是免费的。目前常用的即时信息工具有国外的 ICQ、Yahoo! Messenger、MSN Messenger、AOL 即时信使(AIM)等,以及国内网站经营的 QQ、阿里旺旺、新浪 UC 等。2010 年后开始火热的微博也是即时信息新拓展方向。

即时信息在网络营销中的应用主要体现在以下几个方面:

1. 实时交流增进顾客关系

快速、高效是即时信息的特点,如果存在信息传递障碍可以及时发现,而不是像电子邮件那样要等待几小时甚至几天才能收到被退回来的消息。即时信息已经部分取代了电子邮件的个人信息交流功能,近年来我国互联网用户收发电子邮件的数量持续下降的事实也说明了这一点。与此同时,即时信息已经成为电子邮件和搜索引擎之后的又一最常用的互联网服务。即时信息的实时交流功能在建立和改善顾客关系方面具有明显的成效,尤其是一个网站内部中间的即时信息应用,成为企业与顾客之间增强交流的有效方式。

2. 在线顾客服务

随着顾客在线咨询要求的提高,他们已经不满足于通过电子邮件提问几个小时甚至几天后才收到回复的状况,许多顾客希望得到及时回复,即时信息工具正好具有这种实时顾客服务功能。由于实时顾客服务对客户服务人员提出了很高的要求,因此在一些企业中的应用还需要一个过渡过程。

3. 在线销售中心服务

完成一个在线销售流程需要多个环节,在完成订单前就要经历商品查询、阅读产品介绍、比较价格、了解交货时间和退货政策、最终选择商品并加入购物车,然后还要经过订单确认、在线付款等环节才能完成购物过程。在网上购物过程中,只要有一个环节出现了问题,这次购物活动就无法完成。利用即时信息的实时顾客服务,为用户提供一对一的咨询,有助于降低顾客放弃购物的比率,提高在线购买的成功率。

4. 网络广告媒体

由于拥有众多的用户群体,即时信息工具已经成为主要的在线服务广告媒体之一,并且具有一般基于网页发布的网络广告所不具备的独到的优势,如便于对用户定位,可以同时向大量在线用户传递信息等。例如,国内用户所熟悉的在线聊天工具QQ就有多种广告形式,最具有特色的系统广播功能就比一般网站上的BANNER广告、文字广告等更能吸引用户注意。

5. 病毒性营销信息传播工具

与电子书等网络营销工具一样,即时信息也可以作为一种病毒性营销信息的传播工具。例如,一些有趣的笑话、情感故事、节日祝福、Flash等都可以成为这些病毒性营销的载体,而即时信息则成为这些信息的传播工具。

虽然IM有许多优点,但在应用中也还存在一些问题:

(1)即时通信软件繁多,不同IM互通问题还没有解决。由于IM工具较多,不同的用户可能使用不同的即时信息软件,各种软件之间不能直接交流,这样需要同时采用多种IM软件才能和多个用户进行交流。不过也存在这样的发展趋势:各种不同的即时通讯工具之间将可以实现互通,那时即时信息的应用将更为方便,信息传递也将更有效。

(2)传递大量信息或者一对多信息有困难。并不是任何信息都适合实时交流,比如有大量内容的信息、促销信息等。如果采用即时信息的方式,必然给接受者带来麻烦,因此还是需要电子邮件来承担这些任务。虽然从技术上可以做到同时向多个用户发送即时信息,事实上也有一些企业和个人在利用这种方式开展"网络营销",如QQ群发信息等,但由于对接收者造成干扰,因此很容易受到指责,严重者将会被起诉,总体效果并不理想。

(3)即时信息传递信息不够规范。在电子商务活动中,通过这种实时聊天的形式进行信息交换显得不正规,也不便对交流信息进行分类管理,用这种方式所发出的要约和承诺目前还无法被确认为有效合同。当出现纠纷时,受损失一方难以提出有效的证据。因此在正规的商业活动中,即时信息还不能代替电子邮件等其他比较正规的电子信息传递方式。

(五)在线论坛

在线论坛是网络社区的常见形式之一。企业网站上的论坛除了可以了解顾客的意见和各种反馈信息之外,也可以作为一种顾客服务工具。顾客可以将自己的问题发表在论坛上,网站服务人员或者其他顾客可以通过论坛回答顾客的问题。一个顾客的问题可能代表多个用户的心声,所以通过论坛开展顾客服务也是对FAQ的一种有效补充。

除了上述常见的在线顾客服务形式之外,电子书对顾客服务也有一定的价值。如将产品和服务使用说明、常见问题、产品使用和选购常识等内容制作在一本电子书中,供用户下载后在需要时查询。同样,博客在一定程度上也具有在线顾客服务的作用。只是这些方式目前都没有成为在线服务的主流应用。

第三节 网络品牌构建的常用工具与方法

网络品牌是指所有网民对某一特定网站认知的总和,是网站提供并由网络受众受用的节目(栏目)、服务以及感受的总和。广义的网络品牌是指一个企业、个人或者组织在网络上建立的一切美好产品或者服务在人们心目中树立的形象。网络品牌有两个方面的含义:一是通过互联网手段建立起来的品牌;二是互联网对网下既有品牌的影响。两者的品牌建设和推广的方式和侧重点有所不同,但目标是一致的,都是为了企业整体形象的创建和提升。

一、网络品牌的特点

相对于传统意义上的企业品牌,网络品牌具有下列特点:

(一)网络品牌是网络营销效果的综合表现

网络营销的各个环节都与网络品牌有直接或间接的关系,网络品牌建设和维护存在于网络营销的各个环节,从网站策划、网站建设,到网站推广、顾客关系和在线销售,无不与网络品牌相关,如网络广告策略、搜索引擎营销、供求信息发布等均对网络品牌产生影响。

(二)网络品牌的价值只有通过网络用户才能表现出来

正如科特勒所言,"每一个强有力的品牌实际上代表了一组忠诚的顾客",网络品牌的价值意味着企业与互联网用户之间建立起来的和谐关系。如集中了相同品牌爱好者的网络社区,在一些大型企业如化妆品、保健品、汽车行业、航空公司等比较常见,网站的电子刊物、会员通讯等也是创建网络品牌的有效方法。

(三)网络品牌体现了为用户提供的信息和服务

百度是最成功的网络品牌之一,当人们想到百度这个品牌时,头脑中的印象不仅是那个非常简单的网站界面,更主要的是其在搜索方面的优异表现,百度可以给我们带来满意的搜索效果。可见有价值的信息和服务才是网络品牌的核心内容。

(四)网络品牌建设是一个长期的过程

与网站推广、信息发布、在线调研等网络营销活动不同,网络品牌建设不是通过一次活动就可以完成的,不能指望获得立竿见影的效果,网络营销是一项长期的营销策略,对网络营销效果的评价用一些短期目标并不能全面衡量。

二、网络品牌的层次

品牌是极有效率的推广手段,品牌形象具有极大的经济价值。根据美国网络对话以及国际商标协会的调查,在网络使用中,有 1/3 的使用者会因为网络上的品牌形象而改变其对原有品牌形象的印象,有 50% 的网上购物者会受网络品牌的影响,进而在离线后也购买该品牌的产品,网络品牌差的企业,年销售量的损失平均为22%。这说明,品牌是无形价值的保证形式,在网上购物中品牌更为重要,网站成功的秘诀就在于创造一个响当当的网络品牌。

网络品牌包含三个层次：

(一)网络品牌要有一定的表现形态

一个品牌之所以被认知,首先应该有其存在的表现形式,也就是可以表明这个品牌确实存在的信息,即网络品牌具有可认知的、在网上存在的表现形式,如域名、网站(网站名称和网站内容)、电子邮箱、网络实名/通用网址等。

(二)网络品牌需要一定的信息传递手段

仅有网络品牌的存在并不能为用户所认知,还需要通过一定的手段和方式向用户传递网络品牌信息,才能为用户所了解和接受。网络营销的主要方法如搜索引擎营销、许可E-mail营销、网络广告等都具有网络品牌信息传递的作用。因此网络营销的方法和效果之间具有内在的联系,例如在进行网站推广的同时也达到了品牌推广的目的,只有深入研究其中的规律,才能在相同营销资源的条件下获得综合营销效果的最大化。

(三)网络品牌价值的转化

网络品牌的最终是为了获得忠诚顾客并达到增加销售的目的,因此网络品牌价值的转化过程是网络品牌建设最重要的环节之一,用户从了解一个网络品牌到形成一定的转化,如网站访问量上升、注册用户人数增加、对销售的促进效果等,这个过程也就是网络营销活动的过程。

三、网络品牌建立和推广的方法

网络品牌通常并不是独立存在的,与多种网络营销方法都有助于网站推广的效果一样,网络品牌往往也是多种网络营销活动所带来的综合结果,网络品牌建立和推广的过程,同时也是网站推广、产品推广、销售促进的过程,所以有时很难说哪种方法是专门用来推广网络品牌的。在实际工作中,许多网络营销策略通常是为了网络营销的综合效果而不仅仅是网络品牌的提升。一般而言,建立和推广网络品牌有七种主要途径：

(一)企业网站中的网络品牌形象建设

企业网站是网络营销的基础,也是网络品牌建设和推广的基础,在企业网站中有许多可以展示和传播品牌的机会,如网站上的企业标识、网页上的内部网络广告、网站上的公司介绍和企业新闻等有关内容。

企业网站所必不可少的要素之一——域名与网络品牌之间也存在着密切的关系。由于英文(或汉语拼音)域名与中文品牌之间并非一一对应的关系,使得域名并不一定能完全反映出网络品牌。这是中文网络品牌的特点。一个中文品牌可能并非只对应一个域名,如康佳集团,中文商标为"康佳",其英文商标为"KONKA",那么康佳的汉语拼音所对应的域名也将对康佳的网络品牌有一定影响,但汉语拼音"kangjia"所对应的中文并不是唯一的,除了康佳之外,还有"康家"等也有一定意义的词汇。这也为网络品牌推广带来一定的麻烦,同时也出现了域名保护的问题。尽管从用户访问网站的角度来看,一个域名就够了,但实际上,由于域名有不同的后缀(如.com、.net、.cn、.biz等),以及品牌谐音的问题，为了不至于造成混乱，对于一些相关的域名采取保护性注册是有必要的，尤其是知名企业。但过多的保护性注册，也增加了企业的支出，这些网络品牌资产虽然也有其存在的价值，但却无法转化为收益。

(二)网络广告宣传中的品牌传播

企业品牌离不开广告，品牌锻造为名牌更需要广告的支持。奥格威曾说过："每一则广告，都是为建立品牌个性所做的长期投资。"网络广告的作用主要表现在两个方面：品牌推广和产品促销。需要提醒的是，做网络广告一定要注意目的、方法和实施中的细节。竞争战略大师迈克尔·波特指出："只有不断坚持自己的战略而从不发生游离才能获得最终的胜利。"保持广告主题和形象的稳定，才能在消费者心中树立明确的品牌形象。

(三)搜索引擎营销中的网络品牌推广

搜索引擎是用户发现新网站的主要方式之一，用户在某个关键词的检索结果中看到的信息，是一个企业/网站网络品牌给用户留下的第一印象，这一印象的好坏决定了这一品牌是否有机会进一步被认知。网站被搜索引擎收录并且在搜索结果中排名靠前，是利用搜索引擎营销手段推广网络品牌的基础。这也说明，搜索引擎的品牌营销是基于企业网站的营销方法。

搜索引擎营销中的品牌推广是搜索引擎营销的层次中的第二和第三个目标层次，即在主要搜索引擎中获得好的排名并且提高用户对检索结果的点击率。在网络品牌的层次中，则属于第二层次——网络品牌的信息传递。搜索引擎营销的层次和网络品牌的层次两者研究的问题侧重点不同，因而表现形式有一定的差异，但两者实质是一样的。搜索引擎营销研究的是信息传递的一般过程中的用户行为，而搜索引擎营销中的网络品牌则仅考虑搜索引擎检索与网络品牌之间的关系。

利用搜索引擎进行网络品牌推广的主要方式包括在主要搜索引擎中登录网站、搜索引擎优化、关键词广告等常见的搜索引擎营销方式。这种品牌推广手段通常并不需要专门进行，在制定网站推广、产品推广的搜索引擎策略的同时，考虑到网络品牌推广的需求特点，采用"搭便车"的方式即可达到目的。这对搜索引擎营销提出了更高的要求，同时也提高了搜索引擎营销的综合效果。

(四)电子邮件中的网络品牌建设和传播

出于市场工作的需要，每天都可能会发送大量的电子邮件，其中有一对一的顾客服务邮件，也会有一对多的产品推广或顾客关系信息，通过电子邮件向用户传递信息，也就成为传递网络品牌的一种手段。

电子邮件的组成要素包括：发件人、收件人、邮件主题、邮件正文内容、签名档等。在这些要素中，发件人信息、邮件主题、签名档等都与品牌信息传递直接相关，但往往是容易被忽略的内容。正如传统信函在打开之前首先会看一下发信人信息一样，电子邮件中的发件人信息同样有其重要性。如果仅仅是个人ID(如名字缩写)而没有显示企业邮箱信息的话，将会降低收件人的信任程度，如果发件人使用的是免费邮箱，那么很可能让收件人在阅读之前随手删除，可见使用免费邮箱对企业品牌形象有很大的伤害，正规企业，尤其是有一定品牌知名度的企业在此类看似比较小的问题上不能掉以轻心。

下面是在电子邮件信息中传播网络品牌信息值得重视的一些要点：

(1)设计一个含有公司品牌标志的电子邮件模板(其作用就像邮政信函中使用的有公司品牌标志的公文纸和信封一样)，这个模板还可以根据不同的部门，或者不同的接收人群体的特征进行针对性的设计，也可以为专项推广活动进行专门设计；

(2)电子邮件要素完整，并且体现出企业品牌信息；

(3)为电子邮件设计合理的签名档；

(4)商务活动中使用企业电子邮箱而不是免费邮箱或者个人邮箱；

(5)企业对外联络电子邮件格式要统一；

(6)在电子刊物和会员通讯中，应在邮件内容的重要位置出现公司品牌标志。

当然，利用电子邮件传递营销信息时，邮件内容是最基本的，如果离开了这个基础，再完美的模板和签名也发挥不了应有的作用。因此，品牌信息的传播是产品促销、顾客服务、顾客关系等网络营销信息的附属内容，是只有在保证核心内容的基础上才能获得的额外效果。

(五)用病毒性营销方法推广网络品牌

病毒性营销对于网络品牌推广同样有效。例如，Flash 幽默小品是很多上网用户喜欢的内容之一，一则优秀的作品往往会在很多同事和网友中相互传播，在这种传播过程中，浏览者不仅欣赏了画面中的内容，同时也会注意到该作品所在网站的信息和创作者的个人信息，这样就达到了品牌传播的目的。除此之外，常见的病毒性营销的信息载体还有免费电子邮箱、电子书、节日电子贺卡、在线优惠券、免费软件、在线聊天工具等。

资料链接 4.2

病毒式营销(viral marketing,也可称为病毒性营销)是一种常用的网络营销方法，常用于进行网站推广、品牌推广等，病毒式营销利用的是用户口碑传播的原理。在互联网上，这种"口碑传播"更为方便，可以像病毒一样迅速蔓延，因此病毒式营销(病毒性营销)成为一种高效的信息传播方式，而且，由于这种传播是用户之间自发进行的，因此几乎是不需要费用的。

病毒式营销的经典范例是 Hotmail.com。Hotmail 是世界上最大的免费电子邮件服务提供商，在创建之后的一年半时间里，就吸引了 1 200 万注册用户，而且还在以每天超过 15 万新用户的速度发展，令人不可思议的是，在网站创建的 12 个月内，Hotmail 只花费很少的营销费用，还不到其直接竞争者的 3%。Hotmail 之所以能够取得爆炸式的发展，就是由于利用了"病毒式营销"的巨大效力。病毒式营销的成功案例还包括 Amazon、ICQ、eGroups 等国际著名网络公司。病毒式营销既可以被看作一种网络营销方法，也可以被认为是一种网络营销思想，即通过提供有价值的信息和服务，利用用户之间的主动传播来实现网络营销信息传递的目的。

(六)提供电子刊物和会员通讯

电子刊物和会员通讯都是许可 E-mail 营销中内部列表的具体表现形式，这种基于注册用户电子邮箱传递信息的手段对于顾客关系和网络品牌都有显著的效果。2002年10月初,美国一个咨询公司Nielsen Norman Group(NNG)发表了一份有关电子刊物有效性的调查报告,调查表明,电子刊物的网络营销价值非常显著,甚至超过了网站本身,订阅电子刊物的用户不需要每天浏览网站,便可以了解到企业的有关信息,对于企业品牌形象和增进顾客关系都具有重要价值。但是,即使是用户自愿订阅的邮件列表,也不可能达到100%的阅读率,有些用户虽然还在列表上,对于收到的邮件却不一定阅读。该调查表明,大约27%的邮件从未被用户打开,被完全阅读的邮件只有23%,其他50%的邮件只是部分阅读,或者简单浏览一下。

关于许可E-mail营销原理和方法我们将在后面的章节中进行专门的介绍。

(七)建立网络营销导向的网络社区

网络社区营销已经逐渐变成过时的网站推广方法,但网络社区的网络营销价值并没有消失,尤其是建立企业自己的网络社区,如论坛、聊天室等。企业网站建立网络社区,对于网络营销的直接效果是有一定争议的,因为大多数企业网站访问量本来就很小,参与社区并且重复访问者更少,因此网络社区的价值便体现不出来。但对于大型企业,尤其是有较高品牌知名度,并且用户具有相似爱好特征的企业来说就不一样了,如大型化妆品公司、房地产公司和汽车公司等,由于有大量的用户需要在企业网站获取产品知识,并且与同一品牌的消费者相互交流经验,这时网络社区对网络品牌的价值就体现出来了。

这里需要指出的是,网络社区建设并不仅仅是一个技术问题,也就是说,建立网络社区的指导思想应明确,是为了建立网络品牌、提供顾客服务以及增进顾客关系,同时更重要的是,对于网络社区要有合理的经营管理方式,一个吸引用户关注和参与的网络社区才具有网络营销价值。

最后需要指出的是,对于一些年轻的网上企业可以很快建立起品牌,但没有一家公司能够打破传统营销的金科玉律:永垂不朽的品牌不是一天造成的。想要成为网上的可口可乐或是迪士尼,需要长久不断的努力与投资。在瞬息万变的网上世界中,只有掌握住这个不变的定律,才能建立起永续经营的基石。

第四节　网上销售常用方法

网上销售是网络营销的基本职能之一,是各种网络营销方法的综合应用,也是企业通过网络营销方式获取收益的直接手段。由于网上销售涉及的问题很多,除了基本网络营销方法之外,还包括支付、安全、配送等电子商务活动中的基本问题。本节主要介绍网上销售中的基本思路和常用方法,帮助读者了解和应用网络营销、为最终实现开展电子商务打下一定的基础。

一、网上销售的主要方法

在传统的商业竞争中,销售渠道是营销组合的基本要素之一,销售渠道的建设在公司的营销战略中具有举足轻重的作用,有实力的厂商纷纷建立自己的零售店,并在各大商场激烈地争夺销售空间,有时要为此付出巨大的代价。现在,随着网民数量的迅速增加和网上销售的风行,开拓网上销售渠道已经成为商家不可忽视的营销策略,将逐渐成为新的竞争热点,商战的硝烟逐渐开始向网上蔓延。

将产品搬到网上销售,要具备一定的基础条件,一般来说,网上销售渠道建设有四种主要经营方式:作为网上零售商的供应商、开设网上商店、自行建立网上销售型的网站、网上拍卖。这四种方式的管理难度和对企业网络营销的专业要求各不相同。

(一)网上零售商的供应商

网上零售网站的供货商同传统的销售模式并没有很大的区别,厂家不需要对网络有多少了解,也不需要增加额外的投入。由于厂商不参与网上销售管理,这种方式的主动权就掌握在网上零售商手里,销售业绩会受到诸多因素的限制,供货厂商对此难以控制。

(二)自行建立网上销售型的网站

一些具有实力的大型公司如戴尔电脑公司等采取的策略是自行建立一个功能完备的电子商务网站,从订单管理到售后服务都可以通过网站实现。企业成立专门电子商务网站销售本企业产品,并且将网上销售集成到企业的经营流程中去,不仅是经济实力的体现,也是提高经营效率、增强竞争力的基础。但这种方式对资金和技术要求很高,开发时间长,还要涉及网上支付、网络安全、商品配送等等一系列复杂的问题,需要一批专业人员来经营;而且对于一般企业而言,由于自行生产的产品品种相对较少,通常都只专注生产一类或者几类产品,各种款式总数量通常不会很多,无法和综合性网上零售商数以十万计的商品相提并论,而消费者在网上购买商品的主要原因之一就是有大量的商品可供选择,因此企业网站在商品品种方面并不具有吸引消费者的特别优势。对大多数企业而言,由于网上销售目前还没有形成主流,巨大的投资很难在短时间内回收,因此自行建立电子商务系统并非最好的选择。

(三)开设网上商店

可以选择的比较简单的方式是建立网上商店。网上商店是指建立在第三方提供的电子商务平台上的、由商家自行开展电子商务的一种形式,如同在大型商场中租用场地开设专卖店一样。目前有许多电子商务网站都提供网上商店的平台服务,如淘宝的天猫商城、当当网、京东商城等。网上商店可以在一定程度上满足企业网上销售的需要,厂家不必一次性投入大量的资金,避免了复杂的技术开发,适用范围更加广泛、风险也较小,因此,对于没有建立企业网站或者不具备电子商务功能的网站,通过第三方电子商务平台开设网上商店是一种比较快捷的方式,即使对于一般的电子商务网站,同样可以合理利用电子商务平台提供的强大功能,成为企业开展电子商务、争夺网上生存空间的补充或者过渡形式。当然,由于网上商店也存在一定的问题,真正能够利用网上商店获得理想的收益仍然不是一件容易的事情,这取决于网上商店平台的专业性的用户资源以及企业本身的经营能力。

(四)网上拍卖

网上拍卖是电子商务领域比较成功的一种商业模式,美国的 eBay.com 就是最成功的电子商务网站之一,除了个人产品拍卖销售形式之外,eBay 同时也开展针对产品销售的电子商务平台服务。在国内也已经有几家具有一定规模的网上拍卖网站,例如易趣拍

网络营销

卖网站。作为一种个人或者小型企业开展网上销售的简单形式，网上拍卖方式比较简单，通常只需要在网站进行注册及相关的认证手续，很容易就可以发布产品买卖信息。不过网上拍卖的成交率不一定很高，这取决于产品的吸引力和价格，而且拍卖经历的过程较长，最终拍卖结果又具有较大的不可预测性。因此需要酌情使用网上拍卖。

此外，还有一种自己不需要建设真正的网上商店，而是以某个大型电子商务网站的加盟者或者叫推广者的身份参与的一种网上销售活动，参与者并不直接负责产品的销售，而是利用自己网站的人气促成销售，这样可以从销售额中获得一定的佣金，这种经营模式被称为"网络会员制营销"。目前这种方式在网络销售中非常普及，本节将重点进行介绍。

总之，可以根据自己的经营需要选择合适的网上销售方式，如果必要，也可以同时采用多种网上销售模式。当网上销售基本环境建设完成之后，多种有效的网络营销手段都可以应用到网上产品销售中去。

二、网络销售的常用方法——会员制营销

网络会员制营销起源并成功应用于在线零售网站。在电子商务比较发达的美国，网络会员制营销已经成为电子商务网站重要的收入来源之一。在应用范围上，也不仅仅局限于网上零售，在域名注册、网上拍卖、内容销售、网络广告等多个领域都普遍采用。

(一)网络会员制营销的起源

一般认为，会员制营销由亚马逊公司首创，因为 Amazon.com 于 1996 年 7 月发起了一个"联合"行动，其基本形式是这样的：一个网站注册为 Amazon 的会员(加入会员程序)，然后在自己的网站放置各类产品或标志广告的链接，以及亚马逊提供的商品搜索功能，当该网站的访问者点击这些链接进入 Amazon 网站并购买某些商品之后，根据销售额的多少，Amazon 会付给这些网站一定比例的佣金。从此，这种网络营销方式开始广为流行并吸引了大量网站参与——这个计划现在被称为"会员制营销"。

在美国，现在实施网络会员制计划的企业数量众多，几乎已经覆盖了所有行业，而参加这种计划的会员网站更是非常多。我国的网络会员制营销起步虽然较晚，但是进入 2003 年之后也进入了一个快速发展时期。现在大多数电子商务网站和搜索引擎广告服务商开设的不同形式的网站联盟，如在线零售网站当当网、亚马逊，以及百度搜索联盟、阿里联盟等，其实质都是会员制营销。

(二)网络会员制营销的基本原理

如果说互联网是通过电缆或电话线将所有的电脑连接起来，实现了资源共享和物理距离的缩短，那么，会员制计划则是通过利益关系和电脑程序将无数个网站连接起来，将商家的分销渠道扩展到地球的各个角落，同时为会员网站提供了一个简易的赚钱途径。

会员制营销听起来似乎很简单，但是在实际操作中要复杂得多。因为一个成功的会员制计划涉及网站的技术支持、会员招募和资格审查、会员培训、佣金支付等多个环节。

一个会员制营销程序包含一个提供这种程序的商业网站和若干个会员网站，商业网站通过各种协议和电脑程序与各会员网站联系起来，因此，在会员制营销中存在一个双向选择的问题，即选择什么样的网站作为会员，以及会员如何选择商业网站的问题。

电子商务顾问 Ralph F. Wilson 博士认为，如果你的网站因为营销活动而带来较多的

访问量,那么可以考虑采用会员制营销来争取更多的访问量,在选择会员制程序时,有六条需要关注的基本原则,即:

- 是否与自己网站的核心业务内容有关?
- 是否可以将会员制程序集成到自己的网站内容中去?
- 是否与网站访问者的兴趣有关?
- 是否考虑到会员网站的需要?
- 是否可以反映出自己网站的价值?
- 是否可以取得较好的效果?

其实,提供会员制计划的商业网站在对会员网站资格进行审查时,同样要考虑会员网站是否可以带来新的顾客,是否是一个健康的网站。会员对网站的选择和网站对会员的资格审查,只是计划实施的开始,更加复杂和重要的内容还在后面。

(三)网络会员制营销的基本功能

网络会员制营销作为互联网上一种特有的网络营销模式,之所以能在电子商务领域获得了很大成功,在于它符合电子商务中的一般优势,如资源共享、高效率、用户拥有更大的选择便利等。这种网络联盟模式不仅给广告主、加盟会员,也给直接用户带来极大的价值,主要体现在:

1. 按效果付费,节约广告主的广告费用

广告主的广告投放在加盟会员网站上,与投放在门户网站不同,一般并非按照广告显示量支付广告费用,而是根据用户浏览广告后所产生的实际效果付费,如点击、注册、直接购买等,这样不会为无效的广告浏览支付费用,因此网络广告费用更为低廉。另外,对于那些按照销售额支付佣金的网站,如果用户通过加盟网站的链接引导进入网站(例如亚马逊网站),第一次并没有形成购买,但用户仍然会记着亚马逊网站的网址,以后可能直接进入网站而不需要继续通过同一会员网站的引导,那么亚马逊并不需要为这样明显的广告效果支付费用,因此对于商家来说更为有利,这种额外的广告价值显然胜过直接投放网络广告。

2. 为广告主投放和管理网络广告提供了极大的便利

网络联盟为广告主向众多网站同时投放广告提供了极大便利。在传统广告投放方式中,广告主通过广告代理商或者直接与网络媒体联系,由于各个网络媒体对广告的格式、尺寸、投放时间、效果跟踪方式等都有很大的差别,一个厂家如果要同时面对多个网络广告媒体的话,工作量是巨大的,这也在一定程度说明为什么只有少数门户网站才成为广告主投放网络广告的主要选择。实际上大量中小型网站,尤其是某些领域的专业网站,用户定位程度很高,广告价值也很高,但因网站访问量比较分散,广告主几乎无法选择这些网站投放广告,这无论是对于广告主还是网站来说都是损失。网络联盟形式完全改变了传统网络广告的投放模式,让网络广告分布更为合理。与网络广告投放的便利性一样,广告主对于网络广告的管理也比传统方式方便得多。有些网络广告内容的有效生命周期不长,或者时效性要求较高,如果要在大量网站上更换自己的广告,操作起来也很麻烦,采用网络联盟模式之后,只要在自己的服务器上修改一下相关广告的代码,不希望出现的广告即刻消失了,而新的广告立刻就会出现在加盟网站上。

3. 扩展网络广告的投放范围,提高网络广告投放的定位程度

相对于传统的大众媒体,定位性高一直是网络广告理论上的优势,但在传统门户网络广告投放的模式下,实际上很难做到真正的定位,即使选择某个相关的频道,或者某个专业领域的门户网站,也无法做到完全的定位,基于内容定位的网络广告则真正做到了广告内容与用户正在浏览的网页内容相关,更为重要的是,这种定位性很高的网络广告可以出现在任何网站上,从而拓展了网络广告的投放范围。在这方面google AdSense 已经作出了表率,在采用网络联盟策略之前,google 的关键词广告只能出现在搜索结果页面上,由于网页空间有限,使得大量的广告没有机会出现,无论对于广告主还是广告媒体都是损失,通过联盟方式,google AdSense 成功地将关键词广告投放在众多相关的网站上。

4. 大大扩展了商家的网上销售渠道

网络会员制最初就是因成功扩展网上销售渠道而受到肯定,其后才向多个领域延伸,直到现在,网络会员制营销模式仍然是在线销售网站拓展销售渠道的有效策略之一。

5. 为加盟会员网站创造了流量转化为收益的机会

对于加盟的会员网站来说,通过加盟网络会员制计划获得网络广告收入或者销售佣金,将网站访问量转化为直接收益。一些网站可能拥有可观的访问量,但因为没有明确的盈利模式,网站的访问量资源便无法转化为收益,通过参与会员制计划,可以依附于一个或多个大型网站,将网站流量转化为收益,虽然获得的不是全部销售利润,而只是一定比例的佣金,但相对于自行建设一个电子商务网站的巨大投入和复杂的管理而言,无须面临很大的风险,这样的收入也是合理的。对于以内容为主的网站,获得广告收入是比较理想的收益模式,通过加盟广告主的联盟计划而获得广告收入,例如加入易趣的创业联盟,通过会员网站引导而成为易趣网站的注册会员,将获得易趣网支付的引导费用,这样就很容易地实现了网站流量资源到收益的转化。

6. 丰富了加盟会员网站的内容和功能

有时网站增加广告内容的点缀能发挥意想不到的作用,不仅让网页内容看起来更丰富,也对用户获取更多信息提供了方便,尤其是当网络广告信息与网站内容相关性较强时,广告的内容便成为网页信息的扩展。对于广告主为在线销售型的网站,比如当当网上书店,加盟会员在网站上介绍书籍内容的同时,如果用户愿意,可以根据加盟网站的链接直接开始网上购书行动,尤其是当网站为读者精心选择了某一领域最有价值的书籍,为用户选择书籍提供了更多的方便。例如在网络营销教学网站(www.wm23.com)中就有一个网络营销与电子商务书籍栏目,其中大部分书籍都可以通过链接直接在当当网购买,这个栏目内容主要来自于当当网上书店,作为网络营销教学网站的一部分,为学习网络营销的读者提供了详细的在线购买相关专业书籍的信息,比自行到当当网选择要更为省时。如果网络联盟计划中提供了会员网站可以利用的功能,还进一步扩展了会员网站的功能,如google ADsense 除了提供基于内容定位的广告之外,还为会员网站提供搜索功能,用户利用 google 搜索,如果点击了搜索结果中的关键词广告,同样也会带来用户获得收益的机会。

7. 利用病毒性营销的思想,联盟会员主动进行推广

病毒性营销的价值是巨大的,一个好的病毒性营销计划远远胜过投放大量广告所获

得的效果。病毒性营销是一种网络营销方法,常用作网站推广的手段,病毒性营销同时也是一种网络营销思想,其含义是如何充分利用外部网络资源(尤其是免费资源)扩大网络营销信息传递渠道。网络会员制营销正是利用了病毒性营销的基本思想,一个好的网络会员制计划往往可以取得巨大的成效而只需要投入很少的费用。

(四)网络会员制营销的模式

现在提供网络会员制营销模式的网站很多,下面通过电子商务网站和搜索引擎关键词广告两种比较有代表性的网站联盟模式的案例分析,说明网络会员制营销的形式与加入方式。

1. 电子商务网站:当当网网站联盟

当当网的网站联盟开始于2001年年初,是国内电子商务网站中较早开展网络会员制营销的(曾经是中国电子商务旗帜的8848网站更早之前就引入这种模式),至今仍然是电子商务网站比较有影响力的网站联盟计划。

在当当联盟页有这样的介绍:"当当凭借在国内的成功经验推出了网络联盟营销平台。它具有完善的跟踪系统,对点击、引导、购买、注册等用户行为进行全面跟踪,而且做到非常高的准确率。""加盟当当联盟,您可得到最高10%的佣金,并且当当会定期推出提高佣金的奖励活动,丰厚的佣金等你来拿!"

如果有自己的网站,申请加入当当网站联盟的过程很简单,按照联盟页面的注册流程填写相关信息即可。通过网站联盟实现收益,正像"三分钟电子商务"那样,走出网上开店的第一步并不复杂,但真正复杂的是如何经营好自己的网上商店。对于联盟会员而言,真正需要考虑的是,在加入当当联盟之后,如何才能"拿佣金"的问题。这在实际操作过程中还需要掌握必要的知识才行。对网络营销的综合知识掌握越充分,实践经验越丰富,越可能真正实现将网站访问量转化为实际收益。

2. 搜索引擎联盟:Google Adsense

Google Adsense可能是所有网络会员制营销模式中最成功的一个,会员为Google创造的收益高达总收入的45%左右,Google Adsense完善的后台管理功能则更值得称道。根据Google网站的解释:Google Adsense是一个快速简便的网上赚钱方法,可以让具有一定访问量规模的网站发布商为他们的网站展示与网站内容相关的Google广告并将网站流量转化为收入。

Google Adsense是网络会员联盟的一种形式。如果一个网站加入Google Adsense,即成为Google的内容发布商。作为内容发布商可以在自己网站上显示Google关键词广告,Google根据会员网站上显示的广告被点击的资料支付佣金,当某个月底佣金累计达到100美元时即可向用户支付广告点击佣金。如果你拥有自己的网站并有一定的访问量,均可免费申请加入Google Adsense,无论网站是个人的还是商业的。

(五)网络会员制营销的成功因素分析

一个成功的网络会员制营销计划取决于多种因素,是提供这种计划的网站和会员网站双方面共同努力的结果,网络会员制营销的成功取决于网站和会员之间的关系以及各自的表现。

商业网站是会员制计划的提供者和规则的制定者,担负着最为重要的责任,对以下五个方面应该给予足够的重视：

(1) 要提供完善的技术保证。至少应该包括方便的在线加盟程序、稳定的用户购买行为跟踪记录、可靠的在线销售统计资料查询等几个方面。

(2) 加强网站对会员制计划的推广。推广力度与加盟会员的数量有直接关系，而会员数量在一定程度上决定了网站通过会员最终获得的收益。

(3) 提供适当比例的佣金并按时支付给会员。佣金的比例也许并没有固定的标准，取决于不同产品的利润状况和同行之间的平均佣金水平，但至少可以肯定，过低的佣金不会吸引会员参与，同时，一个不能按时支付佣金的网站同样会让会员失去信心。

(4) 重点发展金牌会员。最好的会员是那些专业的、有较大访问量的网站，但事实上，大部分会员是普普通通的网站。有一个经济学原理——"20/80 原理"，也叫"Pareto 原理"，该原理同样适用于会员制计划：会员所创造的营业额的 80% 来源于 20% 的会员。

(5) 正确处理商业网站和会员之间的关系。网站和会员之间的关系主要表现在网站对会员的培训、咨询、服务等方面，有时候这种关系会成为制约整个计划发展的重要因素，比如在线帮助系统不完善，而网站对会员的询问又不能提供及时、准确的回复。网站和会员之间的相互关系，表面上看起来类似于传统销售渠道中厂商和代理商之间的关系，但实际上在整个会员制计划当中，会员和网站根本没有处于平等的地位，基本上受制于网站。如果是网站和会员的关系影响了会员制计划最终的成功，那么最主要的责任毫无疑问应该归于网站一方。

第五节 社会化媒体网络营销工具

随着互联网的发展，网民对信息的需求也不断提高，不再满足于单纯、被动地接收信息，他们主动参与制造、分享信息的动机越来越强，社会化媒体沟通工具应运而生。社会化媒体是个外来词汇，英文为"social media"，简称 SM。社会化媒体区别于传统主流形式，是一种新型的媒体方式，主要是通过互联网技术实现信息的分享、传播，通过不断的交互和提炼对观点或主题达成深度或者广度的传播，其影响力是传统媒体所无法达到的。最常见的社会化媒体主要包括博客、微博、论坛、社交网络、维基百科、播客、点评类社区和内容社区等，近两年逐渐兴起的微信，也属于社会化媒体范畴。

我国的社会化媒体起步要远远晚于美国。2000 年国内一些博客平台的兴起，标志着国内互联网 web2.0 时代的到来，由传统网站制造内容转向网民制造内容，网站和网民、网民和网民之间的交流更加密切，信息的传播的深度和广度都有很大的突破。之后社交类网站、百科、主题分享（文字、图片、视频）相应发展，2009 年新浪微博建立，腾讯、搜狐相继建立微博平台，社会化媒体的格局逐渐清晰起来。

根据艾瑞网发布的数据，社会化媒体用户规模在 2007—2010 年分别为 1.31 亿、1.83 亿、2.76 亿和 3.46 亿，用户逐年增加，尤其从 2009 年开始实现爆发式的增长，这与 2009 年微博媒体的兴起有很大的关系。CNNIC 第 33 次互联网报告指出，截至 2013 年 12 月，我国即时通信使用率为 86.2%，博客/个人空间使用率为 70.7%，微博使用率为 45.5%，社交网络使用率为45%,大量的网民将时间精力耗在社会化媒体,因此社会化媒体的营销价值自然被企业所重视。

一、博客营销

(一)博客的内涵

要了解什么是博客营销,首先要知道什么是博客。博客最初的名称是 Weblog,由 web 和 log 两个单词组成,按字面意思就是网络日记,后来喜欢新名词的人把这个词的发音故意改了一下,读成 we blog,由此,blog 这个词被创造出来,中文意思即网志或网络日志。

博客是一个新型的个人互联网出版工具,是网站应用的一种新方式,它为每一个人提供了一个发布信息、交流知识的平台,博客使用者可以很方便地用文字、链接、影音、图片建立起自己个性化的网络世界。博客又是一个开放式的信息平台,具有传播知识、博主信息自主、博文共享等特色。随着博客的普及,博客内容日益丰富,当网上的博客不再是单纯的个人日志时,越来越多的企业意识到博客的作用,即通过博客可以向潜在用户传递营销信息,为企业实现既定目标提供帮助。

(二)博客的网络营销价值

1. 博客可以直接带来潜在用户

博客内容发布在博客托管网站上,这些网站往往拥有大量的用户群体,有价值的博客内容会吸引大量潜在用户浏览,从而达到向潜在用户传递营销信息的目的。这是博客营销的基本形式,也是博客营销最直接的价值表现。

2. 博客可以提高网站访问量

网站推广是企业网络营销工作的基本内容,大量的企业网站建成之后都缺乏有效的推广措施,网站访问量过低,降低了网站的实际价值。通过博客的方式,在博客内容中适当加入企业网站的信息(如某项热门产品的链接、在线优惠券下载网址链接等),可以达到推广企业网站的目的。博客推广是一种成本极低的网站推广方法,降低了一般付费推广的费用,或者在不增加网站推广费用的情况下提升了网站的访问量。

3. 博客文章内容为用户通过搜索引擎获取企业信息提供了机会

多渠道信息传递是网络营销取得成效的保证,通过博客文章,可以增加用户通过搜索引擎发现企业信息的机会。一般来说,访问量较大的博客网站比一般企业网站的搜索引擎友好性要好,用户可以比较方便地通过搜索引擎发现这些企业博客内容。

4. 博客文章可以增加企业网站的链接数量

获得其他相关网站的链接是一种常用的网站推广方式,但是当一个企业网站知名度不高且访问量较低时,往往很难找到有价值的网站给自己链接,通过在自己的博客文章为本公司的网站做链接则是顺理成章的事情。

5. 利用博客可以更好地进行市场调查

当博客内容比较受欢迎时,博客网站成为与访问者交流的场所,有什么问题可以在博客中提出,很方便地进行相互沟通。也可以在博客文章中设置在线调查表的链接,便于有兴趣的访问者参与调查,这样扩大了网站上在线调查表的投放范围,同时还可以直接就调查的问题与访问者进行交流,使得在线调查更有交互性,其结果是提高了在线调查的效果,也降低了调查研究费用。

6.博客是建立品牌效应的理想途径之一

作为个人博客,如果想成为某一领域的专家,最好的方法之一就是在自己的博客中发表原创的、高水平的专业性文章。对企业博客也是同样的道理,坚持对某一领域的深度研究,并加强与用户的多层面交流,对于获得用户的品牌认可和忠诚是有效的途径。

7.博客让营销人员从被动的媒体依赖转向自主发布信息

在传统的营销模式下,企业往往需要依赖媒体来发布企业信息,不仅受到较大局限,而且费用相对较高。当营销人员拥有自己的博客园地之后,可以随时发布所有希望发布的信息,只要这些信息没有违反国家法律,并且信息对用户是有价值的。博客的出现,给市场人员营销观念和营销方式带来了重大转变。每个企业、每个人拥有自由发布信息的权力,如何有效地利用这一权力为企业营销战略服务,则取决于市场人员的知识背景和对博客营销的应用能力等因素。

(三)博客营销的特点

博客营销是利用博客这种网络应用形式开展网络营销,是公司、企业或者个人利用博客这种网络交互性平台,发布并更新企业、公司或个人的相关概况及信息,并且密切关注并及时回复平台上客户对于企业或个人的相关疑问以及咨询,并通过较强的博客平台帮助企业或公司零成本获得搜索引擎的较前排位,以达到宣传目的的营销手段。

博客营销与其他营销方式相比,具有如下特点:

1.博客营销信息发布和传递定向准确

在信息发布方面,博客与其他工具有相似的地方,即博客所发挥的同样是传递网络营销信息的作用,这是认识博客营销的基础。网络营销信息传递实际上也是整个网络营销活动的基础。但是由于每个博客都有其不同的受众群体,其读者也往往是一群特定的人,细分的程度远远超过了其他形式的媒体。而细分程度越高,信息传递的定向性就越准。

2.博客文章的内容题材和发布方式更为灵活

博客文章内容题材和形式多样,因而更容易受到用户的欢迎。博客文章的信息量可大可小,完全取决于对某个问题描述的需要。但是博客的信息发布与其他信息平台信息发布不同,博客文章不是简单的广告信息,实际上单纯的广告信息发布在博客网站上是起不到宣传效果的。博客文章在一定意义上可以说是一种公关方式,只是这种公关方式由企业自行操作,无须借助公关公司和其他媒体。

3.博客营销不需要直接费用

目前常见的博客平台都是免费注册、免费使用的,企业如果采用博客进行相关信息发布不需要直接费用,是成本最低的推广方式。

4.博客营销可以快速吸引用户注意力、口碑效益影响力大

营销活动的一个重要目的就是吸引用户的注意力,博客往往是专业的博客平台提供的,这些专业的博客网站用户数量大,有价值的文章通常更容易迅速获得大量用户的关注,从而在推广效率方面要高过一般的企业网站。另外每个博客都拥有一个相同兴趣爱

好的博客圈子,而且在这个圈子内部的博客之间的相互影响力很大,朋友之间互动传播性也非常强,因此可创造的口碑效应和品牌价值非常大。

5. 博客营销可信度较高、信息保留时间长

对于普通网民来说,博客上发布的文章具有较好的可信度。博客文章比一般的论坛信息发布所具有的最大优势在于,每一篇博客文章都是一个独立的网页,而且博客文章很容易被搜索引擎收录和检索,使得博客文章具有长期被用户发现和阅读的机会,一般论坛的文章读者数量通常比较少,而且很难持久,几天后可能已经被人忘记。所以,博客营销与论坛营销相比的优势非常明显。博客如果发布专业的知识,获得的用户认可度会更高。博客营销的本质在于通过原创专业化内容进行知识分享,争夺话语权,建立起信任权威,形成个人品牌进而影响消费者的思维和购买。

(四)博客营销的基本形式

1. 利用有影响的个人博客来进行网络营销

利用有影响的个人博客进行网络营销,借助的就是这些影响力较大的博客主的专家身份进行口碑营销。这些人往往是所在圈子中的意见领袖,他们的一举一动往往被其他人模仿和追逐,他们的个人博客完全可以用"中立"的观点来对自己钟爱的产品进行推广。这种产品的推广不同于以往企业信息发布及广告,个人博客完全可以从消费者角度考虑产品的品质、实用性、适用性等诸多方面,对产品进行描述,产生"口碑效应",这样客观上可以使产品更易获得更多客户的认同。

2. 利用第三方博客平台的文章发布功能开展网络营销活动

由公司内部建立博客的写作团队进行定期的写作,宣传企业营销计划、企业的产品质量以及售后服务等,把博客营销纳入企业营销战略体系中,从而不断提高大众对品牌的认知,增进对外交流,获得客户反馈。采用此种形式开展营销活动的企业首先要做的是选择一个或几个适合本企业的博客托管网站。一般来说,应选择访问量比较大以及知名度较高的博客托管网站。国内的第三方博客平台如中国博客网、博客网等都为企业开辟了专门的博客频道。企业可以自行在这些博客平台上开设自己的博客,也可以委托公关公司在这些平台上开设博客。

3. 利用企业自身的网站建立企业博客频道开展网络营销活动

将企业博客作为企业对外宣传的平台和窗口,这时的自建博客频道不是简单地在原来的电子商务网站中增加一个"博客"功能,而是独创性地将"博客"的概念与电子商务有机地结合在一起,其内容多是企业的相关信息,如企业的新闻及外界的报道、新品的展示、对外的活动、专题营销活动,以及其他访问者与企业之间的互动(包括产品使用的感受、建议、评论)、合作伙伴间的快速互动等。通过自建企业博客这种方式,可以使企业与消费者之间实现充分的互动。

以上三种博客营销的应用模式适合于不同的企业,基于成本和时间等方面的考虑,利用第三方博客平台无疑是一个有效的捷径,但是这一模式适合于小企业,因为该模式要借助其他第三方平台,对企业的自主品牌形象可能会造成一定的影响。而对于那些品牌忠诚度很高的大企业,最好还是采取自建博客平台的模式,有利于建立企业完整的品牌形象,与企业的整个市场营销规划相吻合。

资料链接4.3

Stormhoek 葡萄酒博客营销

Stormhoek 葡萄酒公司是家小企业,因资金短缺没有在英国投放任何广告。老板马尔希望利用博客为自己的葡萄酒打开市场。Stormhoek 葡萄酒诞生后的六个月,马尔给英国最热门的150名博客每人寄了一瓶中等价位的葡萄酒。只要博客主满足以下两个条件就可以收到一瓶免费的葡萄酒:(1)已届法定饮酒年龄;(2)住在英国、爱尔兰或法国,此前至少三个月内一直写博。读者多少不限,可以少到3个,只要是真正的博客主;收到葡萄酒并不意味着你有写博义务——你可以写,也可以不写,可以说好话,也可以说坏话。

Stormhoek 葡萄酒公司将博客活动推出之后,受到博客主们的追捧,大量博客主参与到这项活动中来,对于 Stormhoek 葡萄酒做了正面的回应。不仅仅如此,每个博客主都会有自己的粉丝,都接触到关于 Stormhoek 葡萄酒信息,同时也扮演着传播者的角色。

Stormhoek 的公司网站本身也是一个博客。Stormhoek 在自己公司的博客上,发布一些关于 Stormhoek 葡萄酒的产品信息和最新的市场活动信息。例如当 Stormhoek 决定改变瓶子上的商标时,公司把这个消息发到了博客上;公司还通过博客举行了评酒会。

Stormhoek 通过博客发动的病毒营销,在不到一年的时间里,葡萄酒销量翻倍了,达到了"成千上万箱"的规模。

(资料来源:http://blog.sina.com.cn/s/blog_5ef3886b0100dd8g.html,稍有修改。)

(五)博客营销的主要内容

一般来说,企业博客营销传播的内容可以主要围绕以下内容进行:

1. 产品博客

产品博客主要是为企业推广产品和服务。在博客发表文章介绍产品的特点和功能,利用博客的超强互动性,与消费者进行互动,吸取消费者的意见和建议。例如日本尼桑公司在推出新车型时,一改传统网站宣传办法,而改用"博客"方式,为新车型设立专门的"博客"。

2. 技术博客

技术博客主要是提供一些专业技巧、技术类信息来激发消费者兴趣。例如伦敦裁缝师托马斯·马洪经营一家英式裁剪公司,他在自己的博客上传播制作与营销西服的信息和启示,提供他对业界的专业了解,公开谈论商业秘密,利用自己的博客让大家讨论订制西服、分享经验,由此掀起了一股热潮,他也因此成为萨维尔街有史以来媒体曝光率最高的裁缝。

3. 公关博客

公关博客是维护企业公共关系的有力武器。一方面它可以低成本地建立信任关系、塑造良好的公众形象;另一方面它又可以帮助企业预防和处理公关危机。

4. 新闻博客

新闻博客类似企业官方网站,动态更新企业的新闻。企业网站的新闻一般比较正式、简洁,而博客里的新闻则可以容纳更多、更广的信息,可以包括文字、图片音频、视频等内容,方便不同媒体和消费者从博客中对感兴趣的信息进行全方位的选择。

5.服务博客

服务博客的功能主要是构筑更好的客户服务体验,与客户进行更加充分的沟通,吸收客户的建议,更好地改善企业的产品和服务。产品促销、客户服务以博客的方式进行展现,还可以达到扩大活动影响的目的。

二、微博营销

微博是由博客发展而来的一种新兴媒体形式,是微博客(Micro Blog)的简称,是一个基于用户关系信息的分享、传播以及获取平台,用户可以通过电脑、手机以140字左右的文字更新信息,并实现即时分享。

2006年3月,blogger的创始人埃文·威廉姆斯(Evan Williams)首创了微博服务。2009年8月,中国门户网站新浪推出"新浪微博"内测版,成为门户网站中第一家提供微博服务的网站。截至2013年12月底,中国微博用户规模达到2.81亿,微博成为可以利用的营销工具。

(一)微博营销的特点

1.立体化

微博营销可以借助先进多媒体技术手段,以文字、图片、视频等展现形式对产品进行描述,从而使潜在消费者更形象直接地接受信息。

2.高速度、互动性强

微博最显著特征就是传播迅速,一条关注度较高的微博在互联网及与之关联的手机WAP平台上发出后,短时间内互动性转发就可以抵达微博世界的每一个角落。通过微博能与粉丝即时沟通,及时获得用户反馈。

3.操作便捷、成本低

微博营销优于传统推广,无须严格审批,从而节约了大量的时间和成本。一条微博最多140个字,只需要简单的构思,就可以完成一条信息的发布。

4.广泛性

由于微博的低门槛以及"粉丝效应",通过粉丝形式对信息进行病毒式传播,同时名人效应能使事件传播呈几何级放大。

(二)微博营销与博客营销的区别

微博营销与博客营销的区别,主要表现在以下三个方面:

1.信息源的表现形式差异

博客营销以博客文章(信息源)的价值为基础,并且以个人观点表述为主要模式,每篇博客文章表现为独立的一个网页,因此对内容的数量和质量有一定要求,这也是博客营销的瓶颈之一。微博内容则短小精炼,重点在于表达现在发生了什么有趣(有价值)的事情,而不是系统的、严谨的企业新闻或产品介绍。

2.信息传播模式的差异

微博注重时效性,三天前发布的信息可能很少会有人再去问津,同时,微博的传播渠道除了相互关注的好友(粉丝)直接浏览之外,还可以通过好友的转发向更多的人传播,因此是一个快速传播简短信息的方式。

博客营销除了用户直接进入网站或者 RSS 订阅浏览之外,往往还可以通过搜索引擎搜索获得持续的浏览,博客对时效性要求不高的特点决定了博客可以获得多个渠道用户的长期关注。

3. 用户获取信息及行为的差异

用户可以利用电脑、手机等多种终端方便地获取微博信息,发挥了"碎片时间资源集合"的价值,也正因为是信息碎片化以及时间碎片化,使得用户通常不会立即作出某种购买决策或者其他转化行为,因此作为硬性推广手段只能适得其反。

对于博客信息,用户也可以利用电脑和手机获取信息,但是相对于微博来说,信息获取远不如微博方便、快捷。

从以上差异归纳起来可以看出:博客营销以信息源的价值为核心,主要体现信息本身的价值;微博营销以信息源的发布者为核心,体现了人的核心地位,但某个具体的人在社会网络中的地位,又取决于他的朋友圈子对他的言论的关注程度,以及朋友圈子的影响力(即群体网络资源)。因此可以简单地认为微博营销与博客营销的区别在于:博客营销可以依靠个人的力量,而微博营销则要依赖你的社会网络资源。

(三)微博营销的技巧

1. 发布的内容要有吸引力

微博的字数一般限制在 140 字以内,怎样利用有限的文字吸引受众的眼球,并引起他们的兴趣是企业进行微博营销首先必须考虑的问题。用户关注企业微博的前提是他觉得微博提供的信息是有价值的,是基于他对企业品牌和产品的信任,或者是对企业微博内容的欣赏。企业必须对用户进行充分的了解,发现和挖掘他们所感兴趣的内容,结合产品并巧妙利用视频、图片等工具,才能吸引用户的眼球,快速与用户达成情感共鸣。

比如杜蕾斯的"雨夜传奇"微博营销,就是一件利用创意内容而成功传播的事件。

事件起因:6 月 23 日,北京下午下班时间下暴雨,新闻报道地铁站积水关闭京城大堵车,很多人回不了家,这意味着很多人在微博上消磨时间。

策划过程:杜蕾斯利用北京暴雨这一全天热点的话题。下午 17:58 分利用微博小号发布了杜蕾斯避孕套套在鞋上避免鞋子泡水的微博图片,顿时引来大量的转发(见图 4-5)。

效果:个性简单直接的内容,加上图片凭证,顿时让广大网民大呼其强大功能,其娱乐性也迅速提高了杜蕾斯的关注度,在当晚 24 点转发近 6 000 条,成为 6 月 23 日全站转发第一名。

2. 发布具有互动性的活动

微博定期举行活动是微博营销必不可少的法宝。举行微博活动,不仅能增长企业的粉丝,还能促进销售、增强企业和粉丝的互动性。活动奖励的奖品作为回馈粉丝的奖励,能增强微博的活力和转化粉丝成为客户的速度。

一般来说,成功的微博活动有以下特点:(1)活动主题简洁鲜明。如,1 元秒杀原价 888 元服装、iphone 抽奖。(2)奖品要具有吸引性。要满足粉丝的某项心理需求,而且参

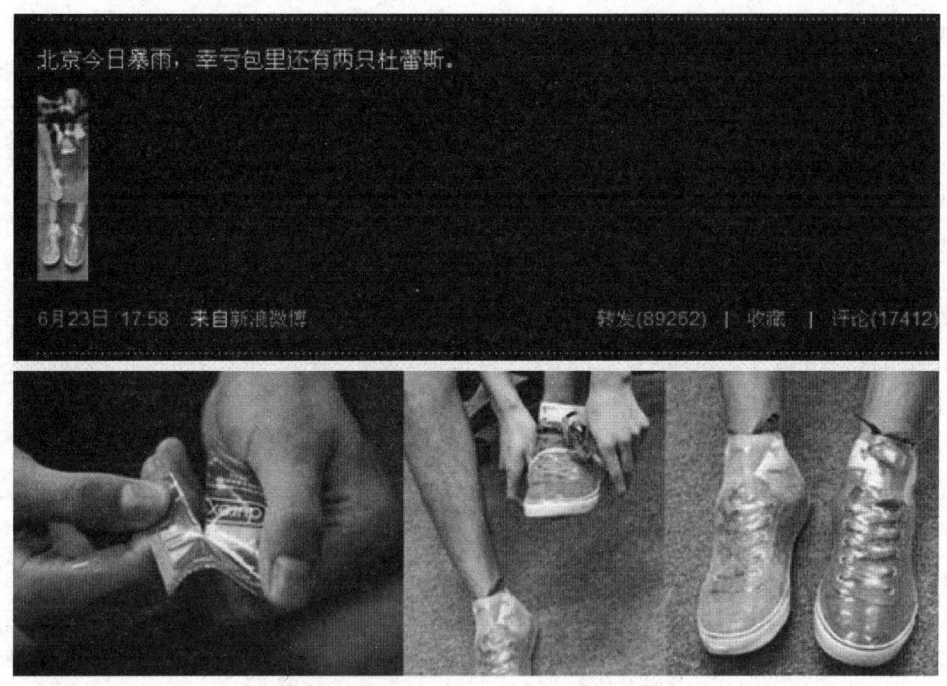

图 4-5 杜蕾斯微博营销

加成本不高,粉丝才会积极踊跃地参加活动。(3)活动必须能快速传播。只要写一句话然后转发微博,就能吸引更多的人参与,就像滚雪球,活动参与性就越来越大。

3.利用意见领袖的效应

根据产品的特性,锁定一些相关领域的重要意见领袖,利用或者聘请意见领袖去讨论、传播企业产品信息。

利用名人效应的例子很多,如凡客诚品利用韩寒主编的杂志《独唱团》第一期上市的机会,在新浪微博上独家发起"秒杀韩寒《独唱团》"活动,凡客诚品的微博粉丝均可参赛,"秒杀"成功者可免费获得《独唱团》。活动开展以来,信息转发量近4 000次,新增粉丝超过2 000人,一举成为当日微博热门评论榜。凡客诚品借助韩寒的名气,微博人气也得到了大幅度上升。

4.引起受众感情共鸣

如果企业在微博上过多地宣传产品或者企业的信息,粉丝也会"审美疲劳"。如果能根据时间段,每天发布有哲理或者能描述出粉丝生活、心理状态等的微博文字,也能获得很多人的关注。在新浪微博最具代表性的就是《新周刊》的官方微博。它每天除了更新新闻外,还发布一些名人名言,形式通俗而内容却直达人心,让人产生共鸣,每条微博被转发和评论的次数很多。

三、RSS 营销

(一)RSS 的内涵

RSS 是在线共享内容的一种简易方式(也叫聚合内容,Really Simple Syndication),

网络营销

用以聚合经常发布更新数据的网站,例如博客文章、新闻、音频或视频的网摘。网络用户可以在客户端借助于支持 RSS 的新闻聚合工具软件(例如 Sharp Reader、Newz Crawler、Feed Demon),在不打开网站内容页面的情况下阅读支持 RSS 输出的网站内容。RSS 可以为其他网站提供信息调用,同时借助于 RSS 阅读器让用户方便地获取最新信息。

(二)RSS 营销的基本条件

开展 RSS 营销的基本条件是网站提供 RSS 信息源,并通过 RSS 方式向用户传递有价值的信息。这里包含三个基本要素:第一,要提供 RSS 信息源;第二,要为用户持续提供有价值的信息,并且通过 RSS 及时向用户传递;第三,让尽可能多的用户通过 RSS 获取信息。这三个基本要素是企业开展 RSS 需要具备的基本条件。

(三)RSS 营销的优缺点

1. RSS 营销的优点

(1)多样性、个性化信息的聚合。RSS 基于 XML 标准,是一种在互联网上被广泛采用的内容包装和投递协议,任何内容源都可以采用这种方式来发布,包括专业新闻、网络营销、企业甚至个人等站点。RSS 为用户提供多来源信息的"一站式"服务,只要在用户端安装 RSS 阅读器软件,用户就可以根据个人喜好,有选择性地将感兴趣的内容来源聚合到该软件的界面中。

(2)信息发布的时效强、成本低廉。由于用户端 RSS 阅读器中的信息是随着订阅源信息的更新而及时更新的,所以极大地提高了信息的时效性和价值。此外,服务器端信息的 RSS 包装在技术实现上极为简单,而且是一次性的工作,使长期的信息发布边际成本几乎降为零,这是传统的电子邮件、互联网浏览等发布方式所无法比拟的。

(3)无"垃圾"信息和信息量过大的问题。RSS 阅读器中的信息是完全由用户订阅的,用户没有订阅的内容、弹出式广告、垃圾邮件等无关信息则会被完全屏蔽,因而不会有令人烦恼的"噪音"干扰。此外,在用户端获取信息并不需要专用的类似电子邮箱那样的"RSS 信箱"来存储,因而不必担心信息内容的过大问题。

(4)没有病毒邮件的影响。在 RSS 阅读器中保存的只是所订阅信息的摘要,要查看其详细内容与到网站上通过浏览器阅读没有太大差异,因而不必担心病毒邮件的危害。

(5)本地内容管理便利。对下载到 RSS 阅读器里的订阅内容,用户可以进行离线阅读、存档保留、搜索排序及相关分类等多种管理操作,使阅读器软件不仅是一个"阅读"器,而且还是一个用户随身的"资料库"。

2. RSS 营销的缺点

(1)RSS 的应用远不如电子邮件普及,从而限制了 RSS 订阅的应用范围。

(2)若长期不接收 RSS 信息,对于过期的信息则无法浏览。这是由于没有专门的服务器为每个用户保存信息,如果用户不及时接收,信息则过时不候。

(3)难以评估 RSS 营销效果。因为在 RSS 中不能添加任何的脚本语言,使统计订阅人数比较困难,只能通过一些特别的技术方法来分析 RSS 的下载次数以估计订户数量,因而对于 RSS 营销效果无法准确地进行评价。

(4)难以实现个性化服务。电子邮件的用户个性化技术已经非常成熟了,但对于通过

RSS获取信息的方式而言,目前还没有得到很好地解决。

总之,RSS营销与邮件列表营销有许多相似之处,它们之间的根本区别是向用户传递有价值信息的方式不同。RSS营销与邮件列表营销相比具有很大的优势,特别是克服了邮件列表营销中常出现的垃圾邮件、病毒、信息即时性差等致命缺点。

四、SNS营销

SNS全称是Social Network Site,即"社交网站"或"社交网"。SNS营销是利用SNS网站的分享和共享功能,通过病毒式传播的手段,提升企业的产品和品牌知名度的一种营销行为。

资料链接4-5

小蜜蜂扎根网络社区飞入中国

小蜜蜂是美国著名化妆品品牌,以崇尚自然、反对产品商业化工业化而闻名。其用料完全取自于自然,被称为"地球上最友善的个人保养品";其配方独特而有奇效,天然到即使不小心吃到肚子里也没有问题,有"皮肤可以吃到的保养品"之称,天然程度高达95%以上,婴儿护肤类产品更是接近100%。由于品质的独特,小蜜蜂号称从不做广告,从来不发产品宣传单和目录,目的是为了保护地球上的绿色生命。虽然如此,产品的奇效依赖强大的口碑,在美国有着非常高的知名度。

由于小蜜蜂品牌一直以来依靠口碑传播为主要宣传方式,因此在进行网络营销时,SNS社区群组作为新一代消费者口碑源聚集地,成为小蜜蜂的落脚之处。小蜜蜂最终选择在唯伊网建立小蜜蜂的品牌Club。唯伊网,中文第一化妆品交流社区,创办于2008年3月,虽然是一个比较年轻的网站,但在短短一年时间里,网站注册用户达40多万,95%以上为女性,年龄在20~35岁之间,人群主要为办公室白领女性,大多集中在广州、北京、上海等一线城市。唯伊网的社区性质非常符合小蜜蜂品牌,受众定位也十分一致。

小蜜蜂首先在唯伊网上建立了小蜜蜂的品牌Club,给消费者提供一个口碑传播与分享的平台。化妆品作为一种商品,其性质决定消费者在作出购买行为的时候,大多会希望得到多方面的品质以及性价比的评价信息,尤其是对于国外的化妆品品牌,消费者更希望通过简便可靠的渠道了解产品的最详细资料。网络的分享平台则是最受欢迎同时也是最容易影响消费者决定的一种渠道。鉴于此,小蜜蜂企图通过唯伊网的分享机制(激励性质)达到这个效果,用户会把她所写的试用报告转载到其他知名女性社区中,如瑞丽网、新浪美容论坛等。另外,小蜜蜂的产品还加入唯伊网的"宝贝"(化妆品产品库,消费者可以点评产品)频道,以增强推动口碑效应,带动整体产品线的所有口碑、整体的品牌关注度。

其次,小蜜蜂在社区群上开展试用体验活动。社区活动在1个月中,召集帖总计获得了15万多次浏览,3 000多次回复,反应积极热烈,小蜜蜂品牌实现了非常良好的品牌曝光,提升了品牌在网络上的知名度,以及在精准女性群体中的品牌影响力。在品牌互动上,小蜜蜂也努力通过幸运抽奖的方式扩大品牌知名度、使用度,拉近与消费者的距离,只

网络营销

要是唯伊网的注册用户提交申请,申请时需支付50伊币(唯伊网积分),就有机会免费索取小蜜蜂柠檬指甲修护霜。

小蜜蜂通过SNS社区营销,以迅雷不及掩耳之势俘虏了许多白领,在号召美丽与健康同在的21世纪,充分利用网络力量,洞穿消费者对化妆品试用的强烈心愿,在赢得知名度和美誉度的同时也达到了其商业目的。

(资料来源:http://news.qihuiwang.com/networkmarket/201009274052.html)

(一)SNS网站的营销价值

1.资源丰富

无论是综合的SNS还是垂直的SNS,现在都没有特定的用户群体,其人员分布广泛,全国各地、各行各业都有。这些都是SNS网站无限的资源,用户即资源。

2.用户依赖性高

由于SNS网站积累了较多的资源,用户可以很容易地在网站上找到自己所想要的;另外用户在SNS网站可以结识志同道合的人,方便地交流,形成一定的用户群体,这些有共同兴趣的群体往往有较高的用户黏度。

3.互动性极强

SNS网站虽然不是即时通讯工具,但是用户在SNS网站上可以就自己感兴趣的或当下的热点话题进行讨论;可以发起投票,还可以发消息给好友。

(二)SNS营销的优势

1.可以有效降低企业的营销成本

随着网民网络行为的日益成熟,用户更乐意主动获取信息和分享信息,而社区用户显示出更高的参与性、分享性与互动性。SNS社交网络营销传播的主要媒介是用户,主要方式是"众口相传",与传统广告形式相比,不仅无须大量的广告投入,反而因为用户的参与性、分享性与互动性的特点,很容易加深对一个品牌和产品的认知,容易形成深刻的印象,形成好的传播效果。

2.可以实现目标用户的精准营销

SNS社交网络中的用户通常都是认识的朋友,用户注册的数据相对来说都较真实,企业在开展网络营销的时候可以很容易对目标受众按照地域、收入状况等进行筛选,有针对性地与这些用户进行互动。如果企业营销的经费不多,但又希望能够获得一个比较好的效果,可以只针对部分区域开展营销,例如只针对北、上、广的用户开展线上活动,从而实现目标用户的精准营销。

3.是真正符合网络用户需求的营销方式

SNS社交网络营销模式之所以迅速发展,是因为它符合网络用户的真实的需求,参与、分享和互动,它代表了现在网络用户的特点,也是符合网络营销发展的新趋势,没有任何一个其他媒体能够把人与人之间的关系拉得如此紧密。无论是朋友的一篇日记、推荐的一个视频、参与的一个活动、还是朋友新结识的朋友都会让人们在第一时间及时地了解和关注到身边朋友们的动态,并与他们分享感受。只有符合网络用户需求的营销模式才能在网络营销中帮助企业发挥更大的作用。

(三)SNS 营销的 TIIAS 过程

SNS 营销的具体实施过程包括五个步骤:

1. T(Touch):接触消费者

提供多种服务和产品,满足用户情感交流、SNS 互动、APP 娱乐等需求,通过这些产品和服务为接触用户创造机会。

2. I(Interest):消费者产生兴趣

通过精准广告创意与用户群形成高度契合,引发用户更高的关注度,激发他们对品牌的兴趣,这些兴趣很可能就是用户的潜在消费欲望。

3. I(Interactive):消费者与品牌互动

客户通过参与品牌互动活动,能够获得互动的愉悦感和满足感,企业也可以通过 App 植入,与客户进行互动。App 植入广告在不影响用户操作体验的情况下,传递品牌信息。

4. A(Action):促成行动

通过消费者与品牌的互动,即使仅仅是个娱乐过程,消费者也会潜移默化地受到品牌信息的暗示和影响,提升消费者对品牌的认知度、偏好度及忠诚度,从而对线上及线下的购买行为和选择产生影响。

5. S(Share):分享与口碑传播

用户与品牌的互动及购买行为,可以通过博客进行分享,而这些基于信任关系链的传播又会带来更高的关注度,从而使品牌在用户口碑传播中产生更大的影响。

五、网络视频营销

据艾瑞数据统计,截至 2012 年 5 月,我国在线视频用户覆盖率达到 96%,网民中有超过 4.9 亿人通过网络收看视频,视频超越了新闻资讯、搜索成为网民首选的互联网服务内容。在此基础上,网络视频营销逐渐成熟起来,其表现形式也越来越多样化。

网络视频营销是指企业以及各种组织机构利用各种网络视频发布企业、产品或各种营销活动等信息,宣传企业产品和服务,在消费者心中树立良好的品牌形象,从而最终达到企业的营销目的。视频与互联网的结合,使得这种创新营销形式既具有电视的特征,例如感染力强、形式多样、内容丰富等,又具有互联网的优势,例如互动性好、传播速度快、成本低廉等,成为影响力超强的新一代网络视频媒体。我国广电总局对于电视台颁布的"禁广令",限制了播放电视广告的时间,这也使得企业越来越把眼光转向网络视频。

(一)网络视频营销的特点

1. 网络视频营销更具互动性

互联网营销具有互动性,这一点也被视频营销所继承。网络视频营销摆脱了传统媒体单向沟通的局限性,可以实现与网络用户的实时互动,并在互动过程中逐渐渗透,最终增强营销效果。

2. 网络视频营销目标精准,更易锁定优质受众

目前很多视频网站上有"群(Group)"的设置,这实际上就是网络上有着相同视频兴趣倾向的网民的集合。企业可以通过目标锁定识别特定受众群,并通过有效的途径影响他们,发掘、培养他们的兴趣点,吸引目标消费者注意,达到传递营销信息的目的。例如汽车厂商在汽车群投放视频广告,或者在这个群征集视频作品,就能取得不错的效果。

3. 网络视频营销更易激发用户主动性传播

网络视频的用户既是受众群体又是传播渠道,制作良好的网络视频可以吸引用户进行讨论分享,并主动免费地为其传播,这是一种高信任度传播,既可以提升企业品牌,也易于激发销售行为。

(二)网络视频营销的主要方式

1. 贴片广告

贴片广告指在视频的片头片尾或插片播放广告以及背景广告等等。这种网络视频营销方式是从电视广告延伸而来的,但与电视不同的是,由于观众不能选择电视中的内容,不得不接受插播的广告,而在网络视频时代,网民有比较大的自主权,他们可以利用手中的鼠标逃避这类硬广告对观看的干扰。这些先进技术可以降低广告对用户观看视频的干扰,在很大程度上减轻用户对广告的反感,同时也使真正对广告信息感兴趣的目标受众接触到广告,到达更加精准。

由于贴片广告直接翻版电视营销模式,显然不能符合用户体验至上的Web2.0精神,因此如何解决贴片广告对用户的干扰是企业值得考虑的问题。国外的一些先驱视频网站在此方面进行了一些有益的摸索。

美国视频网站Videoegg在视频末尾提供了一个名为"指示器"(Ticker)的可点击的透明广告选择模块,当用户点击它时,正在观看的视频会暂停,而一个新的屏幕会打开,用户可观看相应的广告片。如果用户不点击这个广告,视频就会为你显示下一个视频的预览片段。这种技术可以提升5‰~8‰的点击率,千人成本却仅仅是10美元。对比一下,传统贴片广告的千人到达成本要达到20~50美元。

微软也研发了一种视频广告的新模式:对视频内容中出现的物体进行标注和索引,一旦用户在观看视频时,对画面中某个物体感兴趣,则可以通过点击该物体来激发相应的视频广告。这种方式从实验室走向现实后,应该会给网络视频营销带来巨大变革。

2. 整合植入营销

整合植入视频营销是指将品牌或产品价值信息点植入视频短片中,由于视频内容往往具有非常吸引受众的亮点,受众可通过互联网进行下载、收藏以及二次传播。视频植入营销由于将视频情节、背景和道具等与品牌主张或产品信息紧密结合,因此越来越受广告主的欢迎,成为广告主利用视频网站进行营销传播的重要广告模式。例如美的与优酷网合作的"私家厨房",内容是教授各种营养食品的制作,其中使用的工具都是美的产品,在视频中频频出现美的LOGO,伴随着厨师的解说和示范,既把食品制作讲解清楚了,还把美的产品的使用方法也展示出来,而且还能在适当的时机指出该产品的优点,加深了潜在消费者对该产品的认知。这种广告宣传使得整个视频变成用户乐意观看的广告,用户在没有任何心里抵触的情况下接受了广告内容,感受到了品牌的价值。

3. 视频病毒营销

网民看到一些经典的、有趣的、轻松的视频总是愿意主动去传播。病毒营销就是利用受众主动自发地转发视频来传播企业品牌信息,视频带着企业的信息像病毒一样在互联网上扩散。病毒营销的关键在于企业需要有好的、有价值的视频内容,然后寻找到一些易感人群或者意见领袖帮助传播。百度"唐伯虎"是网络视频病毒式营销的典范之作。百度唐伯虎系列小电影没有投入任何推广费用,却换来 2 000 万人的传播效应,让"百度更懂中国"深入人心。

4. UGA 用户生成广告

UGA(Users Generated Ad.)即用户生成广告。在 web2.0 时代,利用网友们的智慧来做创意驱动,进行一场全民头脑风暴,既能为品牌造势,又能促进品牌与消费者的互动,提升消费者的品牌忠诚度。2006 年百事打造了"百事我创　周杰伦广告创意征集活动"。百事公司利用网络和其他方式接受人们的广告策划,然后把所有投稿放置在网上由网友们票选,最终《贸易起源篇》广告脚本以 335 447 票的最高得票数获胜。不仅如此,广告中的两名配角也由全体网民推荐并投票产生。UGA 模式超越了普通的单向度浏览模式,让用户与品牌高度互动,将品牌传递方式提升到用户参与创造的高度,增加了品牌黏性,深化了广告效果。

六、微信营销

微信是腾讯公司 2011 年推出的一款即时通讯服务软件,用户可以通过手机或平板快速发送语音、视频、图片和文字,微信提供公众平台、朋友圈、消息推送等功能,用户可以通过"摇一摇""搜索号码""附近的人"、扫二维码等方式添加好友和关注公众平台,同时利用微信可以将内容分享给好友以及将用户看到的精彩内容分享到微信朋友圈。

(一)微信的主要功能

微信的功能非常多,随着版本的升级,其功能还在不断完善,以下主要介绍一些与营销相关的功能:

聊天:支持发送语音短信、视频、图片(包括表情)和文字,是一种聊天软件,支持多人群聊。

添加好友:微信支持查找微信号、查看 QQ 好友添加好友、查看手机通讯录和分享微信号添加好友、摇一摇添加好友、二维码查找添加好友和漂流瓶接受好友等方式。

实时对讲机功能:用户可以通过语音聊天室和一群人语音对讲,但与在群里发语音不同的是,这个聊天室的消息几乎是实时的,并且不会留下任何记录,在手机屏幕关闭的情况下也仍可进行实时聊天。

朋友圈:用户可以通过朋友圈发表文字和图片,同时可通过其他软件将文章或者音乐分享到朋友圈。用户可以对好友新发的照片进行"评论"或"赞",用户只能看相同好友的评论或赞。

漂流瓶:通过扔瓶子和捞瓶子来匿名交友。

查看附近的人(LBS 功能):微信将会根据您的地理位置找到在用户附近同样开启本功能的人。

微信摇一摇:是微信推出的一个随机交友应用,通过摇手机或点击按钮模拟摇一摇,可以匹配到同一时段触发该功能的微信用户,从而增加用户间的互动和微信黏度。

网络营销

群发助手:通过群发助手把消息发给多个人。

微信公众平台:通过这一平台,个人和企业都可以打造一个微信的公众号,可以群发文字、图片、语音三个类别的内容。

(二)微信营销的优势

微信具有零资费、跨平台沟通、显示实时输入状态等功能,与传统的短信沟通方式相比,更灵活、智能,且节省资费,因此微信从诞生之日开始,就受到用户追捧,到2013年3月,微信注册用户已经达到4亿,是时下最热门的社交信息平台。随着微信用户数量的不断增加,微信的营销价值越来越为商家所重视,微信的商业化趋势也越来越明显,越来越多的企业开通自己微信公众账号,吸引自己的用户成为粉丝,以此开展相关的微信营销活动。

微信与其他网络营销工具相比有如下特点:

1. 高接受率

目前微信用户超过4亿,而且还在继续高速增长,微信已经成为像手机短信和电子邮件一样的主流信息接收工具,其广泛性和普及性成为营销的基础。并且公众账号的粉丝都是用户主动订阅的,信息也是主动获取,完全不存在垃圾信息遭到抵触的情况。

2. 高达到率

营销效果很大程度上取决于信息的到达率,这也是所有营销工具最关注的地方。与手机短信和邮件群发被大量过滤不同,微信群发的每一条信息都能完整无误地发送到终端手机,到达率高达100%。

3. 高曝光率

曝光率是衡量信息发布效果的另一个指标。信息曝光率和到达率是两回事,与微博相比,微信信息拥有更高的曝光率。在微博营销过程中,除了少数技巧性非常强的文案和关注度较高的事件经大量转发获得较高曝光率之外,直接发布的广告微博很快就淹没在微博滚动的动态中,除非刷屏发信息或者用户刷屏看微博。而微信是由移动即时通信工具衍生而来,天生具有很强的提醒力度,比如铃声、通知中心消息停驻、角标等,随时提醒用户收到未阅读的信息,曝光率高达100%。

4. 高精准度

微信的高精准度在于企业对于目标人群尤其是新老客户的控制。很多企业做微信营销营销的时候首先把所有老客户加进来,然后想方设法把潜在目标人群加进来,这样企业在进行营销的时候拥有很高的精准度,这也是微信的核心价值所在。

5. 高便利性

由于微信营销传递的信息,用户是通过手机这个移动终端来收取的,移动终端的便利性增加了微信营销的高效性。相对于PC而言,手机携带方便,用户可以随时随地获取信息,而这会给企业的营销带来极大的方便。

(三)微信营销的具体形式

1. 活动式微信营销——漂流瓶

这种方式是利用微信的漂流瓶功能来进行品牌推广,扩大品牌的影响力。合作企业在活动期间内把相关营销信息放到漂流瓶,抛出的数量众多的"漂流瓶",通过用户捞起漂流瓶,把信息传播出去。

如招商银行曾经开展的"爱心漂流瓶"活动(见图4-6)。在活动期间,微信用户用"漂流瓶"功能捡到招商银行漂流瓶,回复之后招商银行便会通过"小积分,微慈善"平台为自闭症儿童提供帮助。根据观察,在招行展开活动期间,每捡10次漂流瓶便基本上有一次会捡到招行的爱心漂流瓶。

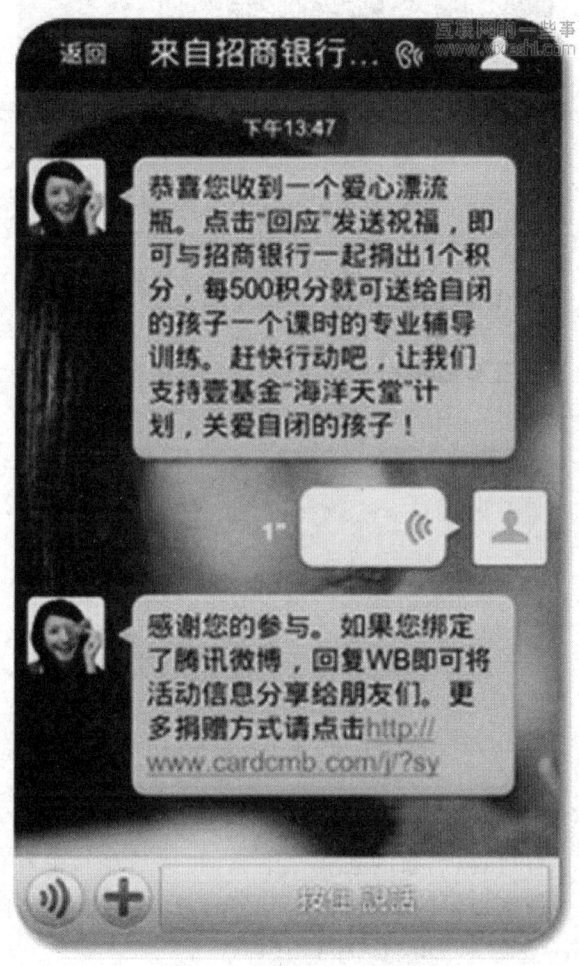

图 4-6　招行爱心漂流瓶

利用漂流瓶进行营销信息的推广简单、易用,但缺点是针对性不强,同时因为用户使用漂流瓶的目的是为了排遣无聊之情,所以利用漂流瓶做营销,如果方式不正确的话极容易产生反作用,使得用户对品牌或者产品产生厌恶之情。此外,每个用户每天只有20次捡漂流瓶的机会,捡到瓶子的机会是比较小的。

2. 地理位置推送——LBS

这种方式是利用微信中"查看附件的人"的功能进行的一种营销推广形式。商家可以在签名档上放广告或者促销的消息,用户查找附近的人的时候或者摇一摇的时候会看见。商家还可以通过点击"查看附近的人",然后根据自己的地理位置查找到周围的微信用户,

网络营销

主动将相应的促销信息推送给附近用户，进行精准投放。很多位置不佳的店铺其实可以利用"附近的人"这个功能，吸引附近的用户进入自家店铺进行消费。

例如，K5便利店新店开张时，利用微信"查看附近的人"和"向附近的人打招呼"两个功能，成功进行基于LBS的推送（见图4-7）。

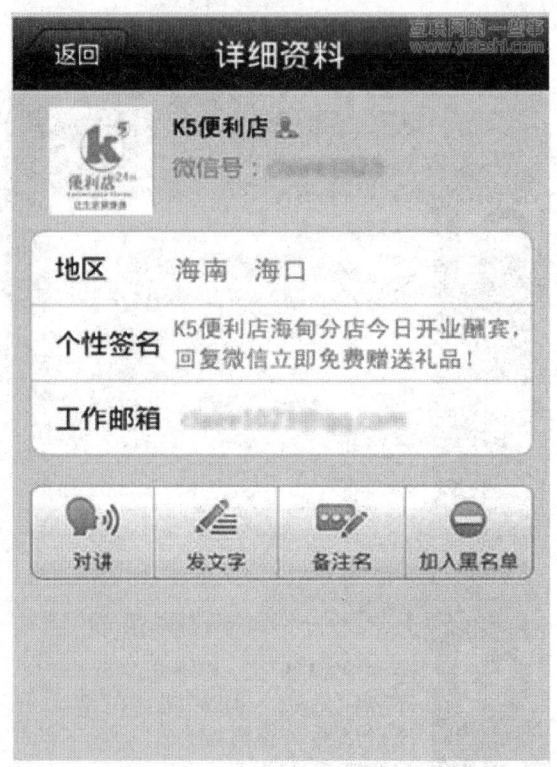

图4-7　K5便利店新店推广

3. 二维码促销

这种方式是吸引用户扫描商家的独有二维码，扫描后用户能获得一张存储于微信中的电子会员卡，可享受商家提供的会员折扣和服务。企业可以设定自己品牌的二维码，用折扣和优惠来吸引用户关注，开拓O2O营销模式。

例如深圳大型商场海岸城推出"开启微信会员卡"活动，微信用户只要使用微信扫描海岸城专属二维码，即可免费获得海岸城手机会员卡，凭此享受海岸城内多家商户优惠特权，如图4-8所示。

4. 社交分享

利用微信开放平台，让微信用户方便地在会话中调用第三方应用进行内容选择与分享，当商品被某个用户分享给其他好友后，相当于完成了一个有效到达的口碑营销。

例如美丽说登录微信开放平台，用户可以将自己在美丽说中的内容分享到微信中。用户通过微信，可以使一件美丽说上面的商品得到不断的传播，通过微信做口碑营销（见图4-9）。

第四章 网络营销常用工具与方法

图 4-8　海岸城二维码活动

图 4-9　美丽说微信

5.公众账号营销

微信公众平台是腾讯公司在微信的基础上新增的功能模块,通过公众平台,个人和企业都可以打造一个微信公众账号,实现与特定群体的文字、图片、语音等全方位的沟通与互动。每一个人都可以用一个 QQ 号码打造一个自己的微信公众号,并在微信平台上实现和特定群体的文字、图片、语音的全方位沟通、互动。微信公众账号可以通过后台的用户分组和地域控制,实现精准的消息推送。通过一对一的推送,企业可以与"粉丝"开展个性化的互动活动,提供更加直接的互动体验。

例如星巴克公众账号的《自然醒》。当用户添加"星巴克"为好友后,用微信表情表达心情,星巴克就会根据用户发送的心情,用《自然醒》专辑中的音乐回应用户,如图 4-10 所示。

网络营销

图 4-10 星巴克《自然醒》

本章小结

1. 网络营销职能需要通过各种不同的网络营销工具来实现。常用的网络营销工具包括企业网站、搜索引擎、电子邮件、网络实名（通用网址）、即时信息、电子书、博客、微博等。

2. 信息发布是网络营销的基本职能之一。在网上发布信息是网络营销最简单的方式。企业可以借助各种网络营销资源在本企业网站或相关网站发布企业和产品信息，达到宣传和促销的目的。可供发布信息的平台除了企业自己的网站外，主要还有供求信息平台、分类广告、企业黄页、网络社区等。

3. 顾客服务与顾客关系都是网络营销职能的组成部分。顾客服务是建立和维系顾客关系的必要手段。互联网提供了更加方便和有效的顾客服务手段。从表现形式和所采用的手段来看，在线服务包括用户自助服务和人工服务两种基本形式。自助服务是用户通过网站上的说明信息寻找相应的解答,或者自己通过加入网络社区等方式获取自己感兴趣的信息。自主服务的常见方式有 FAQ、会员通讯等。人工服务则是需要根据顾客提出的问题,通过人工回复的方式当时给予回答,如通过电子邮件或者各种即时聊天工具等回答。

4. 网络品牌是指所有网民对某一特定网站认知的总和,是网站提供并由网络受众受用的节目(栏目)、服务以及感受的总和。网络品牌有两个方面的含义:一是通过互联网手段建立起来的品牌,二是互联网对网下既有品牌的影响。网络品牌具有三个层次:网络品牌的表现形态、网络品牌的信息传递和网络品牌的价值转化。建立和推广网络品牌有七种基本途径。

5. 网上销售是网络营销的基本职能之一,是各种网络营销方法的综合应用。网上销售渠道建设有四种主要经营方式:作为网上零售商的供应商、开设网上商店、自行建立网上销售型的网站、网上拍卖。网络会员制营销模式是在线销售网站拓展销售渠道的有效策略之一。

6. 随着网民对信息需求的不断提高,社会化媒体工具应运而生,其营销价值也日益凸现。常见社会化媒体网络工具包括博客、微博、RSS、SNS 网站、维基百科、微信等。

案例讨论

基于 STSF 的网络营销工具综合应用

在传统企业商务活动中有售前、售中、售后各环节,这些在互联网商务模式中形成了企业互联网商务应用的 STSF 模型,让客户能够找到你、信任你、选择你、忠诚你。

首先,让客户找到你(Search)——广告拉动

企业商务活动始于客户能够找到你,在商务活动中,互联网是一个价廉物美、传播快速的媒体。对于中小企业,"搜索引擎＋网络经纪"是"让客户找到你"的主要路径,一方面,企业建立网站(群),通过搜索引擎广告或搜索引擎优化进行网站推广,吸引客户关注企业的产品或服务信息。另一方面,企业可以在阿里巴巴、环球资源网等网络经济平台注册成为付费或免费会员,然后群发产品和服务信息,使客户方便地找到你。对于大企业,"综合门户＋垂直门户＋网络聚合＋网络游戏"则是"让客户找到你"的常用方法。企业通过在各类综合门户、垂直门户网站的广告平台和网络聚合网站发布广告,还可以在网络娱乐平台植入广告进行宣传。

其次,让客户信任你(Trust)——评价驱动

在互联网中,客户找到你后,如何让客户信任你,是交易成功的重要保证。不少企业在网络营销中面临着网站或第三方平台的浏览量很高但询盘量很低的难题,其中一个重要原因就是企业的网络信任度不高、不注重网络品牌(形象)建设。"企业门户＋口碑"构成了企业的网络品牌形象评价和客户信任体系。为此,企业要加强营销型网站和企业门户的建设,获得客户的信任;要利用好垂直门户与网络经纪的产品对比功能打败竞争对手;要利用好网络社区获得良好的口碑,并利用网络聚合监控网络口碑。

再次,让客户选择你(Select)——平台推动

当客户对公司与产品/服务信息感兴趣并产生信任后,往往会进行沟通(询盘),直至选择与你交易。互联网商务属于"商业新世界",交易的达成,需要依赖于客户咨询洽谈平台、网络交易平台、网络支付平台等交易支撑体系的推动。

最后,让客户忠诚你(Follow)——关系互动

提高客户忠诚度是你业务持续增长的重要保证,当客户选择与你交易后,让客户忠诚你就成为互联网商务活动的重要任务。互联网为企业建立良好的客户关系提供了优越的环境,利用好它,就能很好地服务于客户,进而增进客户对企业的忠诚。"网络服务+互动"是促进企业客户关系互动的重要途径。

(资料摘自:司胜林:企业互联网商业应用的STSF模型,《网络营销探索》电子杂志2010年第1期)

讨论:

1. 本案例中涉及的营销工具有哪些?
2. 你觉得多种营销工具的整合应用会有怎样不同的效果?

思考题

1. 发布信息有哪些基本平台?网络信息发布应该注意哪些问题?
2. 在线顾客服务有哪些方式?各自有什么优势?
3. 简述网络品牌的含义和特征?哪些因素会影响企业的网络品牌形象?
4. 什么是社会化媒体?你如何看待社会化媒体的网络营销价值?
5. 常见社会化媒体工具包括哪些?试比较它们各自的优缺点。

第 5 章
网络营销导向的企业网站建设

知识目标：
- 了解企业网站的特点和建立企业网站的意义；
- 掌握企业网站规划的主要内容和网站建设的基本流程；
- 理解企业网站的营销功能和具体网站构成的基本要素；
- 掌握营销导向企业网站建设的标准、原则和网站评价的指标、方法。

能力目标：
- 能实际进行营销导向的企业网站建设，并能对企业网站进行评估和分析。

案例导读

美国柯达公司与日本富士公司是世界照相胶片生产的两大巨头，也是多年市场上针锋相对的竞争对手，这两家企业的产品几乎占领了世界大部分照相胶片市场。自90年代以后，由于网络经济和电子商务技术在美国兴起，柯达公司大力开展网络营销，结果导致情况发生逆转。

在20世纪90年代中叶，柯达公司投入了大量的人力、财力，创建柯达公司商务网站。柯达网站具有几大功能：第一，介绍一般的摄影知识；第二，提供专业摄影技术、照片处理技术及服务；第三，共享图片资料库，建立数字技术交流和讨论园地。尽管柯达网站是企业的商务网站，但其网站的网络营销并不是放在一般的宣传产品上，而是重在培养客户对其品牌、网址的忠诚度上，采取"别具一格"的竞争策略。柯达网站95%的内容完全是在向社会介绍专业化的摄影知识，重点介绍专业化的摄影知识和提供社会化的图像处理服务，只有一小部分的功能页面在介绍柯达自己的产品，这是该网站之所以能够吸引全世界专业人士和业余爱好者共同关注的关键。当公司首次在互联网上开通3 500页面的站点，每天吸引多达15万人次以上访问时，被广泛认为是商业价值营销效果最好的站点。

虽然开展网络营销并非一定要建立企业网站，但是没有企业网站，许多网络营销策略实施的效果将大打折扣。网站是企业开展网络营销的根据地，同时也是一个综合性的网络营销工具，网站建设已经成为基础的网络营销服务内容之一，拥有一个专业的企业网站将大大增强网络营销的威力。

第一节 企业网站与网络营销

一、企业网站与网络营销之间的关系

研究企业网站的意义在于了解企业网站与网络营销之间所存在的内在关系,搞清楚这些关系,才能为建立网络营销导向的企业网站奠定基础,也才能保证网络营销各项基本职能的实现,从而最大程度地发挥网络营销的作用。

企业网站与网络营销的关系可以从下列四个方面来说明:

(1)从开展网络营销的程序来看,网站建设的完成不是网络营销的终结。

网站建设为网络营销各种职能的实现打下了基础,如网站推广、在线顾客服务等,一些重要的网络营销方法如搜索引擎营销、邮件列表营销、网络会员制营销等也才具备了基本条件。一般来说,网络营销策略制定之后,首先应开始进行企业网站的策划和建设。

(2)从在网络营销中所处的地位来看,网站建设是网络营销策略的重要组成部分。

有效地开展网络营销离不开企业网站功能的支持,网站建设的专业水平也直接影响着网络营销的效果,表现在品牌形象、被搜索引擎检索到的机会等多个方面。因此在网站策划和建设阶段,就要考虑将要采用的网络营销方法对网站的需要,如网站功能、网站结构、搜索引擎优化、网站内容、信息发布方式等。

(3)从网络营销信息来源和传递渠道来看,企业网站内容是网络营销信息源的基础。

企业网站也是企业信息的第一发布场所,代表了企业官方的形象和观点,在表现形式上应该是严肃而认真的。其他网络营销方法对网络营销信息传递不外乎两种方式,它们都是以企业网站的信息为基础:一种是通过各种推广方法,吸引用户访问网站,从而实现信息传递的目的;另一种则是将营销信息源通过一定的手段直接传递给潜在用户。

(4)从与其他网络营销方法的关系来看,网站的功能决定着哪些营销方法可以被采用而哪些不能被采用。

同时,由于网站的功能不会自动发挥作用,而是通过其他网络营销方法才得以体现出来的,因此企业网站与其他网络营销方法之间是互为依存、互相促进的。

二、企业网站的本质与特点

从企业营销策略来看,企业网站是一个开展网络营销的综合性工具。作为网络营销综合工具的企业网站具有一定的特殊性,与搜索引擎和电子邮件等网络营销工具相比,企业网站具有下列五个方面的特点:

(一)企业网站具有自主性和灵活性

企业网站完全是根据企业本身的需要建立的,并非由其他网络服务商所经营,因此在功能上有较大的自主性和灵活性,也正因为如此,每个企业网站的内容和功能会有较大的差别。企业网站效果的好坏,主动权掌握在企业自己手里,其前提是对企业网站有正确的认识,这样才能适应企业营销策略的需要,并且从经济上、技术上有实现的条件。因此,企业网站应适应企业的经营需要。

(二)企业网站是主动性与被动性的矛盾同一体

企业通过自己的网站可以主动发布信息,这是企业网站主动性的一面,但是发布在网站上的信息不会自动传递给用户,只能"被动地"等待用户自己来获取信息,这又表现出企业网站具有被动性的一面。同时具有主动性与被动性也是企业网站与搜索引擎和电子邮件等其他网络营销工具在信息传递方式上的主要差异。从网络营销信息的传递方式来看,搜索引擎完全是被动的,只能被动地等待用户检索,只有用户检索的关键词与企业网站相关,并且在检索结果中的信息可以被用户看到并被点击的情况下,这一次网络营销信息的传递才得以实现。电子邮件传递信息则基本上是主动的,发送什么信息、什么时间发送,都是营销人员自己可以决定的。

(三)企业网站的功能需要通过其他网络营销手段才能体现出来

企业网站的网络营销价值,是通过网站的各种功能以及各种网络营销手段而体现出来的,网站的信息和功能是基础,网络营销方法的应用是条件。如果建设一个网站而不去合理应用,企业网站这个网络营销工具将不会发挥应有的作用。无论功能多么完善的网站,如果没有用户来浏览和应用,企业网站也就成为摆设,这也就是为什么网站推广作为网络营销首要职能的原因。在实际应用中,一些企业由于缺乏专业人员维护管理,呈现给浏览者的网站内容往往数年如一日,甚至用户的咨询邮件也不给予回复,这样的企业网站没有发挥其应有的作用,也就不足为怪了。

(四)企业网站的功能具有相对稳定性

企业网站功能的相对稳定性具有两方面的含义:一方面,一旦网站的结构和功能被设计完成并正式开始运作,在一定时期内将基本稳定,只有在运行一个阶段后进行功能升级的情况下,才能拥有新的功能,网站功能的相对稳定性对于网站的运营维护和一些常规网络营销方法的应用都很有必要,一个不断变化中的企业网站是不利于网络营销的;另一方面,功能的相对稳定性也意味着,如果存在某些功能方面的缺陷,在下次升级之前的一段时间内,将影响网络营销效果的发挥,因此在企业网站策划过程中应充分考虑到网站功能的这一特点,尽量做到在一定阶段内功能适用并具有一定的前瞻性。

(五)企业网站是其他网络营销手段和方法的基础

目前越来越多的企业已经意识到网站建设对企业开展网络营销的重要性。企业网站是一个综合性的网络营销工具,这也就决定了企业网站在网络营销中的作用不是孤立的,不仅与其他营销方法具有直接的关系,也构成了开展网络营销的基础。

资料链接 5 1

中国互联网络信息中心(CNNIC)在 2011 年 6 月发布的《2010 年中国中小企业网络营销使用状况调查报告》显示,截至 2010 年末,中国有法人资格的中小企业(不含个体工商户)中,已建立独立企业网站的达 27.8%。在企业建站状况方面,企业拥有网站的比例和企业的规模、地域、行业等有很强的相关性,如下图所示。规模较小的中小企业建站比例较低;地域上,东部地区企业建站比例高于全国水平;行业上,除了信息技术相关服务业外,制造业的建站比例也高于总体水平,批发零售业建站比例偏低;另外,外贸型企业的建

网络营销

站比例高于纯内贸型企业。

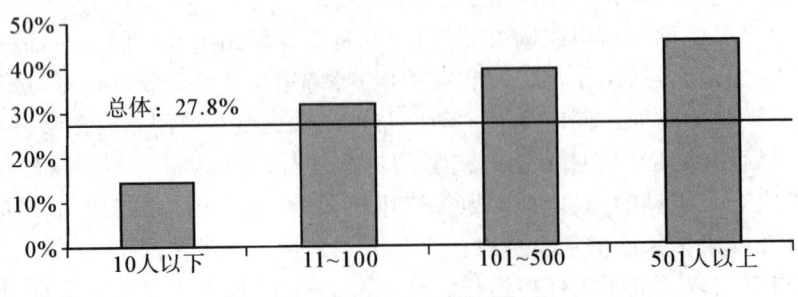

不同规模中小企业建站的比例

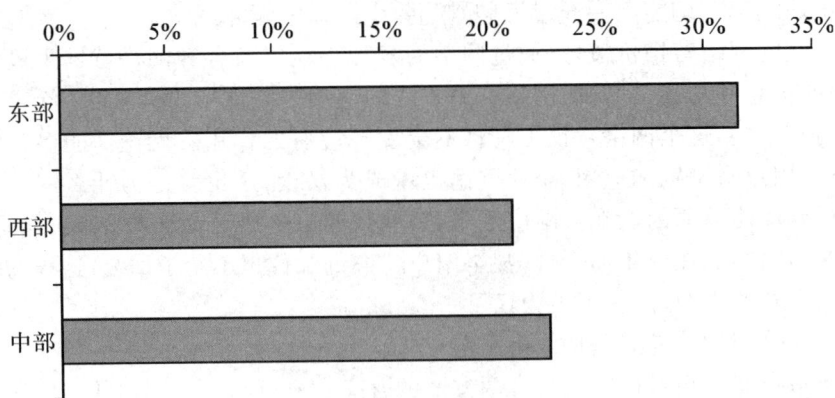

不同地区中小企业建站情况

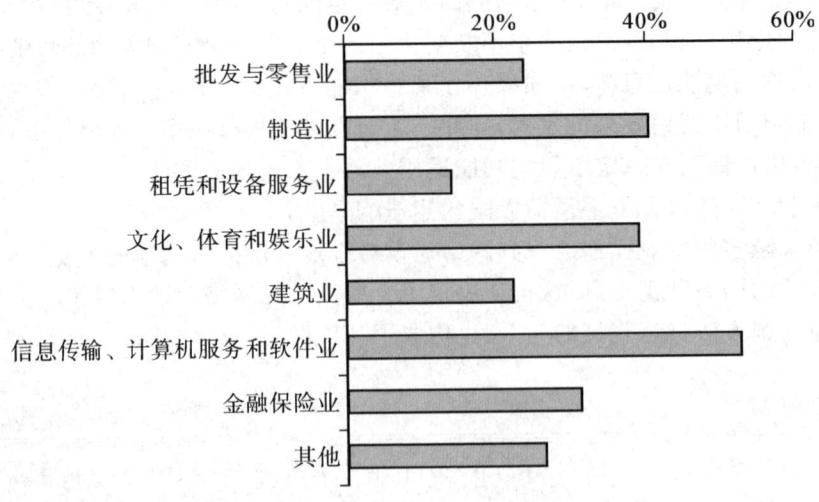

不同行业的中小企业建站情况

三、企业网站的网络营销功能

企业网站的功能,可以从技术功能和网络营销功能两个方面来研究。网站的技术功能是整个网站得以正常运行的技术基础；网站的网络营销功能，则是站在网络营销策略的角度来看，一个企业网站具有哪些可以发挥网络营销作用的功能。显然，网站的技术功能是为网站的网络营销功能提供支持的，网站的网络营销功能是技术功能的体现。只有充分理解企业网站的网络营销功能，才能把握企业网站与网络营销关系的本质，从而掌握这种内在关系的一般规律，建造适合网络营销需要的企业网站，为有效开展网络营销奠定基础。

网站的网络营销功能主要表现在八个方面：品牌形象、产品/服务展示、信息发布、顾客服务、顾客关系、网上调查、资源合作、网上销售。

(1)品牌形象。网站的形象代表着企业的网络品牌形象。人们在网上了解一个企业的主要方式就是访问该公司的网站，网站建设的专业化与否直接影响企业的网络品牌形象，同时也对网站的其他功能产生直接影响。尤其对于以网上经营为主要方式的企业，网站的形象是访问者对企业的第一印象，这种印象对于建立品牌形象、产生用户信任具有至关重要的作用，因此具备条件的企业应力求在自己的网站建设上体现出自己的形象。但实际上很多网站对此缺乏充分的认识，网站形象并没有充分体现出企业的品牌价值，相反一些新兴的企业利用这一原理做到了"小企业大品牌"，并且获得了与传统大型企业平等竞争的机会。

(2)产品/服务展示。顾客访问网站的主要目的是为了对公司的产品和服务进行深入的了解，企业网站的主要价值也就在于灵活地向用户展示产品说明的文字、图片甚至多媒体信息，即使一个功能简单的网站至少也相当于一本可以随时更新的产品宣传资料，并且这种宣传资料是用户主动来获取的，对信息内容有较高的关注程度，因此往往可以获得比一般印刷宣传资料更好的宣传效果，这也就是为什么一些小型企业只满足于建立一个功能简单的网站的主要原因，在投资不大的情况下，同样有可能获得理想的回报。

(3)信息发布。网站是一个信息载体，在法律许可的范围内，可以发布一切有利于企业形象、顾客服务以及促进销售的企业新闻、产品信息、各种促销信息、招标信息、合作信息、人员招聘信息等等。因此，拥有一个网站就相当于拥有一个强有力的宣传工具，这就是企业网站具有自主性的体现。当网站建成之后，合理组织对用户有价值的信息是网络营销的首要任务，当企业有新产品上市、开展阶段性促销活动时，也应充分发挥网站的信息发布功能，将有关信息首先发布在自己的网站上。

(4)顾客服务。顾客服务的重要性已经为众多的企业所认识，网站是一个交互性极强、反应迅速的媒体，通过网站可以为顾客提供各种在线服务和帮助信息，比如常见问题解答(FAQ)、电子邮件咨询、在线表单、通过即时信息实时回答顾客的咨询等等，及时收集及反馈消费者信息，加强顾客服务质量。一个设计水平较高的常见问题解答，应该可以回答顾客关心的80%以上的问题，这样不仅为顾客提供了方便，也提高了顾客服务效率、节省了服务成本。

(5)顾客关系。通过网络社区、有奖竞赛等方式吸引顾客参与，不仅可以起到产品宣传的目的，同时也有助于增进顾客关系，顾客忠诚度的提高将直接增加销售。尤其是对于产品功能复杂或者变化较快的产品，如数码产品、时装、化妆品等，顾客为了获得更多的产品信息，对于企业网络营销活动参与兴趣较高，可充分利用这种特点来建立和维持良好的

网络营销

顾客关系。

（6）在线销售。建立网站及开展网络营销活动的主要目的之一就是为了增加销售。一个具有购物车、网上支付等完善电子商务功能的企业网站本身就是一个销售渠道。随着互联网环境的日趋成熟，消费者网上购物的意愿也越来越明显，更多的企业将开拓网上销售渠道，增加网上销售手段。

（7）网上调查。市场调研是营销工作不可或缺的内容，企业网站为网上调查提供了方便而又廉价的途径，通过网站上的在线调查表、电子邮件、论坛、实时信息等方式征求顾客意见，可以获得有价值的用户反馈信息。无论作为产品调查、消费者行为调查，还是品牌形象等方面的调查，企业网站都可以在获得第一手市场资料方面发挥积极的作用。

（8）资源合作。资源合作是独具特色的网络营销手段，为了获得更好的网上推广效果，需要与供应商、经销商、客户网站，以及其他相关的企业建立资源合作关系，实现资源共享到利益共享的目的。如果没有企业网站，便失去了很多积累网络营销资源的机会，没有资源，合作就无从谈起。常见的资源合作形式包括交换链接、交换广告、内容合作、客户资源合作等。

企业网站是否具备上述功能，是判断网站是否具有网络营销价值的指标之一。不同企业的经营状况不同，开展网络营销的方式和规模也不一样。企业在网站建设方面也不可能一步到位，一些小企业在网站建设初期只拥有比较简单的功能，如信息发布、产品展示等，这也是正常的。

资料链接 5.2

据 CNNIC 调查，目前我国中小企业建立网站主要侧重的功能是产品或服务的展示、树立品牌形象、建立客户服务渠道，如下图所示。中小企业希望网站能成为一个有力的营销工具，成为与客户沟通交流的纽带，并体现自身的实力。

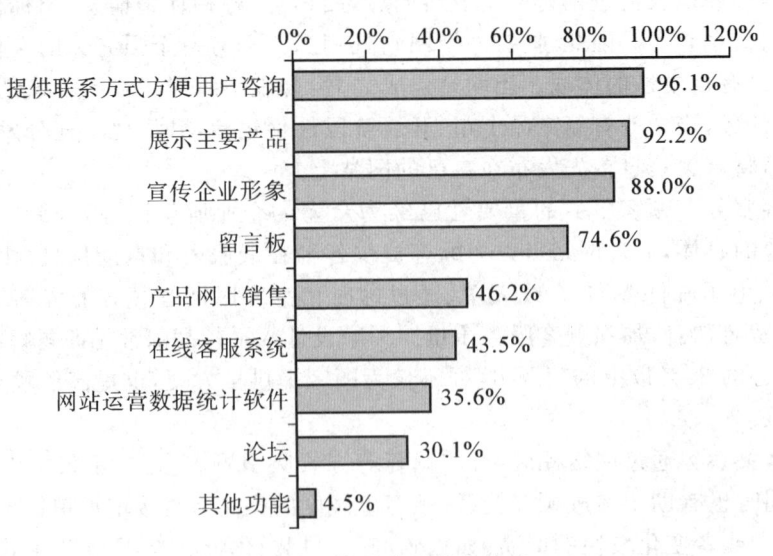

中小企业网站主要具备功能

第二节 网络营销导向的企业站点规划

一、网络营销导向的企业站点建设规划

企业网络营销站点的建设是一项系统工程,不但涉及企业内部管理的各个层面,还涉及与网站建设相关的一些外部公司或企业。网站的成功与否与建站前的网站规划有着极为重要的关系。在建立网站前应明确建设网站的目的,确定网站的功能,确定网站规模、投入费用,进行必要的市场分析等。只有详细地规划,才能避免在网站建设中出现的很多问题,使网站建设顺利进行。此外,网站建设需要投入不少人力和财力。因此在建设企业网站之前,如果不进行全盘考虑,没有进行有效的网站建设规划,就盲目地建设网站,导致建设好的网站访问量很小,就会给企业带来较大的经济损失。

网站规划是指在网站建设前对市场进行分析、确定网站的目的和功能,并根据需要对网站建设中的技术、内容、费用、测试、维护等进行规划。网站规划对网站建设起到计划和指导的作用,对网站的内容和维护起到定位作用。网站规划书应该尽可能涵盖网站规划中的各个方面,网站规划书的写作要科学、认真、实事求是。网站策划书包含的内容如下:

(一)建设网站前的市场分析

(1)相关行业的市场是怎样的,市场有什么样的特点,是否能够在互联网上开展公司业务。

(2)市场主要竞争者分析,竞争对手上网情况及其网站策划、功能作用。

(3)公司自身条件分析、公司概况、市场优势,可以利用网站提升哪些竞争力,建设网站的能力(费用、技术、人力等)。

(二)建设网站目的及功能定位

(1)为什么要建立网站,是为了树立企业形象、宣传产品、开展电子商务,还是建立行业性网站?是企业的基本需要还是市场开拓的延伸?

(2)整合公司资源,确定网站功能。根据公司的需要和计划,确定网站的功能类型:产品宣传型、网上营销型、客户服务型、电子商务型等。

(3)根据网站功能,确定网站应达到的目的、作用。

(4)企业内部网(Intranet)的建设情况和网站的可扩展性。

(三)网站技术解决方案

根据网站的功能确定网站技术解决方案。

(1)采用自建服务器,还是租用虚拟主机。

(2)选择操作系统,并分析投入成本、功能、开发、稳定性和安全性等。

(3)采用模板自助建站、建站套餐还是个性化开发。

(4)网站安全性措施,防黑、防病毒方案(如果采用虚拟主机,则该项由专业公司代劳)。

(5)选择什么样的动态程序及相应数据库。如程序 ASP、JSP、PHP;数据库 SQL、

ACCESS、ORACLE 等。

（四）网站内容及实现方式

（1）根据网站的目的确定网站的结构导航。一般企业型网站应包括：公司简介、企业动态、产品介绍、客户服务、联系方式、在线留言等基本内容。更多内容如：常见问题、营销网络、招贤纳士、在线论坛、英文版等等。

（2）根据网站的目的及内容确定网站整合功能。如 FLASH 引导页、会员系统、网上购物系统、问卷调查系统、信息搜索查询系统、流量统计系统等。

（3）确定网站的结构导航中的每个频道的子栏目。如公司简介中可以包括：发展历程、企业文化、核心优势、生产基地、科技研发、合作伙伴、主要客户、客户评价等；客户服务可以包括：服务热线、服务宗旨、服务项目等。

（4）确定网站内容的实现方式。如产品中心使用动态程序数据库还是静态页面；营销网络是采用列表方式还是地图展示。

（五）网页设计

网页美术设计一般要与企业整体形象一致，要符合企业 CI 规范；要注意网页色彩、图片的应用及版面策划，保持网页的整体一致性；在新技术的采用上要考虑主要目标访问群体的分布地域、年龄阶层、网络速度、阅读习惯等；制订网页改版计划，如半年到一年时间进行较大规模改版等。

（六）费用预算

企业建站费用的初步预算，一般根据企业的规模、建站的目的、上级的批准而定。专业建站公司一般会提供详细的功能描述及报价，企业可以进行性价比研究。

（七）网站维护

网站维护的内容主要包括：(1)服务器及相关软硬件的维护，对可能出现的问题进行评估，制定响应时间；(2)数据库维护，有效地利用数据是网站维护的重要内容，因此数据库的维护要受到重视；(3)内容的更新、调整等；(4)制定相关网站维护的规定，将网站维护制度化、规范化。

（八）网站测试

网站发布前要进行细致周密的测试，以保证正常浏览和使用。主要测试内容包括：

（1）文字、图片是否有错误；

（2）程序及数据库测试；

（3）链接是否有错误；

（4）服务器稳定性、安全性；

（5）网页兼容性测试，如浏览器、显示器等。

（九）网站发布与推广

（1）网站测试后进行发布的公关、广告活动。

（2）搜索引擎登记等。

（十）费用明细

各项事宜所需费用清单。

以上为网站策划中的主要内容，根据不同的需求和建站目的，内容也会再增加或减少。在建设网站之初一定要进行细致的策划，才能达到预期的建站目的。

二、网络营销导向的企业站点建设基本流程

在确定好网络营销导向的企业站点的建设目标，规划好站点应具备的功能和风格后，就可以进行站点建设了。企业站点的建设工作一般包括三部分：企业域名申请注册、选择站点服务器的建设方式、网站内容设计和网页制作以及网站推广等。

(一)企业域名的申请注册

域名就是网站的名字，是连接企业和互联网的纽带，它像商标、品牌一样具有重要的识别作用，是企业在网络上存在的标志。通过域名还可以访问企业的网站，因此域名担负着标示站点和导向企业站点的双重作用。域名对企业开展网络营销具有重要作用，一个好的域名会大大增加企业在互联网的知名度。目前我国的域名由中国互联网中心管理，企业使用域名需要向该中心申请并逐年支付域名使用费用。

1. 域名的构成

比如"www.cnnic.net.cn"这个域名，它是由几个不同的部分组成的，这几个部分彼此之间具有层次关系。其中最后的".cn"是域名的第一层，".net"是第二层，".cnnic"是真正的域名，处在第三层，当然还可以有第四层，如："inner.cnnic.net.cn"，由此我们可以看出，域名从后到前的层次结构类似于一个倒立的树型结构。

目前互联网上的域名体系中共有三类顶级域名：地理顶级域名、类别顶级域名、新顶级域名。(1)类别顶级域名，共有七个，分别是：".com"(公司)、".net"(网络机构)、".org"(组织机构)、".EDU"(美国教育)、".gov"(美国政府部门)、".arpa"(美国军方)、".int"(国际组织)。由于互联网最初是在美国发展起来的，最初的域名体系也主要供美国使用，因此".gov"".edu"".arpa"虽然都是顶级域名，但却是美国使用的。只有".com"".net"".org"是供全球使用的顶级域名，这类域名通常称为国际域名。这些顶级域名都是根据不同的类别来区分的，所以称之为类别顶级域名。(2)地理顶级域名，共有243个国家和地区的代码，例如".CN"代表中国，".JP"代表日本，".UK"代表英国等等，也称为国家域名。与国际域名的后缀命名类似，在".cn"顶级域名下也分设了不同意义的二级域名，主要包括类别域名和行政区域。类别域名共六个，包括用于科研机构的".ac"，用于工商金融企业的".com"，用于教育机构的".edu"，用于政府部门的".gov"，用于互联网络信息中心和运行中心的".net"，用于非营利组织的".org"。而行政区域名有34个，分别对应于我国各省、自治区和直辖市。(3)随着互联网的不断发展，新的顶级域名也根据实际需要不断地被扩充到现有的域名体系中来。新增加的顶级域名是".biz"(商业)、".coop"(合作公司)、".info"(信息行业)、".aero"(航空业)、".pro"(专业人士)、".museum"(博物馆行业)、".name"(个人)。

2. 域名的命名规则

DNS(Domain Name System，计算机域名系统)规定，域名中的标号都由英文字母和数字组成，每一个标号不超过63个字符，也不区分大小写字母。标号中除连字符(-)外不能使用其他的标点符号。级别最低的域名写在最左边，而级别最高的域名写在最右边。由多个标号组成的完整域名总共不超过255个字符。

CN下域名命名的规则为：

(1)遵照域名命名的全部共同规则。

(2)早期,CN域名只能注册三级域名,从2002年12月份开始,CNNIC开放了国内.CN域名下的二级域名注册,可以在.CN下直接注册域名。

(3)2009年12月14日9点之后注册的CN域名需提交实名制材料(注册组织、注册联系人的相关证明)。

(4)不得使用或限制使用以下名称：①注册含有"CHINA"、"CHINESE"、"CN"、"NATIONAL"等的域名须经国家有关部门(指部级以上单位)正式批准；②公众知晓的其他国家或者地区名称、外国地名、国际组织名称不得使用；③县级以上(含县级)行政区划名称的全称或者缩写须经相关县级以上(含县级)人民政府正式批准；④行业名称或者商品的通用名称不得使用；⑤他人已在中国注册过的企业名称或者商标名称不得使用；⑥对国家、社会或者公共利益有损害的名称不得使用；⑦经国家有关部门(指部级以上单位)正式批准和相关县级以上(含县级)人民政府正式批准是指,相关机构要出具书面文件表示同意××单位注册××域名。如：要申请beijing域名,就要提供北京市人民政府的批文。

3.企业域名注册技巧

域名被誉为互联网上的品牌商标,对企业开展电子商务具有重要作用,很多时候一个好的域名会迅速增加企业在网络上的知名度。因此,企业如何选取好的域名就显得十分重要。企业在给域名命名时应尽可能与企业名称或产品注册商标一致,域名与企业名称或产品注册商标一致,可以营造完整、统一的企业形象,不但便于消费者在不同环境下的准确识别,而且它们的宣传可以起到互相补充、互相促进的作用。例如我们看到"www.ibm.com"就会联想到这是IBM公司的域名,看"www.haier.com"就会想到海尔。

(1)用企业名称的汉语拼音作为域名

用有一定意义和内涵的词或词组作为域名,不但可记忆性好,而且有助于实现企业的营销目标。例如企业的名称、产品名称、商标名、品牌名等都是不错的选择,这样能够使企业的网络营销目标和非网络营销目标达成一致。实际上大部分国内企业都是这样选取域名的。例如,电商网的域名为dianshang.com,四川长虹集团的域名为changhong.com,华为技术有限公司的域名为huawei.com,新飞电器的域名为xinfei.com。这样的域名有助于提高企业在线品牌的知名度,即使企业不做任何宣传,其在线站点的域名也很容易被人想到。

(2)用企业名称相应的英文名作为域名

这也是国内许多企业选取域名的一种方式,这样的域名特别适合与计算机、网络和通信相关的一些行业。例如,第一商务公司的域名为eb.cn,长城计算机公司的域名为greatwall.com.cn,中国电信的域名为chinatelecom.com.cn,中国移动的域名为chinamobile.com。

(3)用企业名称的缩写作为域名

有些企业的名称比较长,如果用汉语拼音或者用相应的英文名作为域名就显得过于烦琐,不便于记忆。因此,用企业名称的缩写作为域名不失为一种好方法。缩写包括两种方法：一种是汉语拼音缩写,另一种是英文缩写。例如,广东步步高电子工业有限公司的域名为 gdbbk.com,泸州老窖集团的域名为 lzlj.com.cn,中国电子商务网的域名为 chinaeb.com.cn,计算机世界的域名为 ccw.com.cn。

(4)用与企业名称不同但有相关性的数字或词作域名

一般情况下,企业选取这种域名的原因有多种。有是因为企业的品牌域名已经被别人抢注不得已而为之,或者觉得新的域名用简短点可能更有利于开展网上业务。例如,爱名网是一家域名服务公司,而它选择 22.cn 作为域名。很明显,用"22.cn"作为域名要比用公司名称更合适。另外一个很好的例子是易安中介公司,这是一家在线为各类交易做中介的一个平台,它选择了 ea.cn 作为域名,这样做的好处显而易见,EA 的读音和易安的读音很相识并且容易记住。

4. 企业域名保护

域名是互联网上最基础的东西,也是一个稀有的全球资源。域名的唯一不可重复的特性(域名仅属于该域名登记者,为其专有)、独特的专有性(具有排他的不相容性),以及域名注册先到先得的原则,使得域名的商业价值也越来越突出。如果企业不及时进行域名注册,而导致自身品牌、商标或特定称谓被抢注,会给企业将来的互联网行动带来很大的不利影响。全球互联网搜索巨头 google 的 CN 域名 google.com.cn 和 google.cn 曾被我国某公司抢注,google 为了夺回 google.com.cn 域名,曾向中国国际经济贸易仲裁委员会提出争议请求,但被驳回。遇挫之后,google 选择以百万美元巨资进行赎买。

(1)提前注册。对于企业而言,一旦域名遭到恶意抢注,可能费尽力气仍无法取回。因此要避免企业的域名被抢注,最明智的做法就是先人一步,将与自己单位相关的甚至相似的域名注册保护起来。

(2)防御性的域名注册。域名的防御性注册,是指企业基于一个主要域名,在不同的类别域名、国别域名和语言域名上注册该域名或其衍生域名、相似域名,以形成一个完整的域名族。防御域名注册的目的有两个,一是防止他人对企业主域名的淡化(指减少知名商标识别和区分商品或者服务的能力,而不管是否知名商标所有人和他人竞争或者混淆、错误或欺骗的可能),避免消费者的误认与混淆;二是为本企业的今后发展保留必要的虚拟空间,这也是域名储备的一种方式。例如,微软在推出新版搜索引擎 Bing 时就对其实行了全方位的域名注册。像顶级域名.com 和.net,更包含了国家和地区的 Bing 域名:澳大利亚、新西兰、英国、加拿大、新加坡、中国香港、德国和法国等,使侵权者无处遁形。

(二)选择网站服务器的建设方式

主机空间的选择关系到网站的稳定性、安全性以及网站访问速度。这些因素是提高网站运行效率的保证,也是企业进行网络营销必须具备的软硬件环境。如果企业网站访问速度慢、经常受到病毒攻击,会给用户一种不好的感觉而降低用户体验。

建设企业网站时,可以选择自建服务器、服务器托管、虚拟主机、租用网页空间等几种方式。

1. 自建服务器

企业如果选择自建服务器,即自己准备硬件资源,自己安装服务软件,并自行维护,这需要有水平较高的专业技术人员,还必须投入较大的资金,包括购置较好性能的服务器、架设网络线路及网站投入运行时所需的大笔租用通信网络资金。

网络营销

企业自己组建网站服务器的优势在于：一方面可以根据企业实际情况配置服务器，安装适合企业运作的管理软件，更快地获得市场商机、加强与客户的沟通；另一方面可通过企业网站服务器建立内部局域网，加强员工之间的交流，也方便企业对员工工作的监控与管理。

2. 服务器托管

通常也称其为主机托管，是指在 ISP 放置一台独立的服务器，或向其租用一台独立的服务器，由 ISP 进行日常运行管理。企业维护服务器时，可以通过远程管理软件进行远程操作。此类方式比较显著的特点就是可以提供自己的硬件服务器，也可选择自行提供软件系统或者由服务提供商来提供，享受专业的服务器托管服务，包括稳定的网络带宽，恒温、防尘、防火、防潮、防静电。网站建立后，企业拥有对网站服务器完全的控制权限，可自主决定运行的系统和从事的业务。

3. 虚拟主机

使用特殊的软硬件技术，把一台网站服务器划分为若干个"虚拟"的主机。每个虚拟主机都可以是一个独立的网站，可以具有独立的域名，具有完整的 Internet 服务器功能。ISP 提供的主机为企业开设一个网站，该网站在外界看起来就如同企业自己建立的一样，但费用很低廉，而且可拥有高速的网络出口。虚拟主机的数据上传、更新等日常维护工作由用户通过 FTP 的方式完成，网页则直接存放在 ISP 主节点服务器上。

4. 租用网页空间

这种方式比虚拟主机方式更简单，用户甚至不需要申请域名，只需要向网络服务公司申请一个虚拟域名，将自己的网页存放在 ISP 的主机上，用户同样可自行上传、维护网页内容，自行发布网页信息。

如果企业缺乏网络营销方面的网络专门人才，最简单的方法就是采取委托网络服务公司代理的方式，将公司所有产品或服务的网络推广工作全部委托给专业的网络服务公司代理。目前提供此项业务的网络服务公司很多，用户只要选择好合适的网络服务公司，就能把公司的网络推广任务交给网络服务公司代理完成。

（三）企业网站的具体网页设计

网站建设是一项综合性工作，它的成功依赖于多方面的工作。在选择和确定了一个性能良好的网站服务器后，下一个要考虑的问题就是网站内容如何发布和展示。网页设计虽然涉及很多技术，但是要做好满足客户需要的营销型网站，其内容、结构的设置应十分讲究。在网站建设的整个流程中，具体网页设计师整个活动的核心。网页的内容、结构和功能直接影响着客户的感受，是网站影响力的核心；同时网页结构的编辑也影响着网站对搜索引擎的友好度，影响着企业今后的维护和管理。网站内容、结构等具体设计将在后面的内容进行专门介绍。

（三）网站推广

当企业网站建成发布之后，还需要对网站进行有效的推广。获得尽可能多的用户访问是网站最终效果可以发挥的必要条件。如果网站的推广方式不恰当或者推广力度不够都会极大削弱网站功能的发挥。

第三节　企业网站的基本要素

企业网站是一个可以发布企业信息、提供顾客服务以及在线销售的渠道。在开发设计人员看来,企业网站无非是一些功能模块,通过网页的形式将前台和后台结合起来。一个完整的企业网站,无论多么复杂或多么简单,都要划分为四个组成部分:结构、内容、服务、功能。这四个部分也就组成企业网站的基本要素。

(1)网站结构:是向用户表达企业信息时所采用的网站栏目设置、网页布局、网站导航、网址层次结构等。

(2)网站内容:内容是用户通过企业网站看到的所有信息,也就是企业希望通过网站向用户传递的所有信息。网站内容包括所有可以在网上被用户通过视觉或听觉感知的信息,如文字、图片、视频、音频等。一般来说,文字信息是企业网站的主要表现形式。

(3)网站功能:是为了实现发布各种信息、提供各种服务等必需的技术支持系统。网站功能直接关系到可以采用的网络营销方法以及网络营销的效果。

(4)网站服务:网站可以提供给用户的价值,如问题解答、优惠信息、资料下载等。网站服务是通过网站功能和内容而实现的。

一、企业网站结构

网站结构包括栏目设置、网站导航、网页布局、信息的表现形式等。企业所要向用户表达的信息都要以此为框架,只有网站结构设计合理才能使逻辑清晰,让用户在访问网站时对网站信息一目了然。网站结构属于网站策划过程中需要确定的问题,是企业网站建设的基本指导方针。只有确定了网站结构,才能开始技术开发和网页设计工作。

(一)网站栏目结构

网站的栏目结构是一个网站的基本架构,合理的栏目使得用户可以方便地获取网站的信息和服务。网站栏目设置是一个网站结构的基础,也是网站导航系统的基础,应做到设置合理、层次分明。为了清楚地通过网站表达企业的主要信息和服务,可根据企业经营业务的性质、类型或表现形式等将网站划分为几个部分,每个部分就成为一个栏目(一级栏目),每个一级栏目又可以根据需要继续划分为二级、三级栏目。一般来说,一个企业网站的一级栏目不应超过八个,而栏目层次以三级以内比较合适,这样,对于大多数信息,用户可以在不超过三次点击的情况下浏览到该内容页面,过多的栏目数量或者栏目层次都会给浏览者带来麻烦,这与网站设计的原则相违背。

网站栏目在安排时首先要紧扣主题,将主题按一定的方法分类并将它们作为网站的主栏目;其次要设立最近更新或网站指南栏目,这样既可以照顾经常访问的消费者,让主页更有人性化,也可以帮助初次访问者快速找到他们想要的内容;再次就是设立可以双向交流的栏目,如论坛、留言本、邮件列表等,让浏览者留下他们的信息;最后就是设立下载或常见问题解答栏目,便于访问者下载所需资料,及时解答访问者疑问,也可以节约自己更多时间。

网络营销

任何一个网站都有一定的栏目结构,但并不是随便将一些栏目链接起来就形成了合理的网站栏目结构,实际上大量网站在栏目结构方面都存在一些问题。如有些网站栏目设置交叉、重叠,或者栏目名称意义不明确,容易造成混淆,使得用户难以发现需要的信息。有些网站栏目过于繁多和杂乱,网站导航系统又比较混乱,结果严重影响了网站的网络营销效果。

网站栏目结构与导航奠定了网站的基本框架。合理的网站栏目结构,要能正确表达网站的基本内容及其内容之间的层次关系,能够站在用户的角度考虑,使得用户在网站浏览时可以方便地获取信息。同时网站栏目结构也是网站优化的基本要素之一,它决定了搜索引擎是否能顺利地为网站的每个网页建立索引。归纳起来,合理的栏目结构主要表现在以下几个方面:

(1)通过网站主页可以到达任何一个一级栏目首页、二级栏目首页一级最终内容页面。

(2)通过任何一个网页可以返回上一级栏目页面并逐级返回到主页。

(3)主栏目清晰明了,并且全站统一。

(4)通过任何一个网页可以进入任何一个一级栏目首页。

(二)网页布局

网页布局是指当网站栏目结构确定之后,为了满足栏目设置的要求而进行的网页模板规划。网页布局主要包括:网页结构定位方式、网站菜单和导航的设置、网页信息的排放位置等。

1. 网页结构定位

在传统的基于 HTML 的网站设计中,网页结构定位通常有表格定位和框架结构两种方式。所谓框架结构就是通过框架把网页分成多个独立的区域,在每个区域可以显示不同的网页,每个区域可以独立翻滚。使用框架布局可以极大丰富网页设计的自由度,在不同的页面部分设置不同的页面属性。但由于框架结构将一个页面划分为多个窗口时,破坏了网页的基本用户界面,很容易产生一些意想不到的情况,如容易产生链接错误、不能为用户所看到的每一个框架都设置一个标题等。有些搜索引擎对框架结构的页面不能正确处理,会影响到用户体验和搜索引擎检索信息,因此现在采用框架结构的网站很少。表格定位则是在同一页面中,将一个表格(或者被拆分为几个表格)划分为若干版块来分别放置不同的信息内容。

在网页结构定位时,有一个重要的参数需要确定,即网页的宽度。由于网页宽度定位模式不同,造成不同客户在不同分辨率下看到的网站效果可能不同,因此网站建设时应该注意解决这个问题。确定网页宽度通常有固定像素模式和显示屏自适应模式。固定像素是指,无论用户设置多大的分辨率,网页都按照固定像素的宽度显示(如 760 像素),而自适应模式是根据用户显示器的分辨率将网页宽度自动调整到显示器的一定比例(如 100%)。自适应模式从理论上说比较符合个性化的要求,但由于用户使用不同分辨率的显示器浏览时,信息内容显示效果是不同的,会产生不合适的文字分行或者其他影响显示效果的问题,因此在很多网站上会提示"建议客户在 1024×768"的分辨率下使用网站"等。

2. 网站菜单和导航

网站的菜单一般是指各级栏目，由一级栏目组成的菜单称为主菜单。主菜单一般会出现在所有页面上，在网站首页一般只有一级栏目的菜单，而在一级栏目的首页（在大型网站中一般称为频道），则可能出现栏目进一步细分的菜单，可成为栏目菜单或者辅菜单。

导航设置是在网站栏目结构的基础上，进一步为用户浏览网站提供的提示系统。由于各个网站设计并没有统一的标准，不仅菜单设置各不相同，打开网页的方式也有区别。有些是在同一个窗口打开新网页，有些是新打开一个浏览器窗口，因此仅有网站栏目菜单有时会让用户在浏览网页的过程中迷失方向，如无法回到首页或者上一级页面等，因此还需要辅助性的导航来帮助用户方便地使用网站信息。一般是在各个栏目的主菜单下面设置一个辅助菜单说明用户目前所在网页在网站中的位置。其表现形式比较简单，一般形式为：首页＞一级栏目＞二级栏目＞三级栏目＞内容页面。

如果网站内容较多，则有必要设计一个网站地图。从某种意义上讲，网站地图也具有导航的作用，它一方面为用户快速了解网站内部信息资源提供方便，另一方面也便于搜索引擎利用网站地图检索网站信息。因此，可以制作普通 Html 格式和 XmlSitemap 格式的网站地图，使用户和搜索引擎都能更高效便捷地利用网站导航，从根本上提高网站导航的效率。

3. 网页信息的排放位置

网页布局对用户获取信息有直接影响，并且有一些可供遵循的规律，通过对互联网用户获取信息的行为特征、主要搜索引擎抓取网页摘要信息的方式，以及一些优秀网站网页设计布局的分析可以归纳出一定的参考原则：

(1)将最重要的信息放在首页显著位置，一般来说包括产品促销信息、新产品信息、企业要闻等。

(2)企业网站不同于大型门户网站，页面内容不宜太繁杂，与网络营销无关的信息尽量不要放置在主要页面。

(3)在页面左上角放置企业 LOGO，这是网络品牌展示的一种表现方式。

(4)为每个页面预留一定的广告位置，这样不仅可以推广自己的产品，还可以作为一种网络营销资源与合作伙伴开展合作推广。

(5)在网站首页等主要页面预留一个合作伙伴链接区，这是开展网站合作的基本需要。

(6)公司介绍、联系信息、网站地图等网站公共菜单一般放置在网页最下方。

(7)站内检索、会员注册/登录等服务放置在右侧或中上方显眼的位置。

(三)用户浏览网页的注意力"F 现象"对网页布局的影响

网络营销导向的网站设计的基本思想是，充分适应用户浏览网页信息的习惯并且符合搜索引擎抓取网页的一般规律，从而为用户通过网站和搜索引擎获取信息提供最大的方便。

美国一家专门研究网站和产品易用性的公司 Nielsen Norman Group 使用精密的"眼球跟踪设备"对浏览者浏览网页的行为进行了研究，其主要结论包括：

(1)用户对网页的浏览视线呈"F"型（即网页浏览注意力"F 现象"）。他们更倾向于在网页顶部阅读长句,随着网页越往下,他们越不会阅读长句,这就使得每个句子的开头两个词汇尤其重要。

(2)人们非常擅长筛选出网页中的无关信息,将注意力集中到一小部分突出的网页元素中。

(3)访问者对那些图片中有人物直视自己的内容非常注意,如果那个直视自己的人物有一定吸引力效果更佳,但相貌不要太漂亮。如果图片中的人物犹如职业模特则没有吸引力,因为这样的人物没有现实亲和力。

(4)图片放在网页正中会对访问者产生阻碍。

(5)用户对那些提供有用信息的图片会产生更好的反响,装饰性过强的图片则难以激起用户反应。

(6)消费者对搜索引擎结果中的广告链接不重视,只将其作为"其次考虑"的事情。

与一般网页浏览用户注意力"F现象"类似的是,用户对搜索引擎检索结果的注意力也呈"F型"。

总体上来说,目前对网页布局设计的研究还是初步的,用户注意力的研究也只是网站设计研究方法的一种,并且对用户注意力的研究方法更多注重心理学层面。由于各种网站设计风格的差异,用户注意力也会受到网页布局、色彩等因素的影响,并不一定对所有网页浏览的注意力都呈"F"状。新竞争力网络营销管理顾问分析认为,网页浏览注意力"F现象"带来的启发在于,网络营销研究可以引入更多相关学科的研究方法,这将大大拓展网络营销研究的范围和深度,对于提高网络营销研究的层次具有一定的价值。

二、企业网站内容

网站的栏目结构和网页布局以及网站的后台功能,都是为了体现网站内容而提供的支持系统。从根本上说,网站的内容才是网站的核心,为客户提供有价值的内容是企业网站运营产生价值的基础。

网站内容是用户通过企业网站可以看到的信息,也就是企业希望通过网站向用户传递的所有的信息。企业网站不同于专业的 ICP 或者门户网站,不可能也没有必要包罗万象,每个企业有自己特定的产品和服务,网站的内容应围绕企业的核心业务设置。只有在网站上提供了可以满足用户需要信息的前提下,网站的网络营销功能才能真正发挥作用。

根据企业网站信息的作用,企业网站的基本内容可以分为以下几类:

(一)网站首页

作为网站的入口,首页给访问者第一印象,它一般包括:(1)标题。标题对于企业网站非常重要,它能让访问者清楚知道所处的位置,或者表明网站服务方向和主要内容。标题可以是名称、标识徽号或者图像。(2)版权资料和联络信息。大部分公司的首页都有版权声明和具体联络方式等。联络信息是指公司通信地址、公关或服务部门的电话号码、电子邮件地址等信息。(3)导航菜单。首页的导航菜单或图表能链接到企业站点的其他关键页面,使访问者得到更为详尽的企业产品或服务信息。

(二)产品信息

很多消费者访问企业网站的主要目的是获取企业的产品或服务信息,因此在企业网站中,产品信息应该尽可能全面、详细,反映所有系列和型号的产品。对产品进行介绍时,除了介绍产品名称、型号、性能等基本信息之外,还可以适当发布用户评论、相关产品知识和有关机构、专家的检测和鉴定等信息,有助于消费者产生信任,促进消费者作出购买决策。产品介绍除了文字介绍外,还可配备相应的图片资料或视频文件。

为了方面消费者查找,产品信息应该按照产品类别分成不同的子栏目。如果企业产品种类比较多,除了设计详细的分级目录之外,还有必要增加产品搜索功能。

在产品信息中,价格是消费者关心的主要问题之一。对于一些通用产品及价格相对稳定的产品,企业可以在网站上发布价格信息。但是对于涉及保密性或者非标准定价的问题,产品价格无法在网站上公开时,网站应该尽可能为用户了解相关信息提供方便。如为消费者提供详细的联系方式、开通在线留言或者利用即时信息等,方便消费者进行价格咨询。

(三)服务信息

许多消费者访问企业网站不是为了要购买商品,而是寻求帮助,企业站点应尽其所能地为客户提供服务和技术支持。全面周到的顾客服务会提升消费者对企业的整体满意度。消费者对不同的企业、不同的产品所期望获得的服务有很大的差别。有些企业产品使用比较复杂、品种型号规格繁多,相应的客户对服务的要求就高。企业可以在网站中提供如产品选购和使用常识、产品说明书、产品常见故障及相应解决办法等服务信息。而一些标准化产品或日常生活用品,表面上看来客户不需要企业进行相应的售后服务,企业网站可以提供相关产品知识介绍、潮流趋势、真假辨别等消费经验信息,来增加消费者对网站的兴趣。

(四)企业信息

企业信息是为了让企业网站的访问者对公司有初步的了解,获取用户的信任。企业信息一般涉及企业概况、发展历史、企业文化、新闻动态、人才招聘、联系方式等。企业联系方式应该尽可能详尽,除企业的地址、电话、传真、邮政编码、网管 E-mail 地址等基本信息之外,最好能详细列出客户或业务伙伴可能需要联系的具体部门的各种联系方式。对于有分支机构的企业,同时还应当有各分支机构的联系方式。

(五)销售信息

当消费者通过对产品信息进行详细了解,并对企业产生了信任感之后,就有可能产生购买动机。在企业网站上应该为消费者购买提供进一步支持,如公布企业销售网络,或者在网站上支持在线购买等,以促成网上或网下的销售工作。虽然目前企业的网上销售还没有形成主流形式,但是消费者从网上了解产品信息在网下购买的现象非常普遍。如果消费者在购买前虽然在网上进行了深入了解,并产生了购买欲望,却因为企业在网站上没有提供详细准确的网下购买地址,而导致消费行为最终取消,对企业是得不偿失的。因此,企业在网站上应该公布产品销售网络,尽可能详细地告诉用户在什么地方可以买到他所需要的产品。如果企业网站具有在线销售功能,还应该对网上购物流程做详细说明。另外,有关质量保证条款、售后服务措施以及各地售后服务的联系方式等都是消费者比较关心的信息,应该尽可能详细地说明。

(六)促销信息

网站本身是一个信息发布平台,企业网站完全可以在站点里添加一些广告促销内容,如网络广告、有奖竞赛、有奖征文、电子优惠券下载等,吸引消费者的注意,增加网站的吸引力,提高站点的访问频率。网上促销活动通常可以与网下促销结合进行,网站可以作为一种有效的补充,供用户了解促销活动细则、参与报名等。

(七)公众信息

公众信息是指并非作为消费者的身份对于企业进行了解的信息,如投资人、媒体记者、调查研究人员。公众信息包括:股权结构、投资信息、企业财务报告、企业文化、公关活动等。对于公开上市的企业或者知名企业而言,网站的公众信息具有不可低估的影响,企业应该给予足够的重视。

(八)其他信息

根据企业的需要,还可以在网站上发表其他有关信息,如招聘信息、采购信息等。对于产品销售范围跨越国境的企业,还需要不同语言的网站内容。

网络营销导向的企业网站建设强调以客户为中心。在网站内容设计时,应该围绕客户需求,主题应突出可以提供给客户的利益性产品或服务的详尽说明和体贴的客户设计,而对企业实力、规模等方面的描述则是对主题的烘托。因此在内容分类上应重点进行主题内容的渲染,在页面顺序上也要优先考虑主题内容的排列。

三、企业网站的服务

企业网站的服务也是网站的基本要素之一,如果网站只有简单的公司简介和产品介绍,不仅会显得内容比较枯燥乏味,通常也无法满足客户的要求,因此有必要根据产品特点和客户需求特征提供相应的服务内容。

网站服务的内容和形式很多,常见的有:

1. 产品选购和保养知识

对于生产商和销售商来说,用户的产品知识是比较欠缺的,利用网站为用户提供更多的产品知识是市场培育的有效方法之一。

2. 产品说明书

除了随产品送说明书外,在网上发布详细的产品说明对用户了解产品具有深远的意义。

3. 常见问题解答

把用户在使用网站服务以及了解、选购和使用产品过程中可能遇到的问题整理成一个列表,并根据用户提出的新问题不断增加和完善,这样不仅方便了用户,也节省了企业的顾客服务成本,提高了顾客服务效率。

4. 在线问题咨询

如果用户的问题比较特殊,需要专门给予回答,开设这种服务是非常有必要的,不仅可以解决顾客的问题,也可以从中了解顾客对产品的看法。

5. 即时信息服务

在条件具备的情况下,利用即时信息开展实时顾客服务更受用户的欢迎。

6.会员通讯

定期向注册用户发送有价值的信息是顾客关系和顾客服务的有效手段之一。

7.优惠券下载

当公司推出优惠措施时,将优惠券发布在网站上,不仅容易得到用户的关注,也可以降低发放优惠券的成本。

8.会员社区服务

为用户提供发表自己观点、与其他用户相互交流的空间。

四、企业网站的功能

企业网站的网络营销功能要通过网站的技术功能才能得到实现。企业网站的功能可分为前台和后台两个部分。前台即用户可以通过浏览器看到和操作的内容,后台则是通过网站运营人员的操作才能在前台实现的相应功能。后台的功能是为了实现前台的功能而设计的。前台的功能是后台功能的对外表现,通过后台来实现对前台信息和功能的管理。

网站功能不仅涉及网站前台所能为客户提供的内容和服务,同时还关系到企业对网站的长期维护及对客户的管理效果,因此网站的技术功能在网站策划阶段就要确定,且功能开发完成之后在一个时期内将保持稳定,新的功能在网站改版或功能升级时才会进行重新策划。一个企业网站需要哪些功能主要取决于网络营销策略、财务预算、网站维护管理能力等因素。

下面列出的是企业网站常用的部分功能,并非每个网站都需要所有功能。

1.信息发布

除了最简单的仅有少数几个静态网页的企业网站之外,一般企业网站目前多采用后台信息发布的方式,企业网站上的多数信息都可以通过信息发布功能来实现,如企业动态、媒体报道、招聘信息、产品介绍等。

2.产品管理

如果产品品种比较多并且不断有新产品推出,为方便网站信息的维护,需要设计产品管理功能,实现产品资料的增加、删除和修改。

3.会员管理

如果需要用户注册才能获得某些服务,或者希望用户参与某些活动,则用户管理功能必不可少。

4.订单管理

具有在线销售功能的网站,订单管理是不可或缺的。

5.邮件列表

邮件列表在顾客关系、顾客服务、产品促销等方面都有良好的效果,是开展许可 E-mail 营销的必要功能。如果企业有计划采用邮件列表营销手段,那么建立邮件列表平台是基础条件之一。

6.论坛管理

一般小型企业网站的论坛能发挥多大的价值还有待进一步研究,但是一些大型企业网站、行业网站以及一些专业网站中的论坛所发挥的作用是很明显的,因此在条件许可的情况下设立一个在线论坛很有必要。

7. 在线帮助

在线帮助包括FAQ、问题提交/解答、即时信息等,企业可以根据需要选择相应的功能。

8. 站内检索

当信息数量较多或者产品较多时,站内检索功能能够为用户提供很大的方便。同时,通过分析用户应用检索工具的状况,可以发现用户对站内信息和产品的关注情况,具有一定的市场研究价值。

9. 广告管理

企业网站内有一些很有价值的广告空间,广告管理系统用于站内各种网络广告资源的管理,如广告的更换、点击情况统计等。

10. 在线调查

企业网站本身所具有的在线调查功能就是通过这个系统来实现的。一个高质量的在线调查系统可以从多方面获取用户的反馈信息,是开展市场调研不可缺少的手段之一。

11. 流量统计

网站流量统计分析是检验网络营销效果的必要手段之一,也是分析用户行为、发现网站设计和功能是否存在问题的辅助工具。一个完善的网站流量统计系统比较复杂,因此通常采用专业服务商提供的专业软件来实现。

12. 网页静态化

出于网站搜索引擎优化等原因,利用后台发布的信息需要转化为静态网页。现在大部分经过优化设计的网站都采用了网页静态化技术,但仍有许多网站没有认识到网页静态化处理的意义,或者没有采用正确的静态化措施。

13. 模板管理

模板管理为改变网页的布局、颜色、样式等提供了方便,可以通过更换模板改变网站风格。

14. 其他功能

除上述功能外,网站后台还有一些基本的功能,如用户权限管理、密码管理等。

第四节 网络营销导向的企业网站建设的一般原则与标准

网站是企业向用户提供信息的一种方式,是企业开展网络营销的基础设施和信息平台,离开企业网站(或者只利用第三方网站)开展网络营销,很难真正突出实现网络营销的优势。企业的网站是企业在互联网上宣传和反映企业形象和文化的重要窗口,企业网站建设的好坏直接影响企业的形象,影响网络营销效果的实现。

一、企业网站建设的一般原则

(一)企业网站建设的目的性原则

企业建设网站应该有明确合理的建站目的和目标群体。企业网站是面对消费者、供应商、分销商还是全部？建站的目的是为了介绍企业、发布产品相关信息、提供客户服务还是进行在线销售？企业建设网站时类型的选择、内容功能的规划、具体网页界面的设计等各个方面都受到目的性的直接影响。

(二)企业网站建设的专业性原则

企业基于互联网平台，发布相关信息，包括产品信息、渠道政策、企业理念和实力等，以争取创造更多的商机，网站信息应尽可能体现企业的专业性。专业性应体现在以下方面：

(1)完整无误地表述企业的基本信息，包括企业介绍、业务范围(产品、服务)、企业理念等。

(2)所提供的信息应该是专业的、有说服力的。

(3)所提供的信息必须是没有失效的、有用的。

(4)具有原创性、独创性的内容更能引起重视和认可，有助于提升企业在浏览者心目中的形象。

(5)如果企业的客户、潜在客户分属不同的语系，应该提供相应的语言版本，至少应该提供通用的英语版本。

(三)企业网站建设的实用性原则

网站提供的功能和服务要尽量切合目标群体的实际需求，且符合企业特点。网站提供的功能和服务必须保证质量，主要包括：

(1)每个服务必须有定义清晰的流程，每个步骤需要什么条件、产生什么结果、由谁来操作、如何实现等，都应该是清晰无误的。

(2)实现功能服务的程序必须是正确的、简单的、能够及时响应的。

(3)需要人工操作的功能服务应该设有常备人员和相应责权制度。

(4)用户操作的每一个步骤(无论正确与否)完成后，应该被提示当前处于什么状态。

(5)当功能较多的时候，应该清楚地定义相互之间的轻重关系，并在界面上和服务响应上加以体现。

(四)企业网站建设的易用性原则

企业网站建设要以用户为导向，通过最简单、醒目、易用的网站要素设计，使得用户容易操作，能够非常方便地获取信息。网站的易用性主要表现在以下方面：

1. 网站结构的层次性

层次合理的网站结构和导航设计，是用户方便操作网站的基础。条理清晰的结构，表现为网站栏目划分的合理性，栏目的划分应该有充分的依据，并且让用户容易理解；不同栏目的内容尽量做到不交叉重复，共性较多的内容应尽量划分到同一栏目；网站的一级栏目不宜过多或过少，通常控制在 4~8 个比较合适；栏目的层次不宜过深，通常以不超过 3 层为佳；在安排层次的时候要充分考虑用户操作，比较常用的信息内容、功能服务应该尽量放到更浅的层次,以减少用户的点击次数;信息内容的获取和功能服务的过程,都应该尽量控制在 3~5 步以内,不得不需要更多的步骤的时候应该有明确的提示。

2. 网页设计风格的一致性

页面整体设计风格一致,整体页面布局和用图、用色风格前后一致;界面元素命名一致,同样的元素应该用同样的命名;功能一致,同样的功能应该尽量使用同样的元素;元素风格一致,界面元素的美观风格、摆放位置,在同一个界面和不同界面之间都应该是一致的。

3. 简单性

简单,是企业网站专业性的最高境界。从网络营销信息传递原理来看,简单也就是构建最短的信息传递渠道,使得信息传递效率最高、噪声和屏障影响最小。在保证网站基本要素完整的前提下,尽可能减少不相关的内容、图片和多媒体文件等,使得用户以尽可能少的点击次数和尽可能短的时间获得需要的信息和服务。如每个界面调用的时间应在可以接受的范围之内,当必须耗费较长的时间时,应有明确提示,并最好有进度显示;当不同的方式能够达到相同或近似的效果时应选取令客户访问或使用更快捷的方式(在开发资源差别可忽略的情况下),例如尽量减少客户端插件的使用;命名应简洁、定义清晰,尽量不使用较为生僻的词语,如果一定要使用应给出容易理解的解释。

4. 其他方面

如具有明确的导航条和网站地图,以提供快速导航操作;避免出现错误或者无效的链接;主要信息应放在突出的位置上,常用功能则应放到容易操作的位置上;针对目标群体的需要,应充分考虑浏览器的兼容性、清晰的字体和链接、插件流行程度等;网页标题和内容的可读性;网页设计对搜索引擎的友好性;合理利用音频、视频等多媒体文件;多语言版本以及适应不同用户群体的浏览等。

(五)企业网站建设的艺术性原则

网站建设要达到吸引眼球的目的,必须结合界面设计的相关原理,形成一种独特的艺术。企业网站的设计应该满足以下要求:

(1)遵循基本的图形设计原则,符合基本美学原理和排版原则。

(2)对于主体和次要对象的处理符合排版原理。

(3)全站的设计作为一个整体,应该具有整体的一致性。

(4)整体视觉效果特点鲜明。

(5)整体设计应该很好地体现企业 CI。

(6)整体风格同企业形象相符合。

(7)整体风格满足目标对象的喜好。

二、网络营销导向型企业网站的标准

网络营销导向型网站是指以现代网络营销理念为核心,基于企业网络营销目标进行站点规划,具有良好搜索引擎表现和用户体验、完备的效果评估体系,能够有效利用多种手段获得商业机会,提高产品销售业绩和品牌知名度的企业网站。网络营销导向型网站概念的提出,打破了企业对网站建设的传统认识。事实证明,传统观念中的网站 FLASH

形象首页、大篇幅企业新闻报道、领导人风采展示、产品介绍不详等现象,均使得企业网站营销职能难以很好地发挥出来。构建网络营销导向型网站,就是要明确网站的营销职能,以网络营销为核心目标来进行网站建设。

网络营销导向型的企业网站应该符合以下基本标准:以产品为核心、访问安全快速、信息全面及时、完善的检索能力、良好的信息交互能力、友善的用户体验、对搜索引擎友好。

(一)以产品、服务为核心

绝大部分顾客在访问企业网站时,关心的不是企业领导人的信息,也不是企业的组织结构、发展历程,而是为了寻找产品或者服务的相关信息。因此,以产品、服务为核心是企业网站满足顾客需要的首要前提。网站应尽可能对产品和服务信息进行详细描述。

(二)访问安全快速

顾客浏览网站是为了获取某些需要的信息。研究发现,页面下载速度是网站留住访问者的关键因素,如果超过 10 秒还不能打开一个网页,一般人就会失去耐心。影响网页下载速度的主要因素包括网站服务器的配置、用户上网的带宽、网页格式和字节等。

由于企业无法改变用户带宽,因此要保证网页的下载速度,企业在建站过程中对服务器的配置和网页格式、字节的设计就尤为重要。一方面保证服务器工作的稳定性,防止服务器因病毒、黑客、物理等故障,使访问者无法访问;另一方面网页设计简洁,尽量避免使用大量的图片,更应避免自动下载音乐或其他多媒体文件,影响网页打开速度。

(三)信息详细、更新及时

由于网络信息发布的便利性,企业网站所提供的信息应该是真实、详细、最新的。企业网站要想长期吸引浏览者访问,信息必须不断进行更新。企业经营信息的变化,如价格调整、优惠措施,或者企业营销战略的实施,都应该在网站实时反映出来。如果浏览者无法在企业网站上获取详细的信息,或者获得的信息已经无效,企业的信誉、品牌形象等都会大打折扣。目前,常见的网页内容更新有三种方法:

(1)利用软件自动更新。有些网站利用具有特定功能的软件自动更新网页。

(2)设立"新消息"栏目。有些网站利用更新软件,自动检索数据库内容的变化,将更新的内容自动发布于"新信息"栏目。

(3)形式更新。有些网站将内容在表现形式上进行更新。即使是相同的内容,其强调的内容和排列顺序可随时间滚动变化。无论访问者何时进入网页,都会有种新鲜感。对于那些网站内容对时间的变化并不敏感的网页,这种更新方法比较有效。

(四)完善的检索能力

网站设计除了考虑如何向浏览者提供全面及时的信息外,还要考虑浏览者浏览和查询信息是否方便。对网站来说,如何合理组织要发布的信息内容,以便浏览者快速、准确地检索到需要的信息,是网站内容组织是否成功的关键。如果网站不能使顾客方便、快捷地找到所需的信息,再好的艺术装潢设计也不能留住客户。因此,有一定规模的网站一定要提供检索功能,以便于用户查找本网站的信息。

(五)较强的信息交互能力

如果一个网站只能供浏览者浏览,浏览者只是被动地接受信息,而不能主动地参与到网站内容的建设中,那么它的吸引力是有限的。只有当浏览者能够很方便地和信息发布者交流信息、进行有效沟通时,网站的营销效果才能彻底发挥出来。特别是对于电子商务型的网站来说,沟通环节在交易达成之前发挥着重要的作用,前面的工作做得再好、流量再多,在与客户沟通不畅的情况下也很难转化为有效订单。要使网站访问者变成消费者,网站流量变销售订单,高效沟通是关键。与客户沟通不畅是网络营销转化率偏低的重要原因之一。据调查,目前中小企业开展网络营销,客户沟通环节是最为薄弱的一项,严重制约了营销效果,成为流量转化率的瓶颈。

一般而言,网站可以通过设置在线留言、开通虚拟论坛或者利用 QQ、msn、阿里旺旺等即时信息工具加强与浏览者的信息沟通。虚拟论坛的设立可以在顾客与顾客之间、顾客与企业之间展开对产品的各种讨论。企业还可以借此收集市场信息,制订有效的营销计划。网站通过在线留言系统与消费者进行沟通时,可以将消费者的反馈信息直接在网上公布,这样能够吸引消费者回访该网站,并由此形成与顾客的固定关系。

(六)良好的客户体验

企业网站最终面对的是潜在客户或者是与本公司业务有关联的任何组织和个人,如何提升企业网站的客户体验是营销型企业网站必须考虑的重要问题。客户体验在现代营销中无处不在。企业网站是一个直接面对市场主体的窗口,更需要重视其客户体验性。客户体验又是一个难以量化的指标,更多的时候是不同受众的感觉。我们一般从以下几个方面来实现一个具备良好客户体验的营销型企业网站:可用性和易用性(网站的基础标准:速度、安全、兼容型以及导航等)、网站的沟通性(对于特殊用户群体的定制,企业网站应该具备的交互与沟通功能)、网站的可信度(与传统信息的一致以及站内信息的一致、信赖程度等)、易于传播(分享是网络营销中价值转换率最高的一种模式)等方面。

(七)搜索引擎表现友好

企业网站的另一个重要功能是网站推广功能,搜索引擎是目前网民获取信息最重要的渠道,如果企业网站无法通过搜索引擎进行有效推广,那么其营销性会大打折扣,所以营销型企业网站必然要解决企业网站的搜索引擎问题,即搜索引擎优化工作。在营销型企业网站解决方案中,搜索引擎优化工作是一项基础和长期的工作,从企业网站的策划阶段乃至从企业网络营销的战略规划阶段就已经开始,而且贯穿于企业网站的整个运营过程。

第五节 企业网站建设的评价

企业网站是开展网络营销的综合性工具,网站专业性与否直接影响到网络营销的最终效果,因此对网站进行专业性评价是网络营销管理的重要内容之一。

一、进行网站专业性评价的时间选择

企业网站专业性诊断评价的时机可以分为两种:一种是在网站建设完成正式发布之前进行;另一种是在网站经营到某个阶段后,根据网络营销策略的需要进行评价。

(一)企业网站正式发布之前的专业性诊断评价

了解网站的专业水平,最理想的状况是在企业网站正式发布之前进行一次全面的专业性诊断评价。这里所指的网站发布,既包括企业第一次完成网站建设,也包括对原有网站进行升级改造完成之后的重新发布。新竞争力研究发现,企业网站在建成后的一定时期内,网站在技术功能等方面具有一定的稳定性,网站一旦正式运营则不太方便从网站结构、功能等方面进行重大调整,如果网站建设在某些方面具有重大缺陷,无疑会对正常运营带来不利影响,因此在网站正式发布之前进行一次综合性网站诊断评价是非常必要的,有利于及时了解网站的问题,少走弯路,降低贻误时机可能造成的损失。

尤其是,如果企业网站是外包给网站建设服务商来完成的,网站建设的专业水平如何,由第三方出具的网站专业评价报告最具有说服力,因此在一定程度上也是对网站建设服务商提供的网站建设服务项目的检验。

(二)企业网站运营过程中的诊断评价

随着网络营销应用的深入,对企业网站功能、内容、服务等方面的要求会越来越高,并且竞争者的网络营销水平也可能在不断提高,这就对企业网站的专业性提出了更高的要求。因此,除了网站发布之前的专业性综合评价之外,在网站运营过程中,还应根据网络营销策略的需要适时地进行调整,其中重要的基础工作内容之一,就是对企业网站的专业性进行全方位的评价诊断。

归纳起来,在企业网站发布之后的运营过程中,在下列任何一种情况下,都有必要对企业网站进行全面的诊断评价,并根据网络营销专业人士的建议对企业网站进行必要的改进:

(1)网站发布初期,专业的网站诊断评价便于及时发现网站建设中的问题并作出调整,以免不专业的因素对网站运营造成不利影响;

(2)当网站进行了常规的推广,甚至采用多种付费推广之后并没有取得明显效果;

(3)当发现网站的 PR 值远比主要竞争者低时,比如网站 PR 值低于 4;

(4)当网站在搜索引擎中表现不佳时,比如搜索引擎收录网页数量少,低质量网页比例高;

(5)网站运营进入稳定期,难以再进一步提高访问量时;

(6)需要重新制定更加有效的网络营销策略时;

(7)企业网站有必要进行升级改造时;

(8)竞争者的网站专业性水平远远领先时;

企业网站发布运营之后,要想全面提升网络营销效果,对企业网站的专业水平进行全面的评价分析是必不可少的步骤,这一综合评价分析结果是网络营销策略升级的基本依据。

二、企业网站评价原则

(一)企业网站评价的动态性

由于企业网站本身是一个动态交互的信息平台,因此其评价体系应从动态角度出发。

(二)企业网站评价的差异性

由于不同行业、不同企业、不同发展阶段,其评价标准是不同的,因此在具体的评价过

网络营销

程中,也应当视具体情况具体分析。

(三)企业网站评价的整体性

由于企业网站本身的原因,决定了在评价标准中既有可以量化的标准,又有不可量化的标准。因此在评价中,应当遵从整体性的原则。

三、企业网站评价的主要指标

企业网站评估应该综合考虑各个方面的因素,主要围绕网站功能建设、网站内容设置和网站推广能力方面。

(一)网站整体评价指标

1.域名的选择

域名与企业名称、商标及其主营业务的关联性越强,越简洁易记,域名选择就越成功。一个恰当、精炼的域名对于网站的发展是十分重要的。同时,独立域名是十分重要的一项指标。

2.链接有效性

在企业网站中,链接有效性占有极其重要的地位。无效链接会直接影响用户对网站本身的信任度。在指标评价过程中,链接的完备性也是一项十分重要的指标。

3.下载时间

调查显示,一个网页的打开时间超过20秒会引起浏览者的厌恶感。

4.网站认证

作为一个合法的企业网站,不仅应当提供工商认证,同时还要提供CA认证。对于某些特定行业,还应该提供各种相应认证。

5.符合网络伦理

所谓网络伦理,是Internet上一种特有的商业道德——即充分尊重用户的个人意愿和个人隐私,对用户不能有任何强迫行为。如不首先发送商业信息,未经授权不修改、公布访问者的个人资料和信息,或对用户访问提出要求和条件。

6.联系方式

在首页和网站的各个链接上,都需要提供十分详尽的联系方式,不但要提供电子邮件、电话、传真,还要提供公司地址、邮编以及联系人姓名。

7.更新

网站提供内容和页面设计的不断更新,以提高网站的信任度。更为重要的是,应当注明网站的最后一次更新时间。

(二)网站设计

1.风格与布局

网站内的所有页面应当遵从统一的风格,包括统一色彩、统一主题、统一语气和人称、统一图片效果。同时在页面布局方面,应当加强视觉效果,加强文案的可视性和可读性。

2.美工与字体

网页色彩应当均衡,要突现可读性;同时切忌用很多种颜色,一般控制在三种以内。由于中国大陆汉字系统采用GB编码方式,而台湾地区汉字采用BIG5编码,而欧美用户则没有安装任何支持汉字的系统,因此,定位于国际性质的网站应当针对不同的目标访问者,设计不同的字体或语言。

3. 动画与声音

在页面上应该慎用视频和音频,更不能滥用。因为视频和音频一方面会影响下载速度,另一方面可能会使用户产生厌恶和抵触情绪。

(三)网站内容与服务

评价内容主要包括:网站基本信息完整,如公司介绍、联系方式、服务承诺等;网站信息及时、有效;产品信息详细;查找产品信息方便;网站功能运行正常;用户注册/退出方便;体现出网站的促销功能;具备网站的各项网络营销功能;是否采用弹出广告等对用户造成骚扰的功能。

1. 信息有用、准确

网站的长期发展取决于能否长期为访问者提供有用的信息,这也是网站自身发展的需要。信息资源与数据是否切实可信,如果涉及一些关于信息来源与知识产权的信息,要注明出处与来源。

2. 内容页面长度

网页内容页面的长度以不超过三个屏幕高度为佳,因此将篇幅过长的文档分隔成数篇较小的页面,可以增加网站的亲和力;如果基于特殊理由,应在长页面上加上一些书签,以使用户快速查询。

3. 网站服务有效性

评价内容主要包括:网站帮助系统;详尽的 FAQ;网站公布多渠道顾客咨询方式;提供会员通信;建立会员社区。

4. 交互能力

可以从论坛、留言板、邮件列表以及 FAQ 等能够促进网站和用户交流的内容的建设情况来测评。作为一个企业网站,应当设立如论坛、留言板、邮件列表之类的栏目,以供浏览者留下他们的信息。有调查表明,提供双向交流站点比简单地留下一个 E-mail 地址更有亲和力。

5. 检索功能

网站内容结构的设计是否成功,主要表现在能否使浏览者快速准确地找到要找的信息。

(四)网站推广指标

1. 网站被各个主流搜索引擎收录的网页数量

网页被收录的数量越多,意味着被用户发现的可能性越大。通过对搜索引擎收录的网页数量进行评价,可以反映出网站的内容质量,因为内容贫乏的网站不可能产生大量高质量的网页。被搜索引擎收录的网页数量占企业网站全部网页数量的比率越高,就说明网站基于搜索引擎自然检索推广的基础工作越扎实。

2. 在搜索引擎检索结果中的排名

在搜索引擎利用一些核心关键词进行检索时,与竞争者相比,本企业网站在这些关键词检索结果页面中的排名是否靠前,也是检验网站搜索引擎推广的一个重要指标。只有在搜索结果中排名靠前才能获得用户的点击。

网络营销

3.其他网站提供的交换链接的数量

获得其他网站的链接是常用的推广方法之一,因此与其他网站建立链接的数量和质量在一定程度上可以表明企业网站推广的效果。

(五)网站流量指标

1.页面浏览量 pv(page views)

统计每天网页被浏览的次数,包括刷新页面、每点击一次链接、同一个页面的多次浏览。PV 在网站流量统计中是一个重要的指标。

2.用户平均访问量(page views per user)

这个值是通过页面浏览量/访问者数量求得的,该指标说明访问者对网站内容或者产品的兴趣度、黏度。

3.独立访客 uv(unique visitor)

访问网站的一台电脑客户端视为一个访客,一般 00:00—24:00 内相同的客户端只被计算一次。

4.访问者平均停留时间

指在特定时间段内每个访问者的访问时间长度之和与总的访问者的比值。

5.平均浏览停留时间

指在特定时间段内每个访问者的访问时间长度之和与总的浏览量的比值。

四、企业网站的自行诊断

尽管第三方提供的网站专业诊断对企业开展网络营销具有重要价值,但是由于受到各种原因的限制,企业不可能总是能获得专业机构的评价,因此企业有必要进行网站的自行诊断。但由于网站诊断评价是一项综合性很强的网络营销工作,不是简单的网站外观评价,需要对网站建设的基本要素和流程有所了解,还需要对网站运营管理有一定的认识。

一般而言,对网站进行初步诊断可以从下列四个方面开始:网站规划与网站栏目结构、网站内容及网站可信度、网站功能和服务、网站优化及运营。

(一)网站规划与网站栏目结构

(1)网站建设的目标是否明确?网站为用户提供哪些信息和服务?

(2)网站导航是否合理?用户通过任何一个页面可以回到上级页面以及首页吗?

(3)各个栏目之间的链接关系是否正确?

(4)通过最多三次点击,是否可以通过首页到达任何一个内容页面,是否可以通过任何一个页面到达站内其他任何一个页面?

(5)是否有一个简单清晰的网站地图?

(6)网站栏目是否存在过多、过少,或者层次过深等问题?

(二)网站内容及网站可信度

(1)是否提供了用户需要的详尽信息,如产品介绍和联系方式?

(2)网站内容是否更新及时?过期信息是否及时清理?

(3)网站首页、各栏目首页以及各个内容页是否分别有能反映网页核心内容的网页标题?是否整个网站都用一个网页标题?

(4)网站首页、各栏目首页以及各个内容页面的 HTML 代码是否有合理的 META 标签设计?

(5)是否提供了产品销售信息、售后服务信息和服务承诺?

(6)公司介绍是否详细,是否有合法的证明文件(如网站备案许可)?

(三)网站功能和服务

(1)网站是否可以稳定运行,访问速度是否过慢?

(2)为用户提供了哪些在线服务手段?

(3)用户真正关心的信息是否可以在网站首页直接找到?

(4)网站是否可以体现出产品展示、产品促销、顾客服务等基本的网络营销功能?

(四)网站优化及运营

(1)网站总共有多少个网页?被主流搜索引擎收录的网页数量是多少?占全部网页数量的百分比是多高?是否有大量网页未被收录,或者在搜索结果中表现不佳?

(2)网站的 PR 值是多少?如果首页 PR 值低于 3,是什么原因造成的?是否有某些栏目页面 PR 值为 0?

(3)网站在搜索引擎优化方面是否存在不合理的现象,是否有搜索引擎作弊的嫌疑?

(4)网站是否采用静态网页?如果采用动态网页技术,是否进行了合理的优化?

(5)对搜索引擎的友好性:网站首页、各栏目首页以及各个内容页面是否有合理的有效文字信息?

(6)网站访问量的增长状况如何?网站访问量是否很低?如果访问量低是不是网站优化不佳造成的?

(7)与主要竞争者比较,网站在哪些方面存在明显的问题?

通过对上述问题进行认真的分析思考,就不难发现网站是否存在与网络营销导向不相适应的明显问题。

本章小结

1. 网站是企业开展网络营销的根据地,同时也是一个综合性的网络营销工具,建造适合网络营销需要的企业网站为有效开展网络营销奠定基础。

2. 网站的网络营销功能主要表现在八个方面:品牌形象、产品/服务展示、信息发布、顾客服务、顾客关系、网上调查、资源合作、网上销售。

3. 网站规划是指在网站建设前对市场进行分析、确定网站的目的和功能,并根据需要对网站建设中的技术、内容、费用、测试、维护等进行规划。网站的成功与否与建站前的网站规划有着极为重要的关系。在建立网站前应明确建设网站的目的,确定网站的功能,确定网站规模、投入费用,进行必要的市场分析等。只有详细的规划,才能避免在网站建设中出现的很多问题,使网站建设能顺利进行。

4. 企业站点的建设工作一般涉及三部分:企业域名申请注册、选择站点服务器的建设方式、网站内容设计和网页制作以及网站推广等。

网络营销

5.企业网站是一个可以发布企业信息、提供顾客服务以及在线销售的渠道。一个完整的企业网站,基本要素包括四个组成部分:结构、内容、服务、功能。

6.企业网站建设的好坏直接影响企业的形象,影响网络营销效果的实现。企业网站建设应遵循目的性、专业性、实用性、易用性、艺术性等原则。

7.对网站进行专业性评价是网络营销管理的重要内容之一。在网站正式发布之前和运营之中都应该进行专业性评价。企业网站评估应该综合考虑各个方面的因素,主要围绕网站功能建设、网站的内容设置和网站的推广能力方面。

案例讨论

IKEA(宜家)的网络营销

随着互联网的普及,越来越多的人开始使用互联网作为信息源,由此,家居企业开始认识到,网络营销已为家居营销体系中不可或缺的组成部分。据统计,2006年消费者网上购物数量占前十位的商品种类中,家居百货类位列第六,仅次于音像制品、软件、通讯产品、首饰配件、礼品玩具等日常"小件"用品,部分家居建材的网上销量已超越店面销量。

IKEA是创立于1943年的一家瑞典家居用品企业。IKEA很早就注意到互联网的传播力量。2005年,IKEA的网站访问量就达到了1.25亿人次,目前,IKEA的网上销售量增长十分迅速。相比直接的销售数字,IKEA通过网络获得的影响力和客户忠诚度似乎更为可贵。

一、IKEA家居网站的内容设计

在IKEA家居中国网(http://www.ikea.com/ms/zh_CN)上我们可以看到,它基本上具备了完整B2C网站所应具备的功能模块——信息发布模块、产品发布模块、网上定购模块、社区互动模块、人事招聘模块、专题活动网上调查模块、信息检索系统模块、资料下载模块、多语言浏览模块、在线咨询模块。

打入中国市场之后IKEA将主要目标消费群体瞄准为25岁至35岁的"新中产阶层",因为年轻化和时尚化,决定了他们对家具和家居产品的要求是强调设计以及能够体现流行的不同搭配。这种定位是十分巧妙准确的,IKEA抓住了这个新生消费层,向他们提供设计精良、功能完善、价格相对低廉的家居产品,来迎合他们注重品质和品位并兼顾价格的消费习惯,网站的整体风格和设计也都明显偏向白领阶层的喜好。

IKEA家居用品的风格是瑞典家居设计文化史的凝聚,现代但不追赶潮流,很实用又不乏新意,注重以人为本,在多方面体现了瑞典家居的古老传统。在这样的品牌基础上,怎样才能把IKEA家居产品的产品信息生动而且强烈地传达给网上的消费者,就成了IKEA网站的主要建立目的。

IKEA产品系列中总共有大约12 000种产品。除了在网站的右上方始终提供一个全站检索和高级查找服务之外,IKEA网站的导航栏设计也典型地体现了IKEA展示产品的特点。

方便快捷的导航栏设计是一个商业网站成功的要点之一。好的设计可以让消费者快捷地得到想要的信息,不然只会降低消费者的购买欲望。色彩的组合醒目但又沉稳,不仅符合白领阶层的喜好,而且和实物店招牌色彩的风格一致,达到了宣传效果。

与实物店的样板间展示方式相呼应,网站除了提供所有产品的下拉菜单导航和新产品专栏外,还以设计精巧的样间展示的方式宣传其各系列的产品。每一类房间,每一类产品的 flash 设计都不尽相同,相同的是,IKEA 都在竭力用一种良好的形式给消费者传达他们的产品信息,提供各种居家布置方案,启发大家的灵感。展示 flash 是视频播放式的,把鼠标停留在某产品上,就会出现该产品的名称和价格。衣服储物系列的产品介绍除了视频式播放图片之外,还会伴随着怎样排放物品的动画,视觉效果非常棒,让人怦然心动。

IKEA 网站上的家居产品无论从单件产品还是从家居整体展示,都给消费者传达了一种强烈的信息:无论是罗宾床还是邦格杯子,是比斯克桌子还是 MTO 柜子,IKEA 家具无不是简约自然、匠心独具、美观实用。一方面,这种展示方法生动活泼,充分展现了每种产品的现场效果。消费者可以在 IKEA 挑选到除电器之外几乎所有的家具和家居用品,使消费者能够充分享受一站式服务带来的快捷和便利。另一方面,这种传达方式可以产生"连带购买"的效果——因为居室布局是整体展示而不是单件展示,而 IKEA 的家具无论外观还是功能都确实能够打动大多数消费者的心,激起他们的购买欲望。

IKEA 的另一个重要产品策略就是"销售梦想而不是产品"。在网站上,每一个设计,每一个展示,都在传达着 IKEA 给消费者打造的美好家居的梦想。这种梦想销售在 IKEA 的专题活动里更为明显。它曾经为大学生制作了一个专题站点,病毒工具是 E-mail。填好收、发件人的姓名和邮件地址,再点发送就 OK 了。在这个站点上,邀请学生设计、制定预算,甚至赢取宿舍家具的信息很清楚。在整个 IKEA 活动中,学生都有打开物品的方法,而吸引他们的那些家具风格与价格也得到有趣和聪明的展示。画面领着点击者穿越了房间,这让每个参与的学生很兴奋。站点还提供这些视频和背景音乐的免费下载。风格迥异的宿舍装扮与 IKEA 家具的多样性,和学生们迫切装点自己个人环境的愿望相一致。纵观 IKEA 的所有专题活动,可以发现 IKEA 网站多数采用多媒体的方式来进行活动的推广和产品信息的传达,而且所有的 flash 都做得相当完整和精美,也很有趣,几乎没有任何的 BUG。

二、IKEA 家居网站的服务

为了给消费者节约时间成本和精神成本,IKEA 网站还为了消费者的购物方便提供了很多服务:

1. 及时的活动信息和周到的各种查询

作为外来品牌,IKEA 以每年的 9 月作为每个新财年的开始,IKEA 网站上也会及时更新各地商场的每个促销活动的预告或者详细信息。

IKEA 精心地为每件商品制定"导购信息",有关产品的价格、功能、使用规则、购买程序等几乎所有的信息都一应俱全。为了展示产品系列的广度和深度,网站 head 提供了全站搜索和高级查找,首页提供了在线咨询;"寻找您的 IKEA 商场"在多个网页都能看到;"客户服务"的"问和答"里可以看到的有关 IKEA 的各种常见问题和解答;网站还提供了透明的库存查询,而且消费者还能查到缺货中的家具大概的到货时间。

2. 时尚的产品目录册

IKEA 另一个强有力的服务策略就是 IKEA 目录册。目录册中包含了 IKEA 的家

网络营销

具、家居用品、样板间布置以及有关材料、颜色、尺寸、产品保养以及价格等方面的详细信息，同时蕴含了大量家居和室内装饰的灵感。电子版的目录册还添加了背景音乐以及免费下载功能，有的页面上还有衔接，消费者可以点击查看更多该类产品的信息。顾客利用 IKEA 目录册，可以以最简捷的方式查阅 IKEA 产品的信息。

网站不仅在首页提供了《美好家居指南》专栏，还在每个网页的右下方都放了一个目录册的缩略图，点击可以选择查看或者订阅。

IKEA 不仅通过目录营销促进销售，更重要的是，它通过商场和网站两大媒介，大力宣传推广这一精美的目录册，进一步巩固了品牌形象，提升了品牌美誉度和顾客忠诚度。

3. 对顾客的人性化关怀

虽然不提供线上销售服务，但是在网站"客户服务"和"关于 IKEA"栏目里都设了"购物经历"。"客户服务"里面还提供了关于 IKEA 商场服务项目的详细说明、常见的购物问题、免费注册、商场和库存的查询等服务。细节化和人性化的关怀能为消费者省去了很多不必要的购物麻烦。

4. 个性的 DIY 订购服务

IKEA 最为人所津津乐道的服务还有顾客 DIY 服务。在 IKEA，顾客可以通过 DIY 来省钱——自己选购、自己运送和自己组装家具；也可以在线上预约 IKEA 的室内装饰建筑师和设计师等，请他们帮助设计新房，或提出改造的建议；网站上还专门提供了帕克思衣柜设计、厨房设计、局势灯光设计、中小企业工作室设计等等功能，如果顾客对自己的设计方案满意的话，就可以直接打印带到商场方便购买。IKEA 还会不定期举办"IKEA 杯 DIY 组装大赛"，鼓励新创意。

5. 活跃的"IkeaFamily"俱乐部

在美国，IKEA 的"粉丝"们自发成立了"IkeaFansite"，这个俱乐部自然也推广到了中国，发展为专为中国"粉丝"设立的服务平台——"IkeaFamily"俱乐部。在"IkeaFamily"里，IKEA 为"粉丝"们提供了各种会员服务。"粉丝"们在这里热烈讨论的话题从如何使用 IKEA 的手册到厨房的用色方案，他们既可以无拘无束地发表自己的肺腑之言，也贴了大量日常生活中和 IKEA 相关的图片，俨然成了一个 IKEA"粉丝"的网上家园。

（资料来源：http://www.alibado.com/course/detail-imageTextPlay-25875-1.htm）

讨论：
1. 试分析宜家网站的成功之处？宜家网站的成功对我国家居企业有什么借鉴意义？
2. 登录宜家网站看看其还有哪些可改进之处？

思考题

1. 为什么说网站是综合性的网络营销工具？
2. 企业网站建设的主要内容包括哪些？
3. 为某一具体网站制定一份网站规划书。
4. 企业网站建设应该遵循哪些基本原则？
5. 针对自己某个熟悉的企业网站对其进行初步的网站诊断分析。

第 6 章

搜索引擎营销

知识目标：
- 了解搜索引擎的定义以及搜索引擎的基本方式。
- 掌握搜索引擎的基本原理以及影响搜索引擎的主要因素。
- 了解搜索引擎的新发展。

能力目标：
- 正确认识搜索引擎的定义以及功能。
- 能在实际工作中应用搜索引擎营销。

案例导读

兰蔻——百度成就品牌

作为全球知名的高端化妆品品牌,兰蔻涉足护肤、彩妆、香水等多个产品领域,主要面向 25~40 岁,教育程度、收入水平较高的成熟女性。那么,如何快速、有效地到达这些目标人群则是兰蔻面临的重要营销课题。

正如买化妆品需要选择适合自己的类型一样,针对这一特征鲜明的目标人群,兰蔻为其量身定做了适合的营销模式——以聚集了中国 95% 以上网民的百度搜索营销平台为基础,将关键字投放、品牌专区、关联广告、精准广告等不同营销形式有机地整合在一起,精准锁定了兰蔻的目标受众。在提升品牌形象的同时,提高了广告投放转化率,拉动了实质销售,成功实现了营销突破。据统计显示,通过整合各种广告形式,兰蔻的广告投入产出比达到 1∶1.2,点击率提高 15%。

关键字投放:

配合新产品上市,兰蔻选择了品牌产品相关的关键字进行投放,如青春优氧、感光滋润粉底液等,迎合受众搜索需求,确保目标受众第一时间触及兰蔻的新产品信息。

品牌专区:搜索结果页的迷你官网

在很多人看来,搜索引擎广告形式单一,只是局限于一般的文字链广告,然而随着搜索广告的不断发展和成熟,图片、动画、视频等丰富形式已经充分融入搜索引擎广告中。品牌专区就是借助搜索引擎和关键词技术,打破传统的、单一的搜索结果展示形式,以兼

网络营销

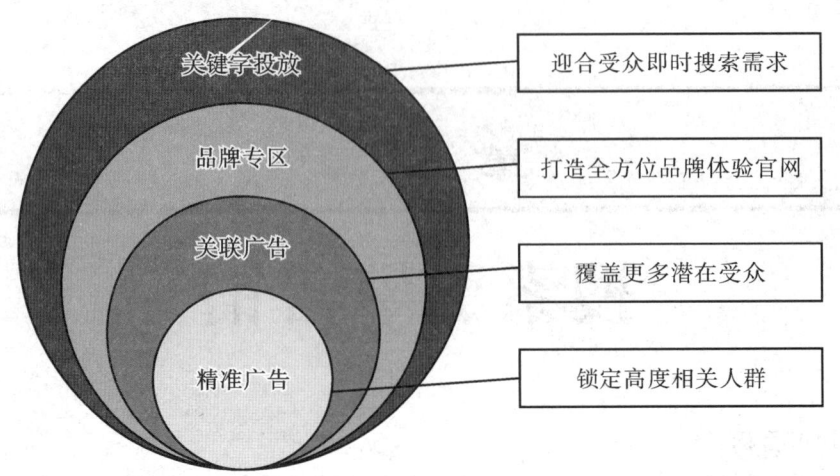

兰蔻公司搜索引擎投放图

具"大面积"和"图文并茂"的形式展现用户在百度中搜索的结果页面,为消费者展现更加详尽全面的产品信息,带给目标客户全方位的品牌体验。在百度网页中搜索"兰蔻",即会出现一块占首屏多达1/2的兰蔻专属区域,通过"主标题及描述+品牌logo+可编辑栏目+右侧擎天柱"共同打造品牌迷你官网,以图文并茂的形式展现最新品牌及产品核心信息,提升兰蔻大品牌形象,同时向兰蔻网上商城导入流量,提高广告转化率,促进产品销售。其中,可编辑栏目区域,可以根据企业需求,随时调整内容,推广多方面营销信息。

关联广告:

当你在百度网页搜索"安妮·海瑟薇"(兰蔻璀璨香水代言人)、寻找圣诞礼物、在百度知道询问化妆品信息时,兰蔻的广告就会相应呈现。这就是百度关联广告的魔力——全面"围捕",覆盖更多的潜在受众。围绕品牌,会有产品、目标受众、事件、诉求、代言人等相关联的内容,将这些内容相应转化为类别词、衍生词、事件词、内容词、明星等关键字投放,让受众在关联需求中得以聚合,直接被覆盖。

如兰蔻设置代言人"安妮·海瑟薇"的搜索关键词,发挥明星意见领袖的作用,汇聚粉丝力量;结合热门节日圣诞节投放关联广告;除网页检索以外,兰蔻还充分应用了百度知道平台,当受众检索化妆品相关问题进入问答页面后,即可看到兰蔻的关联广告信息。此外,关联广告也可以结合体育赛事、电影、电视剧热播等重大事件,充分发挥事件营销的力量。

精准广告:锁定高度相关人群

凡走过必留下痕迹,凡寻找必有精准广告。百度精准广告最大的特点在于能够精准锁定相关受众,按照广告主的需求从上亿的网民中挑选出广告主的目标人群,保障了让广告只出现在广告主想要呈现的人面前,从而解决了媒体投放费用大部分被浪费掉的历史问题。如兰蔻"七夕情人节网上特别献礼活动"的精准广告,根据对网民搜索行为分析,即实现只投放在那些曾搜索过"情人节、情人节礼品"等相关内容的网民面前。

百度网站兰蔻搜索图

"通过百度的品牌专区,我们的品牌在那些搜索兰蔻的消费者面前有了更好的展示,不但能够提升品牌形象,并且为兰蔻网上商城带来了很多高质量的流量。在使用了品牌专区之后,我们大幅度地提高了品牌关键词的转化率,因此而产生的销售也相应提高了30%。"欧莱雅副总裁兰珍珍表示。

总结:兰蔻通过与百度的合作,提升了品牌价值,增加了销售量,可谓一举两得。

第一节 搜索引擎营销的基本原理

搜索引擎通常是指收集了因特网上几千万到几十亿个网页并对网页中的每一个词(即关键词)进行索引,建立索引数据库的全文搜索引擎。当用户查找某个关键词的时候,所有在页面内容中包含了该关键词的网页都将作为搜索结果被搜出来。在经过复杂的算法进行排序后,这些结果将按照与搜索关键词的相关度高低,依次排列。

一、搜索引擎的发展历史

在互联网发展初期,网站相对较少,信息查找比较容易。然而随着互联网的爆炸性发展,普通网络用户想找到所需的资料如同大海捞针,因此,满足大众信息检索需求的专业搜索网站便应运而生了。

现代意义上的搜索引擎的祖先，是1990年由蒙特利尔大学学生Alan Emtage发明的Archie。虽然当时World Wide Web还未出现，但网络中文件传输还是相当频繁的，而且由于大量的文件散布在各个分散的FTP主机中，查询起来非常不便，因此Alan Emtage想到了开发一个可以以文件名查找文件的系统，于是便有了Archie。

Archie工作原理与现在的搜索引擎已经很接近，它依靠脚本程序自动搜索网上的文件，然后对有关信息进行索引，供使用者以一定的表达式查询。由于Archie深受用户欢迎，受其启发，美国内华达System Computing Services大学于1993年开发了另一个与之非常相似的搜索工具，不过此时的搜索工具除了索引文件外，已能检索网页。

当时，"机器人"一词在编程者中十分流行。电脑"机器人"是指某个能以人类无法达到的速度不间断地执行某项任务的软件程序。由于专门用于检索信息的"机器人"程序像蜘蛛一样在网络间爬来爬去，因此，搜索引擎的"机器人"程序就被称为"蜘蛛"程序。

世界上第一个用于监测互联网发展规模的"机器人"程序是Matthew Gray开发的World Wide Web Wanderer。刚开始它只用来统计互联网上的服务器数量，后来则发展为能够检索网站域名。

与Wanderer相对应，Martin Koster于1993年10月创建了ALIWEB，它是Archie的HTTP版本。ALIWEB不使用"机器人"程序，而是靠网站主动提交信息来建立自己的链接索引，类似于现在我们熟知的Yahoo。

随着互联网的迅速发展，检索所有新出现的网页变得越来越困难，因此，在Matthew Gray的Wanderer基础上，一些编程者将传统的"蜘蛛"程序工作原理进行了改进。其设想是，既然所有网页都可能有连向其他网站的链接，那么从跟踪一个网站的链接开始，就有可能检索整个互联网。到1993年底，一些基于此原理的搜索引擎开始纷纷涌现，其中以JumpStation、The World Wide Web Worm（Goto的前身，也就是今天Overture），和Repository-Based Software Engineering（RBSE）spider最负盛名。

然而JumpStation和WWW Worm只是以搜索工具在数据库中找到匹配信息的先后次序排列搜索结果，因此毫无信息关联度可言。而RBSE是第一个在搜索结果排列中引入关键字串匹配程度概念的引擎。

现代意义上的搜索引擎最早出现于1994年7月。当时Michael Mauldin将John Leavitt的蜘蛛程序接入其索引程序中，创建了大家现在熟知的Lycos。同年4月，斯坦福（Stanford）大学的两名博士生，David Filo和美籍华人杨致远（Gerry Yang）共同创办了超级目录索引Yahoo，并成功地使搜索引擎的概念深入人心。从此搜索引擎进入了高速发展时期。目前，互联网上有名有姓的搜索引擎已达数百家，其检索的信息量也与从前不可同日而语。比如Google，其数据库中存放的网页已达30亿之巨。

二、搜索引擎的工作原理

了解搜索引擎的基本工作原理其实就是了解搜索引擎是如何工作的，了解搜索引擎的工作原理对我们日常搜索应用和网站提交推广都会有很大帮助。搜索引擎的工作可分为以下四个步骤：

（一）爬行和抓取

搜索引擎派出一个能够在网上发现新网页并抓文件的程序，这个程序通常被称为"蜘蛛"。搜索引擎从已知的数据库出发，就像正常用户的浏览器一样访问这些网页并抓取文件。搜索引擎会跟踪网页中的链接，访问更多的网页，这个过程就叫爬行。这些新的网址会被存入数据库等待抓取。跟踪网页链接是搜索引擎"蜘蛛"发现新网址的最基本的方法，所以反向链接成为搜索引擎优化的最基本因素之一。搜索引擎抓取的页面文件与用户浏览器得到的完全一样，抓取的文件存入数据库。

（二）索引

蜘蛛抓取的页面文件分解、分析，并以巨大表格的形式存入数据库，这个过程即索引（index）。在索引数据库中，网页文字内容及关键词出现的位置、字体、颜色、加粗、斜体等相关信息都有相应记录。

（三）搜索词处理

用户在搜索引擎界面输入关键词，单击"搜索"按钮后，搜索引擎程序即对搜索词进行处理，如中文特有的分词处理，去除停止词，判断是否需要启动整合搜索，判断是否有拼写错误或错别字等情况。搜索词的处理必须十分快速。

（四）排序

对搜索词处理后，搜索引擎程序便开始工作，从索引数据库中找出所有包含搜索词的网页，并且根据排名算法计算出哪些网页应该排在前面，然后按照一定格式返回到"搜索"页面。

三、搜索引擎的基本分类

（一）全文搜索引擎

搜索引擎的自动信息搜集功能分两种。一种是定期搜索，即每隔一段时间（比如Google一般是28天），搜索引擎主动派出"蜘蛛"程序，对一定IP地址范围内的互联网站进行检索，一旦发现新的网站，它会自动提取网站的信息和网址加入自己的数据库。

另一种是提交网站搜索，即网站拥有者主动向搜索引擎提交网址，它在一定时间内（2天到数月不等）定向向你的网站派出"蜘蛛"程序，扫描你的网站并将有关信息存入数据库，以备用户查询。由于近年来搜索引擎索引规则发生了很大变化，主动提交网址并不保证你的网站能进入搜索引擎数据库，因此目前最好的办法是多获得一些外部链接，让搜索引擎有更多机会找到你并自动将你的网站收录。

当用户以关键词查找信息时，搜索引擎会在数据库中进行搜寻，如果找到与用户要求内容相符的网站，便采用特殊的算法——通常根据网页中关键词的匹配程度，出现的位置、频次，链接质量等——计算出各网页的相关度及排名等级，然后根据关联度高低，按顺序将这些网页链接返回给用户。

（二）目录搜索引擎

目录索引，顾名思义就是将网站分门别类地存放在相应的目录中，因此用户在查询信息时，可选择关键词搜索，也可按分类目录逐层查找。如以关键词搜索，返回的结果跟搜索引擎一样，也是根据信息关联程度排列网站，只不过其中人为因素要多一些。如果按分层目录查找，某一目录中网站的排名则是由标题字母的先后顺序决定（也有例外）。

与全文搜索引擎相比，目录索引有许多不同之处。

首先，搜索引擎属于自动网站检索，而目录索引则完全依赖手工操作。用户提交网站后，目录编辑人员会亲自浏览你的网站，然后根据一套自定的评判标准甚至编辑人员的主观印象，决定是否接纳你的网站。

其次，搜索引擎收录网站时，只要网站本身没有违反有关的规则，一般都能登录成功。而目录索引对网站的要求则高得多，有时即使登录多次也不一定成功。尤其像 Yahoo 这样的超级索引，登录更是困难。

再次，在登录搜索引擎时，一般不用考虑网站的分类问题，而登录目录索引时则必须将网站放在一个最合适的目录中。

最后，搜索引擎中各网站的有关信息都是从用户网页中自动提取的，所以用户拥有更多的自主权；而目录索引则要求必须手工填写网站信息，而且还有各种各样的限制。

四、搜索引擎的网络营销价值

（一）搜索引擎对网站推广的价值

搜索引擎是用户获取信息的所有方式中应用最为广泛的网络工具之一，这就是说，搜索引擎对网站推广的作用不可小觑。所谓的网站推广，就是要提高用户发现网站信息并且来到网站获取信息的机会，而搜索引擎则会向用户提供摘要信息来引导用户到信息源网页。通过搜索引擎自然检索的访问量占网站访问量的 60%～80% 是正常的。一些网站采用自然检索与付费检索相结合的方式，获得了更好的效果。

（二）搜索引擎对产品促销的作用

在不同的季节，针对不同的产品，除了在企业网站上充分体现产品推广意识之外，合理利用搜索引擎可以实现更好的产品推广。一般来说，当用户以"产品名称"或者"品牌名+产品名称"、"品牌名+产品名称+购买方式"等关键字进行检索时，往往表明用户已经对产品产生了购买意向，也就意味着搜索引擎检索结果页面针对产品宣传发挥了更好的推广效果。尤其是汽车、住房、电器、数码产品等高价值产品。

（三）搜索引擎对网络品牌的价值

搜索引擎的网络营销价值不仅表现在网站推广和产品促销等直接体现网络营销效果的方面，也表现在企业网络品牌的创建和提升上。大型企业更加注重搜索引擎的品牌推广价值，品牌推广和销售促进都是搜索引擎营销的主要目标。

搜索引擎对企业品牌产生直接影响，用户可以方便地通过搜索引擎获取企业网站的信息已经成为建立企业网络品牌的基本策略之一，即网站的搜索引擎可见度对网络品牌产生直接影响，尤其对于大型企业和知名企业，有必要对网站在搜索引擎中的表现给予充分关注。

（四）搜索引擎对市场调研的价值

无论获取行业资讯、了解国际市场动态，还是进行竞争者分析，搜索引擎都是非常有价值的市场调研工具。通过搜索引擎，可以方便地了解竞争者的市场动向，对于竞争者的产品信息、用户反馈、市场网络等公开信息均可方便地获得最新信息；还可以对行业竞争作出理性判断。

(五)搜索引擎营销的抵御性策略

同样一个关键词在检索结果中被用户发现的机会是有限的,即搜索引擎推广资源的相对稀缺性。利用这一特点,可以设计合理的抵御性策略,避免让竞争者获得更多的推广机会,例如搜索引擎检索页面固定位置的广告、同一企业的多产品广告,以及同一公司的多网站策略。

(六)搜索引擎作为网站优化的检测工具

搜索引擎是最直接、最全面的网站优化工具。通过搜索引擎检索结果的分析,是研究网站搜索引擎优化状况的有效方法之一。

五、搜索引擎营销的基本原理

搜索引擎营销(Search Engine Marketing,SEM),是指企业或个人根据潜在用户使用搜索引擎的可能方式,将企业的营销信息尽可能传递给目标客户。搜索引擎营销得以实现的基本过程是:企业将信息发布在网站上成为以网页形式存在的信息源;企业的营销人员通过免费的注册搜索引擎、交换链接或付费的竞价排名、关键字广告等手段,使自己的网站网址被各大搜索引擎收录到各自的索引数据库中。这样,当用户利用关键词进行检索(对于分类目录则是逐级目录查询)时,检索结果中罗列相关的索引信息及其链接URL,用户根据对检索结果的判断选择有兴趣的信息并点击URL进入信息源所在网页。这样便完成了企业从发布信息到用户获取信息的整个过程(见图6-1),这个过程也说明了搜索引擎营销的基本原理。

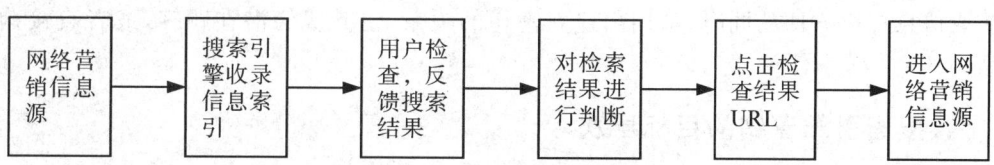

图6-1 搜索引擎营销的信息传递过程

根据搜索引擎营销的基本原理,搜索引擎营销之所以能够实现,需要有五个基本要素:信息源(网页)、搜索引擎信息索引数据库、用户的检索行为和检索结果、用户对检索结果的分析判断、对选中检索结果的点击。对这些要素以及搜索引擎营销信息传递过程的研究和有效实现就构成了搜索引擎营销的基本任务和内容。

完整的搜索引擎营销过程包括以下五个步骤,这也是搜索引擎营销得以最终实现所需要完成的基本任务:

(一)构造适合搜索引擎检索的信息源

信息源被搜索引擎收录是搜索引擎营销的基础,这也是网站建设成为互联网营销基础的原因,企业网站中的各种信息是搜索引擎检索的基础。由于用户通过检索之后还要来到信息源获取更多的信息,因此这个信息源的构建不能只是站在搜索引擎友好的角度,还应该包含用户友好,这就是我们在建立网络营销导向的企业网站中所强调的,网站优化不仅仅是搜索引擎优化,而是包含三个方面,即对用户、对搜索引擎、对网站管理维护的优化。

（二）创造网站/网页被搜索引擎收录的机会

网站建设完成并发布到互联网上并不意味着自然可以达到搜索引擎营销的目的，无论网站设计多么精美，如果不能被搜索引擎收录，用户便无法通过搜索引擎发现这些网站中的信息，当然就不能实现互联网营销信息传递的目的。因此，让尽可能多的网页被搜索引擎收录是互联网营销的基本任务之一，也是搜索引擎营销的基本步骤。

（三）让网站信息出现在搜索结果中靠前位置

网站/网页仅仅还不够，还需要让企业信息出现在搜索结果中靠前的位置，这就是搜索引擎优化所期望的结果，因为搜索引擎收录的信息通常都很多，当用户输入某个关键词进行检索时会反馈大量的结果，如果企业信息出现的位置靠后，被用户发现的机会就大大降低，搜索引擎营销的效果也就无法保证。

（四）以搜索结果中有限的信息获得用户关注

通过对搜索引擎检索结果的观察可以发现，并非所有的检索结果都含有丰富的信息，用户通常并不能点击浏览检索结果中的所有信息，需要对搜索结果进行判断，从中筛选一些相关性最强、最能引起用户关注的信息进行点击，进入相应网页之后获得更为完整的信息。做到这一点，需要针对每个搜索引擎收集信息的方式进行针对性的研究。

（五）为用户获取信息提供方便

用户通过点击搜索结果而进入网站/网页，是搜索引擎营销产生效果的基本表现形式，用户的进一步行为决定了搜索引擎营销是否可以最终获得收益。用户来到网站上，可能为了查看某个产品的详细介绍，或者成为注册用户。在此阶段，搜索引擎营销与网站信息发布、顾客服务、网站流量统计分析、在线销售等其他互联网营销工作密切相关，在为用户获取信息提供方便的同时，与用户建立密切的关系，使其成为潜在顾客，或者直接购买产品。

六、搜索引擎营销的目标层次

从搜索引擎营销的信息传递过程和实现搜索引擎营销的基本任务，可以进一步推论，在不同的发展阶段，搜索引擎营销具有不同的目标，最终的目标在于将浏览者转化为真正的顾客，从而实现销售收入的增加。图6-2描述了搜索引擎营销的目标层次结构，从下到上目标依次提高。

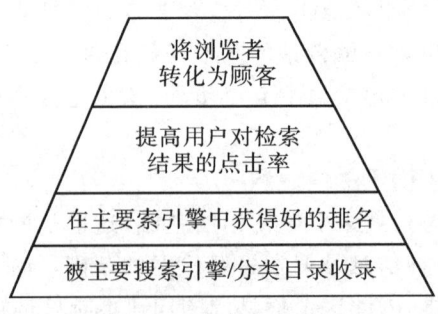

图6-2　搜索引擎的目标层次

从图 6-2 中可以看出,搜索引擎营销可分为四个层次,可分别简单描述为:存在层、表现层、关注层和转化层。

第一层是搜索引擎营销的存在层,其目标是在主要的搜索引擎/分类目录中获得被收录的机会,这是搜索引擎营销的基础,离开这个层次,搜索引擎营销的其他目标也就不可能实现。搜索引擎登录包括免费登录、付费登录、搜索引擎关键词广告等形式。存在层的含义就是让网站中尽可能多的网页被搜索引擎收录(而不仅仅是网站首页),也就是增加网页的搜索引擎可见性。

第二层的目标则是在被搜索引擎收录的基础上尽可能获得好的排名,即在搜索结果中有良好的表现,因而可称为表现层。因为用户关心的只是搜索结果中靠前的少量内容,如果利用主要的关键词检索时网站在搜索结果中的排名靠后,那么还有必要利用关键词广告、竞价广告等形式作为补充手段来实现这一目标。同样,如果在分类目录中的位置不理想,则需要同时考虑在分类目录中利用付费等方式获得排名靠前。

搜索引擎营销的第三个目标则直接表现为网站访问量指标方面,也就是通过搜索结果点击率的增加来达到提高网站访问量的目的。由于只有受到用户关注,经过用户选择后的信息才可能被点击,因此可称为关注层。从搜索引擎的实际情况来看,仅仅做到被搜索引擎收录并且在搜索结果中排名靠前是不够的,这样并不一定能增加用户的点击率,更不能保证将访问者转化为顾客。要通过搜索引擎营销实现访问量增加的目标,则需要从整体上进行网站优化设计,并充分利用关键词广告等有价值的搜索引擎营销专业服务。

搜索引擎营销的第四个目标,即通过访问量的增加转化为企业最终实现收益的提高,可称为转化层。转化层是前面三个目标层次的进一步提升,是各种搜索引擎方法所实现效果的集中体现,但并不是搜索引擎营销的直接效果。从各种搜索引擎策略到产生收益,期间的中间效果表现为网站访问量的增加,网站的收益是由访问量转化形成的,从访问量转化为收益则是网站的功能、服务、产品等多种因素共同作用而决定的。因此,第四个目标在搜索引擎营销中属于战略层次的目标。其他三个层次的目标则属于策略范畴,具有可操作性和可控制性的特征,实现这些基本目标是搜索引擎营销的主要任务。

第二节　搜索引擎营销的主要模式

搜索引擎营销是随着搜索引擎技术的发展而逐渐产生和发展的。

一、搜索引擎营销的发展阶段(见图 6-3)

第一阶段(1994—1997 年):将网站免费提交到主要搜索引擎。

1994 年,Yahoo、Lycos 等分类目录型搜索引擎的相继诞生,搜索引擎表现出网络营销价值,搜索引擎营销的思想开始出现。当时搜索引擎营销的主要任务是将网站登录到搜索引擎,并通过 META 标签优化设计获得比较靠前的排名。由于当时主要搜索引擎的代表 YAHOO 所产生的巨大影响,很多人认为网络营销就是网址推广。只要将网址登录到雅虎网站并保持排名比较靠前,网络营销的主要任务就基本完成。

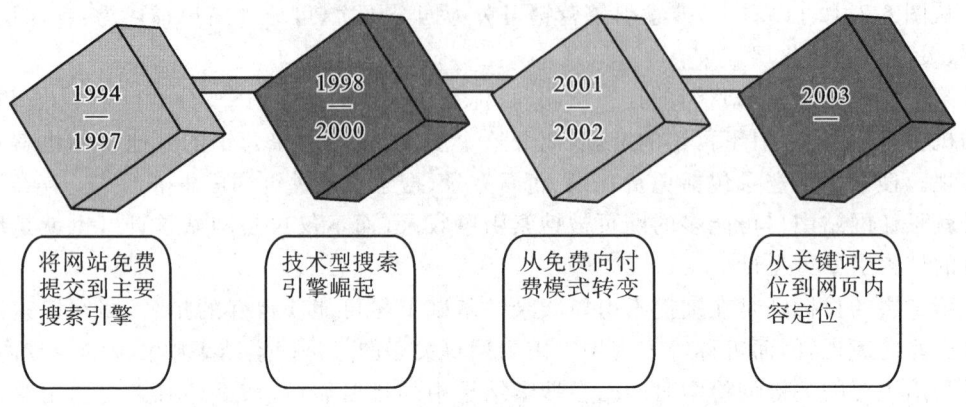

图 6-3 搜索引擎营销发展阶段

第二阶段(1998—2000年):技术型搜索引擎的崛起引发的搜索引擎优化策略。

为了适应爆炸式增长的网页数量,同时增加信息检索的相关性,以 Google 为代表的纯技术型搜索引擎得以迅速发展,2000年后,Google 成为搜索引擎营销的最主要工具。由于 Google 的排名算法不仅仅根据网页本身的代码和内容来判断网页是否被收录以及排名状况,还结合了网页之外的因素,其中重要的指标之一就是网站被其他网站链接的数量。"网站链接广度"(link popularity)概念就是这个时期出现的。另外 Google 之所以能保证搜索结果的准确性和公正,还有一个原因是 Google 制定了一系列反垃圾信息政策。早期基于 META 标签检索的搜奇引擎中常用的欺骗搜索引擎获得好的排名的方式对于 Google 是行不通的,甚至作弊网站所有的网页可能因此被拒绝收录。

为适应技术型搜索引擎的特点,搜索引擎的优化由早期单纯的 META 标签优化发展到网页内容优化设计、增加网站被高质量网站链接的数量、提高网站总体质量等。

第三阶段(2001—2002年):搜索引擎营销从免费向付费模式转变。

搜索引擎注册一直是网站推广的基本手段,其中一个重要原因是利用搜索引擎登录网站是免费的。但是从 2001 年后半年开始,国内外主要搜索引擎服务收费商陆续开始了收费登录服务。收费服务虽然影响部分网站登录的积极性,但是也为网站提供了更多专业的服务,从功能上为网络营销提供了更为广阔的发展空间,从而增强了营销的效果。

国内外搜索引擎的收费方式主要有两种基本情况:一种是类似原有的分类目录登录网站,只是免费改为收费;另一种是购买关键词广告。

第四阶段(2003年之后):从关键词定位到网页内容定位的搜索引擎营销方式。

基于网页内容定位的网络广告是关键词广告的一种扩展形式,其主要代表是 Google Adsense。搜索引擎 Google 在 2003 年 3 月推出按内容定位的广告,这项服务是将通过关键词检索定位的广告显示在 Google 之外的相关网站上。

网页内容定位的网络广告不仅增加了关键词检索广告的显示方式,也大大拓展了广告投放的空间,增加了被用户浏览的机会。

资料链接 6.1

搜索引擎营销发展大事记

1994年,Yahoo、Lycos等分类目录型搜索引擎相继诞生,搜索引擎表现出网络营销价值,搜索引擎营销的思想开始出现。

1995年,自动提交到搜索引擎的软件诞生,搜索引擎营销"智能化",此后不久,许多搜索引擎开始拒绝自动登录软件提交的信息。

1995—1996年,基于网页HTML代码中META标签检索的搜索引擎技术诞生。利用META标签改善在搜索引擎中排名的技术很快成为搜索引擎营销的重要内容——这就是搜索引擎优化方法的萌芽。

1997年,搜索引擎优化与排名自动检测软件问世,网络营销人员可以据此制定针对性的搜索引擎营销策略。

1998年,"搜索引擎算法"开始关注网站外部链接,诞生了"网站链接广度"(link popularity)概念。

2000年,出现按点击付费(pay-per-click)的搜索引擎关键词广告模式(overture),搜索引擎广告诞生。

2001年,搜狐等部分中文分类目录开始收费登录,网站登录每年要缴纳数百元到数千元不等的费用,付费搜索引擎营销开始走向主流。

2002年后半年,在网络广告市场最低潮中,搜索引擎关键词广告市场增长强劲,占2002年网络广告市场的15%,搜索引擎带动了整个网络经济的复苏。

2003年,出现基于内容定位的搜索引擎广告(google AdSense)

2004年,搜索引擎全面引领互联网经济潮流,搜索引擎营销的价值被企业普遍接受。

二、搜索引擎营销的主要模式

搜索引擎营销不同的发展阶段存在不同的营销模式,目前最常见有以下几种模式:

(一)免费登录分类目录

这是最传统的网站推行手段。目前多数重要的搜索引擎都已开始收费,只有少数搜索引擎可以免费登录。搜索引擎的发展趋势表明,免费登录分类目录的方式将逐步退出网络营销的舞台。

(二)搜索引擎优化

即通过对网站本身的优化而符合搜索引擎的搜索习惯,从而取得比较好的搜索引擎排名。更确切地讲,真正的搜索引擎优化不仅要符合搜索引擎的搜索习惯,更应该符合用户的搜索习惯。经过搜索引擎优化不仅要使网站取得好的搜索引擎排名,更应该使网站可以取得更多的业务机会和效益。

(三)付费登录分类目录

与原有的免费登录方法十分相似,不同之处在于网站需要支付一定的费用才能获得被搜索引擎收录的资格。此类搜索引擎营销与网站设计本身没有太大的关系,主要取决于费用,只要缴费一般就可以被登录,目前这种付费登录搜索引擎的效果也日益降低。

（四）关键词广告

关键词广告是付费搜索引擎营销的一种形式，也可称为搜索引擎广告、付费搜索引擎关键词广告等，自2002年之后是网络广告市场中增长最快的网络广告模式。当用户利用某一关键词进行检索时，在检索结果页面会出现与该关键词相关的广告内容。由于关键词广告具有较高的定位，其效果比普通网络广告形式要好，因而被广泛应用。

（五）关键词竞价排名

关键词竞价排名也是搜索引擎关键词广告的一种形式，即按照付费最高者排名靠前的原则，对购买同一关键词的网站进行排名的一种方式。竞价排名一般采用按点击收费的方式。与关键词广告类似，竞价排名方式也可以方便地对用户的点击情况进行统计分析，可以随时更换关键词以增强营销效果。

（六）网页内容定位广告

基于网页内容定位的网络广告（content-targeted advertising）是关键词广告搜索引擎营销模式的进一步延伸，广告载体不仅仅是搜索引擎搜索结果的网页，也延伸到合作伙伴的网页。

搜索引擎的特点决定了搜索引擎营销是网络营销最重要的一种使用。随着搜索引擎技术的不时开展，必然会出现更多新的搜索引擎营销的方式和方法。

第三节 搜索引擎优化

一、搜索引擎优化概述

搜索引擎优化（search engine optimization，简称SEO）是通过了解各类搜索引擎如何抓取互联网页面、如何进行索引以及如何确定其对某一特定关键词的搜索结果排名等技术，来对网页内容进行相关的优化，使其符合用户浏览习惯和搜索引擎的检索原则，在不损害用户体验的情况下使搜索引擎收录尽可能多的网页，并在搜索引擎自然检索结果中排名靠前，从而提高网站访问量，最终提升网站的销售能力或宣传能力的技术。

二、我国搜索引擎优化发展现状

搜索引擎优化在国外发展迅速，国内的网站建设运营者对搜索引擎优化也越来越重视，这个市场非常大。我国的搜索引擎优化技术发展存在着诸多的盲点，具体如下：

（一）关键词排名乱收费

搜索引擎优化行业刚刚起步发展，竞价关键词没有统一的标准，于是就会出现乱收费的现象，从而导致恶意竞争，使得整个行业的收费标准一片混乱。

（二）seo效果不稳定

搜索引擎优化排名上下浮动是很正常的，因为搜索引擎在不断地变换自身的排名算法。这样也相对增加了搜索引擎优化的难度。

(三)首页排名的局限性

搜索引擎首页的位置是很局限的,首页的自然排名一般只有 10 个位置,有时还可能没有 10 个位置,比如百度:只有百度自己的产品要占到 1～2 个位置,有时候会有 3 个位置全是百度的产品。因此最多只有 7～8 个位置是用优化方式能达到的。所有的人都在竞争这几个位置,比如共有 11 家在做优化,不管你怎么优化都会有一个是不成功的。这是做搜索引擎优化的一个不足之处。

(四)面临惩罚风险

网站优化稍有不慎就会被搜索引擎惩罚。所以对于搜索引擎优化技术,还需要加强,避免不当的手段,而导致不必要的后果。

鉴于种种困境因素,对于搜索引擎优化工作的执行,在未来一段时间内可能都会处于摸索迷茫状态,因此面临各种困境。

三、搜索引擎优化的分类

(一)内部优化

(1)META 标签优化:例如:TITLE(网页标题),KEYWORDS(关键词),DESCRIPTION 等(网页描述)的优化。

(2)内部链接的优化,包括相关性链接、锚文本链接、各导航等链接页。

(3)网站内容更新:每天保持站内的更新(主要是文章的更新等)。

(二)外部优化

(1)外部链接类别:博客、论坛、B2B、新闻、分类信息、贴吧、知道、百科、相关信息网等尽量保持链接的多样性。

(2)外链运营:每天添加一定数量的外部链接,使关键词排名稳定提升。

(3)外链选择:与一些网站相关性比较高、整体质量比较好的网站交换友情链接,巩固稳定关键词排名。

四、搜索引擎优化技术

(一)关键词分析

关键词分析包括:关键词使用量分析、其他商家关键词分析、客户爱好习惯分析、关键词的分布排名分析、关键词与网站相关性分析等。

(二)网站架构分析

搜索引擎的工作方式是通过"蜘蛛"程序抓取网页信息,追踪你写的内容和通过网页的链接地址来寻找网页,抽取超链接地址。搜索引擎喜欢友好的网页结构、无误的代码和明确导航的站点,不喜欢太多的 Flash、iframes 和 java script 脚本,所以保持站点的干净整洁也有利于搜索引擎"蜘蛛"更快更精确地爬行到你网站的索引。

网站应该提供网站地图,网站上的每个页面之间最好都有 1～2 个深入链接。网站导航中应包含目录页面,并且每个子页面都有链接回到主页面和其他重要页面。

(三)服务器选择分析

服务器的地理位置会影响网页排名。搜索引擎会根据服务器的地理位置、域名、用户的位置来对排名做适当的调整。例如,一个网站的服务器放在中国,那么这个网站排名在Google.cn一定比在Google.com中要好些,同样中国用户在Google.com中的搜索,服务器在国内的网页排名也会好些。

其次,服务器的速度和稳定性也非常重要。无论是百度还是谷歌都不断地强调,搜索引擎只是一个普通的用户。作为一个用户,如果服务器不稳定,搜索引擎的蜘蛛就不能正常地抓取网站的网页,访问速度比较慢,搜索引擎的蜘蛛就不能顺畅地到达网站所在的空间。如果服务器稳定性高、访问速度快,搜索引擎的蜘蛛就会顺利地达到网站所在的空间,快速地抓取网页,这对网站的收录和PR值的评定会起到不可估量的作用,这也就是更换了好的服务器会出现PR值提升的原因。

(四)更新的效率分析

无论是搜索引擎还是访问者都希望看到比较新的信息。网站更新的次数越频繁,搜索引擎蜘蛛爬行也就越频繁。这意味着网站新内容几天甚至几小时内就可以出现在索引中,而不需要等几个星期。因此网站要频繁地工作,合理地安排更新时间以及文章内容的原创度,以此来提高蜘蛛的信任。

(五)友情链接分析

友情链接是一个提高访问量的方法,但不要盲目地增加友情链接,要建立高质量的友情链接,它会侧面带动网站的访问量。

(六)白帽和黑帽技术

白帽技术(whitehat):在搜索引擎优化行业中,使用正规符合搜索引擎网站质量规范的手段和方式,使网站在搜索引擎中关键词获得良好的自然排名称为白帽技术。白帽技术是较为流行的网络营销方式,主要目的是增加特定关键字的曝光率以增加网站的能见度,进而增加销售的机会。白帽技术分为站外SEO和站内SEO两种。SEO的主要工作是通过了解各类搜索引擎如何抓取互联网页面、如何进行索引以及如何确定其对某一特定关键词的搜索结果排名等技术,来对网页进行相关的优化,使其提高搜索引擎排名,从而提高网站访问量,最终提升网站的销售能力或宣传能力的技术。

黑帽技术(blackhat):黑帽技术是指通过一些类似作弊的方法或技术手段,以不符合主流搜索引擎优化发行方针规定的手法来获得短时间内较好的搜索引擎优化的一种技术。黑帽SEO获利的主要特点就是短平快,为了短期内的利益而采用的作弊方法,同时随时因为搜索引擎算法的改变而面临惩罚。

五、搜索引擎优化的具体方法

(一)搜索引擎优化策略:网站内容优化

网站的实际内容是网络优化策略的一个极其重要的因素。如果想网站能在搜索结果中排在靠前的位置,网站中必须有实际的相关内容。搜索引擎的蜘蛛基本上是一个瞎子。他们只能通过网页内容判断网站的质量,而不能从图片、flash动画上进行判断。在所有的页面中有充足的内容给搜索引擎进行索引是一个成功搜索引擎优化策略的基本需要。没什么内容的网站很难排名靠前。人们在查找信息的时候,总是希望找到一个包括很多重要信息的网站。自然,网页内容丰富的网站要比那些网页内容不那么丰富的网站排名好得多。

网站内容优化具体包括以下几方面：

(1)内容丰富。网站内容越丰富,搜索引擎会认为你越专业。确定网站内容时,应该注意主题统一,避免过杂。如果网站内容都是同一主题,那么它可能会获得较好的排名,一个主题的网站将比那些涵盖了多个主题的网站的排名要高。例如,建立一个200多页的网站,内容都是同一个主题,这个网站的排名就会不断提升,因为搜索引擎会认为网站具有权威性。

(2)网站原创内容要多,这会给网站带来较高的评分。搜索引擎在使用指南中严重警告过多个网页相同内容的问题,所以原创内容对 SEO 的影响越来越大,网站的原创内容越多,搜索引擎就会认为网站越专业。

(3)用文字来表现内容,放弃用图片、flash 等方式来表现网页中重要的内容,因为搜索引擎是看不到图片和动画的,越是重要的内容越要用文字来表现。

(二)搜索引擎优化策略:关键字

1. 关键字的定义

所谓关键字,就是希望访问者了解的产品、服务或者公司等内容名称的用语,比如"鲜花"。

2. 关键字的作用

用户在查找产品或服务信息时,通常会以产品服务的特有名称、行业名称,甚至是公司名称等为条件进行搜索,而这些搜索条件正是关键词所起的作用。

3. 关键字怎么确定

网站要确定什么关键字,不是凭空想象的,而应该把这个决定权交给搜索引擎的关键字分析。但是有些网站可以确定的关键字非常多。

比如,一个减肥的网站可以确定的关键字有:减肥方法、如何减肥、快速减肥、冬季减肥、减肥产品、健康减肥、减肥网、瘦身、瘦身方法等。那么到底如何来优化关键词呢？这里涉及三点:

(1)关键词的密度和相关性。

网页上通常会有数以百计的词语,那么搜索引擎怎样去分辨哪些是描述网站的重要的词语呢？搜索引擎会统计一个页面的字数,那些重复出现的词或短语被认为比较重要。搜索引擎利用自身的算法来统计页面中每个字的重要程度。关键字字数与该页面字数的比例被称为关键字密度,这是搜索引擎优化策略最重要的一个因素。为了得到更好的排名,关键字必须在网页中多次出现,并且次数要在搜索引擎允许的范围内。

确定关键字还要考虑与网站的相关性,只有与网站主题高度相关的关键字才有意义。

(2)突出关键字

当统计完页面需要多少个关键字之后,接下来就要考虑把关键字放在网页的什么地方。搜索引擎会专注于网页中某一部分的内容,处于这一关注部分的词语显得比其他部分的词语要重要得多,所以突出关键字是吸引搜索引擎注意的一个最重要的因素。

突出关键词的方法主要有:

①title 和 meta 标签。

网页的 title 用于告诉用户和搜索引擎这个网页的主要内容是什么,而且当用户通过搜索引擎搜索到你的网页时，title 会作为最重要的内容显示在摘要中。搜索引擎在判断一个网页内容权重时，title 是主要参考信息之一。

title 具体如何来确定，一般可以参照如下建议：A. 首页：网站名称或者网站名称＋提供服务介绍或产品介绍；B. 频道页：频道名称＋网站名称；C. 文章页：文章 title＋频道名称＋网站名称。

需要注意的是：title 要主题明确，包含这个网页中最重要的内容；简明精练，不罗列与网页内容不相关的信息；用户浏览通常是从左到右的，重要的内容应该放到 title 的靠前的位置；使用用户所熟知的语言描述，如果有中、英文两种网站名称，尽量使用用户熟知的那一种作为标题描述。

meta description（网页描述）是 meta 标签的一部分，位于 html 代码的＜head＞区。meta description 是对网页内容的精练概括。如果 description 描述与网页内容相符，百度会把 description 当做摘要的选择目标之一，一个好的 description 会帮助用户更方便地从搜索结果中判断网页内容是否和需求相符。

建议：网站首页、频道页、产品参数页等没有大段文字可作为摘要的网页最适合使用 description；为每个网页创建不同的 description，避免所有网页都使用同样的描述；长度合理，不过长不也不过短。

②标题。

标题标签为访问者指明了哪些是网站中比较重要的内容。在"标题"标签中出现关键字对提高网站排名有很大的好处。

排在搜索引擎搜索结果前几页的网页或网站中，一般是这个网页或网站的标题标签（title tag）中包含着搜索关键词。所以，要让自己网页或网站排到搜索结果的前列，网页的标题标签非常重要。

优化网页的标题标签要做到以下几点：A. 网页的标题标签有效长度是 64 个字节，汉语是 32 个字。B. 标题标签中务必出现这个页面的关键词，或者关键字词组。关键词和关键字词组的位置也有关系。同样条件下，搜索引擎优先考虑关键词和关键字词组靠前的。C. 标题标签中可以出现网站名字（品牌），比如我们大家都知道的"百度知道""百度百科"品牌，每次我们看到这个字眼就会点进去，因为知道它们会给出好的答案和网页加载速度。D. 一个网页，不管多大多小，最多优化推广 3～5 个关键词为佳。E. 把广告语写入网页的标题标签，这点非常重要，因为广告语才真正吸引用户点击进去。比如："竞价排名，真正按效果付费的推广方式"，其中关键词是"竞价排名"，广告语是"真正按效果付费的推广方式"。

③超链接文本。

④URL 文本：在域名和网页 URL 中出现的关键字被称为"URL 文本"，它会对搜索引擎排名产生很大的影响。与其他网站建立链接时，尽量使用关键字作为链接文字，这有利于提高网站的重要性，从而影响到 PRPageRank（网页级别）值。

⑤顶部：网页顶部的文本，每段开头的内容特别重要，所以，尽量在这些地方把关键字包含进去。

(三)搜索引擎优化策略:点击流行度

搜索结果中的网站被用户点击的次数会被搜索引擎统计,经常被点击的页面的点击流行度就较高。因为搜索引擎认为被点击较多的网站越受欢迎。要注意的是,同一 IP 地址的点击只被统计一次,要想通过不断点击自己的网站来获得好的排名是行不通的。

(四)搜索引擎优化策略:链接流行度

搜索引擎认为外部链接较多的网站,其重要性也相对较高。不是所有的链接都是公平的,从高质量网站的链出会使网站获得更多的分数。链接文字必须包含优化的关键字,这样也会提高网站的排名。可以按照以下做法来提高链接流行度:

(1)做一个高质量的网站,如果人们发现它有有价值的内容,他们会主动地与你进行链接。

(2)使交换链接变得更简易。在交换链接页面放置交换链接代码,把交换链接的联系方式放在显眼的地方,方便伙伴与你交换。

(3)在搜索引擎中找出竞争对手的链接伙伴,邀请他们与你进行交换链接。互利的交换链接对双方都是有利的。

(4)在重要的网站中做广告或者在收费分类目录中提交你的网站。

当然,还可以向很多免费分类目录、黄页等提交,可以在你的网站作品中加上你的链接(如 blog、发表的文章等)。

(五)搜索引擎优化策略:付费到搜索引擎

目前,许多主流搜索引擎都可以通过付费的方式获得较好的搜索排名。图 6-4 为百度搜索推广模式。

图 6-4 百度收费模式图

本章小结

1. 搜索引擎通常指的是收集因特网上几千万到几十亿个网页并对网页中的每一个词（即关键词）进行索引，建立索引数据库的全文搜索引擎。当用户查找某个关键词的时候，所有页面内容中包含了该关键词的网页都将作为搜索结果被搜出来。在经过复杂的算法进行排序后，这些结果将按照与搜索关键词的相关度高低依次排列。

2. 搜索引擎的工作分为以下四个步骤：爬行和抓取；索引；搜索词处理；排序。

3. 搜索引擎营销是指企业或个人根据潜在用户使用搜索引擎的可能方式，将企业的营销信息尽可能传递给目标客户。搜索引擎营销得以实现的基本过程是：企业将信息发布在网站上成为以网页形式存在的信息源；企业的营销人员通过免费注册搜索引擎、交换链接或付费的竞价排名、关键字广告等手段，使自己的网站网址被各大搜索引擎收录到各自的索引数据库中。

4. 搜索引擎营销的主要模式包括：登录免费或付费分类目录、搜索引擎优化、关键词广告、关键词竞价排名、网页内容定位广告。

5. 搜索引擎优化是针对搜索引擎对网页的检索特点，让网站建设各项基本要素适合搜索引擎的检索原则，从而使搜索引擎收录尽可能多的网页，并在搜索引擎自然检索结果中排名靠前，最终达到网站推广的目的。搜索引擎优化包括内部优化和外部优化。

案例讨论

百度乐居——新型有效的网络营销推广平台

都市富苑是上海尚金房产开发有限公司的一个项目，位于闵行颛桥板块，社区总建筑面积约8.547万平方米。此项目为ArtDeco风格的皇家园林式情景公寓，由11幢小高层组成，并有1.2万平方米的商业及配套设施。整个社区以入口广场和中心景观广场形成东西中轴线，沿河区域自然形成了沿河景观绿化带。项目位于闵行区的中心位置，靠近地铁五号线、沪金及申嘉湖高速公路，适合本地居民、徐家汇工作白领阶层及浙江等周边地区的购房者自住或投资。都市富苑注重用户居住感受及项目品质：楼之间较大的栋距，保证良好的采光和生活私密空间；楼盘内外的装潢、设施均采用高质量原料及品牌商品。

一、百度凭借品牌效应、独特形式及精准效果成为客户首选

房地产企业在进行项目推广时多采用多种营销渠道并行的组合式推广方式，从而在不同人群中达到最佳的推广效果并扩大宣传范围。该项目采取的营销模式主要有三种：第一是楼盘本身的利用宣传；第二是报纸；第三是网络。基本上是选择百度。

都市富苑首先看重百度强大的品牌影响力。它以全国最大的搜索引擎百度及专业房地产信息服务平台为强大依托，开创了将搜索行为转化为有效来电的新型营销模式。

其次，"黄金眼"、楼盘详情页及精准来电是客户最认可的。都市富苑的楼盘项目不仅可以在百度搜索结果中以"黄金眼"的方式得到突出展现、在百度楼盘详情页中通过详细

信息及图片进行推广,目标购房者还可以在了解了楼盘信息后,通过直接拨打楼盘电话、网络电话回拨及人工坐席转接等多种方式与楼盘项目售楼处进行直接沟通。由于此部分购房者目标性更强,从而保证来电的有效性,提高成交率。

朱主任在采访中谈到产品使用过程中的体验:"(现在的白领)都比较忙都比较宅,都不愿意花太多的时间在没有不适合自己的楼盘上去逛。都是在网络上把这些东西都查清楚了然后再去看。所以(通过百度带来的来电)还是非常精准的。"

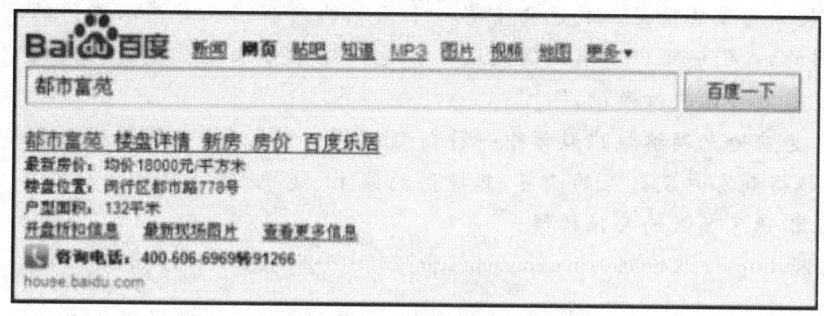

百度精准黄金眼

百度楼盘详情页

二、结合客户定位及分阶段的营销需求制订推广方案

百度的工作人员在合作之初,会详细了解客户项目推广定位、目标人群及预期达到的营销推广效果等,并根据客户需求为其量身定做分阶段的营销方案。另外,结合项目不同的特点,百度还会为客户进行适合且有效的推广。

在配合都市富苑做项目推广的过程中,百度借助自身的资源,为其量身定做了有效的增值推广服务。服务包括:在首页进行都市富苑项目软文的宣传、百度首页的楼盘推荐、品牌专区的免费广告推广、论坛中都市富苑内容的更新及项目信息的短信发送等。百度提供的产品及增值服务,较好地拉动了都市富苑的销售及品牌宣传。

三、网络推广范围及受众人群广、时效性及性价比高

都市富苑在使用过不同类型营销推广方式后,逐渐意识到传统媒体的作用及影响力在逐渐下降,而网络媒体在营销中充当着越来越重要的角色。"网络不像报纸,报纸是有时效性的,它就是很短的时间,投一次(广告)就很短的几天时间;网络时效性比较长,因此

通过这个(百度带来的)电话,(效果)持续的时间也比较长。这些方面还是非常有帮助的。"

四、及时全面的客户来电报告帮助企业改进营销推广

百度工作人员会定期汇总客户的来电情况,内容包括来电时间、来电主叫号码、通话时间、咨询内容等,帮助客户了解项目推广效果及用户的需求,从而更好地改善现有的工作。"(百度的工作人员)每次也都会给我汇报百度这边接听了多少电话,带来了多少客户,汇总了最近的销售情况。我也会了解一下来电的内容。或者是人家问的问题我们没有能够答到的,我们还可以不断地做改进。我觉得这个方法还是蛮好的。我觉得他们公司(百度)还是做得比较细致的。"

百度作为房地产网络推广媒体中一种新型的营销模式,其品牌影响力及精准的营销效果,越来越得到客户及行业的认可,其提供的线上、线中、线下三维立体服务模式,为客户及购房者搭建了高效的营销桥梁。

(资料来源:http://sh.house.sina.com.cn/scan/2011-07-29/1548126741.shtml)

讨论:

(1)如何理解房地产公司利用搜索引擎扩大营销效果?

(2)请登录百度推广了解百度推广的相关产品。

思考题

1. 什么是搜索引擎?什么是搜索引擎营销?
2. 简述搜索引擎的发展阶段。
3. 简述搜索引擎的工作原理。
4. 什么是关键字广告?
5. 关键字设置有哪些技巧?
6. 搜索引擎优化的方法有哪些?

第 7 章

许可 E-mail 营销

知识目标：
- 了解许可 E-mail 营销的定义以及方式。
- 理解许可 E-mail 营销的基本原理。
- 掌握许可 E-mail 营销的基本形式和过程。

能力目标：
- 正确认识许可 E-mail 营销。
- 能在实际工作中应用许可 E-mail 营销和邮件列表。

案例导读

1-800-FLOWERS.COM 公司鲜花 E-mail 营销案例

1-800-FLOWERS.COM 公司是北美主要的网上鲜花、礼品服务商。顾客通过公司的网上商店或 800 免费直拨电话买货并指定受礼人，1-800-FLOWERS.COM 公司即通知其盟下的鲜花店，或从本公司的仓库，将礼物直接送到顾客指定的地点。公司盈利模式是通过收取服务费和鲜花批发、零售之间的差价获取利润，公司主要的营销手段是电子邮件。公司 E-mail 营销步骤：

1. 客户分组排序

排序目的：探究客户的购物特点和消费行为，为确定营销对象、设计营销信息和制定销售价格提供依据。

根据历史经验，如果客户已两年没有向 1-800-FLOWERS.COM 公司购买鲜花礼品，则必须采取特殊策略，常规电子邮件销售很难取得效果。

2. 邮件制作

三个标准：(1)艺术性，要求文字得体、图像美观。(2)针对性，邮件必须发送给那些存在潜在需求的客户。(3)合法性，信件内容不能涉及客户隐私，比如年龄；不能向受礼人透露礼品价值等。

3. 抽样试销

在抽样试销阶段，营销部和客户关系部从三组客户中每组随机抽取 500～1 000 人进行试销。试销客户收到销售电子邮件后,可以通过邮件中的网址链接进入 1-800-FLOW-ERS.COM 公司的网上商店,或拨打 800 免费电话购买销售商品。

4. 定量群发

(1)建立预测模型

有了试销结果,营销部门和分析人员就可以分析究竟哪些因素影响客户对销售的反应(购买),并对每个变量的重要性作出估计,这就是销售预测模型开发。

(2)投放模型

营销部门和分析人员把模型应用到数据库中所有两年中有过购买行为的客户,计算出每个客户的回应概率。

(3)确定发送频率及发送名单

客户对销售的回应概率是决定邮件群发量和具体发送名单的关键参数,但是最终决策还要考虑到公司的盈利目标和营销成本。

5. 售后分析

电子销售邮件发出三个星期后,营销部便开始进行售后分析,对参加 E-mail 营销的客户和特地保留未参加销售的参照组客户就各项关键指标进行比较。

分析指标:回应率、客户分组序号追踪、交易量、新客户、交叉销售率、客户抱怨率和产品销量排序。

总结:1-800-FLOWERS.COM 公司通过利用网站对消费者进行鲜花产品展示,吸引消费者的目光,同时对产品类别进行细分,针对不同的节日推出不同的鲜花品种,更好地迎合消费者的需求,再辅以 E-mail 的营销模式,这样就达到销售的目的了。

第一节　E-mail 营销的基本原理

一、电子邮件简介

(一)电子邮件概念

电子邮件(E-mail)是一种利用计算机网络交换电子媒体信件的通信方式,是互联网上应用最广的服务。

通过网络的电子邮件系统,用户可以用非常低廉的价格(不管发送到哪里,都只需负担网费即可),以非常快的速度(几秒钟之内),与世界上任何一个角落的网络用户联系,这些电子邮件可以是文字、图像、声音等各种方式。同时,用户可以得到大量免费的新闻、专题邮件,并轻松实现信息搜索。

(二)电子邮件工作原理(见图7-1)

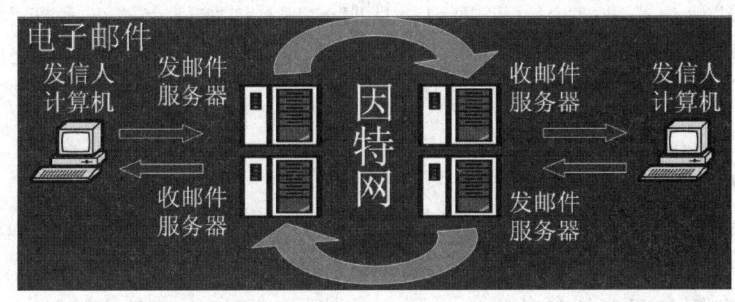

图7-1 电子邮件工作原理图

1.客户—服务器模式

电子邮件的工作过程遵循客户—服务器模式。

每份电子邮件的发送都要涉及发送方与接收方,发送方式构成客户端,而接收方构成服务器,服务器含有众多用户的电子信箱。

发送方通过邮件客户程序,将编辑好的电子邮件向邮局服务器(SMTP服务器)发送。邮局服务器识别接收者的地址,并向管理该地址的邮件服务器(POP3服务器)发送消息。邮件服务器识将消息存放在接收者的电子信箱内,并告知接收者有新邮件到来。接收者通过邮件客户程序连接到服务器后,就会看到服务器的通知,进而打开自己的电子信箱来查收邮件。

通常Internet上的个人用户不能直接接收电子邮件,而是申请ISP主机的一个电子信箱,由ISP主机负责电子邮件的接收。一旦有用户的电子邮件到来,ISP主机就将邮件移到用户的电子信箱内,并通知用户有新邮件。因此,当发送一条电子邮件给另一个客户时,电子邮件首先从用户计算机发送到ISP主机,再通过Internet发送到收件人的ISP主机,最后到收件人的个人计算机。

ISP主机起着"邮局"的作用,管理着众多用户的电子信箱。每个用户的电子信箱实际上就是用户所申请的账号。每个用户的电子邮件信箱都要占用ISP主机一定容量的硬盘空间,由于这一空间是有限的,因此用户要定期查收和阅读电子信箱中的邮件,以便腾出空间来接收新的邮件。

2.常见的电子邮件协议

(1)SMTP

SMTP的全称是"Simple Mail Transfer Protocol",即简单邮件传输协议。它是一组用于从源地址到目的地址传输邮件的规范,通过它来控制邮件的中转方式。SMTP协议属于TCP/IP协议簇,它帮助每台计算机在发送或中转信件时找到下一个目的地。SMTP服务器就是遵循SMTP协议的发送邮件服务器。

SMTP认证,简单地说就是要求必须在提供账号和密码之后才可以登录SMTP服务器。增加SMTP认证的目的是使用户避免受到垃圾邮件的侵扰。

(2)POP3

POP3是Post Office Protocol 3的简称,即邮局协议的第3个版本,它规定怎样将个人计算机连接到 Internet 的邮件服务器和下载电子邮件的电子协议。它是因特网电子邮件的第一个离线协议标准,POP3 允许用户从服务器上把邮件存储到本地主机(即自己的计算机)上,同时删除保存在邮件服务器上的邮件,而 POP3 服务器则是遵循 POP3 协议的接收邮件服务器,用来接收电子邮件的。

(3) IMAP

IMAP 全称是 Internet Mail Access Protocol,即交互式邮件存取协议,它是跟 POP3 类似的邮件访问标准协议之一。不同的是,开启了 IMAP 后,用户在电子邮件客户端收取的邮件仍然保留在服务器上,同时在客户端上的操作都会反馈到服务器上,如删除邮件、标记已读等,服务器上的邮件也会做相应的动作。所以无论从浏览器登录邮箱或者客户端软件登录邮箱,看到的邮件以及状态都是一致的。

(4) IMAP 与 POP3 的区别(见表 7-1)

表 7-1 IMAP 与 POP3 的区别

操作位置	操作内容	IMAP	POP3
收件箱	阅读/标记/移动/删除邮件等	客户端与邮件更新同步	仅客户端
发件箱	保存到已发送	客户端与邮件更新同步	仅客户端
创建文件夹	新建自定义文件夹	客户端与邮件更新同步	仅客户端
草稿	保存草稿	客户端与邮件更新同步	仅客户端
垃圾文件夹	接收误移入垃圾文件夹的文件	支持	不支持
广告文件	接收误移入垃圾文件夹的文件	支持	不支持

POP3 协议允许电子邮件客户端下载服务器上的邮件,但是在客户端的操作(如移动邮件、标记已读等),不会反馈到服务器上,比如通过客户端收取了邮箱中的三封邮件并移动到其他文件夹,邮箱服务器上的这些邮件是没有同时被移动的。

而 IMAP 提供 webmail 与电子邮件客户端之间的双向通信,客户端的操作都会反馈到服务器上,对邮件进行的操作,服务器上的邮件也会做相应的动作。

同时,IMAP 像 POP3 那样提供了方便的邮件下载服务,让用户能进行离线阅读。IMAP 提供的摘要浏览功能可以让用户在阅读完邮件到达时间、主题、发件人、大小等信息后才作出是否下载的决定。此外,IMAP 更好地支持了从多个不同设备中随时访问新邮件。总之,IMAP 整体上为用户带来更为便捷和可靠的体验。POP3 更易丢失邮件或多次下载相同的邮件,但 IMAP 通过邮件客户端与 webmail 之间的双向同步功能很好地避免了这些问题。

注:若在 web 邮箱中设置了"保存到已发送",使用客户端 POP 服务发信时,已发邮件也会自动同步到网页端"已发送"文件夹内。

二、E-mail 营销简介

(一)概念

最早的 E-mail 营销来源于垃圾邮件。电子邮件并非专为营销而产生,但当电子邮件成为大众的信息传播工具时,其营销价值也就逐渐体现出来。

E-mail 营销的起源还得追溯到 1994 年 4 月 12 日,坎特和西格尔夫妇把一封"绿卡抽奖"的广告信发到他们可以发现的新闻组,这在当时引起了轩然大波,他们的"邮件炸弹"使很多服务商的服务处于瘫痪状态。后来这两位律师在 1996 年还合作编写了一本书——《网络赚钱术》,书中介绍了他们的这次辉煌经历:通过互联网发布广告信息,只花了不到 20 美元的上网通信费用就吸引来了 25 000 个客户,赚了 10 万美元。他们认为,通过互联网进行 E-mail 营销是前所未有的、几乎不需要任何成本的营销方式。然而现在看来,这种以未经用户许而"滥发"邮件的行为并不能算是真正的 E-mail 营销。

真正意义上的 E-mail 营销是许可 E-mail 营销(简称"许可营销")。基于用户许可的 E-mail 营销与滥发邮件(Spam)不同,许可营销与传统的推广方式或未经许可的 E-mail 营销相比,具有明显的优势,比如可以减少广告对用户的滋扰、增加潜在客户定位的准确度、增强与客户的关系、提高品牌忠诚度等。根据许可 E-mail 营销所应用的用户电子邮件地址资源的所有形式,可以分为内部列表 E-mail 营销和外部列表 E-mail 营销,或简称内部列表和外部列表。内部列表也就是通常所说的邮件列表,是利用网站的注册用户资料开展 E-mail 营销的方式,常见的形式如新闻邮件、会员通讯、电子刊物等。外部列表 E-mail 营销则利用专业服务商的用户电子邮件地址来开展 E-mail 营销,也就是电子邮件广告的形式向服务商的用户发送信息。许可 E-mail 营销是网络营销方法体系中相对独立的一种,既可以与其他网络营销方法相结合,也可以独立应用。

邮件营销是一个广泛的定义,凡是给潜在客户或者是客户发送电子邮件都可以被看作是电子邮件营销。电子邮件营销通常涉及以下几个方面:

(1)以加强企业和现在客户的合作关系为目的发送邮件,从而鼓励客户忠实于企业或者进行重复交易。

(2)以获得新客户和使老客户立即重复购买为目的发送邮件。

(3)在发送给自己客户的邮件中添加其他公司或者本公司的广告。

(4)通过互联网发送电子邮件。

(二)开展 E-mail 营销的基础条件

在 E-mail 营销的定义中强调了三个基本因素:基于用户许可、通过电子邮件传递信息、信息对用户是有价值的。三个因素缺少任何一个,都不能称为有效的 E-mail 营销。

可见,开展 E-mail 营销需要一定的基础条件,尤其内部列表 E-mail 营销,是网络营销的一项长期任务,在许可营销的实践中,企业最关心的问题是:许可 E-mail 营销是怎么实现的呢?获得用户许可的方式有很多,如用户为获得某些服务而注册为会员,或者用户主动订阅的新闻邮件、电子刊物等,也就是说,许可营销是以向用户提供一定有价值的信息或服务为前提的。可见,开展 E-mail 营销需要解决三个基本问题:向哪些用户发送电子邮件、发送什么内容的电子邮件,以及如何发送这些邮件。

这里将这三个基本问题进一步归纳为 E-mail 营销的三大基础,即:

(1)E-mail 营销的技术基础:从技术上保证用户加入、退出邮件列表,并实现对用户资料的管理,以及邮件发送和效果跟踪等功能;

(2)用户的 E-mail 地址资源:在用户自愿加入邮件列表的前提下,获得足够多的用户

网络营销

E-mail 地址资源,是 E-mail 营销发挥作用的必要条件;

(3)E-mail 营销的内容:营销信息是通过电子邮件向用户发送的,邮件的内容对用户有价值才能引起用户的关注,有效的内容设计是 E-mail 营销发挥作用的基本前提。

当这些基础条件具备之后,才能开展真正意义上的 E-mail 营销,E-mail 营销的效果才能逐步表现出来。

资料链接 7-1

用户加入邮件列表的三种方式:Opt-in、Double Opt-In、Opt-out

Opt-in:直译为"选择性加入",这是一种最简单的用户许可方式,即用户主动输入自己的 E-mail 地址,加入一个邮件列表中。Opt-in 通常又可分为两种形式,一种是用户在网页上的订阅框中输入自己的邮件地址之后,网站无须给予 E-mail 通知,是否加入成功要等正常收到邮件列表的内容才知道;另一种是在用户输入 E-mail 地址并点击"确认"之后,网站立即发出一封邮件通知给用户,如果用户不想订阅,或者并不是自己订阅的(比如他人输入邮件地址错误或者恶作剧),可以按照确认邮件里的说明来退出列表,可能是点击某个 URL,或者是回复确认邮件来完成。我们在此将 Opt-in 称为"单向确认"邮件列表(尽管并不是所有的 Opt-in 都有确认通知),这也是为了与"Double Opt-In"相对应。

Double Opt-In:直译为"双重选择性加入",与"Opt-in"(单向确认)相对应,这里称为"双向确认"邮件列表。当用户输入自己的 E-mail 地址,点击"确认"按钮之后,加入邮件列表的程序并没有完成,系统将向用户的邮箱中发送一封确认邮件,只有用户按照邮件中的指示,如点击某链接或者回复邮件,才能完成最终加入列表程序。这样,一方面是避免了将错误的 E-mail 地址加入邮件列表;另一方面,也杜绝了恶意地用他人的 E-mail 地址加入邮件列表,因而在一定程度上阻止了垃圾邮件的泛滥,尤其在第三方专业邮件列表发行平台上,运行着数以千计的邮件列表,如果不采用双向确认方式,很容易造成垃圾邮件泛滥。

Opt-out:直译为"选择性退出",我们形象地称为"自愿退出"邮件列表。要加入邮件列表,却使用"退出"的字眼,这本身就有点奇怪,这也从字面意思即可看出使用 Opt-out 的用户许可方式显得不正规。Opt-out 的基本方法是这样的:网站将自行收集来的用户 E-mail 地址加入某个邮件列表,然后在未经用户许可的情况下,向列表中的用户发送邮件内容,邮件中有退订方式,如果不喜欢,允许用户自己退出。Opt-out 的操作方法也不完全相同,有些网站会在将用户加入之后向用户发一封 E-mail,告诉他已经被加入邮件列表。在这种情况下,无论是否允许用户"自愿退出",实际上都有一定的强迫性,与 E-mail 营销的许可原理有一定的距离,和纯粹意义上的垃圾邮件也差不多了。

(三)E-mail 营销的特点

1. 范围广

随着 Internet 的迅猛发展,到 2013 年中国的上网总人数已达 5.91 亿,全球网民总数已经超过 27 亿。面对如此巨大的用户群,作为现代广告宣传手段的 E-mail 营销正日益受到人们的重视。只要拥有足够多的 E-mail 地址,就可以在很短的时间内向数千万目标用户发布广告信息,营销范围可以是中国全境乃至全球。

2. 操作简单效率高

使用专业邮件群发软件,单机可实现每天数百万封的发信速度。操作不需要懂得高深的计算机知识,不需要烦琐的制作及发送过程,发送上亿封的广告邮件一般几个工作日内便可完成。

3. 成本低廉

E-mail 营销是一种低成本的营销方式,所有的费用支出就是上网费,成本比传统广告形式要低得多。

4. 应用范围广

广告的内容不受限制,适合各行各业。因为广告的载体就是电子邮件,所以具有信息量大、保存期长的特点,具有长期的宣传效果,而且收藏和传阅非常简单方便。

5. 针对性强反馈率高

电子邮件本身具有定向性,可以针对某一特定的人群发送特定的广告邮件,也可以根据需要按行业或地域等进行分类,然后针对目标客户进行广告邮件群发。使宣传一步到位。这样可使行销目标明确,效果非常好。

三、E-mail 营销的分类

(一)按照是否经过用户许可分类

按照发送信息是否事先经过用户许可来划分,可以将 E-mail 营销分为许可 E-mail 营销(permission email marketing,PEM)和未经许可的 E-mail 营销(unsolicited commercial email,UCE)。未经许可的 E-mail 营销也就是通常所说的垃圾邮件(Spam),正规的 E-mail 营销都是基于用户许可的,如无特别说明,本书所讲的 E-mail 营销均指 PEM。

(二)按照 E-mail 地址的所有权分类

潜在用户的 E-mail 地址是企业重要的营销资源,根据对用户 E-mail 地址资源的所有形式,可将 E-mail 营销分为内部 E-mail 营销和外部 E-mail 营销,或者叫内部列表和外部列表。内部列表是一个企业/网站利用一定方式获得用户自愿注册的资料来开展的 E-mail 营销,而外部列表是指利用专业服务商或者具有与专业服务商一样可以提供专业服务的机构提供的 E-mail 营销服务,自己并不拥有用户的 E-mail 地址资料,也不需要管理维护这些用户资料。

(三)按照营销计划分类

根据企业的营销计划,可分为临时性的 E-mail 营销和长期 E-mail 营销。前者如不定期的产品促销、市场调查、节假日问候、新产品通知等;长期的 E-mail 营销通常以企业内部注册会员资料为基础,主要表现为新闻邮件、电子杂志、顾客服务等各种形式的邮件列表,这种列表的作用要比临时性的 E-mail 营销更持久,其作用更多地表现在顾客关系、顾客服务、企业品牌等方面。

(四)按照 E-mail 营销的功能分类

根据 E-mail 营销的功能,可分为顾客关系 E-mail 营销、顾客服务 E-mail 营销、在线调查 E-mail 营销、产品促销 E-mail 营销等。

(五)按照 E-mail 营销的应用方式分类

按照是否将 E-mail 营销资源用于为其他企业提供服务,E-mail 营销和分为经营型和非经营型两类。开展 E-mail 营销需要一定的营销资源,获得和维持这些资源要投入相应的经营资源,当资源积累达到一定的水平,便拥有了更大的营销价值,不仅可以用于企业本身的营销,也可以通过出售邮件广告空间直接获得利益。当以经营性质为主时,E-mail 营销实际上已经属于专业服务商的范畴了。

四、E-mail 在网络营销中的作用

电子邮件是一个基本的互联网通信工具,几乎应用于网络营销中的各个方面,主功能在于信息收集、传递和交流。因此,在网络营销活动中,为了向用户提供信息和服务,往往需要用户在线注册个人信息。在个人信息项目中,E-mail 地址是最重要的内容之一,因为电子邮件是最有效、最直接、成本最低的信息传递工具。拥有用户的 E-mail 地址对企业开展网络营销具有至关重要的意义。

电子邮件在网络营销中的作用主要表现在以下八个方面:

(一)企业品牌形象

一封完整的电子邮件的基本组成要素包括发件人的电子邮件地址、收件人电子邮件地址、邮件主题和邮件内容等。电子邮件地址本身代表着企业的品牌形象。在商业活动中,发件人的电子邮件地址对企业形象和用户信任至关重要。发件人使用的是以知名企业或机构的域名为后缀的电子邮件,一般会受到收件人的重视;而使用免费邮箱的发件人,受到信任的程度会大大降低。

(二)在线顾客服务

在企业网站公布的联系方式以及在线帮助信息中,电子邮件地址都是必不可少的一项内容,因为电子邮件是在线顾客服务的重要工具之一。通过电子邮件开展顾客服务,不仅节约了顾客服务成本,在增进顾客关系、提高顾客服务质量、增加顾客忠诚度等方面都具有重要作用。在线顾客服务除了一般的回复顾客咨询之外,常见的形式还有自动回复、常见问题解答、重要信息提醒等。

(三)会员通讯与电子刊物

会员通讯与电子刊物都是 E-mail 营销中获得用户许可的基本方法,是许可 E-mail 营销中内部列表 E-mail 营销的主要方式。为了获得企业某些信息和服务,用户可以自愿订阅企业会员通讯和电子刊物。

(四)电子邮件广告

电子邮件广告,即通过专业服务商投放广告信息的一种方式,是企业利用网络营销服务商的用户电子邮件地址来开展 E-mail 营销活动,简称 E-mail 营销。调查显示,电子邮件广告是用户反馈率最高的网络广告形式之一,远远高于一般的标志广告和文字广告等形式。

(五)网站推广

电子邮件在网站推广活动中发挥着不可忽视的作用,是除了搜索引擎、资源合作、网络广告等常见网站推广方法之外,又一重要的网络推广手段。使用电子邮件可以主动向

用户推广网站,推荐方式比较灵活,可以是简单的广告,也可以通过新闻报道、案例分析等方式出现在邮件内容中,以实现引起读者兴趣、达到增加网站访问量的目的。

(六)产品/服务推广

产品/服务推广是许可 E-mail 营销的基本功能之一,无论是通过企业内部的邮件列表,如会员通讯和电子刊物等,还是通过服务商的用户电子邮件地址资源投放电子邮件广告,都可以将广告促销信息通过合理的设计,作为邮件的内容发送给目标用户,从而达到产品推广的目的。

(七)收集市场信息

市场营销策略的制定,离不开各种市场信息的收集,利用电子邮件可以获得许多有价值的第一手调查资料,如行业发展动态、调查统计资料、市场供求信息等。

(八)在线市场调查

利用电子邮件开展在线调查是网络市场调研中的常用方法之一,具有问卷投放和回收周期短、成本低廉、调查活动较为隐蔽等优点。

第二节 许可 E-mail 营销的基本形式与过程

一、许可 E-mail 营销的基本形式

(一)许可 E-mail 的基本形式

E-mail 营销是一个广义的概念,既包括企业自行开展建立邮件列表开展的 E-mail 营销活动,也包括通过专业服务商投放电子邮件广告。为了进一步说明不同情况下开展 E-mail 营销的差别,可按照 E-mail 地址的所有权划分为内部 E-mail 营销和外部 E-mail 营销,或者叫内部列表和外部列表。内部列表 E-mail 营销是利用用户自愿注册的资,而外部列表 E-mail 营销是利用专业服务商的用户资源。

内部列表是一个企业/网站利用注册用户的资料开展的 E-mail 营销,而外部列表是指利用专业服务商或者其他可以提供专业服务的机构提供的 E-mail 营销服务,投放电子邮件广告的企业本身并不拥有用户的 E-mail 地址资料,也不需要管理维护这些用户资料。外部列表是网络广告的一种表现形式。内部列表 E-mail 营销和外部列表 E-mail 营销在操作方法上有明显的区别,但都必须满足 E-mail 营销的三个基本因素:基于用户许可、通过电子邮件传递信息、信息对用户是有价值的。内部列表和外部列表各有优势,两者并不互相矛盾,如果必要,有时可以同时采用。

(二)内部列表和外部列表 E-mail 营销的比较(见表 7-2)

表 7-2 内部列表和外部列表 E-mail 营销的比较

主要功能和特点	内部列表 E-mail 营销	外部列表 E-mail 营销
主要功能	顾客关系、顾客服务、品牌形象、产品推销、在线调查资源合作	品牌形象、产品推销、在线调查

续表

主要功能和特点	内部列表 E-mail 营销	外部列表 E-mail 营销
投入费用	相对固定,取决于日常经营和维护费用,与邮件发送数量无关,用户数量越多,平均数量越低	没有日常维护费用,营销费用由邮件发送数量、定位程度等决定,发送数量越多费用越高
用户信用程度	用户主动加入,对邮件内容信任程度高	邮件为第三方发送,用户对邮件的信用程度取决于服务商的信用、企业自身的品牌、邮件内容等因素
用户定位程度	高	取决于服务商邮件列表的质量
获得新用户的能力	用户相对固定,对获得新用户效果不显著	可针对新领域的用户进行推广,吸引新用户能力强
用户资源规模	需要逐步积累,一般内部列表用户数量比较少,无法在很短时间内向用户发送信息	在预算许可的情况下,可同时向大量用户发送邮件,信息传播覆盖面广
邮件列表维护和内容设计	企业自身营销人员设计邮件内容,无法获得专业人士的建议	服务商专业人员负责,可对邮件发送、内容设计等提供相应的建议
E-mail 营销效果分析	由于是长期活动,较难比较每次邮件发送效果,需要长期跟踪分析	由服务商提供长专业分析报告,可快速了解每次活动的效果

利用内部列表开展 E-mail 营销是 E-mail 营销的主流方式,也是重点讨论的内容。一个高质量的邮件列表对于企业网络营销的重要性已经得到众多企业实践经验的证实,并且成为企业增强竞争优势的重要手段之一,因此建立一个属于自己的邮件列表是非常有必要的。很多网站都非常重视内部列表的建立。但是,建立并经营好一个邮件列表并不是一件简单的事情,涉及多方面的问题。

首先,邮件列表的建立通常要与网站的其他功能相结合,并不是一个人或者一个部门可以独立完成的工作,将涉及技术开发、网页设计、内容编辑等内容,也可能涉及市场、销售、技术等部门的职责,如果是外包服务,还需要与专业服务商进行功能需求沟通。

其次,邮件列表必须是用户自愿加入的,是否能获得用户的认可,本身就是很复杂的事情,要能够长期保持用户的稳定增加,邮件列表的内容必须对用户有价值,邮件内容也需要专业的制作。

再次,邮件列表的用户数量需要较长时期的积累,为了获得更多的用户,还需要对邮件列表本身进行必要的推广,同样需要投入相当的营销资源。

(三)内部列表 E-mail 营销策略

1.内部邮件列表的基础条件

开展 E-mail 营销需要一定的基础条件,尤其内部列表 E-mail 营销,是网络营销的一项长期任务,有必要对内部列表的基础及形式等相关问题进行分析。开展 E-mail 营销需要解决三个基本问题:向哪些用户发送电子邮件、发送什么内容的电子邮件,以及如何发送这些邮件。同时,它还需要三大基础作支撑:

(1)邮件列表的技术基础:从技术上保证用户加入退出邮件列表,实现对用户资料的管理,以及邮件发送和效果跟踪等功能;

(2)用户 E-mail 地址资源的获取：在用户自愿加入邮件列表的前提下，获得足够多的用户 E-mail 地址资源，是 E-mail 营销发挥作用的必要条件；

(3)邮件列表的内容：营销信息是通过邮件列表向用户提供的，邮件的内容对用户有价值，才能引起用户的关注，有效的内容设计是 E-mail 营销发挥作用的基本前提。

2. 内部列表营销的一般步骤

无论采取哪种形式的内部列表，都要经由邮件内容设计、测试、发送、效果跟踪等环节，一般包括五个步骤。下面以常见的会员通信为例来阐明：

(1)确立指导思想

在制定了内部邮件列表营销策略的情形下，应尽可能确立明确的指导思想，将会员通讯邮件作为一项长期的、持续的营销策略。

(2)确定营销目的

营销目标决定了会员通讯内容的方向，例如对顾客数量较少但比较专业的企业，会员通讯的重要作用在于为顾客服务，这样的邮件内容就不合适发送大批的产品信息。

(3)制定内容策略

尽管每一期邮件的内容都不雷同，但需要在统一的指导思想下规划内容，做到内容连贯、针对性强，而不是每期邮件的内容完整彼此独立，甚至没有任何相关性。

(4)邮件发送

为发送邮件设置一个固定时间，按时发送邮件。一方面可以反映出公司的专业化，有助于用户及时了解公司信息；另一方面也有助于标准化营销职员的工作，为有效评估邮件列表效果打下基础。

(5)跟踪营销效果

作为一种内部的营销资源，会员通讯普遍不需要第三方提供的跟踪呈文，因此邮件列表内部营销的效果评价较困难，需要营销人员根据种种信号来判断，并且记载、积累有关数据，而后根据一定的指标来进行分析。

3. 内部邮件列表的经营策略

企业网站是综合性的网络营销工具，由于网站本身所具有的营销功能，为有效开展网络营销发挥了很大的作用。随着企业对网络营销认识的加深和网络营销环境的进一步成熟，在进行邮件列表经营决策时，应考虑四个问题：

(1)经营资源评估。如果已经建立了企业网站，根据网站目前的状况，通过网站访问者和现有用户合作伙伴的推荐等方式，是否有可能获得足够多的用户？如果企业网站正在策划阶段，那么，通过网站的功能定位和潜在用户分析，认为是否有必要建立自己的邮件列表、是否有能力开发或者租用邮件列表发行系统、是否有能力提供稳定的邮件列表内容？

如果上述问题的回答是肯定或者基本可以肯定，那么就应该建立自己的邮件列表。

(2)邮件列表的期望功能。根据企业自身的特点，对邮件列表的期望是不同的，当决定建立自己的列表时，还要进一步考虑的一个问题是，期望邮件列表在哪些方面发挥作用？是用于顾客服务，还是新产品推广为主？或者多个方面兼顾？当然，如果可能的话，谁都希望拥有一个威力强大的邮件列表，如果暂时做不到这一点，或者用户特征决定了不可能做到面面俱到,那么定位于某种或者某些功能会更加现实一些。

(3)邮件列表的类型和内容。邮件列表的功能直接影响到邮件列表的内容,反过来,内容和形式也在影响着邮件列表的功能,两者是相辅相成的关系。如果网站拥有丰富的行业信息、产品知识、专业文章、研究报告等相对比较客观和中立的内容,那么,建立一个定期发行的行业电子刊物是不错的选择;而如果未来的邮件列表内容主要是本公司新产品的信息和产品优惠措施,那么,建立一个不定期发行的以新产品介绍和在线优惠券为主要内容的顾客关系邮件列表,可能是更明智的决策。

(4)建立邮件列表的时机。积累用户资源是一项艰苦长期的工作,如果条件许可,建立邮件列表应该是越早开始越好。从一些比较重视网络营销的企业网站来看,大部分都设有不同类型的邮件列表,但总体来说,目前能有效利用内部列表开展 E-mail 营销的企业还比较少,如果抢先一步,不仅是为自己创造了一个营销工具,也为创造企业竞争优势增加了一个有力的筹码。

(四)外部列表 E-mail 营销策略

尽管很多网站都希望建立自己的邮件列表,但由于用户资源、管理等方面的限制,内部列表并不一定能够完全满足开展 E-mail 营销的需要。尤其对于许多中小网站,企业用户资源积累时间比较长,潜在用户数量比较少,不利于迅速扩大宣传。同时由于缺乏专业人员,以及投入的资源限制,即使建立了邮件列表,使用的效率比较低,因此为了某种特定的营销目标,通常还需要专业服务商的服务。而对于没有建立内部列表的企业,与专业服务商合作开展 E-mail 营销则是最好的选择。这种情况与搜索引擎营销策略中的搜索引擎优化和付费搜索引擎营销有类似之处,因此两者实际上同属于对内部营销资源与外部营销资源的综合利用问题。

专业的 E-mail 营销服务商拥有大量的用户资源,可以根据要求选择定位程度比较高的用户群体,有专业的发送和跟踪技术;有丰富的操作经验和较高的可信度,因而营销效果有其独特之处。从国内目前的 E-mail 广告市场来看,可供选择的外部列表 E-mail 营销资源主要有:免费电子邮箱提供商、专业邮件列表服务商、专业 E-mail 营销服务商。这些服务商及其 E-mail 营销的形式各有各的特点,可根据具体需要选择。

(1)E-mail 服务商是值得信赖的判断。一个服务商是否值得信任,可以通过了解其品牌形象和用户口碑等外在标准来评价,同时至少还需要确认两项基本要素,第一是用户 E-mail 地址的来源必须是合法的,第二是服务商自觉维护许可 E-mail 营销的行为准则。(2)服务商提供的用户数量和质量是可靠的。为了吸引广告用户的注意,有些服务商可能会夸大邮件列表资源的用户数量和质量,这是很多企业对 E-mail 营销不信任的主要原因。(3)准确的用户定位。定位准确是 E-mail 营销成功的基础,因为没有人愿意阅读和自己毫无关系的电子邮件,尤其是大量的商业广告内容。(4)专业化的 E-mail 营销服务。一个经验丰富的服务商能够根据相关的统计分析资料更好地制定自己的 E-mail 营销策略。(5)合理的费用和收费模式。E-mail 营销的效果越好,费用也会相应更高。

(五)许可 E-mail 营销的常见问题

不管是内部 E-mail 营销还是外部 E-mail 营销,在实施过程中都会出现很多问题,主要问题可归纳为以下 10 个方面:

1. 并非完全基于用户许可

自行搜索、收集、购买 E-mail 地址，未经用户许可发送信息是邮件列表第一禁忌，正规的邮件列表是完全基于用户许可的，即在用户注册时采用双向确认方式（double opt-in），这已经成为 E-mail 营销领域的行业规范。有些邮件列表以"自愿退出"（opt-out）方式来获取用户 E-mail 资源（发送邮件未经用户实现许可，只是在邮件中给出退订方法，如果用户不愿意继续接收邮件，可以自己退出，否则将继续收到邮件），这种方式无论是否允许用户"自愿退出"，都带有一定的强迫性，与 E-mail 营销的许可原理有一定的距离，已经接近于垃圾邮件，因此应尽量避免。

2. 没有个人信息保护声明

当用户需要注册才能获得网站的某种服务时，用户往往会关心提交的个人信息将如何被使用。个人信息保护与用户加入邮件列表的决策具有重要影响，因为谁也不愿意自己的信息被出售或者与其他公司共享，一些网站对此没有足够重视，通常只是在网站上设置一个"请输入 E-mail 地址"的订阅框，而没有给出保护个人信息的声明，这将在一定程度上影响用户加入注册的信心。

3. 过量收集用户关心的个人信息

当需要用户提供详细个人信息时，仅仅公布个人信息保护政策还不足以完全让用户放心地注册，除了电子邮件地址外，一些网站则可能还要求填写详细的通信地址、真实姓名、电话、职业等联系信息，甚至还会要求用户对个人兴趣、性别、收入、家庭状况、是否愿意收到商品推广邮件等进行选择，在一些要求比较高的情况下，甚至不得不要求用户填写身份证号码。但很明显的是，要求用户公开个人信息越多，或者是用户关注程度越高的信息，参与的用户将越少。为了获得必要的用户数量，同时又获取有价值的用户信息，需要对信息量和信息受关注程度进行权衡，尽可能降低涉及用户个人隐私的程度，同时尽量减少不必要的信息。

4. 邮件列表发行系统功能不完善

获得一个新注册用户就等于增加了一个营销资源和潜在顾客，当用户经过思考决定加入邮件列表时，输入自己的 E-mail 地址，并点击了"确认"按钮之后，却出现了错误信息，或者等待很久也没有收到系统发来的确认信息，或者根据确认邮件中的说明无法完成确认手续，这些由于技术不完善而出现的问题，不仅造成用户资源的浪费，也影响了用户的信心，并且直接制约了 E-mail 营销的效果。邮件列表订阅发行系统的主要问题表现在用户无法正常注册、退出列表，无法直接回复邮件，用户资料管理不方便等方面。此外，即使订阅系统运转正常，也会因为订阅手续复杂等原因而使用户中途放弃，比如有复杂的确认手续，涉及敏感的个人信息、某些邮件地址被屏蔽无法收到确认邮件等等，这些都应在实际工作中给予密切关注。

5. 对邮件列表没有合理的推广

用户 E-mail 地址资源的积累是邮件列表营销自始至终的任务，用户资源越丰富，营销效果越明显，但在实际工作中往往被忽视，以至于一些邮件列表建立很久，加入的用户数量仍然很少，邮件列表的优势也难以发挥出来，一些网站甚至会因此而半途而废。现在，很多网站都有邮件列表功能，也通常会在首页上设置订阅框，但仅仅做到这一点还远远不能引起用户的注意并主动加入邮件列表,还需要对邮件列表进行合理的推广。推广的方法很多,比如,可以充分利用网站本身的资源,在网站主要页面都设置一个邮件列表订阅框,同时给出必要的订阅说明、往期内容链接、法律条款、服务承诺等等,让用户不仅对邮件内容感兴趣,并且有信心加入。此外也可以通过提供多种用户订阅渠道、利用合作伙伴的资源等方式挖掘更多的潜在用户。

6. 邮件内容对用户价值不高

从根本上来说,是邮件内容决定了邮件列表的营销价值,邮件列表的内容建设是一项长期和复杂的工作。邮件列表真正产生影响是从用户收到邮件开始的,如果内容和自己无关,即使加入了邮件列表,迟早也会退出,或者根本不会阅读邮件的内容,这种状况显然不是邮件列表营销所希望的结果。邮件内容对用户应该有价值,但这是一个很笼统的原则,如何做到内容有价值,需要从多个方面来体现。有些网站的邮件内容匮乏,有些则过于随意,没有一个特定的主题,或者方向性很不明确,让读者感觉和自己的期望有很大差距;有些邮件广告内容过多,真正有用的信息太少,或者各期内容之间没有明显的系统性,用户对这样的邮件列表很难产生整体印象,因而很难培养用户的忠诚性,对于品牌形象提升和整体营销效果都会产生不利影响。

7. 邮件内容版面和格式设计不合理

邮件内容除了有价值之外,还需要合理的格式选择和版面设计,这不仅是为了看起来美观,邮件内容的设计也直接影响到营销效果。但现实情形是,一些邮件列表的内容设计存在种种不合理之处,如版面设计杂乱、每期内容的重点不突出、邮件主题没有吸引力或者与内容不符、邮件内容为大量的产品介绍、部分邮件格式在客户端无法正常显示等。另外还有一种比较常见的问题是邮件内容过大,如一些电子商务网站的会员通讯,几乎将网站首页全盘复制到邮件中,甚至包含大量的广告内容,这样的邮件内容方便了设计制作人员,却为用户带来很大不便,邮件内容过多反而让人无法从中找到自己需要的信息。这种内容庞大的邮件一方面说明企业对 E-mail 营销不专业,另一方面也显得对会员的体贴不够,只是从企业自己的利益出发,忽视了收件人邮箱的承受能力,不仅难以维系顾客关系,甚至会因此伤害会员感情。

8. 邮件内容要素不完整

邮件主题、邮件内容、发件人、收件人等是邮件列表内容的基本要素,但一些邮件列表的内容却存在不少问题,主要表现在发件人信息不完整或者没有发件人的 E-mail 地址、没有收件人 E-mail 地址等。有些邮件不能直接回复,也没有相关的回复说明,这不仅为用户反馈信息增加了麻烦,对邮件列表经营者也有一定的负面影响,如果明确发件人信息并且邮件可以直接回复,不仅方便了用户,也为自己增加了品牌宣传的机会,同时也是区别于垃圾邮件的重要标志之一。邮件内容主题或内容中没有该邮件列表的名称等,因为一个网站可能有若干个邮件列表,一个用户也可能订阅多个邮件列表,仅从邮件主题中不一定能完全反映出所有信息,需要在邮件内容中表现出更多的信息。此外,过一段时间之后,有些用户可能忘记自己曾经订阅过该邮件列表,为了避免不必要的误会,在邮件内容中给予说明是很必要的。

9.没有固定的邮件发送周期

三天打鱼两天晒网,当自己需要向用户发送什么信息时才想起了邮件列表资源的重要性,平时根本没有放在心上,有时可能每月发送若干次,有时甚至1年才有1、2次,也许用户早已忘记了自己什么时候加入了邮件列表,却莫名其妙地收到了某个网站发来的邮件,这样很可能对企业品牌形象造成负面影响,也从根本上降低了邮件列表营销的最终效果。因此,如果确定了邮件发送周期,应该履行自己的承诺。从另一个角度来考虑,就是在制定邮件列表策略时,要量力而行,如果没有能力提供固定周期发行的内容,可采用不定期的会员通讯,虽然其效果略小一点,但总是好于在承诺的时间没有按时向用户发送邮件内容。

10.没有退订说明或者退订手续复杂

即使是经过用户自行加入的邮件列表,随着时间的推移以及用户工作环境和个人兴趣等方面的变化,可能已经不再对邮件内容有兴趣,这时应该允许用户随时方便地退订,否则就成为一种令用户无法忍受的邮件,与垃圾邮件同样让人讨厌。应在每封邮件的显著位置提供退订方法说明,并且保持退订系统正常运行,简化退订手续,只要通过简单回复邮件或者点击邮件中的链接即可实现完全退订。

二、开展许可 E-mail 营销的一般过程

开展许可 E-mail 营销的过程,也就是将有关营销信息通过电子邮件的方式传递给用户的过程。为了将信息发送到目标用户电子邮箱,首先应该明确向哪些用户发送信息、发送什么信息,以及如何发送信息。

开展许可 E-mail 营销一般要经历下列几个主要步骤:

(1)制订 E-mail 营销计划,分析目前所拥有的 E-mail 营销资源。如果公司本身拥有用户的 E-mail 地址资源,首先应利用内部资源。

(2)决定是否利用外部列表投放 E-mail 广告,并且要选择合适的外部列表服务商。

(3)针对内部和外部邮件列表分别设计邮件信息。

(4)根据计划向潜在用户发送电子邮件信息。

(5)对 E-mail 营销活动的效果进行分析总结。

这是进行 E-mail 营销一般要经历的过程,但并非每次活动都要经过这些步骤,并且不同的企业在不同的阶段,其 E-mail 营销的内容和方法也都有所区别。一般说来,内部列表 E-mail 营销是一项长期性工作,通常在企业网站的策划建设阶段就已经纳入计划,内部列表的建立需要相当长时间的资源积累,而外部列表 E-mail 营销可以灵活地采用,因此这两种 E-mail 营销的过程有很大差别。E-mail 营销的一般过程可用图 7-3 表示。

三、许可 E-mail 营销的注意事项

(一)邮件营销不等于滥发邮件

花大量时间获取客户的邮寄地址和电子邮件地址,在并不了解目标对象做什么的情况下,盲目发送大量营销邮件,这种拉网式的营销方式不可取,原因是投入产出比严重失衡。而且,把产品信息发送给"错误"的人将不会带来任何销售,其结果还会严重误导企业

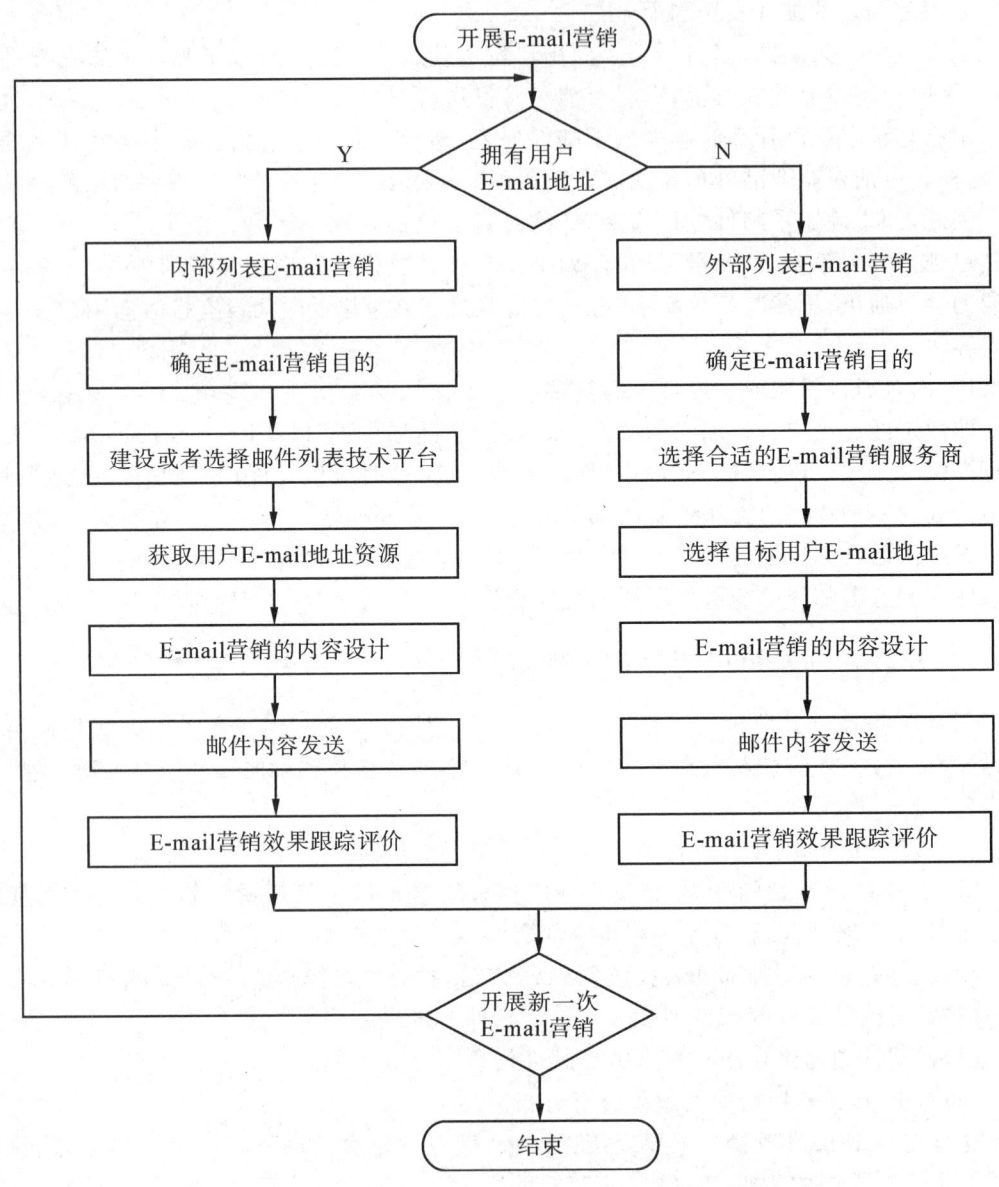

图 7-3　E-mail 营销的一般过程

对自己营销邮件功效的正确判断。在开展邮件营销之前,尽可能地缩小潜在客户范围,研究可能的潜在客户,将其缩小成很可能、极可能的客户,了解他们的真正需求(不是您的猜测,而是他们直接对您说的需求)。邮件营销的目标对象越准确,效果越好。

(二)邮件内容要精心构思

第一,要主题明确。主题的设计要让接收者能够认可邮件,有兴趣打开邮件。商务交往的电子邮件每封只有一个主题,是发件人撰写邮件的中心思想。很多用于宣传企业的邮件都不写明主题,接收者一看就认为是垃圾邮件,面临直接删除的厄运。第二,不要隐藏发件人或者使用免费邮件地址(免费邮箱)。隐藏发件人姓名,给人的感觉是发件人在做什么见不得人的事情,否则,正常的商务活动为什么害怕露出自己的真面目呢,这样的邮件,其内容的可信度有多高呢?用一个 yahoo 或者 hotmail 的免费邮箱,就好比用一部投币式的公用电话作为你公司的业务电话,就等于对客人说:"我们公司不太正规,没有电话,如果你打我们电话,我们会尽量跑出去办公室附近的投币公用电话去接!"一定要用可以区分你的公司和部门的专用企业邮箱。第三,注重礼貌,在语气、表达方式等方面一定要合理、恰当。第四,邮件要短。电子邮件应力求内容简洁,用最简单的内容表达出你的诉求点,如果必要,可给出一个关于详细内容的链接,收件人如果有兴趣,会主动点击你链接的内容,否则,内容再多也没有价值,只能引起收件人的反感。第五,不要用附件形式发送电子邮件。由于每人所用的操作系统、应用软件会有所不同,附件内容未必可以被收件人打开,所以不要为图省事,将一个甚至多个不同格式的文件作为附件插入邮件内容,却给收件人带来很大麻烦。

(三)发送频率不能过于频繁

研究表明,同样内容的邮件,每个月发送 2~3 次为宜。不要以为发送频率越高,收件人的印象就越深,过于频繁的邮件"轰炸",只会让人厌烦,如果一周重复发送几封同样的邮件,你肯定会被列入"黑名单",这样,你便永远失去了那些潜在客户,你的 E-mail 营销计划只能以失败告终。

(四)邮件格式避免混乱

一般来说,电子邮件没有统一的格式,但在实际情况中,要根据不同的地方习俗、不同的国家及语言采用不同的邮件版本及规格,方便双方交流。如果用英文写邮件,不要全用大写的字母,这让人感觉你在大叫或者在吼,还很粗暴;也不要用缩写,这是懒惰的表现,顾客不喜欢和懒人做生意。

(五)不及时回复邮件

有客户回应,应当及时回复发件人。然而并非每个公司都能做到。可以想象,一个潜在客户给你发出了一封关于产品的询问,一定在急切地等待回音,如果等了两天还没有结果,他一定不会再有耐心等待下去,说不定早就成了你的竞争对手的客户。在现实生活中,我们都会有同样的感受:4 小时至 6 小时内收到回复邮件都会让人感觉棒极了;8 小时至 12 小时内的回复邮件说明你一直在工作,同时我仍被列为受重视的客户;一天内的回复邮件说明我未被遗忘;两天后的回复邮件说明我对于你来说已无所谓;邮件得不到回复。

(六)做好后续的服务与跟踪

用户通过邮件访问网站后,应该尽量吸引用户继续关注你的网站。

以"广种薄收"的方式散发电子邮件,只会给消费者带来逆反心理,给这个无限广阔的市场带来副作用。相比较而言,通过细致认真地分析用户资料,有针对性地面对其真正的需求提供信息,才最能体现电子邮件的营销价值所在。更不能"强迫"推销,应该选择让用户自愿加入的方式订阅邮件,以方便用户的方式介绍企业的产品和服务。因此我们要清楚地认识到电子邮件营销并不是万能的,也有许多技巧值得仔细筹划并加以利用,希望能通过下述的这些对策,真正解决电子邮件营销中的广种薄收的问题。

第一,要让潜在顾客有兴趣并感觉到可以获得某些价值或服务,从而加深印象和提高注意力,愿意按照营销人员的期望,自愿加入许可的行列中去(就像第一次约会,为了给对方留下印象,可能花大量的时间来修饰自己的形象,否则可能就没有第二次约会了);

第二,当潜在顾客投入注意力之后,应该利用潜在顾客的注意,比如可以为潜在顾客提供一套演示资料或者教程,让消费者充分了解公司的产品或服务;

第三,继续提供激励措施,以保证潜在顾客维持在许可名单中;

第四,为顾客提供更多的激励从而获得更大范围的许可,例如给予会员更多的优惠,或者邀请会员参与调查、提供更加个性化的服务等;

第五,经过一段时间之后,营销人员可以利用获得的许可改变消费者的行为,也就是让潜在顾客说,"好的,我愿意购买你们的产品",只有这样,才可以将许可转化为利润。当然,从顾客身上赚到第一笔钱之后,并不意味着许可营销的结束,相反,仅仅是将潜在顾客变为真正顾客的开始,如何将顾客变成忠诚顾客甚至终生顾客,仍然是营销人员工作的重要内容,许可营销将继续发挥其独到的作用。

第三节 E-mail 营销的效果评价与控制

E-mail 营销的特点之一是可以对其效果进行量化评价,在 E-mail 营销活动中,通过对一些指标的监测和分析,不仅可以用来评价营销活动的效果,并且可以通过这些指标发现 E-mail 营销过程中的问题,并对 E-mail 营销活动进行一定的控制。

一、E-mail 营销效果的评价指标

E-mail 营销效果评价是对营销活动的总结,也是 E-mail 营销活动的重要内容之一。无论是采用内部列表开展 E-mail 营销,还是选择专业 E-mail 营销服务商的服务,无论是作为企业网络营销策略的一个组成部分,还是作为单独的一项网络营销方案来进行,都需要用一定的指标来评价其效果,因为哪个企业都希望投入的营销资源可以获得"看得见"的效果。

与 E-mail 营销相关的评价指标很多,如送达率、开信率、回应率、转化率等,但目前在实际中并没有非常完善的 E-mail 营销指标评价体系,也没有公认的测量方法,但考虑到某些指标可以在一定程度上反映出 E-mail 营销的效果,这里将有关的指标罗列出来,以供在某些方面参考。按照 E-mail 营销的过程将这些指标分为四类,每一类中有一个或者若干指标,这四类指标为:

(1) 获取用户资源阶段的评价指标:有效用户总数、用户增长率、用户退出率等;

(2) 邮件信息传递评价指标:送达率、退信率;

(3) 用户接收信息过程的指标:开信率、阅读率、删除率等;

(4) 用户回应评价指标:直接带来的收益、点击率、转化率、转信率等。

与 E-mail 营销相关的评价指标远超过 10 项,但在实际中对 E-mail 营销进行准确的评价仍然有困难,有时甚至无所适从。例如,电子邮件回应率(如点击率)作为常用的一项评价标准,在其他形式的网络广告和传统的直邮广告也一直被用来评价效果,许多广告主

也希望用这一指标来评价 E-mail 营销。但是,回应率并不能完全反应出电子邮件营销的实际效果,因为除了产生直接反应之外,利用 E-mail 还可以有其他方面的作用,例如,E-mail 关系营销有助于公司和顾客保持联系,并影响其对公司的产品或服务的印象,顾客没有点击 E-mail 并不意味着不会增加将来购买的可能性,同时也有可能增加品牌忠诚度。因此,对 E-mail 营销效果的评价最好采用综合的方法,既要对可以量化的指标进行评价,又要关注 E-mail 营销所具有的潜在价值,如对增强整体竞争优势方面的价值、对顾客关系和顾客服务的价值、在行业内所产生的影响等方面。

二、E-mail 营销的效果控制

影响 E-mail 营销效果的因素很多,不同的行业、不同的产品、不同的营销目的、不同的邮件内容和格式以及不同的用户背景等都会对 E-mail 营销效果产生影响,影响 E-mail 营销有效性的主要因素可分为三个方面,即:E-mail 营销的经营环境(发送技术、服务商与经营者的关系、邮件接收服务器的问题)、E-mail 营销经营者和邮件信息接收者。每一个方面都有多种具体的影响因素。在这些影响因素中,有些因素是经营者无法改变的,但有很多是可以自己控制或者在一定程度上可以控制的因素,例如,同样的用户资源、同样的邮件发送平台,但邮件的格式或者发送时间等差别就可能产生完全不同的最终效果。在具备了开展 E-mail 营销的基础条件之后,操作技巧等细节问题往往成为影响 E-mail 营销最终效果的主要因素。因此,无论开展哪种形式的 E-mail 营销,除了了解其基本原理和操作方法之外,还需要进一步研究其规律,通过对 E-mail 营销过程中影响效果的各种因素进行控制,是提高 E-mail 营销整体效果的必由之路。

三、E-mail 营销成功的关键因素

E-mail 营销的成功也就是达到了公司预期的营销目的,或者在同样资源投入的情况下,获得了比竞争者或者行业平均水平更好的效果。成功关键因素有:

(1)总是为用户着想。谁也不愿意收到无用的邮件,也不愿意收到让邮箱容量难以承受或者接收困难的邮件,但什么才是有价值的邮件、多大的邮件才算合适,并没有统一的标准,如果站在用户的角度上多考虑考虑,对诸如此类的问题并不难找到答案。

(2)注意每一个细节。成功与失败之间常常只是某些细节的差异,有关内容中也介绍了许多应该注意的细节问题,如邮件列表确认邮件的内容、邮件发送时间、邮件主题等等。网络营销的专业与否,往往取决于是否认真对待每一个细节问题。

(3)不要急功近利。E-mail 营销是一项长期的活动,E-mail 营销资源的获得和维持都需要付出很大的努力,不要指望通过发送几次邮件就获得永久的成功。

(4)不断总结经验。E-mail 营销环境和方法都还在不断发展,注意积累实践经验,实践中总结出来的规律比理论更有价值。

资料链接 7-2

电子邮件的诞生

据电子邮件的发明人雷·汤姆林森(Ray Tomlinson)回忆,电子邮件的诞生是在

网络营销

1971年秋季（确切的时间已经无法考证），当时已经有一种可传输文件的电脑程序以及一种原始的信息程序。但两个程序存在极大的使用局限——例如：使用信息程序的人只能给接收方发送公报，接收方的电脑还必须与发送方一致。

发明电子邮件时，汤姆林森是马萨诸塞州剑桥的博尔特·贝拉尼克·纽曼研究公司（BBN）公司的重要工程师，当时，这家企业受聘于美国军方，参与Arpanet网络（互联网的前身）的建设和维护工作。汤姆林森对已有的文件传输程序以及信息程序进行研究，研制出一套新程序，它可通过电脑网络发送和接收信息，再也没有了以前的种种限制。为了让人们都拥有易识别的电子邮箱地址，汤姆林森决定采用@符号，符号前面加用户名，后面加用户邮箱所在的地址，电子邮件由此诞生。

虽然电子邮件是在20世纪70年代发明的，它却是在80年代才兴起的。70年代的沉寂主要是由于当时使用Arpanet网络的人太少，网络的速度也仅为目56KBPS标准速度的二十分之一。受网络速度的限制，那时的用户只能发送简短的信息，根本不能发送大量照片；到80年代中期，个人电脑兴起，电子邮件开始在电脑迷以及大学生中广泛传播开来；到90年代中期，互联网浏览器诞生，全球网民人数激增，电子邮件被广为使用。

使电子邮件成为主流的第一个程序是Euroda，由史蒂夫·道纳尔在1988年编写的。由于Euroda是第一个有图形界面的电子邮件管理程序，它很快就成为各公司和大学校园内的主要使用的电子邮件程序。然而Euroda的地位并没维持太长时间。随着互联网的兴起，Netscape和微软相继推出了它们的浏览器和相关程序。微软和它开发的Outlook使Euroda逐渐走向衰落。

在过去5年中，关于电子邮件发生的最大变化是基于互联网的电子邮件的兴起。人们可以通过任何联网的计算机在邮件网站上维护他们的邮件账号，而不是只能在他们家中或公司的联网电脑上使用邮件。这种邮件是由Hotmail推广的。如今Hotmail已经成为一大热门网站，微软在8月宣布，邮件服务的用户已经达到了1.1亿。但微软在1998年收购此网站的时候却仅用了4亿美元，这个价格后来令Hotmail的创建者沙比尔·布哈蒂尔后悔不迭。

Hotmail的成功使一大批竞争者得到了启发，很快电子邮件成为门户网站的必有服务，如雅虎、netscape、Exicite和Lycos等，都有自己的电子邮件服务。

资料链接7.3

什么是垃圾邮件

2000年8月，中国电信制定了适用于中国电信IP网络所有用户（包括拨号用户、专线用户及其他有业务流经中国电信IP网的用户）的垃圾邮件处理办法。中国电信将垃圾邮件定义为："向未主动请求的用户发送的电子邮件广告、刊物或其他资料；没有明确的退信方法、发信人、回信地址等的邮件；利用中国电信的网络从事违反其他ISP的安全策略或服务条款的行为；其他预计会导致投诉的邮件。"

2002年11月1日，由中国互联网协会、263网络集团和新浪网共同发起，中国互联网协会反垃圾邮件协调小组即日在北京正式成立，国内20多家邮件服务商首批参加了反垃圾邮件协调小组。媒体称此举是向垃圾邮件打响了第一枪,但枪声响过之后,是否能对目标给予严重打击,目前还看不出任何明显效果。中国互联网协会在《中国互联网协会反垃圾邮件规范》中是这样定义垃圾邮件的:

"本规范所称垃圾邮件,包括下述属性的电子邮件:

1. 收件人事先没有提出要求或者同意接收的广告、电子刊物、各种形式的宣传品等宣传性的电子邮件;

2. 收件人无法拒收的电子邮件;

3. 隐藏发件人身份、地址、标题等信息的电子邮件;

4. 含有虚假的信息源、发件人、路由等信息的电子邮件。"

(资料来源:中国新网。http://www.xinnet.com/service/cjwtxx/09644893920610.html)

本章小结

1. 电子邮件(E-mail)是一种利用计算机网络交换电子媒体信件的通信方式,是互联网应用最广的服务,电子邮箱也叫电子信箱。

2. 真正意义上的 E-mail 营销是许可 E-mail 营销(简称"许可营销")。基于用户许可的 E-mail 营销与滥发邮件(Spam)不同,许可营销比传统的推广方式或未经许可的 E-mail 营销具有明显的优势,比如可以减少广告对用户的滋扰、增加潜在客户定位的准确度、增强与客户的关系、提高品牌忠诚度等。

3. 在 E-mail 营销的定义中强调了三个基本因素:基于用户许可、通过电子邮件传递信息、信息对用户是有价值的。三个因素缺少一个,都不能称之为有效的 E-mail 营销。

4. 影响 E-mail 营销效果的因素很多,不同的行业、不同的产品、不同的营销目的、不同的邮件内容和格式,以及不同的用户背景等都会对 E-mail 营销效果产生影响,影响 E-mail 营销有效性的主要因素可分为三个方面,即:E-mail 营销的经营环境(发送技术、服务商与经营者的关系、邮件接收服务器的问题)、E-mail 营销经营者、邮件信息接收者。

5. E-mail 营销效果评价是对营销活动的总结,也是 E-mail 营销活动的重要内容之一。无论是采用内部列表开展 E-mail 营销,还是选择专业 E-mail 营销服务商的服务,无论是作为企业网络营销策略的一个组成部分,还是作为单独的一项网络营销方案来进行,都需要用一定的指标来评价其效果,因为哪个企业都希望投入的营销资源可以获得"看得见"的效果。

案例讨论

优衣库电子邮件营销案例分析

优衣库是日本零售业排名首位和世界服装零售业名列前茅的跨国服装企业。截至 2009 年 6 月,优衣库在全球拥有近 850 家连锁门店。2002 年优衣库进驻中国,2007 年优衣库中国区销售额同比翻了一倍。2009 年,优衣库中国门店迅速扩展至 34 家。随着国内网民规模的急剧扩大,网络购物正逐步成为年轻一代的购物主流。为了加强对国内二、

网络营销

三线城市的覆盖,2009年4月23日,优衣库淘宝旗舰店正式上线。优衣库进驻淘宝网的当天,销售额即突破30万;至6月底,优衣库的网络总销售额已达到1 800万;11月2日,优衣库的单日网络销售额更达到了惊人的114万。短短的半年,优衣库迅速成为服装企业网络销售的领头羊。

在全球经济危机的浪潮中,消费环境萎靡不振,优衣库独树一帜,网络销售额持续增长,除了其令人信服的品质和适宜的价格,更是由于优衣库采用了高效的网络营销方式——EDM营销。

EDM营销,即电子邮件营销,是一种精准高效、低成本的市场推广手段,是互联网最重要的营销方式之一。据官方统计:美国已有75.8%的商家在使用EDM推广自己的产品和服务,而中国电子邮箱的用户已达1.72亿。电子邮件营销最大的优势在于:有助于刺激无明确需求的消费,且较搜索引擎和在线广告而言成本更低、目标更精准。

2009年,优衣库将在中国的市场推广工作全面委托给大宇宙咨询(上海)有限公司。大宇宙经过专业的分析和比较后,选择了上海亿业网络科技发展有限公司为优衣库量身定制电子邮件营销的解决方案,将电子邮件打造成优衣库重要的营销渠道。上海亿业网络科技发展有限公司2004年正式成立于美国加州,是目前中国领先的许可邮件营销服务提供商。

通过发送电子邮件邀请函,将对优衣库感兴趣的淘宝会员转化为优衣库的活跃用户。定期向新老会员发送电邮杂志,开展EDM营销,定期向客户推荐新产品,提高客户的品牌忠诚度。经过半年的EDM运营,优衣库的活跃用户增长近70%,电子邮件营销渠道产生了约20%的销售额,电子邮件已成为优衣库重要的网络营销渠道。

今后,将会有更多的企业采用电子邮件开展产品的网络推广和客户的维护服务,精准的EDM营销是互联网时代的制胜利器。

(数据来源:中国电子商务研究中心)

讨论:

(1)什么是精准的E-mail营销?

(2)优衣库是怎样进行精准E-mail营销的?

思考题

1. 简述电子邮件营销的概念和特点。
2. 如何提高电子邮件的效果?
3. 简述电子邮件营销的作用。
4. 企业在电子邮件营销过程中应注意哪些问题?
5. 如何评价电子邮件营销的效果?

第 8 章 网络广告

知识目标：
- 熟悉网络广告策划的特点和网络广告策划的内容；
- 了解网络广告发布的渠道、方式；
- 掌握网络广告评估的内容和方法。

能力目标：
- 能实际进行网络广告的策划，并对其进行相应的效果评估。

案例导读

2005年8月，方便面行业中的高端品牌——今麦郎投入重金，高调试水网络广告宣传。今麦郎此次试水网络媒体广告，主要是要通过网络的多元化宣传方式，提升今麦郎品牌的美誉度。今麦郎的网络广告与"世界大学生运动会"相结合，达到了很好的宣传效果。2005年7月，今麦郎系列产品之一的今野拉面，被教育部中国大学生体育协会指定为"第23届世界大学生夏季运动会中国代表团专用方便面"。今麦郎选择了门户网站的体育频道，开办了"第23届世界大学生夏季运动会"专题，并将作为中国代表团专用方便面——今麦郎系列产品的相关介绍，作为花絮在专题中出现，形式活泼，易于被网友接受。在宣传形式上，今麦郎选择了"传统广告形式＋赞助冠名＋特型式广告（流媒体）＋网上投票（互动形式）＋专题传播"的复合式广告宣传形式，有力地提升了今麦郎品牌的知名度和美誉度，同时也对今麦郎产品之一的今野拉面的"青春、健康、活力"的品牌内涵，进行了充分的渲染，让消费者在无形之中对品牌产生好感。

今麦郎选择网络进行品牌提升的原因在于：网络广告更具互动性，网络广告的互动性更强，消费者可以轻而易举地参与进来，而无须通过发短信、打电话等既烦琐又费钱的方式参与。网民与今麦郎产品目标消费者基本相符，节约了宣传成本，减少无用宣传。今麦郎的目标消费者多数是工作繁忙的单身白领、在学校生活的大学生、出门在外的打工者，这些人的特点是生活节奏快、缺乏家人照顾，而绝大多数网民也是如此。网络广告更具个性化。网络广告的宣传形式比传统媒体要灵活得多，企业可以根据自己的需要选择通栏广告、悬浮式广告等传统形式，也可以选择赞助冠名、特型式广告、专题发布等非常规模式。

随着时代的发展,网络的作用已经不再局限于网民简单地浏览信息,即时通话、收发电子邮件等,网络成为人们生活中必不可少的重要组成。对于企业来讲,网络不但能为企业人员提供更多行业情报信息,企业通过网络还可以销售和品牌宣传。

第一节 网络广告概述

广告源于拉丁语 Adverture,原意是"我大喊大叫"。后来演变为英语中的广告 Advertise,意思是"引起别人的注意,通知别人某件事"。美国广告学家克劳德·霍普金斯将广告定义为:广告是将各种高度精练的信息采用艺术手法,通过各种媒介传播给大众以加强或改变人们的观念,最终引导人们行动的事物和活动。在当今社会,随着市场经济的不断发展和市场竞争的日益激烈,广告已经成为现代企业拓展市场不可或缺的工具和手段。

近年来随着互联网络迅速发展,网络广告也呈爆炸性地增长。网络广告简单来说,就是在网络上发表的广告,是以互联网为载体,使用文字、图像、动画、声音等多媒体信息表现形式,由广告主自行或委托他人设计、制作并在网上发布,旨在推广产品以及服务的有偿信息传播活动。网络广告目前已经成为广告业热门的广告形式。

一、网络广告的发展

(一)国际网络广告发展历程

网络广告发展历史非常短,是伴随着互联网络的成熟而成长起来的。网络广告发源于美国。1994 年 10 月 27 日是网络广告史上的里程碑,美国著名的 Hotwired 杂志推出了网络版的 Hotwired,并首次在网站上推出了网络广告,这立即吸引了 AT&T 等 14 个客户在其主页上发布广告 Banner,这标志着网络广告的正式诞生。

1996 年美国互联网广告署 IAB(2001 年更名为交互广告署)成立,标志着全球网络广告行业步入正轨。接下去的四年多时间,网络广告行业更随着网络媒体的高速发展而发展。截至 1999 年上半年,全世界约有 1 100 多家专门从事在线广告业务的公司。2000 年,美国在线广告年营业收入约为 40 亿美元。2000 年下半年,受网络经济泡沫破裂影响,美国网络广告市场出现前所未有的负增长。怀疑和猜测大过鲜花和掌声,冷落和调整大过激情和发展,网络广告行业遇到严峻的挑战。2001、2002 年网络广告收入逐年下降,到 2002 年网络广告跌入谷底。随着网络广告业自身调整和网络宏观环境的好转,2003 年网络广告重新恢复生机,而且发展势头越发猛烈。据统计,2003 年美国网络广告市场规模为 73 亿美元,2006 年达 159 亿美元,在 2003 年的基础上翻了一番,2007—2011 年分别为 211 亿美元、259 亿美元、300 亿美元、350 亿美元和 410 亿美元,如图 8-1 所示。

第八章 网络广告

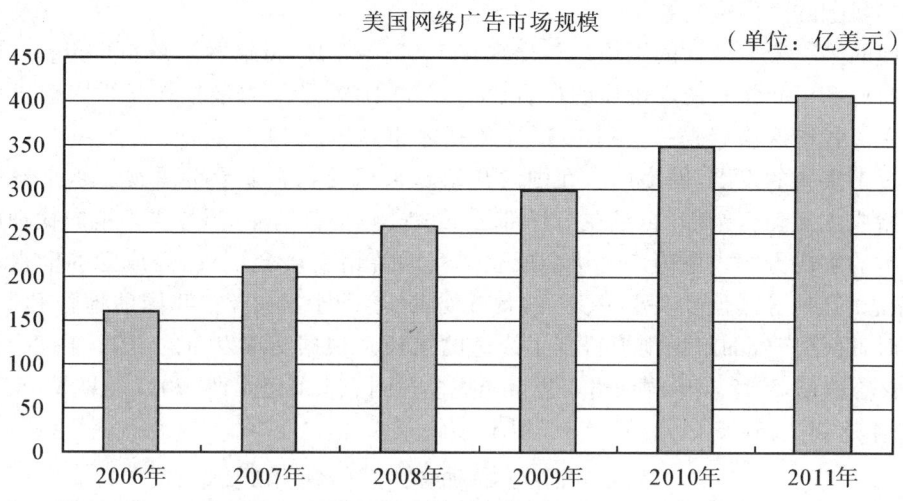

图 8-1　2006—2011 年美国网络广告市场规模

2007 年美国次贷危机开始显现,并在 2008 年 9 月份爆发为经济危机,2009 年以来全球经济持续低迷,总体广告规模下降,但是由于互联网与其他媒体相比优势明显,网络广告的市场规模仍在不断增加。iResearch 艾瑞咨询根据 eMarketer 发布的 2009—2014 年全球在线广告市场规模数据发现,在线广告市场规模仍以 2% 的增长率增至 552 亿美元,2010 年这一数值增至 618 亿美元,同比增长 11.9%,增长快速。预计 2011—2014 年在线广告市场每年将以超过 10% 的速度持续增长,到 2014 总体规模将达到 968 亿美元。

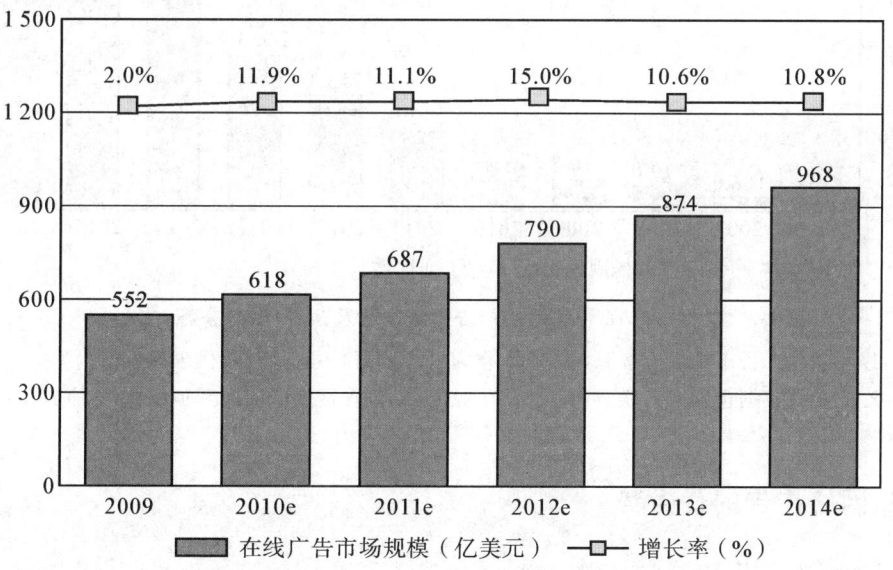

图 8-2　2009—2014 年全球在线广告市场规模

注:在线广告包括旗帜、搜索、实媒体、视频、分类、赞助、电子邮件广告,不包括移动广告。
资料来源:艾瑞网

(二)我国网络广告发展

中国的第一个商业性的网络广告出现在 1997 年 3 月,传播网站是 Chinabyte,广告表现形式为 468×60 像素的动画旗帜广告。Intel 和 IBM 是国内最早在互联网上投放广告的广告主。我国网络广告一直到 1998 年年初才粗具规模。

经过十多年的发展,网络广告在国内开始越来越受到企业界的重视。越来越多地广告主开始成立互动营销部门,或在市场部之下增设互动营销功能,并更多地向代理商寻求互动营销的解决方案。中国广告协会成立了互动营销委员会,与已经成立的电视、广播、报纸、杂志、互外等其他委员会并列,这都充分肯定了网络广告在我国的地位和影响力。与此同时,网络广告的市场规模得到了快速的增长。根据艾瑞发布的 2012 年度中国互联网广告核心数据,2012 年中国网络广告市场规模达到 753.1 亿元,较 2011 年增长 46.8%;预计 2016 年达到 2 067.5 亿元,如图 8-3 所示。

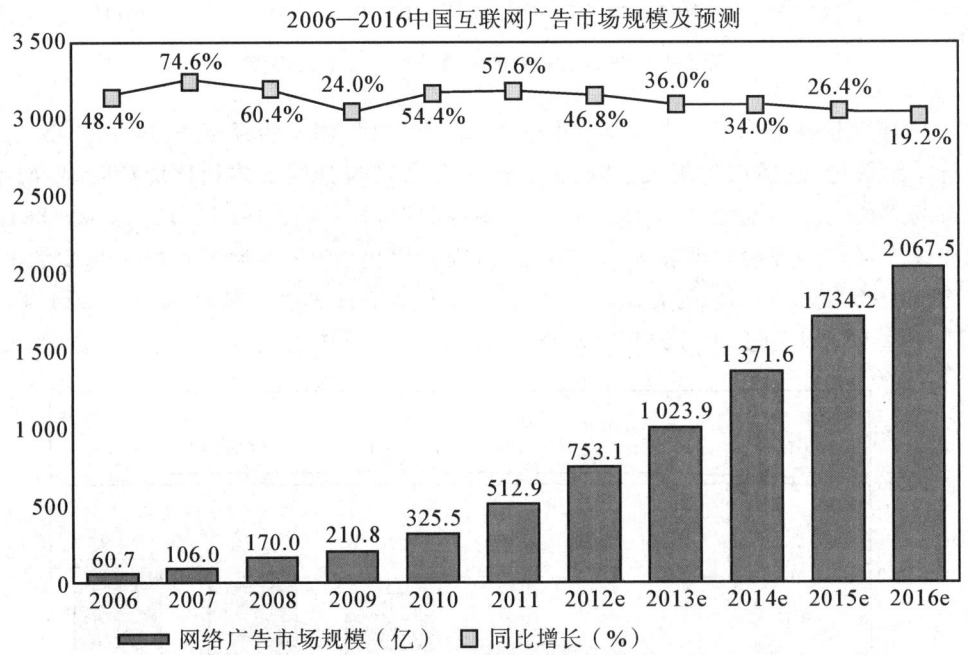

图 8-3　2006—2016 中国网络广告市场规模及预测(资料来源:艾瑞网)

注:1.互联网广告市场规模按照媒体收入作为统计依据,不包括渠道代理商收入;
　　2.此统计数据包含搜索联盟的联盟广告收入,也包含搜索联盟向其他媒体网站的广告分成。

二、网络广告的优劣势

(一)网络广告的优势

与其他广告形式相比,网络广告的优势主要表现在以下几方面:

1.传播覆盖面广

网络广告的传播范围广泛,且不受时间和空间限制。网络广告的对象是与互联网相连的所有计算机终端客户,通过互联网将产品、服务等信息传送到世界各地,其世界性广告覆盖范围使其他广告媒介望尘莫及。通过互联网可以把广告信息一天 24 小时不间断地传播到世界各地。网民不受时间和空间限制,只要具备上网条件,在任何时间、任何地点登录相关页面就能浏览广告信息。

2. 表现手段丰富多彩、感官性更强

网络广告采用文字介绍、声音、影像、图像、颜色、音乐等多种形式于一体的丰富表现手段,具有报纸、电视的各种优点,它可以使消费者全方位亲身"体验"产品、服务与品牌,还可以在网上进行预定、交易和结算,这些是传统媒体所无法实现的。网络广告制作成本低、时效长以及高科技形象将使越来越多的工商企业选择网络广告作为重要国际广告媒体之一。

3. 内容种类繁多、信息面广

网络广告的内容大到飞机、小到口香糖均可上网做广告。庞大的互联网使网络广告能够容纳难以计量的内容和信息,它的广告信息面之广、量之大是报纸、电视所无法比拟的。如报纸广告的信息量受到版面篇幅限制;电视广告的信息量受到频道播出时间和播出费用的限制。随着我国计算机的普及和发展,越来越多的国内工商企业和个人在国际互联网上建立站点或主页,打出广告推销自己或推销产品,使网络广告信息量激增。

4. 传播信息非强迫性、互动性。

报纸、杂志、电视、广播、户外等传统媒体在传播信息时,具有强迫性,都在千方百计地吸引消费者的注意,强行灌输到消费者脑海中。而网络广告则属于按需广告,具有报纸分类广告的性质,可让消费者自由查询,将资讯集中呈现给消费者,这样就节省了时间,避免无效的、被动的注意力集中。并且网络广告的信息传播是互动的,企业或个人将广告信息内容准备好放置于站点上,所有网络用户都可以上网及时查看、获取广告信息,广告主也可以随时得到用户的反馈信息,并与网民进行在线交流。例如,一家公司通过网络广告将公司产品信息传播到世界各地的互联网计算机终端客户,当受众之一的个人收到该信息后,对该公司的产品产生了兴趣,开始在网上交互查找该产品信息,以期获得更多的有关信息。进一步,此人可通过电子邮件、网络电话、网络传真等向该公司询问各类有关问题,得到满意答复后,可通过电子商务手段实现商品购买。由于信息时代信息播出和查询功能空前提高,企业所拥有的无形资产不是拥有多少客户,而是客户和营销人员之间的高度信任。传统的销售渠道中间环节过多,既增加了广告成本,又降低了商品信息传递的速度,难以满足飞速变化的市场需求。而利用网络广告可将产品信息几乎在生产的同时,就可同步传递到用户网中,等于在同一时间对无数受众做了广告宣传。

5. 传播实时性与持久性的统一

网络媒体具有随时更改信息的功能,广告主可以根据需要随时进行网络广告信息的改动,广告主可以 24 小时调整产品价格、商品信息,可以即时将最新的产品信息传播给消费者。而在传统媒体上做广告,发版后很难更改,即使可改动往往也需付出很大的经济代价。并且由于在 Internet 上做广告制作周期短,在广告传播期间还可以利用利用先进的信息技术即时获得数据、报告,及时变更广告内容,而这在传统媒体是不可能实现的。比如,同时在几家报刊上做广告,但每家的效果怎么样,不可能及时得到反馈,只能根据事后的感觉或调查来推断。

网络营销

网络媒体也可以长久保存广告信息。广告主建立起有关产品的网站,可以一直保留,随时等待消费者查询,从而实现实时性与持久性的统一。

6. 广告投放准确、针对性强

网络实际是由各类具有共同爱好和兴趣的用户群体组成的,这无形中形成了市场细分后的目标顾客群。广告主可以将特定的商品广告投放到有相应消费者的站点上,目标市场明确,并根据目标市场受众的特点、兴趣和品位设计广告信息、广告形式和广告表现,从而做到有的放矢。而信息受众也会因广告信息与自己相关而更加关注此类信息。

7. 准确跟踪和衡量广告效果

运用传统媒体发布广告的营销效果是比较难以测试、评估的,我们无法准确测算有多少人接收到所发布的广告信息,更不可能统计出有多少人受广告的影响而作出购买决策。而网络广告则可以通过受众回的 E-mail 直接了解到受众的反应,还可以通过设置服务器端的 log 访问记录软件随时获得具体网址的访问人数、访问过程、浏览的主要信息等记录,以随时监测广告投放的有效程度,还可以通过权威公正的访客流量统计系统精确统计出每个广告被多少用户看过,以及这些用户查阅的时间分布和地域分布,从而有助于企业正确评估广告效果、审定广告投放策略。

(二)网络广告的劣势

网络广告的劣势主要表现在以下几方面:

1. 访问者自身对网络广告的"过滤"

有些访问者根本就不想看广告,更不用说有应答反应,这与其他媒体的处境是相似的。虽然只有极少数的消费者会购买产品,但对企业而言,最关键是要能把广告信息传递给这部分消费者,网络广告的最大的难点是在于选准目标市场,否则广告就很难促成最终的购买行为。

2. 网络技术对广告的过滤

网络一方面为广告提供了更多的空间、机会、工具,但另一方面,网络文化本身的起源又是厌恶商业主义的,所以出现了一些软件和工具将网络广告作为网络文化的糟粕进行过滤。公司在做网络广告时,一定要检验目标市场是否有极端厌恶商业广告的倾向,是否使用这些过滤网络广告的工具。

3. 缺乏表达能力和营销技巧

网络广告的指导思想是"信息促销",而不是"印象劝诱",但是信息的表达和传递仍然需要表达技巧以吸引消费者。所以,仅仅是将产品和方方面面的信息罗列出来,是绝对不能形成成功的网络广告的。传统广告中产生不可抗拒的印象和吸引力的表现技巧及营销技巧在网络广告仍然需要,甚至要求更高。对营销人员来说,如何在向消费者提供丰富的信息资源的同时,又对他们产生强大的吸引力是一个巨大的挑战。

4. 网络广告对营销人员的要求比其他媒体都要高

网络广告几乎可以看作整个营销的一个缩影,它涉及如何吸引顾客与顾客互动等,这与传统广告给顾客留下深刻印象的目标相比,已经走得很远。网络广告要求营销人员在网络上能够综合运用传统广告的表现手法、营销技巧,利用各种信息进行软性营销。

三、网络广告的具体形式

随着网络信息技术的发展,网络广告的形式也越来越多,常见的网络广告形式有以下几种。

(一)网幅广告

网幅广告(banner)是以 GIF、JPG 等格式建立的图像文件,定位在具体网页中,大多用来表现广告内容,同时还可使用 Java 等语言使其产生交互性,用 Shockwave 等插件工具增强其表现力。网幅广告是最早的网络广告形式,一般放置在广告商的页面上以限定尺度的图片形式表现商家广告内容,网幅广告因为不能占据太大的空间,所以在设计上往往只是提示性的——可能是一个简短的标题加上一个标志,或是一个简洁的招牌;但一般都具有链接功能,暗示你用鼠标点击或直接加上"Click me(here)""点击此处请进入"的字样,引导消费者去了解更详尽的广告信息。如图 8-4 所示为三星公司制作的网幅广告。

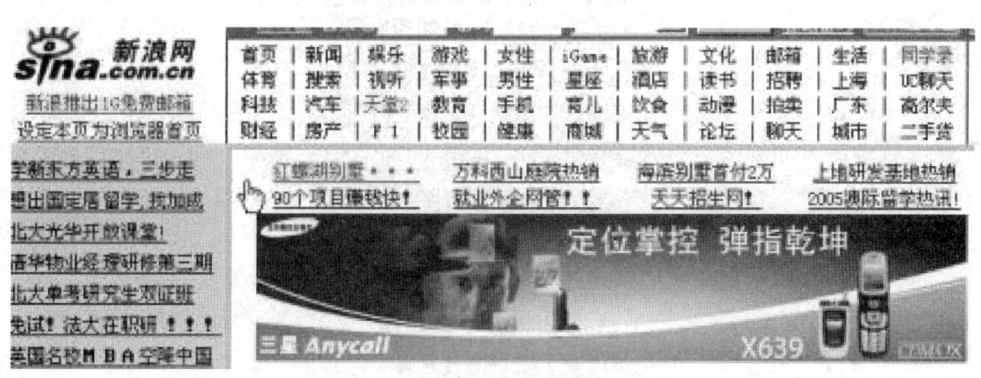

图 8-4 新浪网三星手机网幅广告

网幅广告分为以下三类:

1. 静态网幅广告

静态的网幅广告就是在网页上显示一幅固定的图片,它也是早年网络广告常用的一种方式。它的优点是制作简单,并且被所有的网站所接受。它的缺点也显而易见,在众多采用新技术制作的网幅广告面前,它显得有些呆板和枯燥。事实也证明,静态网幅广告的点击率比动态的和交互式的网幅广告低。

2. 动态网幅广告

动态网幅广告拥有会运动的元素,或移动或闪烁。它们通常采用 GIF89 的格式把一连串图像连贯起来形成动画。大多数动态网幅广告由 2 到 20 帧画面组成,通过不同的画面传递给浏览者更多的信息,也通过动画的运用加深浏览者的印象,其点击率普遍要比静态网幅广告高。而且这种广告在制作上相对来说并不复杂,尺寸也比较小,通常在 15k 以下。正因为动态网幅广告拥有如此多的优点,所以它是目前最主要的网络广告形式。

3. 交互式网幅广告

当动态网幅广告不能满足要求时,一种更能吸引浏览者的交互式广告产生了。交互式广告的形式多种多样,比如游戏、插播式、回答问题、下拉菜单、填写表格等,这类广告需

网络营销

要更加直接的交互,比单纯的点击包含更多的内容。交互式广告分为 html 和 rich media 两种。

(二)文本链接广告

文本链接广告是一种对浏览者干扰最少但却最有效果的网络广告形式。整个网络广告界都在寻找新的宽带广告形式,而有时候最小带宽、最简单的广告形式效果却最好。如图 8-5 为人大商学院、北大光华等在新浪网的文字链接广告。

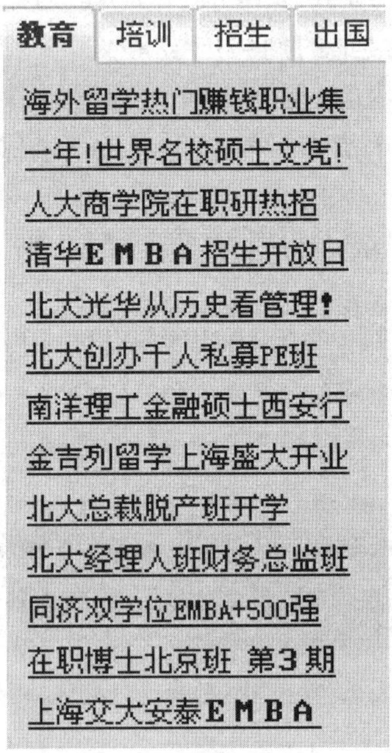

图 8-5　新浪网文字链接广告

(三)电子邮件广告

电子邮件广告具有针对性强、费用低廉的特点,且广告内容不受限制。特别是针对性强的特点,它可以针对具体某一个人发送特定的广告,为其他网上广告方式所不及。

电子邮件广告一般采用文本格式或 html 格式。通常采用的是文本格式,即把一段广告性的文字放置在新闻邮件或经许可的 E-mail 中间,也可以设置一个 URL 链接到广告主公司主页或提供产品或服务的特定页面。html 格式的电子邮件广告可以插入图片,和网页上的网幅广告没有什么区别,但是因为许多电子邮件的系统是不兼容的,html 格式的电子邮件广告并不是每个人都能完整地看到的,因此邮件广告做得越简单越好,文本格式的电子邮件广告兼容性最好。

(四)赞助式广告

赞助式广告的形式多种多样,在传统的网幅广告之外给予广告主更多的选择。赞助式广告的定义至今仍未有明确划分,DoubleClick Asia 台湾区行销总监伍臻祥提出,凡是所有非旗帜形式的网络广告都可算作赞助式广告。这种概念下的赞助式广告其实可分为广告置放点的媒体企划创意及广告内容与频道信息的结合形式。例如原来新浪的"竞技风暴"频道,耐克公司进行了赞助,因此频道名字也相应改成"NIKE 竞技风暴",并配上不同栏目。由于浏览者对于每天浏览的网站比较信任,所以在这些网站的信息中夹杂广告主的信息比单纯的广告更有作用。广告不一定能吸引广大受众的注意,位于网页最上方的大块版位也不见得是最好的选择,广告内容若能与广告置放点四周的网页资讯紧密结合,效果可能比选择网页上下方的版位更好。

(五)插播式广告

插播式广告的英文名称叫"Interstitial",不同的机构对此的定义有一定的差别。在中国互联网络信息中心将 Interstitial 定义为"空隙页面":"空隙页面是一个在访问者和网站间内容正常递送之中插入的页面。空隙页面被递送给访问者,但实际上并没有被访问者明确请求过。"好耶广告网将"Interstitial"解释为"弹出式广告":访客在请求登录网页时强制插入一个广告页面或弹出广告窗口。全球网络经济资讯网将 Interstitial 定义为"插入式广告":在等待网页下载的空当期间出现,以另开一个浏览视窗的形式的网络广告。在台湾的一些专业文章中,常用"插播式广告"这一概念,也常将"Interstitial/ Pop-up"统称为"插播式广告"。虽然一些网站或机构对"弹出式广告"和"插播式广告"的理解有一定的差别,但基本上可以将两者视为同一类型,或者说,"弹出式广告"是"插播式广告"中的一个类别。

它们有点类似电视广告,都是打断正常节目的播放、强迫浏览者观看。插播式广告有各种尺寸,有全屏的也有小窗口的,而且互动的程度也不同,从静态到全部动态的都有。浏览者可以通过关闭窗口不看广告(电视广告是无法做到的),但是它们的出现没有任何征兆。

广告主很喜欢这种广告形式,因为它们肯定会被浏览者看到。只要网络带宽足够,广告主完全可以使用全屏动画的插播式广告。这样屏幕上就没有什么能与广告主的信息"竞争"了。

插播式广告的缺点是可能引起浏览者的反感。为避免这种情况的发生,许多网站都使用了只有 1/8 屏幕的大小的弹出窗口式广告,这样可以不影响正常的浏览。

(六)壁纸和屏保广告

壁纸广告是指将所要表现的广告内容以壁纸的形式体现出来,挂在相关网站上供感兴趣的网民查看和下载。通过壁纸广告可以很好地展示企业和产品,也可以很好地树立企业的形象和品牌。如图 8-6 为玉兰油壁纸广告。

屏保能在计算机空闲时以全屏的方式播放动画,并且能配上声音,因此屏保应该算是计算机上最好的广告载体。许多知名品牌都制作了自己的屏保程序放在网上供用户下载,并且用户也会使用 E-mail 来传递屏保程序。好的屏保会很受用户欢迎,制作公司用很小的投入换来极佳的宣传效果。如图 8-7 为百事可乐的屏保广告下载页面。

(七)关键词广告

关键词广告也称为"关键词检索",是当用户利用某一关键词进行检索时,在检索结果页面会出现与该关键词相关的广告内容,并链接到所指定的网址。由于关键词广告是在特定关键词的检索时才出现在搜索结果页面的显著位置,所以其针对性非常高,被称为性

网络营销

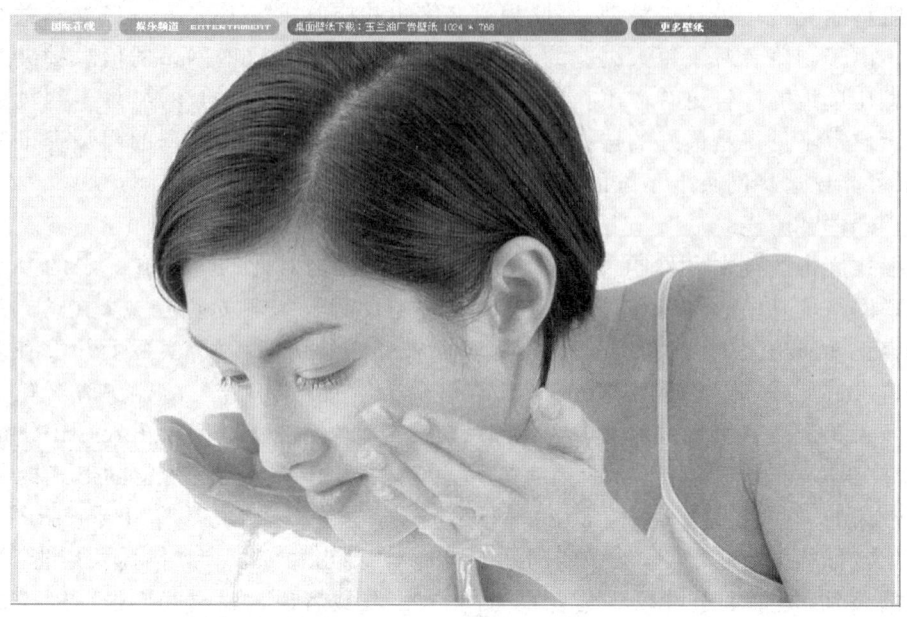

图 8-6　玉兰油壁纸广告

图 8-7　百事可乐屏保广告

价比较高的网络推广方式。如图 8-8 为 google 关键词广告实例。

（八）富媒体广告

在互联网发展的初期，网站内容以文本和少量低质量的 GIF、JPG 图片为主，网络广

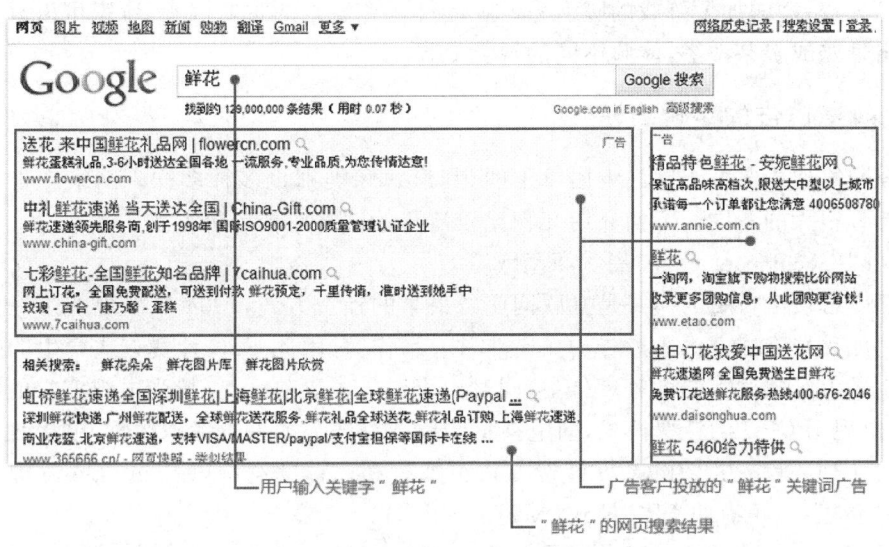

图 8-8　google 关键词广告

告也主要是指 Banner 广告。随着技术的进步以及消费市场的成熟，出现了具备声音、图像、文字等多媒体组合的媒介形式，人们普遍把这些媒介形式的组合叫做富媒体，以此技术设计的广告叫做富媒体广告。从严格意义上说，富媒体广告是一种技术而不是一种广告形式，富媒体包含下列常见的形式之一或者几种的组合：流媒体、声音、Flash 以及 Java、Javascript、RealVideo、RealAudio、Interstitial 间隙窗口、Microsoft Netshow、HTML、DHTML 等程序设计语言。富媒体可应用于各种网络服务中，如网站设计、电子邮件、BANNER、BUTTON、弹出式广告、插播式广告等。Rich Media 能够提高广告的互动性，提供更广泛的创意空间。

（九）在线互动游戏广告

这是一种新型的网络广告形式，它被预先设计在网上的互动游戏中，可以根据广告主的产品要求定做一个属于自己产品的互动游戏广告。随着家庭电脑上网的普及，在线电脑游戏作为一种新型的娱乐休闲方式越来越受到用户的欢迎。免费好玩的电脑游戏对于许多青少年有很大的吸引力，所以开发网上游戏广告有很大的市场前景。

在线互动游戏广告主要有三种形式：一种是仅仅把产品或品牌信息嵌入游戏环境，使游戏在含有广告信息的环境中进行；另一种是把产品或以此相关的信息作为进行游戏的必要工具或手段，使广告信息成为游戏内容；还有一种是通过提供产品的真实内容，让消费者在游戏的虚拟空间体验产品，再通过与消费者互动来提高广告信息的传播效果。例如 2010 年 10 月多芬沐浴露在腾讯网发布了"多芬 VS 牛奶"在线游戏广告，旨在宣传多芬比牛奶还滋润的理念。他们拍摄了一个模特在洗浴中的的各种姿态，包括抓取某物和跳跃的动作。游戏中会有白云滴落下牛奶或多芬沐浴露，如果模特抓到多芬沐浴露，她的肌肤便会呈现出更好的感官效果。游戏的视觉效果非常真实，表现出多芬沐浴露能让皮肤吸收更多的营养和水分。这款游戏瞄准年轻的女性玩家。同时，玩家可以邀请他们的朋友一起比赛,这增加了游戏的吸引力。互动性是该游戏的重要因素,玩家可以真实地看见模特用牛奶或多芬洗浴,体验不同的视觉效果。

四、网络广告的定价方法

如今网络广告在各个网站上屡见不鲜,其形式和类别也多种多样。网络广告的定价方法也有着很大的不同。下面介绍几种比较流行的网络广告定价方法。

(一)CPC(cost per click,每次点击成本)

按照广告点击付费的模式是互联网广告最早的计费方式,1994年出现的第一支广告就是采用此计费方式。由于广告的点击非常容易作弊,因此CPC计费方式产生的后果就是媒体生成大量虚假点击欺骗广告主,同时由于广告主更熟悉、更接受电视广告的宣传模式,因此出现了CPD的计费模式,向电视宣传模式靠齐。如果不考虑作弊,单从效果角度考量的话,CPC计费方式比CPD计费方式更加有利。百度竞价以及google竞价均采用CPC的计费模式(也有叫PPC模式,pay-per-click)。

(二)CPD(cost per day,按天付费)

此种模式完全参考电视广告的宣传方式,重展现、追求品牌曝光的范围(更广的地域或人群)及深度(到达频次),也以电视广告的指标来衡量效果。但采用此种计费方式的媒体必须有强大的用户群体支撑,而且必须具有很高的知名度及美誉度,否则广告主不买账,因此只有几个门户网站采用这种计费方式。对于垂直类媒体而言,多采用CPM的计费方式。

(三)CPM(cost per thousand impressions或cost per mille,千人成本)

即广告主为它的广告显示1 000次所付的费用。需要说明的是,CPM中的M指的是Mille,希腊文中千的意思。互联网行业是长尾法则发挥力量的行业,除了少数的大广告主可以承受CPD的计费方式外,大量的中小广告主往往因为价格过高而放弃网络广告的投放。有需求就会有解决方案,CPM计费的方式就产生了。CPM方式与CPD方式的区别在于按量投放、按量计费,广告主只需要为自己需要采购的播放量付费,解决了中小广告主的价格困局,因此很受市场的欢迎,CPM是目前垂直类媒体以及广告网络的主流计费方式。

但CPM的M不一定是广告的展现,要按照广告形式来区分。如果是基于网页的固定位置展现的广告,如Banner、PIP等形式,M指的是页面的PV量,而不管访客是否真正看到了广告。如果是浮层类的广告,M指的就是广告的展现量。

(四)CPA(cost per action,按行为付费)

由广告所带来的用户产生的每次特定行为的费用,即根据每个访问者对网络广告所采取的行动收费的定价模式。对用户行动有特别的定义,包括形成一次交易、获得一个注册用户、产生一次下载行为等。

网络广告的计费方式随着市场的变化而变化。随着网络游戏、电子商务的兴起以及重视长尾流量的网盟的发展,CPA的计费模式产生了。此模式直指游戏、电商广告主最核心的需求——产生注册及订单。用户行为是投放前由广告主和媒体协商制定的,可以是注册,可以是下单,也可以是点击某一个特定按钮、提交问卷等,只要定义好、双方认可,并且双方都可以监测到相应数据即可。

（五）CPS（cost per sale，按销售付费）

即为基于广告引入用户所产生的成功销售而收取一定比例佣金的商业合作方式。

CPS 模式是 CPA 模式的一种特定形式，在国内常用作电商广告投放时的计费方式，是只有在电商获得订单的时候，媒体才会得到推广费用。CPS 有两种收益计算方法：一是按照订单额的比例计算；一是不区分订单额，每个订单有固定价值，订单固定价值乘以订单量即为广告主的收益。

（六）ROI（return on investment，投资收益率）

ROI 现在多用于电商、游戏类用户考核广告效果。一般计算方法是 ROI＝广告产生的收益额/投放额。

ROI 方式是 CPS 方式的另一种表示方法。举例来讲，如果一个电商的合作 ROI 是1∶2，其意思是广告主愿意支出其订单额的 50% 付给媒体。

作为约定俗成的做法，当电商网站和联盟合作时，会讲用 CPS 结算，一般比例在 10% 以下，而和门户网站以及有一定品牌价值的媒体合作时，会用 ROI 结算，一般为 1∶2 或者 1∶1，甚至会有 1∶0.8，可以看出广告主让利比例非常大，因为此时有品牌宣传的考虑在里面。

第二节　网络广告的实施

好的网络广告在发布前需要进行精心设计、制作、策划，做到让合适的广告展现在合适的对象面前，吸引顾客进行有效的点击和浏览，在发布后还必须对广告的效果进行有效评估，以便及时调整网络广告策略。

一、网络广告的策划

网络广告策划是根据互联网特征、网民特点，对网络广告的运筹和规划，是广告策划的一种。具体内容包括网络广告目标的确定、网络广告目标对象的定位、网络广告创意及策略的选择、网络广告预算的制定等

（一）网络广告目标的确定

广告的目标是通过信息沟通使消费者产生对品牌的认识、情感、态度和行为的变化，从而实现企业的营销目标。企业在不同发展时期的广告目标是不同的，产品生命周期不同，广告的目标也不相同。

网络广告虽然在传播渠道、表现方式上与传统广告不尽相同，但是经典的 AIDA 法则在确定网络广告目标时同样适用。AIDA 第一个字母 A 是"注意"（attention），在网络广告中意味着消费者在电脑屏幕上通过对广告的阅读，逐渐对广告主的产品或品牌产生认识和了解；第二个字母 I 是"兴趣"（interest），网络广告受众注意到广告主所传达的信息之后，对产品或品牌发生了兴趣，想要进一步了解广告信息，他可以点击广告进入广告主放置在网上的营销站点或网页中；第三个字母 D 是"欲望"（desire），感兴趣的广告浏览

网络营销

者对广告主通过商品或服务提供的利益产生"占为己有"的企图,他们仔细阅读广告主的网页内容,在广告主的服务器上留下网页阅读的记录;第四个字母 A 是"行动"(action),广告受众把浏览网页的动作转换为符合广告目标的行动,可能是在线注册、填写问卷参加抽奖或者是在线购买等。

与传统广告媒体不同的是,网络广告的 AIDA 可以一气呵成,直接在网上完成 AIDA 的最重要一环——把广告阅读转化为行动。确定网络广告目标,应以沟通为核心,实现这一转换。

(二)网络广告目标对象的定位

对网络广告目标对象进行定位,就是确定网络广告的受众人群,即网络广告希望让哪些人来看,确定他们是哪个群体、哪个阶层、哪个区域。只有让合适的人群接收到网络广告信息,才能使网络广告有效地实现其目标。网络广告的目标对象决定着网络广告的表现形式、广告内容、具体网站的选择,也影响着最终的网络广告效果。

网络广告的受众主体是网民,但网民这一群体里不同的亚群体(按年龄、性别、职业等划分)又有着不同的生活方式与消费形态,他们上网的习惯、感兴趣的站点、对网络广告的接受程度等都不尽相同,因此对不同的群体要采取不同的广告策略。例如,青少年上网族喜欢"酷"的东西,追求新奇,喜欢在网上聊天和玩游戏,他们上网的时间一般不会太晚,针对这一群体的网络广告应该选择他们常去的网站,时段安排不能太晚,广告设计要新颖奇特,能引发他们的好奇心,最好采用游戏形式吸引他们参与,而且还要注意以不同形式轮换以避免失去新鲜感。

网络广告的目标受众应该就是企业的目标顾客,偏差太大就会造成传播低效甚至完全无效。企业应将自己掌握的目标顾客的特点与广告网站提供的访客统计资料相对照,看两者是否在一定程度上吻合,才能判定网络广告的目标受众是否正确。

(三)网络广告创意及策略的选择

网络广告创意及策略的选择对网络广告效果的影响非常大。网络广告制作者要根据网络广告的总体目标和目标受众情况,在全面和综合分析的基础上进行网络广告的创意设计及策略的选择,如确定网页的内容主体、旗帜主题、诉求及表现方法等。具体来说应该注意以下几方面:

1. 广告标题要鲜明或别致

广告标题是一句吸引消费者的带有概括性、观念性和主导性的语言,它将广告中最重要的、最吸引人的信息进行富于创意性的表现,以吸引受众对广告的注意力;它昭示广告中信息的类型和最佳利益点,使浏览者继续关注正文。人们在无目的的阅读和收看时,对标题的关注率相当高,特别是在报纸、杂志等选择性、主动性强的媒介上。标题是广告的生命线,它对于广告的投放效果有着至关重要的影响。

2. 简洁的广告表现形式

艺术与设计的美往往是简洁的。文学巨匠列夫·托尔斯泰有句名言:"简洁——美的必要条件。"通过简洁的表达手段达到最佳的表现效果一直是不同领域的创造者追求的最高目标,更是现代艺术设计的一种价值取向,广告设计更是如此。在广告设计的创意表现上,不能面面俱到、无的放矢,应取其精华,以最简练的视觉表现语言来传达其主要内容特征。以形达意,以简出奇,形美意达,好的广告创意设计无需语言文字上的说明,一图胜千言,在瞬间产生强大的信息吸引力,有力地达到与观者沟通、传达信息的诉求效果。简洁的广告创意设计应是活跃的、生动的、人性化的,充满想象空间、回味无穷的,它能给观者创造一个隽永、轻松、奇妙、美好的视觉魅力世界。美国的"广告怪杰"大卫·奥格威曾指出,招贴广告应该具有五秒钟内决定购买的力量。这种五秒内的魅力要求设计师的创意要以最简洁、最直观的视觉元素来吸引观者。

3.重视广告的互动性

网络媒体的特性决定了网络广告在传播方式、传播效果上与传统媒体广告的不同,同时也使受众对网络广告信息传播的接受方式、接受效应产生很大的差异。网络广告的最大特点是授受之间的互动性与可选择性。广告的好坏、互动性的强弱,会在一定程度上影响广告的效果。网络广告要成功,必须体现"互动"这一特点。如在网络广告上增加游戏功能,提高访问者对广告的兴趣。

4.合理安排网络广告发布的时间

网络广告的时间策划是广告策略的重要方面。它包括对网络广告时限、频率、时序及发布时间的考虑。时限是广告从开始到结束的时间长度,即广告打算持续多久,这是广告稳定性和新颖性的综合反映。频率即一定时间内广告的播放次数。时序是指各种广告形式在投放顺序上的安排。发布时间是指广告发布是在产品投放市场之前还是之后。

(四)网络广告预算的制定

广告投入是一项商业活动,对广告活动的费用开支计划的设计、安排及分配就是广告预算,它规定计划期内广告活动所需的金额及在各项工作上的分配。在网络广告中,广告预算作为一种企业行为在本质上与传统广告并无二致,作为一种预算,从企业的角度来说,广告方式的不同并不影响预算性质的改变。

网络广告预算的编制方法有许多种,各具优点也各有不足。目前世界常用的方法有以下几种:

1.期望行动制

这种预算方法是以购买者的实际购买行动为参照来确定广告费用。一般的做法是,先预期一个可能的购买量的范围,再乘以每一单位购买行动的广告费,取其平均值就得到广告预算结果。预期的购买人数一般参照同类商品以往年份的统计数字,每一单位的广告费用可根据商品及企业的目标来定。这种做法尤其适合于农产品、大众消费品、家用电器等这些有较稳定购买量的商品,它的购买数目较容易得到接近客观的数字。

2.产品跟踪制

这种预算方法通常只确定每一单位商品用多少广告费,再根据实际成交量来确定预算费用。它是一种事后行为,在制订当期广告预算计划时使用的是以往的数据,具有时滞性;但好处是便于操作,具有一定的客观性。

3.阶段费用制

这是广告预算中最常用的方法之一,它一般以企业的营销目标为基础,以实际销售目标为依据,按照不同的营销目标来确定广告目标,然后根据不同的营销阶段来确定广告的战略,设计、制订出完整的广告计划,再运算其费用。这一方法虽然有其操作的难度,尤其是一个成熟的公司一般很难把营销计划严格分开,往往是交错而成的。再者不同阶段广告预算的制定仍然要依赖其他方法。但是它可以推进新产品的上市力度、加大新产品的攻势,还可以适应多变的市场,发现市场的需求并及时调整广告的环节,因而这种方法被普遍采用。

4. 参照对手制

这种方法的主要预算标准来自同种产品同一市场上竞争者的广告预算。为达到与竞争者相抗衡的目的,一般后来者的广告预算不会低于竞争者,广告在这里成为市场竞争的工具之一。这种方法常常被大型企业用作市场竞争的工具,大型企业如果要抢夺竞争对手的市场份额,往往配合其他营销手段加大广告预算,虽然风险较大,但一旦成功,则有数倍于广告投入的利润回报。这种方法的最大好处是无风险、操作简单,因而是许多刚成长起来的小型企业和传统企业常用的广告预算法。其缺点是不能根据实际需要制定广告预算,缺乏科学性,因而其效果难以保证。

5. 比例提成制

这种预算方法是根据销售比例或盈利比例来制定广告预算。按销售额计算的方法是确定一定的销售额基数,然后根据一定的广告投入比率计算广告预算。这种方法简便易行,制定预算的过程也不复杂,有一定的科学性。但它以销售量为基础制定广告预算,有悖于广告的目的,广告的目的在于提高销售额而不是以销售来决定广告。因此,企业在使用这种方法时,应该权衡利弊,最好是与其他预算方法结合使用。利润提成法在本质上与销售提成法是一致的,在做法上也没有太多本质区别。

二、网络广告的发布

网络广告的发布渠道和方式众多,企业可以根据自身情况和网络广告的目标,相应地选择网络广告的发布渠道和方式。目前,可供选择的渠道和方式主要有:

(1) 企业主页形式。对于企业来说,建立自己的主页是一种必然的趋势。它是树立企业形象、宣传产品的良好工具。很多网络广告形式都只是提供了一种快速链接公司主页的途径,所以建立公司的 web 主页是最根本的。从今后的发展看,公司的主页地址也会像公司的地址、名称、电话一样,是独有的、是公司的标识,将成为公司的无形资产。

(2) 网络内容服务商。这是目前常用的网络广告发布方式。新浪、搜狐、网易等网络内容服务商提供了大量互联网用户感兴趣并需要的免费信息服务,包括新闻、评论、生活、财经等内容,这些网站的访问量非常大,因而是网络广告发布的主要阵地。

(3) 专业类销售网。这是一种专业类产品直接在互联网上进行销售的方式。在这种网站上,消费者只要在一张表中填上自己所需商品的类型、型号、制造商、价位等信息,然后按一下搜索键就可以得到所需要商品的各种细节资料。因此,对于像汽车代理商和销售商来说,这就是种很有效的广告方式。汽车商只要在网上进行注册,他所销售的汽车细节就进入网络的数据库中,就有可能被消费者查询到。

(4) 企业名录。这是由一些 Internet 服务商或政府机构将一部分企业信息融入他们的主页中。如香港商业发展委员会的主页中就包括汽车代理商、汽车配件商的名录,只要用户感兴趣,就可以通过链接进入选中企业的主页。

(5)免费的 E-mail 服务。在互联网上有许多服务商提供免费的 E-mail 服务,用户群体很大,因而能够帮助企业将广告主动送至使用免费 E-mail 服务的用户手中。

(6)黄页形式。在 Internet 上有一些专门用来查询检索服务的网站,如 yahoo、infoseek、excite 等。这些站点就如同电话黄页一样,按类别划分,便于用户进行站点的查询。在这些网站页面上,都会留出一定的位置给企业做广告。在这些页面做广告的好处,一是针对性强,查询过程都以关键字区分;二是醒目,处于页面的明显处,易于被查询者注意,是用户浏览的首选。

(7)网络报纸或网络杂志。随着互联网的发展,国内外一些著名的报纸和杂志纷纷在 Internet 上建立了自己的主页;更有一些新兴的报纸或杂志,放弃了传统的"纸"的媒体,完完全全地成为一种"网络报纸"或"网络杂志"。他们的影响非常大,访问的人数不断上升。对于注重广告宣传的企业来说,这些网络报纸或杂志也是一个较好的广告渠道。

(8)新闻组。新闻组是人人都可以订阅的一种互联网服务形式,阅读者可成为新闻组的一员。成员可以在新闻组上阅读大量的公告,也可以发表自己的公告或者回复他人的公告。新闻组是一种很好的讨论和分享信息的方式。广告主可以选择与本企业产品相关的新闻组发布公告,这是一种非常有效的网络广告传播渠道。但是值得注意的是,在新闻组发布广告信息时,必须要注意网络礼仪,否则适得其反。

第三节 网络广告的效果评估

网络广告效果评估是指网络广告活动实施以后,通过对广告活动过程的分析、评价及效果反馈,以检验广告活动是否取得了预期效果的行为。

一、网络广告效果的评估方法

网络广告的效果评价关系到网络媒体和广告主的直接利益,也影响到整个行业的正常发展。广告主总希望了解自己投放广告后能取得什么回报,在最容易监测的浏览数量和点击率不能反映网络广告效果的情况下,就产生了这样的问题,究竟怎样来全面衡量网络广告的效果呢?下面从定性和定量的不同角度介绍了三种基本的评估方法。

(一)对比分析法

无论是 BANNER 广告还是 E-mail 广告,由于都涉及点击率或者回应率以外的效果,因此,除了可以准确跟踪统计的技术指标外,利用比较传统的对比分析法仍具有现实意义。当然,不同的网络广告形式对比的内容和方法也不一样。

对于 E-mail 广告来说,除了产生直接反应之外,还可以有其他方面的作用。顾客没有惦记 E-mail 并不意味着不会增加将来购买的可能性或者品牌忠诚度。从定向的角度考虑,较好的评价方法是关注 E-mail 营销带给人们的思考和感受。

对于标志广告或者按钮广告,除了直接增加点击以外,广告的效果通常还表现在品牌形象方面,这也就是为什么许多广告主不顾点击率低的现实而仍然选择标志广告的主要原因。当然,品牌形象的提升很难随时获得可以量化的指标,不过可以利用传统的对比分析法对网络广告投放前后的品牌形象进行调查对比。

(二)加权计算法

所谓加权计算法就是在投放网络广告后的一定时间内,对网络广告产生效果的不同层面赋予权重,以判别不同广告所产生效果之间的差异。这种方法实际上是对不同广告形式、不同投放媒体或者不同投放周期等情况下的广告效果进行比较,而不仅仅反映某次广告投放所产生的效果。加权计算法要建立在对广告效果有基本监测统计手段的基础之上。

就目前而言,国内广告评估主要从广告的经济效果指标来进行综合评估,包括广告费用指标、广告效果指标、广告效益指标、市场占有率指标和广告效果系数指标等六大指标。要评估一个广告投放是否成功,绝不能从单一指标就得出结论,而是要做一个全面的考察。下面举例说明:

某网络运营商在广告投放调试期间,分别在 A 网站和 B 网站投放 1 000 块钱同类型的广告,假如在所有外部条件相同的情况下,A 网站给网络运营商带来了 5 000 元的利润和 2 000 个点击,而 B 网站则个网络运营商带来了 4 000 元的利润,但有 5 000 个点击。应该如何判断哪个网站的广告投放效果更好呢?如果单从带来的利润来说,A 网站要优于 B 网站;但 B 网站带来更多的潜在客户。按照"1 个老客户所带来的利润相当于 5 个新客户所带来的利润"这一原则,假设网站广告投放带来的经济利益指数为 1,那么其所带来的潜在利益指数应该是 0.2。那么一个有以下公式:

$$A 网站广告效果 = 5\,000 \times 1 + 2\,000 \times 0.2 = 5\,400$$
$$B 网站广告效果 = 5\,000 \times 1 + 5\,000 \times 0.2 = 6\,000$$

很显然,从理念上说,B 网站的效果应该比 A 要好些。但在具体的实施过程中,到底何种方式最有效,还取决于网络广告运营商的广告目的,因此有的网站运营商会选择 A 网站,有的网站运营商会选择 B 网站。因此,网络评估不是单一指标就能衡量和评估的,它是一个相当系统的工程。

(三)点击率与转化率

点击率是网络广告最基本的评价指标,也是反映网络广告最直接、最有说服力的量化指标。不过,随着人们对网络广告了解的深入,点击它的人反而越来越少,除非特别有创意或者有吸引力的广告,造成这种状况的原因可能是多方面的,如网页上广告的数量太多而无暇顾及、浏览者浏览广告之后已经形成一定的印象无须点击广告,或者仅仅记下链接的网址在其他时候才访问该网站等等,因此平均不到 1% 的点击率已经不能充分反映网络广告的真正效果。于是,对点击以外的效果评价问题显得重要起来,与点击率相关的另一个指标——转化率被用来反映那些观看而没有点击广告所产生的效果。

"转化率"最早由美国的网络广告调查公司 AdKnowledge 在"2000 年第三季度网络广告调查报告"中提出,AdKnowledge 将"转化"定义为受网络广告影响而形成的购买、注册或者信息需求。正如该公司高级副总裁 David Zinman 所说,"这项研究表明浏览而没有点击广告同样具有巨大的意义,营销人员更应该关注那些占浏览者总数 99% 的没有点击广告的浏览者"。

AdKnowledge 的调查表明,尽管没有点击广告,但是全部转化率中的 32% 是在观看广告之后形成的。该调查还发现了一个有趣的现象:随着时间的推移,由点击广告形成的转化率在降低,而观看网络广告形成的转化率却在上升。点击广告的转化率从 30 分钟内的 61% 下降到 30 天内的 8%,而由观看广告的转化率则由 11% 上升到 38%。

这一组数字对增强网络广告的信心具有很大意义,但问题是转化率怎么来监测,在操作中还有一定的难度,大概仍然要参照上述第一种对比分析法。

二、网络广告效果的影响因素

(一)用户行为对网络广告效果的影响

从根本上说,用户行为将最终决定网络广告的效果。认真研究用户对网络广告的态度和特点,对于有针对性地增强网络广告效果有着积极的作用。

据美国《编辑与发行商》报纸网站报道,尽管媒体类消费近几年发生了许多重大变化,但消费者仍然最信任印刷媒体之中的广告。当被问及寄托多少信任于不同的媒体广告时,消费者给报纸和杂志的分数为 63%,给电视的分数为 41%,互联网为 25%。而在我国,根据艾瑞咨询推出的《2011—2012 年网络广告调研受访用户行为研究报告》数据,如图 8-9 所示,在各类媒体中用户对于网络广告态度最为友好,但差异不大。

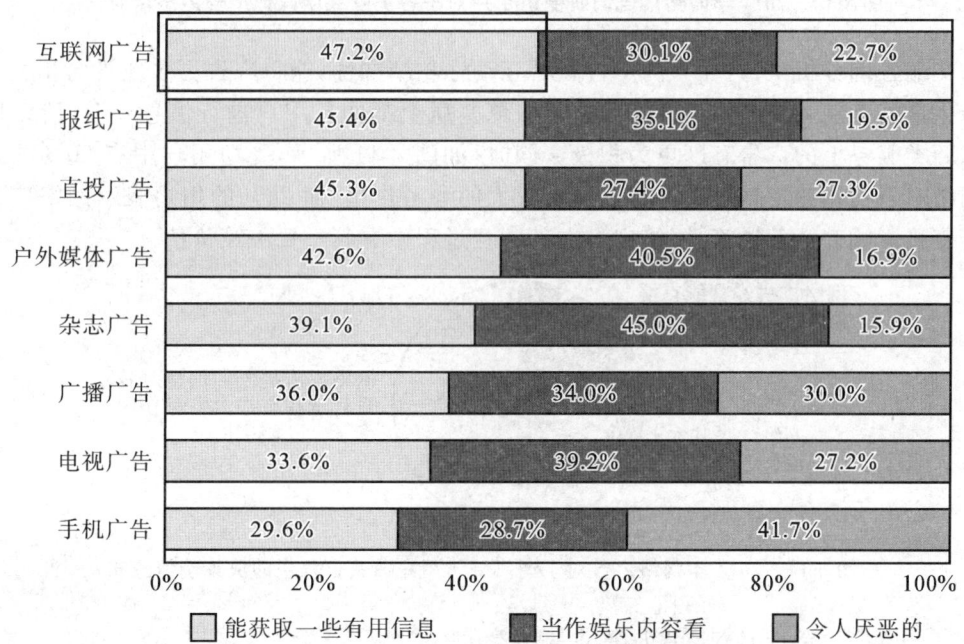

图 8-9　2011 年网络广告调研受访用户对于各类媒体广告的态度对比

(资料来源:艾瑞网)

在网络广告调研受访用户中,认为能从互联网广告获取有用信息的比例最高,为

47.2%。用户对于各类媒体广告的态度差异并不太大,而分别有35.8%和34.1%的用户认为购物类网站和搜索引擎上的广告很多是有用的和其感兴趣的,高于其他类型网络服务的比例,如图8-10所示。

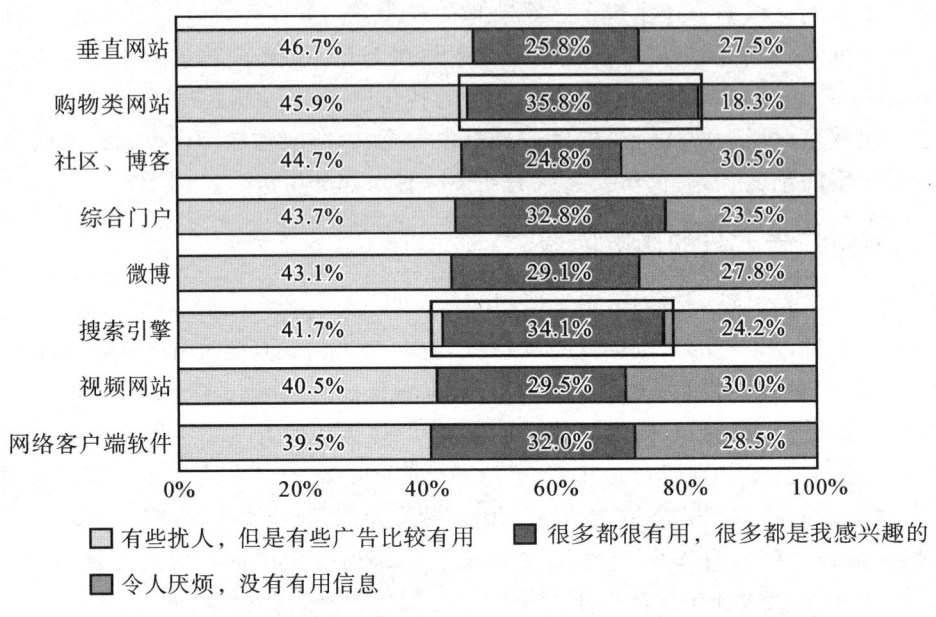

图8-10 2011年网络广告调研受访用户对于各类互联网媒体广告的态度对比

艾瑞咨询分析认为,互联网广告更具互动性与精准性,能将广告更多地投向相关用户并产生良好互动。而购物类网站和搜索引擎实质上都能与用户进行信息互动,所以用户对这两类服务上的广告态度更为积极。同时,如图8-11所示,受访用户中有50%的人认为网络广告提供的信息对其进行选择有很大的参考作用,而24%的用户表示网络广告经常能直接影响其消费决策,网络广告在其消费过程中有着重要决策价值。

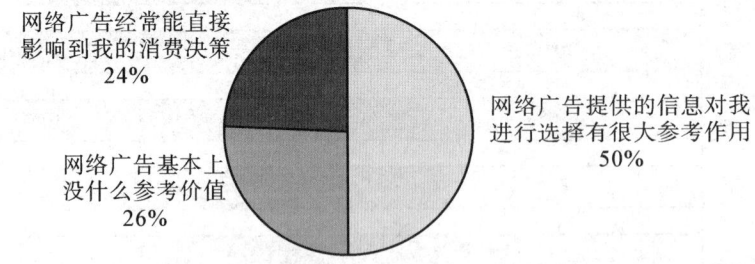

图8-11 2011年网络广告对于调研受访用户消费过程中的决策价值分布

(二)网络广告形式对网络广告效果的影响

网络广告的形式丰富多彩,不同的网络广告形式对其最终产生的效果也会产生很大的影响。广告主为了使其投放的网络广告具有更高的曝光率,很多采取了强迫式到达用户的网络广告投放形式,但这类网络广告投放形式影响了网民正常的网上活动,给用户造成了一定的困扰,会加重用户对它的排斥情绪,反而得不偿失。而且上网助手的出现使得很多弹出窗口被拦截下来,根本不能到达用户那里,更无从谈广告效果了。在网络广告的投放形式上,比较受消费者认可的是横幅广告和关键字广告。按钮式广告由于其尺寸太小,不能给消费者以较强的视觉冲击而受不到关注,因此广告效果也不理想。

(三)内容设计对网络广告效果的影响

内容是网络广告的灵魂,从广告内容上可以看出这个品牌的品位,因此网络广告内容的创意和特色都会提高受众对网络广告的认可度。例如可口可乐公司在奥运会开幕前,与腾讯合作,在qq上举行了"可口可乐在线奥运火炬传递"活动,以娱乐为先导,让消费者参与其中,极大地提高了品牌在消费者心目中的认可度。相反,内容混乱、毫无创意的网络广告会使消费者产生回避心理,进而在认知和情感上对该产品品牌产生抵触情绪。广告中使用的文字对引起消费者注意也能产生很大的影响,文字必须能够引起消费者的注意和兴趣,如"30天免费试用""FREE"等简单的文字却能够创造较高的点击率。

广告内容设计也可以适当应用动画效果,统计表明动画图片的吸引力比静止画面高三倍。但是如果动画应用不当也会引起相反的效果,如动画太过花哨或文件过大都会影响下载速度,延长用户所需浏览页面的下载时间,引起消费者的反感。

(四)网络广告投放对网络广告效果的影响

不同的网站拥有的用户群体不同,因此网络广告投放位置的选择对网络广告的最终效果影响很大。由于门户网站、新闻网站等拥有比较高的访问量,所以成为很多企业网络广告投放位置的首选,而且企业通常会把广告选择投放在这些网站的首页上。但消费者在访问这类网站时,通常目的性不强,因此这些广告缺乏针对性,在促使潜在顾客购买方面的效果未必最优。而某些垂直型网站、论坛(如数码产品类、房地产信息类)由于能够给消费者提供更专业、更权威的信息,吸引目的性更明确的受众,在这些地方投放广告针对性更强,起到的促进购买的效果反而更好。因此,在选择投放位置时,首先应该判断广告目标受众群体与网络媒体用户群体的重合度,选择二者匹配度高的网络媒体对广告进行精准投放,会获得事半功倍的效果。

网络广告的内容与所投放网站的内容相关性越强,越容易得到消费者的关注和认可。广告主可以将特定的商品广告投放到有相应群体的网站上,这样一方面信息受众会因为广告内容与自己关注的信息相符合而更主动接受,另一方面目标市场明确,网络广告所取得的效果会更好。

另外,企业在选择投放位置的时候还要考虑所投放网站本身的品牌效应,如中央台的广告可信度肯定高过地方台。如果所投放的网站比较受消费者认可,那么在它上面投放的广告也就较容易被消费者信赖。

在传统媒体如电视上,为了使所投放的广告取得比较好的效果,企业往往会选择收视率较高的时段来投放广告。在网络媒体上,对于某些产品而言,同样存在着这种情况。有些产品,像冷饮、冬衣具有季节性,都需要考虑气候对产品自身的影响。对于投放者而言,针对产品的特点选择投放时段,也可以在收到理想广告效果的同时降低成本。此外,网络广告的投放时段还可以是在一天24个小时内,有选择性地选择一个或几个小时投放网络广告。但是目前三大门户网站的网络广告收费标准一般是以"天"为单位,这意味着网页广告一天才更新一次,每次投放都要满24个小时。虽然有一些特殊的网络广告形式以小时来计价,如搜狐的全屏广告、网易的超级流媒体广告,但这类网络广告投放费用昂贵因而较少见。投放时段以"天"为单位,显得不够灵活。

资料链接 8.1

新浪、百度、淘宝广告业务特点及广告营收对比

据艾瑞网统计,2012年淘宝广告营收为172.2亿元,其广告营收规模仅次于百度的222.5亿元,在中国互联网公司中位列第二位,占整体网络广告市场的份额达22.9%,新浪广告营业收入为26.1亿元。

新浪、百度、淘宝三者的广告业务是三种不同类型广告模式的典型代表:

新浪属于综合门户,具有信息丰富、内容全面等特点,其用户行为以浏览资讯为主。新浪的广告业务以品牌展示广告为主,广告主投放的目的也以品牌塑造为主。

百度属于搜索引擎,其广告业务主要包括搜索关键字广告和联盟广告,前者是基于用户搜索行为的搜索广告,后者是基于联盟旗下网站内容进行匹配的展示广告。

淘宝属于网络购物网站,用户更易产生购买行为。淘宝拥有多种广告产品,能够帮助广告主提高其产品或者店铺对于潜在买家的曝光率和转化率,其转化效率相对较高。

(五)互动性对网络广告效果的影响

网络广告的互动性体现在以下几个方面:消费者可以在互动界面上就广告信息发表评论、参与在线调查、留下自己的需求信息、订购自己感兴趣的商品信息等。传播过程的这种参与性和互动性使得消费者在接触广告信息的同时也成为信息的发布者,使消费者产生归属感,能够融入广告当中,而广告商也可以借助这种互动优势了解消费者的需要。

三、网络广告效果的改进措施

了解了影响网络广告效果的因素后,可以采取一些针对性的措施来增进网络广告的效果。

(一)重视网络广告调研

从制订网络广告计划到网络广告设计制作、选择网络广告资源并投放广告,每一个环节都需要进行充分的调研,这样才能做到有的放矢。网络广告调研的主要内容包括:竞争者的网络广告策略、网络广告的可能效果、网络广告资源及其特点、网络广告的价格、网络广告设计的关键因素等。

(二)设计有针对性的网络广告

针对性包括两层含义,一是针对不同阶段产品(企业)品牌的特点,二是针对用户浏览网络广告的行为特点。

设计一个能引起注意的、有创意的网络广告是网络广告成功的基础。BANNER广告要能在几秒甚至是零点几秒之内抓住读者的注意力,否则,访问者很快就会忽略网络广告的存在。在表现形式上,动画比静态或单调的广告更具吸引力,但是如果动画图片应用不当也会引起相反的效果,如字节数过大会影响下载速度。一般来说,468×60像素标志广告的大小应该保持在10K以下。醒目的东西总是更容易被人发现,网络广告应尽量使

用蓝、绿、黄等颜色,根据广告的创意内容配合站点风格,颜色运用的原则比较灵活,但要照顾到用户在不同显示模式下的显示效果。网络广告还可以使用担心、好奇、幽默以及郑重承诺等文字,以引起访问者的好奇和兴趣。标志广告中最值得使用的词是"免费"。要获得更多的点击,就得提供让读者心动的利益。"Click Here!"是网络广告中最为经典的词语,不要忘记在广告条中加上"Click"或"按此"的字样,否则访问者会以为是一幅装饰图片。我们经常看到一些英文 BANNER 含有"Click Here""Visit Now"和"Enter Here"之类的字句。尽管这种方法可能让用户习以为常,甚至不以为然,但实践表明,含有号召性字句的 BANNER 点击率会上升 15%。而且根据心理学的规律,这类字句以放在 BANNER 的右侧为宜,因为这符合大多数人的视觉游动顺序。另外据调查,出现在页面最上方的 BANNER 最可能被点击,所以广告主在广告投放时应该尽量选择放在页面的最上方,在不过多增加费用和网页字节数的前提下,可以在页面的最上方和最下方出现同一个 BANNER 广告。

(三)优化网络广告资源组合

网络广告最终要依赖于广告媒体资源才能被用户浏览,因此网络广告资源的选择对广告效果产生直接的影响。当选择了网络广告资源及其资源组合之后,还要进一步认真研究网络广告投放的时间和周期以及网络广告在不同媒体中的表现形式和投放位置等具体的问题,从而保证网络广告投放的针对性和时间影响,使每个网络广告在每一个相应的网络媒体中达到最佳效果,这样网络广告资源组合才能达到最优。

(四)对网络广告效果进行跟踪控制

通过广告管理系统实时查看广告效果统计,包括每个网络广告的显示次数、点击率、广告费用清单等基本信息。此外,还要对网络广告投放期间的网站流量统计进行分析,及时发现存在的问题并进行必要的调整,从而对网络广告效果进行控制,最终实现整体效果最大化的目标。

本章小结

1.网络广告是以互联网为载体,使用文字、图像、动画、声音等多媒体信息表现形式,由广告主自行或委托他人设计、制作并在网上发布,旨在推广产品以及服务的有偿信息传播活动。网络广告起源于美国。

2.网络广告的形式和定价方法多样,常见的网络广告形式有网幅广告、文字链接广告、电子邮件广告、关键字广告、游戏互动广告、屏保广告和壁纸广告、赞助广告、富媒体广告等;常见的网络广告定价方法有 CPC 定价、CPD 定价、CPM 定价、CPS 定价、CPA 定价、RIO 定价。

3.网络广告策划是根据互联网特征、网民特点,对实施网络广告的运筹和规划,是广告策划的一种。具体内容包括网络广告目标的确定、网络广告目标对象的定位、网络广告创意及策略的选择、网络广告预算的制定等。

4.网络发布广告的渠道和方式众多,企业可以根据自身情况和网络广告的目标,相应地选择网络广告的发布渠道和方式。可供选择的渠道和方式主要有企业主页、网络

网络营销

内容服务商、专类销售网、企业黄页、企业名录、网络报纸和杂志、免费的电子邮件、新闻组等。

5. 网络广告效果评估是指网络广告活动实施以后,通过对广告活动过程的分析、评价及效果反馈,以检验广告活动是否取得了预期效果的行为。常见的网络广告效果的评估方法有对比分析法、加权计算法、点击率与转化率。

6. 网络广告效果的影响因素包括多个方面,网民行为、网络广告形式、网络广告内容设计、网络广告的投放位置、网络广告的互动性等都会对网络广告的效果产生影响。

7. 增进网络广告效果的措施主要包括:重视网络广告调研、设计有针对性的网络广告、优化网络广告资源组合、对网络广告效果进行跟踪控制等。

案例讨论

东风标致:207 两厢网络广告

东风标致207三厢自上市以来,凭借其出色的外观设计、良好的操控性及安全性,逐步赢得不错的口碑和市场份额。自207三厢以后,东风标致于2009年3月18日推出更加追求品位与个性的207两厢。其时尚、大气、灵动的外观,稳定的性能,人性化的配套设备将会赢得消费者的青睐。标致207针对目标人群特点,按消费能力、地域、兴趣几条主线选择了时尚媒体圈、女性媒体圈、财经媒体圈、体育媒体圈、汽车媒体圈及生活媒体圈,分门别类地进行了网络广告的投放和实时的效果分析。

东风标致207两厢品牌分析:品牌个性——时尚、大气、优雅、灵动;品牌文化——品味、舞动生活;文化定义:贴心、安全、年轻、活力;品牌情感——纷繁复杂的规则制度充斥着人们的生活,但也因此激发了对自由的渴望;物质享受与生活方式日益丰富多样,逐渐唤醒了人们对品位与个性的追求。东风标致207两厢与充满活力的年轻一族共同塑造出新的审美主义和价值观,不断超越梦想,登上眺望生活的高度。

公司针对标致207两厢的品牌特点,进行了精准营销:

一、目标人群追踪:在大量媒体群的覆盖下,通过追踪上网用户的Cookies,再根据时间、地域、场景等多种定向功能对用户的上网行为进行分析,从而得出如下结论:

用户年龄:19—35岁;

用户特征:男性居多,多为中高消费购买力人群,月收入3 000元以上的占26.7%;

地域分布:主要集中于北京、上海、广州、深圳等沿海发达城市;

用户生活形态分析:多为都市精英,追求高品质生活,享受驾车快感。

二、网络广告方案:采用CPM(每千次印象费用)的广告投放方式进行投放。通过扩展视频的广告形式声色并茂地将品牌形象和内容投放在各个媒体圈。针对目标人群特点,按消费能力、地域、兴趣几条主线选择了时尚媒体圈、女性媒体圈、财经媒体圈、体育媒体圈、汽车媒体圈及生活媒体圈,分门别类地进行投放和实时的效果分析。

三、目标人群分析:对看过广告的访客在广告开始投放到结束后的四周内进行持续效果分析。无论访客通过何种方式访问了客户网站,都会作为一个持续效果被捕捉到,进而对他在网站的停留时长、访问频次、访问深度、访问广度做综合分析。

四、目标人群锁定：通过对海量数据的清洗/分析，我们追踪到对品牌产生兴趣的互联网受众群体，进而对这部分受众进行锁定，实行精准投放。让受众加深品牌印象从而产生购买欲望。

五、效果分析：在四个多月的推广期中，遵循了追踪受众、锁定受众、高效传播的理念。除了完成广告投放目标之外，还为公司采集了大量受众数据资料，并为公司将来的目标受众数据库完成 Re-Targeting 的数据筹备。

（资料来源：http://auto.163.com/12/0210/10/7PT75HK100084VVH.html）

讨论：

1. 标致 207 为什么要采用网络视屏广告？除了视屏广告外还可以采用哪些网络广告形式？
2. 标致 207 网络广告成功之处在哪里？进行一次成功的网络广告策划需要考虑哪些因素？

思考题

1. 简述网络广告的优缺点。
2. 网络广告有哪些常见形式？
3. 网络广告的计价方法有哪些？
4. 网络广告发布的渠道主要有哪些？
5. 怎样进行网络广告的效果评价？
6. 影响网络广告效果的因素有哪些？如何提高网络广告的效果？

Marketing Textbooks Series

第三篇

网络营销策略篇

第 9 章

网络营销产品与价格策略

知识目标：
- 了解网络产品的基本概念与网络产品的分类
- 理解网络产品与传统产品的区别、网络产品的特征与层级
- 掌握网络定价方法

能力目标：
- 正确认识网络品牌及管理
- 能在实际工作中应用网络产品生命周期

案例导读

2008年7月,以剿杀恶意软件起家的360安全卫士正式推出杀毒软件并宣布永远免费,遭到传统杀毒厂商的普遍质疑。质疑的理由自然是基于传统的商业模式——"如果完全免费,那么公司靠什么来生存？如果公司自己都无法生存,怎么保护用户的权益？"

"免费+增值"模式是互联网常见的商业模式,但是却从来没有人把这种模式用于杀毒软件行业,这是360革命性的创新。360改变了既定规则,360先是把杀毒软件的价格从一年几百元降到一年几十元,2009年以后开始终身免费了。

360第一版杀毒软件效果并不好,被同行讥笑为"以为会放个卫星,结果放了个哑弹"。到360第二次发布免费杀毒产品时,已经时隔1年零3个月,但免费带来的用户量惊人。杀毒行业看起来是一个饱和的、不可能让后来者进入的领域,几大巨头之间的竞争陷入僵持状态,谁都无法甩开其他人,后期的小公司在这种行业似乎完全没有机会。所以360的崛起尤其让人惊讶。360成功的原因除了永久免费外,更重要的是360杀毒把产品性能指标做得比国内收费杀毒软件还好。在国际权威的VB100%评测中,360杀毒的表现非常出色,不但名列国产杀毒软件的第一名,而且各项功能指标均大幅领先于收费的国产杀毒软件,达到了国际先进水平。也就是说,360杀毒是目前唯一可以达到国际水准的国产杀毒软件。国际品质加上永久免费,这才是用户选择360杀毒的真正原因。360是在用互联网的方式做安全,在互联网上,只有把免费产品做得比同行更好,才有可能胜出。

除了免费之外,周鸿祎将自己的产品定位从单纯的杀毒,演进为电脑的安全卫士,给

那些不懂、也懒得去弄懂电脑的人用,这也为它赢得了诸多用户。360的第二版免费杀毒产品推出时,打开界面只有快速扫描、全盘扫描、指定位置扫描三大按钮,与其他杀毒软件相比使用方式更简单。

与靠卖软件赢利的传统杀毒企业相比,360免费的赢利模式是颠覆性的。周鸿祎奉行的不是传统杀毒公司卖软件的思路,而更像QQ、Facebook、淘宝这些互联网公司的理念,也就是最好的服务一定是基础的、免费的,然后在这个基础上从一部分对增值服务有需要的用户那里收费。

2009年以后,360的商业模式开始粗具轮廓并逐渐显示出威力。它发布了360安全浏览器,并靠"安全"这一概念以及和360安全卫士绑定的推广方式来提高装机量——这一浏览器的首页是网站导航页面,可以像hao123那样卖位置广告,地址栏的搜索功能则与Google合作,Google为由此获得的流量付费。

这的确是让人惊讶的商业模式,在此之前没有安全厂商采用过这种模式,这甚至会让诸多安全厂商气恼,因为这种类似搅局者的行为让它们的用户尽失,完全摧毁了它们以前应用的商业模式。

启发总结:

在现实的互联网江湖里,一个奇怪的现象就是:一个全免费的杀毒软件往往比收费软件做得更好、更强大,完全颠覆了人们便宜没好货的旧观点。为什么免费产品的品质会更高?因为在收费时代,用户花钱买的软件就算不好用,也不能轻易把它抛弃,到底是花钱买来的,用户可能会很无奈地继续支付一笔钱再去购买一款软件。但进入免费时代后,用户切换产品的成本非常低,这反而逼着免费产品提供者做好品质以挽留可以带来增值服务资源的用户。

在互联网上,只要是每个人都能用到的服务,那就是一种基础服务。按照互联网的分享、共赢的精神和哲学理念,只要是基础服务,一定是免费的。免费产品的提供者通过免费得到大量忠诚的用户,再通过向这些用户中的一部分人销售增值服务来获取收益。就目前国产的杀毒软件来说,在360的冲击下,瑞星如今转型企业级市场,这是很聪明的做法,但其上市梦破裂了;金山则全面跟学360,欲与360分一杯羹;腾讯也对安全市场虎视眈眈,推出了自有的QQ电脑管家。这些都说明了360带来的"鲶鱼效应",改写了中国互联网安全市场行业格局。

(资料来源:中国营销传播网,http://www.emkt.com.cn/article/582/58206.html)

第一节 网络营销产品策略

一、网络产品概述

(一)传统产品概念

按照传统观念,产品就是指某种有形的劳动产物,如服装、家具、电视机等。但从市场营销学观点来看,市场营销过程不单是推销产品的过程,首先是一个满足顾客需要的过程,而顾客的需要是多方面的,不但有生理和物质方面的需要,而且还有心理和精神方面的需要,所以,营销产品应是一个产品整体,包含三个层次:核心产品、有形产品和附加产品(延伸产品)。

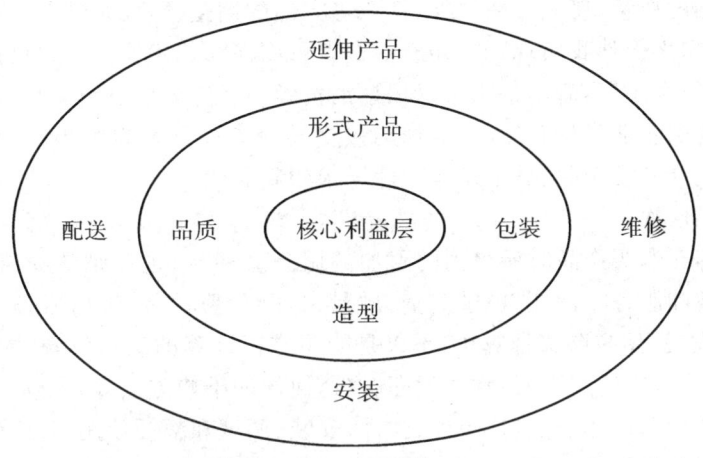

图 9-1　传统产品三层次

(二)网络营销产品概念

由于网络营销是在网上虚拟市场开展营销活动实现企业营销目标,面对与传统市场有差异的网上虚拟市场,必须要满足网上消费者一些特有的需求特征。所以,网络营销产品的内涵与传统产品的内涵有一定的差异性,网络产品的层次比传统营销产品的层次大大扩展。

在传统市场营销中,产品满足的主要是消费者的一般性需求,因此产品相应地分成了三个层次。虽然传统产品中的三个层次在网络营销产品中仍然起着重要作用,但产品的设计和开发的主体地位已经从企业转向顾客,企业在设计和开发产品时还必须满足顾客的个性化需求,因此网络营销产品在原产品层次上还要增加两个层次,即期望产品层次和潜在产品层次,以满足顾客的个性化需求的特征。

1. 核心利益或服务层次

这是产品最基本的层次,是满足顾客需要的核心内容,是顾客要购买的实质性的东西。例如,消费者购买食品的核心是为了充饥和满足营养的需要;购买计算机,是为了利用它作为上网的工具等。营销的目标在于发现隐藏在产品背后的真正需要,把顾客所需要的核心利益和服务提供给顾客。有时同一种产品可以有不同的核心需要,如人们对服装、鞋帽的需要,有些以保暖为主;有些则以美观为主,强调装饰和美化人体的功能。所以,营销者要了解顾客需要的核心所在,以便有针对性地进行生产经营。

2. 有形产品层次

这是产品在市场上出现时的具体物质形态,是企业的设计和生产人员将核心产品通过一定的载体,转载为有形的物体而表现出来。它包括产品的质量水平、功能、款式、特色、品牌和包装等。

3. 期望产品层次

网络营销中，消费需求呈个性化的特征，不同的消费者可以根据自己的爱好对产品提出不同的要求，因此产品的设计和开发必须满足顾客的个性化消费需求。顾客在购买产品前对可购产品的质量、使用方便程度、特点等方面的期望值，就是期望产品。例如，中国海尔集团提出"您来设计我实现"的口号，消费者可以向海尔集团提出自己的需求个性，如性能、款式、色彩、大小等，海尔集团可以根据消费者的特殊要求进行产品设计和生产。现代社会已由传统的企业设计开发、顾客被动接受转变为以顾客为中心、顾客提出要求、企业辅助顾客来设计开发产品、满足顾客个性需求的新时代。

4. 延伸产品层次

这是指顾客在购买产品时所得到的附加的服务或利益，主要是帮助消费者如何更好地使用核心利益和服务。例如，提供信贷、质量保证、免费送货、售后服务等。例如，美国IBM公司最先发现，用户购买计算机，不仅是购买进行计算的工具设备，主要是购买解决问题的服务，用户需要使用说明、软件程序、快速简便的维修方法等。因此，该公司率先向用户提供一整套计算机体系，包括硬件、软件、安装、调试和教授使用与维修技术等一系列附加服务。美国著名管理学家李维特曾指出：新的竞争不在于工厂里制造出来的产品，而在于工厂外能否给产品加上包装、服务、广告、咨询、融资、送货、保管或顾客认为有价值的其他东西。

5. 潜在产品层次

这是在延伸产品层次之外，由企业提供能满足顾客潜在需求的产品层次。它主要是产品的一种增值服务。它与延伸产品的主要区别是，顾客没有潜在产品层次的需要时，仍然可以很好地使用顾客需要的产品的核心利益和服务。因为随着高科技的发展，有很多潜在需求和利益或服务还没有被顾客认识到。

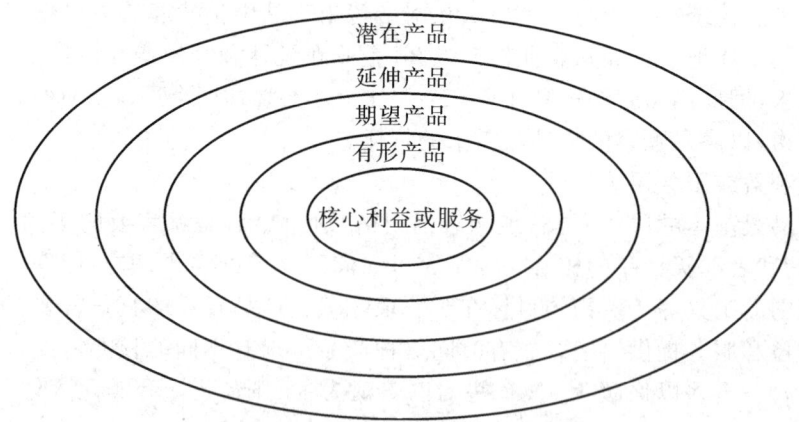

图 9-2　网络营销产品五层次

（三）网络营销产品与传统产品的区别

网络营销产品与传统产品相比，具有跨时空、多媒体、交互式、拟人化、成长性、整合性、超前性、高效性、经济性和技术性等多种特点。网络营销产品的营销是传统产品营销在网络环境下的继承、发展和创新,它不受时间和空间的限制。

网络营销产品与传统产品营销的区别,首先就是定价策略。与传统产品的价格相比,网络营销产品的价格具有一些新的特点:价格水平趋于一致、非垄断化、趋低化、弹性化和智能化。传统产品是按成本来定价的,在这种价格策略中,生产厂家对价格起着主导作用。而网络营销产品是按满足需求定价。同时,网络市场面对的是全球化的市场,这使得企业在定价时必须考虑目标市场范围的变化给定价带来的影响,采用全球化和本地化相结合的原则进行。

另外,网络营销产品和传统产品的营销在市场调查中也存在很大区别。传统产品的市场调查中,被调查者始终处于被动地位,企业需要投入大量的物力、人力。而网络营销产品大量通过网络进行调查,可以借鉴传统市场调查的理论和方法,利用网络的特点,具有传统产品的市场调查所不具备的优势。网络调查也是网络营销产品常用的营销手段。

二、网络产品分类及特性

理论上讲,任何产品(服务)都有可能在互联网上销售。但由于受到各种因素的制约,有些产品(服务)不适合在网上进行。从目前网络营销成功的案例来看,比较适合在网上营销的产品(服务)是实物产品、无形产品和服务,如表9-1所示。

表 9-1　产品分类

产品形式	产品种类	具体产品举例
实物产品	普通产品	消费品、工业品、二手产品等实体产品
虚拟产品	无形产品	电脑软件、电子书、音乐等
	服务	票务预订、远程教育、远程医疗、信息咨询、法律咨询、医疗咨询、研究报告、网上金融业务等

(一)适合网络销售的产品

1. 实物产品

适合在网络销售的实物产品主要有:

(1)电脑软硬件产品。这是因为:首先,网络用户大多数是电脑发烧友,对于这类信息最为热衷,再加上电脑产品的升级换代快,使得这一市场的相关需求旺盛;其次,电脑管理软件通过网络传输是非常便利的,可以采用试用或免费赠送等方法引起消费者的兴趣,在网上使用软件的试用版后,就可决定是否购买整个软件。

(2)知识含量高的产品。比如书籍、音像制品等。音像制品可以借助网络的多媒体特性,将产品的优点淋漓尽致地表现出来,更可以使用免费下载部分产品的方法增加顾客对产品的了解和兴趣。

(3)有特定需求的产品。例如有些保健品、运动产品等,由于需求特殊使得其比较适合在网上进行。

(4)二手产品。借助于网络的双向互动性,根据一定规则进行交易且价格具有吸引力的二手产品一直是网上的热门产品。

(5)创意独特的新产品。利用网络沟通的广泛性、便利性,创意独特的新产品的别致之处可以更主动地向更多的人展示,满足了那些品位独特、需求特殊的顾客"先睹为快"的心理需求。

(6)有特殊收藏价值的商品。在网络上,可使这类商品为大众所共识,世界各地的人都能有幸在网上一睹其"芳容",这无形中增加了许多商机。

(7)一般消费品。一般消费品的传统市场较为发达和完善,网络营销的优势不容易体现出来。但大多数产品可以在网上进行销售前期环节的营销活动,例如可以利用网络扩大品牌的宣传、增强品牌的认识、建立品牌忠诚等。

2. 无形产品

无形商品主要是信息服务,如电子图书、电子报刊及新闻、研究报告和论文等信息库的查询与检索。虽然这部分商品是无形的,但它们在网上占有非常重要的地位。数字化产品与媒体商品(如电子报刊)非常适合通过 Internet 行销,因为 Internet 本身就具有传输多媒体信息的能力。网络信息传播具有极大的潜在优势,数字化信息将会成为未来出版的主流。

3. 服务

通过 Internet 提供的服务可以分为三类:第一类是情报服务,如法律查询、股市行情分析、银行金融咨询、医疗咨询等;第二类是互动式服务,如网络交友、计算机游戏、远程医疗、远程教育等;第三类是网络预约服务,如预订机票、车票、代购球票、电影票等,提供旅游预约服务、医院预约挂号、房屋中介服务等。

电子商务为在线服务提供了特殊的服务优势。以旅游服务为例,实现这种服务需要具备三个条件,即人们对旅游景点的了解、人们对饮食居住条件的了解和人们对消费价格的认可。传统的旅游促销手段大部分是通过报刊、杂志等媒体登广告进行的,这种形式很难同时满足上述三个条件的要求。电视广告具有声像兼顾的特点,但是价格昂贵,很少有人问津。利用 Internet 进行旅游促销,完全克服了其他广告媒体的缺陷。一方面,网络多媒体可以提供图文并茂的旅游信息;另一方面,网上报价又可以为顾客提供多种选择。

(二)网络营销产品特性

(1)产品性质:与高技术或与电脑、网络有关数字化的信息类产品;适于通过网络传送的无形产品与远程服务。

(2)产品质量:由于在购买前无法尝试或只能通过网络来尝试产品,顾客尤为重视产品质量,更愿意购买标准化产品。

(3)产品式样:通过互联网络对全世界国家和地区进行营销的产品要符合该国家或地区的风俗习惯、宗教信仰和教育水平;全球性、本地化、个性化。

(4)产品品牌:明确、醒目的网上品牌会吸引浏览者注意、购买。

(5)产品包装:无形产品——无包装;实体产品——适合专业配送的包装。

(6)目标市场:以网络用户为主体的市场;覆盖广大地理范围的市场。

(7)产品价格:网络渠道优势带来的低价位。

三、网络新产品开发

随着社会的发展和科学技术的进步,不断开发新产品成为企业在市场上求得生存和发展的重要条件之一。特别是在网络时代,由于信息与知识的共享、科学技术扩散速度的加快,企业的竞争从原来的简单依靠产品的竞争转为拥有不断开发新产品能力的竞争。但是,由于激烈竞争而导致市场不断分裂,市场细分越来越细化,每个产品只能获得较低的销售额和利润额。另外,绿色产品的发展、产品开发完成时间的缩短和产品寿命周期的缩短、消费需求个性化的发展等的存在,都对网络时期新产品的开发提出了新的要求。所以,企业在开发网络新产品时必须首先研究网络时代消费者的消费行为与需求的特点,进而确定网络新产品的定位和新产品的开发。

(一)网络新产品的定位

新产品定位是将企业新开发出来的具体产品定位在消费者心中,让消费者一产生类似的需求,就会联想到这种产品。进入电子商务时代后,消费者的消费行为和消费需求发生了根本性的变化。在网络环境下,对不同的消费者提供不同风格的商品已不再是天方夜谭,消费需求将变得更加多样化。个性化消费者可直接参与生产和商品流通,向商家和生产厂家主动表达自己对产品的欲望,企业可以根据消费者的需求设计、生产出产品。例如,顾客上网向戴尔公司提出自己对所要购买电脑的各种部件的具体要求,然后下单子。戴尔公司就可以根据消费者的具体要求装配好电脑,通过自己的配送渠道,将满足消费者特殊要求的电脑送到顾客的手中。

(二)网络新产品的研制与开发

网络营销新产品的研制与开发,首先是新产品构思和概念的形成。新产品的构思可以来源于顾客、科学家、竞争者、公司的专业技术人员、公司的销售人员、中间商和高层管理者,但最主要还是来源于市场,即由顾客来引导产品的构思。企业可以通过其网络数据库系统来处理营销活动中的数据,发现顾客的现实需求和潜在需求,从而形成产品构思,指导企业营销策略的制定和营销活动的开展。

但应注意的是,在网络营销中,顾客虽然可以全程参加概念形成后的产品的研制和开发工作,不再是简单地被动接受测试和表达感受;但许多产品并不能直接提供给顾客使用,它需要许多企业共同配合才有可能满足顾客的最终需求,这就更要求在新产品开发的同时,加强与以产品为纽带的协同企业的合作。

(三)网络新产品的开发策略

不断研究和开发新产品,是企业永葆竞争活力的关键所在。我国古代兵法主张在战争中要"出奇制胜",这个思想移植到商战中就是要不断创新,做到"人无我有,人有我廉,人廉我新,人新我转"。网络新产品开发策略主要有以下几种类型:

1. 全新产品

即开发一个全新市场的产品。这种策略一般主要应用于创新公司。进入网络时代,市场要求发生了根本性的变化,消费者的需求和消费心理也发生了重大变化。在产品开发的过程中,如果有很好的产品构思和服务概念,就可以凭借这些产品构思和服务概念开发新产品获得成功。这种策略是网络时代中最有效的策略。

2. 新产品线

即公司首次进入现有市场的新产品。互联网的技术扩散速度非常快,利用互联网迅速模仿和研制开发出已有产品是一条捷径。但由于在网络时代新产品开发速度的加快和产品寿命周期的缩短等因素的影响,这种策略只能作为一种对抗的防御性策略。

3. 现有产品线外新增加的产品

即补充公司现有产品线的新产品。由于在网络时代市场需求差异性加大,市场分工越来越细化,每种新产品只能对准较小的细分市场,这种策略不但能满足不同层次的差异性需求,而且还能以较低风险进行新产品开发。

4. 对现有产品的更新换代

即提供改善功能或较大感知价值并且能替换现有产品的新产品。在网络市场中,消费者挑选商品的范围、权利与传统市场相比大大增加。所以,企业为了满足消费者的需求,就必须不断改进现有产品和进行更新换代,否则就会被市场淘汰。目前,产品的信息化、智能化和网络化是必须考虑的,如电视机的数字化和上网功能等。

5. 降低产品的成本

即提供同样功能但成本较低的新产品。网络时代,消费者虽然注意个性化消费,但消费者的消费行为将变得更加理智,可以对商品的价格进行精心比较,消费者更强调产品给消费者带来的价值,同时包括所花费的代价,因此,提供相同功能的但成本更低的产品更能满足日益成熟的市场需求。

总之,以上产品开发策略各有其优势和特点,企业可以根据自己的实际在产品策略中选取具体的新产品开发方式,以利于在激烈的市场竞争中取胜。

四、网络产品生命周期

(一)传统产品生命周期

产品生命周期是指产品从投放市场到该产品退出市场的全过程,也就是产品的市场寿命。产品的生命就如同人的生命一样,由诞生、成长到成熟,最终走向衰亡,这就是产品的生命周期现象。传统的产品生命周期分为四个阶段:导入期、成长期、成熟期和衰退期,如图 9-3 所示。

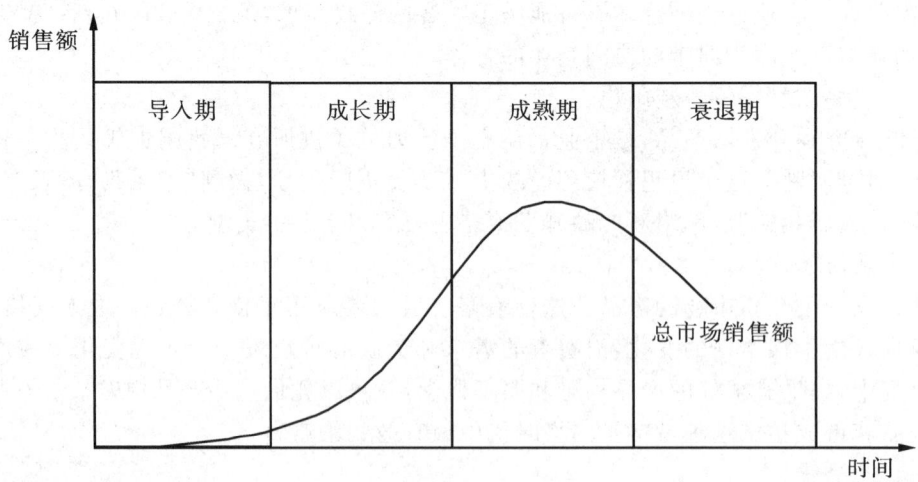

图 9-3 产品生命周期

1. 导入期

新产品投入市场，便进入导入期。此时，顾客对产品还不了解，只有少数追求新奇的顾客可能购买，销售量很低。为了扩展销路，需要较高的促销费用对产品进行宣传。在这一阶段，由于技术方面的原因，产品不能大批量生产，因而成本高，销售额增长缓慢。企业不但得不到利润，反而可能亏损。产品也有待进一步完善。

在产品的导入期，一般可以由产品、分销、价格、促销四个基本要素组合成各种不同的市场营销策略。将价格高低与促销费用高低结合起来考虑，就有下面四种策略：第一，快速撇脂策略。即以高价格、高促销费用推出新产品。实行高价策略可在每单位销售额中获取最大利润，尽快收回投资；高促销费用能够快速建立知名度，占领市场。实施这一策略须具备以下条件：产品有较大的需求潜力；目标顾客求新心理强，急于购买新产品；企业面临潜在竞争者的威胁，需要及早树立品牌形象。一般而言，在产品导入阶段，只要新产品比替代的产品有明显优势，市场对其价格就不会那么计较。第二，缓慢撇脂策略。即以高价格、低促销费用推出新产品，目的是以尽可能低的费用开支获得更多的利润。实施这一策略的条件是：市场规模较小；产品已有一定的知名度，目标顾客愿意支付高价；潜在竞争的威胁不大。第三，快速渗透策略。以低价格、高促销费用推出新产品。目的在于先发制人，以最快的速度打入市场，获得尽可能高的市场占有率；然后再随着销量和产量的扩大，使单位成本降低，获得规模效益。实施这一策略的条件是：该产品市场容量大；潜在消费者对产品不了解，且对价格十分敏感；潜在竞争较为激烈；产品的单位制造成本可随生产规模和销售量的扩大迅速降低。第四，缓慢渗透策略。即以低价格、低促销费用推出新产品。低价可扩大销售，低促销费用可降低营销成本，增加利润。这种策略的适用条件是：市场容量很大；市场上该产品的知名度较高；市场对价格十分敏感；存在某些潜在的竞争者，但威胁不大。

2. 成长期

这一时期，顾客对产品已经熟悉，大量的新顾客开始购买，市场逐步扩大。产品大批量生产，生产成本相对降低，企业的销售额迅速上升，利润也迅速增长。竞争者看到有利可图，纷纷进入市场参与竞争，使同类产品供给量增加，价格随之下降，企业利润增长逐步减慢，最后达到生命周期利润的最高点。

新产品经过导入期以后，消费者对该产品已经熟悉，消费习惯已慢慢形成，销售量迅速增长，这种新产品就进入了成长期。进入成长期以后，老顾客重复购买，并且带来了新的顾客，销售量激增，企业利润迅速增长，并在这一阶段达到高峰。随着销售量的增加，企业生产规模也逐步扩大，产品成本逐步降低，新的竞争者会不断加入。随着竞争的加剧，新的产品特性开始出现，产品市场开始细分，分销渠道增加。企业为维持市场的继续成长，需要保持或增加促销费用，但由于销量增加，平均促销费用有所下降。针对成长期的特点，企业为维持其市场增长率，延长获取最大利润的时间，可以采取下面几种策略：第一，改善产品品质，如增加新的功能、改变产品款式、发展新的型号、开发新的用途等。对产品进行改进，可以提高产品的竞争能力，满足顾客更广泛的需求，吸引更多的顾客。第二，寻找新的细分市场。通过市场细分，找到新的尚未被满足的细分市场，根据其需要组织生产，迅速进入这一新的市场。第三，改变广告宣传的重点。把广告宣传的重心从介绍产品转向建立产品形象,以树立产品品牌,维系老顾客,吸引新顾客。第四,适时降价。在适当的时机,可以采取降价策略,以激发那些对价格比较敏感的消费者产生购买动机和采取购买行动。

3. 成熟期

市场需求趋向饱和,潜在的顾客已经很少,销售额增长缓慢甚至转而下降,标志着产品进入了成熟期。在这一阶段,竞争逐渐加剧,产品售价降低,促销费用增加,企业利润下降。

对成熟期的产品,宜采取主动出击的策略,使成熟期延长,或使产品生命周期出现再循环。为此,可以采取以下三种策略:第一,市场调整。这种策略不是要调整产品本身,而是发现产品的新用途、寻求新的用户或改变推销方式等,以使产品销售量扩大。第二,产品调整。这种策略是通过产品自身的调整来满足顾客的不同需要,吸引有不同需求的顾客。整体产品概念的任何层次的调整都可视为产品再推出。第三,市场营销组合调整。即通过对产品、定价、渠道、促销四个市场营销组合因素加以综合调整,刺激销售量的回升。常用的方法包括降价、提高促销水平、扩展分销渠道和提高服务质量等。

4. 衰退期

随着科学技术的发展,新产品或新的代用品出现,顾客的消费习惯发生改变,从而使原来产品的销售额和利润额迅速下降,产品进入了衰退期。衰退期的主要特点是:产品销售量急剧下降;企业从这种产品中获得的利润很低甚至为零;大量的竞争者退出市场;消费者的消费习惯已发生改变等。面对衰退期的产品,企业需要认真地研究分析,决定采取什么策略,在什么时间退出市场。通常有以下几种策略可供选择:第一,继续策略。继续沿用过去的策略,仍按照原来的细分市场,使用相同的分销渠道、定价及促销方式,直到这种产品完全退出市场为止。第二,集中策略。把企业能力和资源集中在最有利的细分市场和分销渠道上,从中获取利润。这样有利于缩短产品退出市场的时间,同时又能为企业创造更多的利润。第三,收缩策略。抛弃无希望的顾客群体,大幅降低促销水平,尽量减少促销费用,以增加目前的利润。这样可能导致产品在市场上的衰退加速,但也能从忠实于这种产品的顾客中得到利润。第四,放弃策略。对于衰退比较迅速的产品,应该当机立断,放弃经营。可以采取完全放弃的形式,如把产品完全转移出去或立即停止生产;也可采取逐步放弃的方式,使其所占用的资源逐步转向其他产品。

(二)网络产品生命周期

随着科技的发展和市场竞争的加剧,企业都在加快产品的更新换代,缩短产品的生命周期。在网络营销中,由于企业与消费者之间的联系更加紧密,企业可以通过网络和信息系统及时、迅速地了解消费者的需求变化,从新产品投放市场就开始了解产品应该改进和提高的方向。因此,在上一代产品还处于成熟期时,企业往往就开始新一代产品的研发工作,从而使产品在进入衰退期之前就有新的产品投放市场。在网络营销中,企业应该特别注意产品生命周期各个时期的市场策略的研究。在导入期,企业应尽快完善产品性能、提高产品质量,打开市场,从而缩短导入时间;在成长期,企业应注重提高生产效率、降低产品成本,保证产品的市场占有率;在成熟期,企业应在设法维持销量的同时,提前着手下一代产品的研发;在衰退期来临之时,尽快将老产品转移出市场并推出换代产品迅速占领市场。

第二节　网络品牌策略

随着网络经济的不断发展,网络营销对企业的重要性不断加强。越来越多的中小型企业甚至大中型企业,都纷纷在网上开展营销活动。企业在网上开展营销活动时应该根据网络经济的特点,分析网络消费者的消费习惯,在此基础上塑造出企业自身独特的网络品牌。

资料链接 9-1

美通社 2012 年 12 月 10 日讯,2012 年最佳中国品牌价值排行榜在北京揭晓,国际领先的综合性品牌战略顾问和设计公司 Interbrand 召开了此次发布会。

互联网行业持续呈现增长态势。百度(第 13 位)与腾讯(第 8 位)的表现最抢眼,品牌价值分别增加了 24% 与 21%。百度在搜索引擎市场的龙头地位十分稳固,腾讯微信在移动互联领域发展迅猛。六家上榜企业中,仅携程(第 29 位)因在线旅游市场的竞争加剧而导致品牌价值下跌,跌幅高达 27%。

(资料来源:人民网)

一、网络品牌概述

网络品牌这一术语并不陌生,尤其在有关域名保护、网络广告、网站专业性建设等相关文章中,涉及网络品牌概念的很多。但网络品牌究竟是什么含义,则很难说清楚,也难以找到权威的解释。为了详细说明网络品牌的含义,有必要先回顾一下市场营销中品牌的概念,美国市场营销协会对品牌的定义是:品牌是一种名称、属性、标记、符号或设计,或是它的组合运用,其目的是借以辨认某个销售者或某群销售者的产品或服务,并使之同竞争对手的产品和服务区别开来。

从这个定义来看,主要强调了品牌的可辨识性因素,即企业品牌存在的特征。那么什么是网络品牌呢?简单来说,企业品牌在互联网上的存在即网络品牌。网络品牌有两个方面的含义:一是通过互联网手段建立起来的品牌,二是互联网对网下既有品牌的影响。两者对品牌建设和推广的方式和侧重点有所不同,但目标是一致的,都是为了企业整体形象的创建和提升。

二、网络品牌作用

(一)网络品牌对销售者的作用

1. 降低成本——获取较高的溢价

按照国际先进咨询机构的研究结果,从一个现有的客户那里再次获取订单可以使销售成本更低。

2. 形成进入壁垒

更低的成本、较高的利润和产品的差异化可以使销售者建立起强大的进入障碍阻止竞争者的入侵,更有效地保护本企业的利益。

3.与客户建立联系

网上营销者可与客户进行对话,了解他们的需要。客户把自己的信息提供给品牌制造商,并希望品牌制造商利用这些信息能够更好地理解他们并为他们服务。公司从与这些客户进行交互的过程中获得有意义的客户反馈。

(二)网络品牌对消费者的作用

1.简化选择过程

在互联网上有太多类似的产品可供消费者进行选择。因此,可以通过建立网络品牌来简化他们的选择。

2.减少交易时间

对于一些比较复杂的决策,品牌降低了消费者进行调研、评价、议价、购买等成本,减少了交易时间。

3.建立信任感

网上交易一个很大的问题在于"客户信任感",客户对交易过程、支付手段等都不够信赖。在一个相对较短的时间内,接近互联网的消费者倾向于访问他们喜欢的网上主要品牌。对许多用户来说,在互联网上品牌是可信赖的"消费者向导"。

4.降低风险

品牌传递一种无形的质量保证,减少了购买和使用产品的风险。特别是领先品牌在市场上由于广泛使用还可以促使客户早下购买决心。

三、网络品牌塑造(建设)

在网络营销中,要实现品牌的独一无二,就必须使品牌具备个性化及人性化。可以从新产品开发、产品服务策略两方面来分析怎样使产品具备人性化。

(一)新产品开发策略

公司对新产品的开发是取得市场份额的必要条件,能够在最短时间内开发出新产品并适应市场的需要,或者在产品功能上有独到之处,就能打败其他竞争对手。例如一家电子导航仪的生产制造企业,他的产品除了在硬件性能处理上的速度优势以外,软件功能的设计构思也是非常重要的,这些新功能的开发和构思可以有很多来源,一方面可以通过研发人员的创造性和公司内部销售人员、代理销售商、公司管理层等提出;另一方面网络上的顾客也是重要的信息来源。

这家公司可以设计一些调查问卷,让消费者参与对产品的测评,同时将对产品的改进意见反馈回公司,从而使产品的设计更具人性化。

(二)产品服务策略

在网络营销过程中,服务是一个重要的组成部分,良好的服务可以提高顾客的满意度,同时为企业带来潜在的客户。企业可以从以下几个方面来改进对网络产品的服务:

1.售前服务

目前大多数企业的购物网站,虽然将每款产品的图片、参数都悉数列出,顾客可以通过点击某款产品来了解常规参数。然而,这些信息对于一般的消费者来说是不够的,特别是对于一些新兴的电子产品,普通消费者很难根据这些参数来分辨产品的优劣。如果设立每款产品的视频讲解,将产品的特点、功能、安装使用注意事项等,通过视频的方式声情并茂地讲解给顾客,必定能为顾客在选购产品方面提供很大的帮助。

此外,当顾客了解了相关信息、对产品产生购买意向后,还希望能针对产品是否有现货、是否能优惠、到货方式及付款方式等问题进行进一步的咨询。这就需要企业在其购物网站首页的醒目位置放置在线咨询工具。顾客可以根据自己使用的在线沟通工具来选择咨询渠道,如 QQ、MSN 等等。客户点击后就立刻可以与后台客服人员进行即时的沟通。

2. 售中服务

消费者在通过网络商城或者其他购物平台购买企业产品的过程中,希望尽可能得到便利。在产品选择、填资料等操作时,企业应尽量简化消费者自己动手输入的工作,消费者只要按照提示进行选择即可,使消费者获得方便快捷的购物体验。像在知名 C2C 网站淘宝上,当消费者点击立即购买某个产品以后,系统会自动记录顾客的地址信息,消费者只需要做几个点选就可以完成订单。

当消费者完成支付程序后,系统提供顾客的订单查询功能及物流信息查询等,这样顾客可以清楚地了解自己所购买产品的物流状态。

此外,在交易达成后,系统还可以自动通过电子邮件或者短信给客户发送致谢信息。这样,让消费者时刻感受到关怀和被尊重。

3. 售后服务

产品的售后服务包括维修、软件升级、电话咨询等。企业可以在其官方网站上建立产品的使用论坛为顾客或潜在顾客提供技术交流、产品体验交流的平台。这个平台的链接应该放在网上商城首页的醒目位置。此外,对于消费者十分关心的产品的升级服务、售后服务等问题,要专门设立区域,列明全国各地可以升级的地址、联系人信息等,方便客户前往。

通过以上售前、售中、售后的产品服务策略的改进,使企业网络产品的人性化得到加强,使之更贴近消费者的需求。

四、网络品牌推广

很多企业在传统市场渠道或者部分区域中已经具备了一定的品牌知名度。然而,传统品牌优势不一定能够形成网络上的优势品牌,网络媒体与传统媒体的受众构成有很大不同,所以,网络品牌和传统品牌有着很大不同。美国著名的咨询公司 Forrester Research 的调查报告指出:知名品牌与网站的访问量之间并没有必然的联系。因此,企业想要在网络营销中取得品牌优势,单靠传统渠道的品牌优势是不够的,还应该在网络上进行仔细规划,努力使产品符合网络受众对品牌的要求。

那么企业应该如何在网络上推广自己的品牌呢?一般从以下几点来考虑:

首先,选择合适的品牌元素。品牌元素,即能鉴定并且使品牌具备差异的那些可识别的图案。大多数知名品牌都拥有多个品牌元素。移动公司神州行"我看行",动感地带"我

网络营销

的地盘我做主"这些品牌元素就充分考虑了不同消费群的特征。

其次,利用促销及相关的营销活动不断塑造品牌。例如一家汽车用品制造企业,就可以赞助某个著名的户外活动网站,与其联合举办一届汽车拉力赛,从而通过"赛事营销"间接地提高自己品牌的知名度。

最后,还可以建立完善平台网站的交互功能来提高网站的品牌知名度。采用交互式的方式,让企业的部分网站页面的显示由网友自行编辑,称作"web2.0"时代。在这种技术平台下,企业网站可以与客户之间进行及时有效的沟通,实践证明,这种网站模式更有利于提高企业品牌的生命力、维系品牌的忠诚度。

第三节 网络价格策略

网络价格是指企业在网络营销过程中买卖双方成交的价格。网络价格的形成是极其复杂的,它受到多种因素的影响和制约。一般来说,影响企业产品网上定价的因素包括传统营销因素和网络本身对价格的影响因素。其中,传统因素有内部的(成本和利润等)和外部的(消费者需求和市场竞争等)因素。另外由于网络的及时性和互动性等特点,网络营销会节省一定的经营成本,这必然会对价格产生一定的影响。

一、网络营销定价的目标及特点

(一)网络营销定价的目标

定价目标是指企业通过制定产品价格所要达到的目的。企业在为产品定价时,首先必须要有明确的目标。不同企业、不同产品、不同市场、不同的时期有不同的营销目标,因而也就要求采取不同的定价策略。但是,企业定价目标不是单一的,而是多元的结合体。在网络营销中,企业定价目标主要有以下几种:

1. 以维持企业生存为目标

当企业由于经营管理不善,或市场竞争激烈、顾客的需求偏好突然发生变化等原因,而造成产品大量积压、资金周转不灵甚至濒临破产时,企业只能为其积压了的产品定低价,以求迅速出清存货、收回资金。但这种目标只能是企业面临困难时的短期目标,长期目标还是要获得发展,否则企业终将破产。

2. 以获取当前理想的利润为目标

追求目前利润的最大化,而不考虑长期效益。选择此目标,必须具备一定的条件,即当产品声誉好,而且在目标市场上占有竞争优势地位时,方可采用,否则还应以长期目标为主。

3. 以保持和提高市场占有率为目标

市场占有率是企业经营状况和企业产品竞争力的直接反映,它的高低对企业的生存和发展具有重要意义。一个企业只有保持或提高市场占有率,才有可能生存和发展。因此,这是企业定价选择的一个十分重要的目标。企业要实行全部或部分产品的低价策略,以实现提高市场占有率这一目标。

4. 以应付或抑制竞争为目标

有些企业为了阻止竞争者进入自己的目标市场,而将产品的价格定得很低,这种定价目标一般适用于实力雄厚的大企业。中小企业在市场竞争激烈的情况下,一般是以市场为导向,随行就市定价,从而也可以缓和竞争、稳定市场。

5. 以树立企业形象为目标

有些企业的定价目标实行的是"优质优价",以高价来保证高质量产品的地位,以此来树立企业的形象。

(二)网络营销定价的特点

在工业经济时代,由于信息不对称及受市场空间和时间的隔离,消费者不得不处于一种被动地位,从属于供应方来满足需要。买方由于对价格信息所知甚少,所以在讨价还价中总处于不利地位。互联网的出现不但使收集信息的成本大大降低,而且还能得到很多的免费信息。网络技术的发展使得市场资源配置朝着最优方向发展,由需求引导市场资源配置是网络时代的重要特征。

由于网络技术在市场营销中的广泛应用,所以网络营销定价具有以下特点:

1. 全球化与本地化相互结合

网络市场是开放的、全球化的市场,消费者可以在世界各地直接通过网站进行购买,而不用考虑网站属于哪一个国家或地区。目标市场从过去受地理位置限制的局部市场拓展到范围广泛的全球性市场,网络营销产品定价时必须考虑目标市场范围的变化给定价带来的影响。企业不能以统一的市场策略来面对差异性极大的全球性市场,必须采用全球化与本地区特点相结合的原则。

2. 低位定价打开市场

在早期互联网的商业应用中,许多网站想直接从互联网中营利,结果证明是失败的,因为互联网使用者的主导观念是网上的信息产品是免费的、开放的、自由的。随着互联网商用推广的发展,网上消费者逐步接受了网上产品不是免费的观念,但仍有互联网上的信息和产品是低廉的心理期望,因此,现阶段网络营销产品的定价特别是消费品应是低价位进入市场。而工业品市场,由于网上顾客对产品的价格不太敏感,主要考虑的是方便、新潮,所以这类产品就不一定要考虑低价位定价策略。

3. 顾客需求为主导进行产品定价

在网络时代根据产品成本定价逐步被淡化,逐渐发展为以顾客需求为导向进行定价。互联网的发展使需求由过去的被动选择转变为主动选择,顾客的需求引导着企业的生产,消费者可以根据市场信息来选择购买或定制自己满意的产品或服务。

定价是企业营销活动中一个十分敏感又很难有效控制的因素,要综合考虑多方面的因素。特别是由于互联网是从免费共享资源发展而来的,用户一般认为网上购买商品比通过一般渠道购买商品要便宜,因此,网上销售时定价一般要低于市场价格。另外,在网上公布价格时,要注意区分消费对象,对消费者、零售商、批发商、合作伙伴要有针对性地发布价格信息。还有,因为消费者通过互联网可以对不同企业的产品进行比较,可以很容易地在网上找到最便宜的商品,所以在网上发布价格时,要注意比较同类站点公布的价格,否则价格信息的公布反而会起到反作用。

二、网络营销定价方法

企业在确定了定价目标、掌握了有关影响因素的资料后,就开始了具体的定价工作。定价就是企业把它提供给消费者的利益转变成它可得到的利润的过程。任何企业不能凭直觉随意定价,而必须借助于科学的、行之有效的定价方法。

(一)传统营销定价法

影响定价最基本的三个因素是产品成本、市场需求和竞争。

因此,在传统市场营销行为中,企业产品价格的确定方法主要有成本导向定价法、需求导向定价法和竞争导向定价法。

1. 成本导向定价法

成本导向定价法是指以成本作为定价的基础,根据成本确定商品的营销价格。在实际应用过程中,主要有两种方法,即成本加成定价法和目标利润定价法。

成本导向定价法的优点是:(1)计算方法简便易行。尤其在企业生产多种产品时,成本加成法可以迅速地解决价格的计算和确定的问题。(2)可避免或减少同行业之间的竞争。如果同行业也都采用成本加成法,在成本和加成比例接近的情况下,价格也大致相同,这样可以避免或减少同行业之间的价格竞争。(3)成本加成法对消费者和购买者都比较公平。

成本加成法也存在明显的缺点,如忽视了市场需求、价格缺乏竞争力、不利于根据市场的变化来变更价格等。另外,合适的加成率应随着经济因素的变化和经营决策的需要而变动。

2. 需求导向定价法

需求导向定价法是依据买方对产品价值的感受和对商品的需求程度来定价的,而不是直接以成本为基础。

需求导向定价法主要包括购买者理解价值法和需求差别法。

(1)购买者理解价值法

购买者理解价值法又称为认知价值法,即根据购买者对产品价值的认识和理解来确定价格。商品的价格并不取决于卖方的成本,而是取决于购买者对产品价值的理解和认识。所谓"理解价值"或"认知价值"是指买方在观念上的价值。因此,卖方可以运用各种营销策略和手段,影响买方的感受,使之形成对卖方有利的价值观念,然后再根据产品在买方心目中的价值来定价。

顾客对产品价值的理解和感受,主要由产品成本决定。例如,一罐可口可乐在超市的零售价不过 2 元多,而在高级饭店要 10 元左右;同一种干红葡萄酒,市场零售价格才 40 元左右,而在三星级以上的高级饭店价格为 80 多元甚至上百元。由于环境气氛、服务等因素提高了产品的附加值,使顾客愿意支付那么高的价格,这就是购买者理解价值定价法。理解价值定价法的关键在于准确地估计购买者对本企业产品的理解价值,然后据以确定产品的价格。

(2)需求差别法

需求差别定价是根据购买者对产品需求强弱的不同,制定不同的价格。需求较强,价格可定得高些；需求较弱，则价格定得低一些。需求差别定价可以分为以顾客为基础、以产品为基础、以地域为基础和以时间为基础四种类型。

3.竞争导向定价法

这种定价方法主要是为了竞争，以竞争者的价格作为定价基础，以成本和需求为辅助因素。其特点是，只要竞争者价格不变，即使成本或需求发生变动，价格也不动；反之亦然。竞争导向定价法主要有通行价格定价法、投标定价法和拍卖定价法。

(二)网络营销定价方法

传统市场营销定价的基本原理同样适用于网络市场。但网络市场与传统市场相比存在着很大的差异，这种差异导致了网络市场的定价方法不同于传统市场的定价方法。在网络市场中，企业重点研究如何满足客户的需要，以成本为导向来确定产品价格将逐渐被淡化，而以需求为导向来确定价格将成为企业确定价格的主要方法。同时，竞争导向定价法中的投标定价法和拍卖定价法将不断被强化。

1.需求导向定价法

在网络环境下，理解价值法和区分需求定价法得到充分的应用。首先，理解价值法的关键是准确地进行价值评估，这在网络市场中得到很好的解决。企业可以利用网络的互动性和快捷性的特点，及时、准确地掌握和了解消费者或用户的预期价格，从而比较正确地确定商品的价格，避免估价过高或过低现象的发生。

其次，在网络市场上，企业也可以通过网络互动性和快捷性的特点，比较准确地把握消费者需求的差异变化，使区分需求定价法得到更有效的发挥。

例如，在传统的市场营销中，商品价格的高低主要是根据其样式的新颖程度、外观的漂亮程度来确定的，而忽视消费者的个性化需求和多样化需求；而在网络营销中，企业可让消费者根据自己的需求自行设计产品的外观、式样、花色、档次，并依此确定商品的价格，使消费者的个性化和多样化需求得到更好的满足。

2.竞争导向定价法

在网络市场中同样存在着竞争，而且这种竞争的激烈程度并不亚于传统市场。在网络市场中，竞争导向定价法主要有：招投标定价法和拍卖定价法。

(1)招投标定价法

招投标定价法是招标单位通过网络发布招标公告，由投标单位进行投标而择优成交的一种定价方法。它是买方引导卖方通过竞争成交的一种方法，通常用于建筑包工、大型设备制造、政府大宗采购、劳务贸易等。一般是由买方公开招标，卖方竞争投标、密封递价，买方按物美价廉的原则择优录取，到期公开开标，中标者与买方签约成交。这种定价法，对于招标单位来说，扩大了招标单位对投标单位的选择范围，从而使企业能在较大范围内以较优的价格选择投标单位；对于投标单位来说，不仅增加了投标的营销机会，而且使企业能获得较为公平的竞争环境，为企业的发展创造了良机。

(2)拍卖定价法

拍卖定价法是市场经济中常用的一种定价法，它是指拍卖行受出售者委托在特定场所公开叫卖，引导买方报价，利用买方竞争求购的心理，从中选择最高价格的一种定价方法。目前许多拍卖行在网上进行有益的尝试，使拍卖定价法在网络营销中得到了较快的发展。例如,日本的 AUC 网在网上实施了旧车拍卖,并取得明显效果。相信在不远的将来,拍卖法将会在网络市场中得到广泛的应用。

拍卖价格与投标价格的形成有所不同,其区别在于前者是买方公开竞价,后者是卖方密封递价。

三、网络营销定价策略

企业在进行网络营销决策时必须对各种因素进行综合考虑,从而采用相应的定价策略。很多传统营销的定价策略在网络营销中得到应用,同时也得到了创新。根据影响营销价格因素的不同,定价策略可分为如下几种:

(一)低价策略

网上销售具有中间环节少的优势,这种优势体现在价格上,将原来由分销商所获得的利润让给消费者,使消费者成为网络销售的受益者。网上的价格明显低于传统有形市场上的价格,可以吸引不少的消费者。

(二)个性化定价策略

消费者往往对产品外观、颜色、样式等方面有具体的内在个性化需求,个性化定价策略就是利用网络互动性和消费者的需求特征来确定商品价格的一种策略。网络的互动性能够即时获得消费者的需求信息,使个性化营销成为可能,也将使个性化定价策略有可能成为网络营销的一个重要策略。这种个性化服务是网络产生后营销方式的一种创新。

(三)集体议价策略

这种策略是根据供应者以及需求者的状况及其他因素,设立自动调价系统,自动进行价格调整;同时,建立与消费者直接在网上协商价格的集体议价供应链管理系统,使价格具有灵活性和多样性,从而形成创新的价格。这种集体议价策略已在一些中外网站中被采用。这种网站经营最成功的,首推网上拍卖网站"电子港湾"eBay(www.ebay.com)。"电子港湾"是一个让人们可以自由出价交易的虚拟世界,在"电子港湾"里,自由定价,自由买卖。

(四)折扣定价策略

在实际营销过程中,网上商品可采用传统的折扣价格策略,例如数量折扣,即企业在网上确定商品价格时,可根据消费者购买商品所达到的数量标准给予不同的折扣,购买量越多,折扣可越多。

(五)捆绑销售的策略

麦当劳通过销售"套餐"的形式促进了食品的购买量,还使顾客对所购买的产品价格感觉更满意。这种传统策略已经被许多精明的网上企业所采用,例如微软公司的 win 系列产品就捆绑了浏览器 IE 以及相关邮箱集成系统。

(六)品牌定价策略

如果产品具有良好的品牌形象,那么产品的价格将会产生很大的品牌增值效应。对于这种本身具有很大品牌效应的产品,由于得到人们的认可,在网站产品的定价中完全可以对品牌效应进行扩展和延伸,利用网络宣传与传统销售的结合,产生整合效应。

(七)撇脂定价和渗透定价

在产品刚进入市场时用高价位策略,以便在短期内尽快收回投资,这种方法称为撇脂定价。相反,开始价格定于较低水平,以求迅速开拓市场,并抑制竞争者的渗入,称为渗透定价。在网络营销中,往往为了宣传网站,占领市场,采用低价销售策略。另外,不同类别的商品应采取不同的定价策略。如购买率高、周转快的日常生活用品适合采用薄利多销、宣传网站、占领市场的定价策略;而对于周转慢、销售与储运成本较高的特殊商品、耐用品,网络价格可定高些,以保证盈利。

四、网络免费定价

免费价格策略之所以在互联网上流行,是有其深刻背景的。互联网作为20世纪末最伟大的发明,它的发展速度和潜力令人惊叹,任何有眼光的企业领导者都不会放弃这一潜力极大的发展机会,在网络市场的初级阶段,免费策略是最有效的市场占领手段之一。目前,企业在网络营销中采用免费策略的目的,一方面在于使消费者在免费使用形成习惯或偏好后,再开始逐步过渡到收费阶段。例如,金山公司允许消费者在互联网下载限次使用的WPS2000软件,其目的就是想消费者在使用习惯后,掏钱购买正式软件。这种免费价格策略主要是一种促销策略。另一方面在于发掘后续商业价值,它是从战略发展的需要来制定定价策略的,主要目的是先占领市场再获取收益。如Yahoo公司建设免费门户站点,经过四年的亏损经营后,通过广告收入等间接收益扭亏为盈。但在前四年的亏损经营中,公司却得到了飞速发展,这主要得力于股票市场对公司的认可和支持,因为股票市场看好其未来的增长潜力,而Yahoo的免费策略恰恰使它占领了较大的网上市场份额,具有很大的市场竞争优势和巨大的市场盈利潜力。

(一)免费价格策略的内涵

免费价格策略就是将企业的产品和服务以零价格形式提供给顾客使用,满足顾客的需求。免费价格策略是目前网络营销中常用的营销策略,主要用于促销和推广产品,这种策略一般是短期的和临时性的。在网络营销实践中,免费价格策略不仅仅是一种促销策略,还是一种有效的产品和服务定价策略。

(二)免费价格策略的形式

免费价格策略主要有以下几种形式:一是完全免费,即产品(服务)在购买、使用和售后服务等所有环节都实行免费。例如,《人民日报》的电子版在网上可以免费阅读;美国在线公司在成立之初,在商业展览会场、杂志封面、广告邮件甚至飞机上,都提供免费的美国在线软件,连续五年后吸收了100万名用户。二是限制免费,即产品(服务)可以被有限次使用,超过一定期限或者次数后,取消这种免费服务。例如,金山软件公司免费赠送可以使用99次的WPS 2000软件,使用次数完结后,消费者需要付款申请方可继续使用。三是部分免费,指对产品整体的某一部分或服务全过程的某一环节的消费可以享受免费。例如一些著名研究公司的网站公布部分研究成果,如果要获取全部研究成果必须付款成为公司客户;免费播放的一些电影或VCD片断,而要想观看全部内容,则需要付费。四是捆绑式免费,即在购买某产品或者服务时可以享受免费赠送其他产品和服务的待遇。例如,国内的一些ISP为了吸引接入用户,推出了上网免费送PC的市场活动。实际上,从另一面来看,这种商业模式就相当于分期付款买 PC 附赠上网账号的传统营销模式。

(三)免费产品的特性

网络产品实行免费策略会受到一定环境的制约,并不是所有的产品都适合于免费策略。互联网作为全球性开放网络,可以快速实现全球信息交换,只有那些适合互联网这一特性的产品才适合采用免费价格策略。一般来说,免费产品具有如下特性:

1. 易于数字化

互联网是信息交换平台,它的基础是数字传输。易于数字化的产品都可以通过互联网实现零成本的配送,这与传统产品需要通过交通运输网络花费巨额资金实现实物配送有着巨大区别。企业只需要将这些免费产品放置到企业的网站上,用户可以通过互联网自由下载使用,企业通过较小成本就可实现产品推广,节省了大量产品推广费用。例如,CISCO 公司将产品升级的一些软件放到网站上,公司客户可以随意下载免费使用,从而减少了原来免费升级服务的费用。

2. 无形化

通常采用免费策略的人多是一些无形产品,它们只有通过一定载体表现出一定形态,如软件、信息服务(如报纸、杂志、电台、电视台等媒体)、音乐制品、图书等,这些无形产品可以通过数字化技术实现网上传输。

3. 零制造成本

这里所说的零制造成本主要是指产品开发成功后,只需要通过简单复制就可以实现无限制的产品生产。这与传统实物产品生产受制于厂房、设备、原材料等因素有着巨大区别。上面介绍的软件等无形产品都易于数字化,也可以通过软件和网络技术实现无限制自动复制生产。对这些产品实行免费策略,企业只需要投入研制费用即可,产品生产、推广和销售则完全可以通过互联网实现零成本运作。

4. 成长性

采用免费策略的目的一般都是利用高成长性的产品推动企业占领较大的市场,为未来市场发展打下坚实基础。例如,微软为抢占日益重要的浏览器市场,采用免费策略发放其 IE 浏览器,用以对抗先行一步的网景公司的 Navigator,结果在短短两年之内,网景公司的浏览器市场就丢失半壁江山,最后只有被迫出售兼并以求发展。

5. 冲击性

采用免费策略的产品,其主要目的是推动市场成长、开辟新的市场领地,同时对原有市场产生巨大的冲击,否则免费价格的产品很难形成市场规模并在未来获得发展机遇。例如,3721 网站为推广其中文网址域名标准,以适应中国人对英文域名的不习惯,采用免费下载和免费在品牌电脑预装的策略,在 1999 年短短的半年时间迅速占领市场成为市场标准,对过去被国外控制的域名管理产生巨大冲击和影响。

6. 间接收益

企业在市场运作中,虽然可以利用互联网实现低成本的扩张,但免费的产品还是需要不断开发和研制,需要投入大量的资金和人力。因此,采用免费价格的产品(服务)一般要求具有间接收益特点,即它可帮助企业通过其他渠道获取收益。例如,Yahoo 公司通过免费搜索引擎服务和信息服务吸引用户注意力,这种注意力形成了 Yahoo 的网上媒体特性,Yahoo 通过发布网络广告进行间接收益。这种收益方式也是目前大多数 ICP 的主要商业运作模式。

(四)免费价格策略实施的影响因素

免费价格策略一般与企业的商业计划和战略发展规划紧密相关,企业要降低免费策略带来的风险,提高免费价格策略的成功性,应该考虑以下几方面因素:

(1)是否是新的商业运作模式。互联网是成长性的市场,企业要在网络市场上获取成功的关键是有一个切实可行、成功率极高的商业运作模式,因此企业在制定免费价格策略时必须考虑是否与商业运作模式相吻合。例如,我国专门为商业机构提供中介服务的网站 alibaba.com,它提出了免费信息服务的 B-B 新商业模式,获得了市场认可,并且具有巨大的市场成长潜力。

(2)免费的产品(服务)能否获得市场认可。也就是说,提供的产品(服务)是否是市场迫切需求的。互联网上通过免费策略已经获得成功的公司具有一个特点,就是提供的产品(服务)能受到市场的极大欢迎。例如 Yahoo 的搜索引擎克服了在互联网上查找信息的困难,给用户带来了便利;我国的 Sina 网站提供了大量实时性的新闻报道,满足了用户对新闻的需求。

(3)免费产品(服务)推出的时机。互联网上的游戏规则是"Winner takes all(赢家通吃)",只承认第一,不承认第二,因此在互联网上推出免费产品是为了抢占市场,如果市场已经被占领或者已经比较成熟,则要审视推出产品(服务)的竞争能力。例如,我国著名的搜狐网站(http://www.sohu.com)虽然不是第一家搜索引擎,却是第一家中文搜索引擎,确立了市场门户站点地位。目前,有很多公司推出了很好的免费搜索引擎服务,但还是很难撼动搜狐第一中文搜索引擎的地位。

(4)免费的产品(服务)是否适合采用免费价格策略。目前国内外很多提供免费 PC 的 ISP,对用户也不是毫无要求:它们有的要求用户接受广告,有的要求用户每月在其站点上购买一定金额的商品,还有的要求提供接入费用等。此外,ISP 在为用户提供免费 PC 这一事件中,PC 制造商的地位非常尴尬。首先这种 PC 的出货量虽然很大,但是基本上没有利润;其次是角色错位,以前是买 PC 搭售上网账号,而现在是出售上网账号搭售 PC,角色的转变使得 PC 提供商的感觉非常不好。现在北美自由贸易区的三个国家——美国、加拿大和墨西哥将 PC 制造业从 IT 产业中分离出来,将其归入传统制造业。这说明,Internet 的兴起使得很多行业都变成了传统行业,一些互联网公司的市值超过许多传统行业的大公司,这显示了 Internet 作为新兴行业的巨大前景,以 PC 为中心的时代,已经在 Internet 的阴影中渐行渐远,以互联网为中心的时代已经来临,这是一种无法阻挡的趋势。

(5)对免费的产品(服务)进行策划推广。互联网是信息的海洋,对于免费的产品(服务),网上用户已经形成习惯。因此,要吸引用户关注免费产品(服务),应当与推广其他产品一样有严密的营销策划。在推广免费的产品(服务)时,主要考虑利用互联网渠道进行宣传,比如在知名站点设置链接、发布网络广告;同时还要考虑在传统媒体上发布广告,利用传统渠道进行推广宣传。例如,3721 网站为推广其免费中文域名系统软件,首先通过新闻形式介绍中文域名概念,宣传中文域名的作用和便捷性;然后与一些著名 ISP 和 ICP 合作,建立免费软件下载链接,同时还与 PC 制造商合作,提供捆绑预装中文域名软件。

本章小结

1. 网络产品的内涵与传统产品的内涵有一定的差异性,网络产品的层次相比传统营销产品的层次大大扩展了。网络产品包括五个层次:核心利益或服务层、有形产品层、期望产品层、延伸产品层、潜在产品层。

2. 网络营销的产品(服务)主要分为三类:实物产品、无形产品和服务。

3. 在网络营销中,由于企业与消费者之间的联系更加紧密,企业可以通过网络和信息系统及时、迅速地了解消费者的需求变化,从新产品投放市场就开始了解产品应该改进和提高的方向。因此,在上一代产品还处于成熟期时,企业往往就开始新一代的研发工作,从而使产品在进入衰退期之前就有新的产品投放市场。

4. 网络品牌有两个方面的含义:一是通过互联网手段建立起来的品牌,二是互联网对网下既有品牌的影响。两者对品牌建设和推广的方式和侧重点有所不同,但目标是一致的,都是为了企业整体形象的创建和提升。

5. 网络价格的形成是极其复杂的,它受到多种因素的影响和制约。一般来说,影响企业产品网上定价的因素包括传统营销因素和网络本身对价格的影响因素。

6. 在网络市场中,企业重点研究如何满足客户的需要,以成本为导向来确定产品价格将逐渐被淡化,而以需求为导向来确定价格将成为企业确定价格的主要方法。

7. 免费价格策略就是将企业的产品和服务以零价格形式提供给顾客使用,满足顾客的需求。免费价格策略是目前网络营销中常用的营销策略,主要用于促销和推广产品。

案例讨论

案例一 华硕用"街景微博"营销完成品牌推广

所谓"街景微博",就是让人们将身边的街景拍下来,通过简单的剪接、编辑,组成一句表达自己心中想法的话。这些街景可以是一个招牌、一个涂鸦,只要能代表你此刻的心情,就是专属于你的"街景微博"。

这次活动的主办方是全球领先的3C解决方案提供商之一华硕电脑,他们希望能借助这场创意独特的"街景微博"活动,达到推广自身品牌的目的。为了实现最大的传播效果,活动主办方采取了"零门槛"的参与方式,网友只要点击鼠标,转发此次活动的信息,或者发布街景微博,就能轻松参与到活动当中。而不论网友以何种方式参与,都有机会得到华硕公司提供的奖品,比如移动硬盘、A10手机、变形平板电脑EeePad TF101等等。

活动期间,华硕官方微博每天都会从众多网友发布的作品中,挑选出优秀的作品让大家投票,选出他们支持的作品。为了更好地推广"街景微博",华硕官方还推出国内首款利用GPS地图在都市"寻宝"的APP应用软件——城市猎人。通过碎片定位、碎片搜寻、碎片拼接、碎片发布的过程,不仅让人们与城市的距离更为接近、更加可以体会到城市的美好,也让大家在发现的旅程中收获更多的梦想与感动。

目前,华硕"街景微博"活动已经成功举办了两次,每一季都有明确的主题。第一季的主题是"梦想follow me",呼吁网友通过身旁的街景表达心中的梦想。第二季的主题是

"情感",而且升级为系列活动,以中国传统节日"七夕"和"中秋"为主线,鼓励人们表达亲情、友谊和爱情,进而引申出相关情感话题进行讨论。

据统计,自"华硕街景微博"活动推出以来,华硕品牌曝光近1.2亿次,新浪"ASUS华硕"官方微博的粉丝增加了10.3万。华硕相关负责人说:"街景微博不仅让我们华硕品牌大幅度曝光,更拉近了我们与消费者的距离,提升了品牌的亲和力和信任力!"

(资料来源:http://www.cs360.cn/shichangyingxiao/wlyx/gldq/89974/)

讨论:

(1)企业的微博和个人的微博在网络营销运用中有什么区别?如何看待新型的"街景微博"模式?

(2)如何理解华硕公司利用微博扩大品牌影响力?

案例二 唯品会的定价模式

唯品会由沈亚和洪晓波于2008年创立于广州,隶属于广州唯品会信息科技有限公司。唯品会是中国最大的名牌折扣网站之一,率先在国内开创了"名牌折扣＋限时抢购＋正品保险"的商业模式,以较低的折扣价向消费者提供正品名牌,目前汇集上千家一、二线品牌商品,主要包括名牌服装、鞋子、箱包、配饰、香水、化妆品、奢侈品、旅游等品类。截至2011年12月31日,唯品会注册用户数达1 210万,累计客户超过170万,在中国奢侈品网购行业中占据很大份额。

唯品会以低价高质的产品及优质的服务吸引着大量用户。作为品牌折扣网其主要目标用户有以下三类:(1)有一定收入的年轻人,这类人群追求时尚与新颖,追求个性独立,愿意表现自我,同时有一定的收入,有一定的购买能力。(2)白领群体,这类人群经济实力很强,社会地位相对很高,他们对所购买的商品要求很高,唯品会为他们提供了高品质的品牌商品。(3)品牌爱好者,唯品会推广和销售的国内和国际流行的产品品牌已经达到1 900个以上,各主流品牌商品唯品会均有销售且价格较低,成为品牌爱好者的心仪购物网站。

唯品会网站的定位是名牌折扣网站,通过与知名国际、国内品牌代理商或厂家合作,代售其商品,省去中间商费用,在长期的合作中建立了信任关系,使得价格可以更低,在质量和价格都有所保证,而且选用错开季节采购的模式,使商品更加优惠。其限时限量的模式,不用担心商品的积压,并且可以根据订单确定定货量,降低了经营成本,有更大的让利空间。消费者可以通过唯品会以比零售价格更低的折扣价买到正品名牌。价格优势吸引了大批忠实顾客。

讨论:

(1)请登录唯品会网站搜集一些商品的定价信息。

(2)如何理解唯品会网站的定价模式并与传统商店进行比较分析?

思考题

1. 传统产品的三个层次是什么?网络产品的五个层次是指什么?
2. 产品生命周期的含义是什么?网络营销产品的生命周期有什么独特之处?
3. 网络品牌有哪些特点?企业应该如何树立网络品牌?
4. 网络营销的定价方法有哪些?
5. 你对网络免费定价有何看法?

第 10 章

网络渠道策略

知识目标：
- 了解网络渠道的功能与类型
- 理解网络渠道的中间商
- 了解网络渠道冲突的原因及管理

能力目标：
- 能分析网络渠道和传统渠道的异同
- 能设计适合企业发展的网络渠道

案例导读

李宁公司原来是一家以传统渠道为主的企业，拥有中国最大的体育用品分销网络。据2008年李宁公司的财务报表显示，截至2008年年底，李宁牌店铺共计有6 245家。同时，李宁公司的国际网络也在不断拓展，目前已进入23个国家和地区。

目前，李宁公司正积极开拓网络销售渠道，在全国范围内建立以ERP为起点的信息系统，全面整合产品设计、供应链、渠道、零售等资源发展电子商务，进一步提高运作效率和品牌形象。

李宁公司旗下拥有的品牌包括：李宁品牌、艾高AIGLE、红双喜以及倡导"快时尚"的大卖场品牌——ZDO新动。李宁服装追求的是流行、时尚的元素，受到很多年轻人的喜爱。李宁产品主要以运动产品为主，每年的新品达8 000多个，其中运动装、鞋类非常适合在网上销售。2008年4月10日，李宁在淘宝商城开设的第一家直营网店正式上线，接着相继在新浪商城、逛街网、拍拍、易趣上通过直营或授权的形式开设了多家网店。

李宁公司在网络营销渠道选择上，刚开始由于自己对网络营销渠道不是很了解，因此主要是通过利用现有的网络营销渠道资源，对一些网络店铺进行授权、整合，纳入自己的渠道范畴内，同时也积极在各大商城上开设了自己的网络网络直营店铺，接着在此基础上推出了自己的网络直销平台。李宁公司在网络营销渠道模式的选择上刚开始是网络商城的模式，接着是网络直销的模式。目前李宁网上渠道主要有两大类型：(1)李宁官方直营店铺，包括李宁官方商城、李宁淘宝官方网店、李宁淘宝官方折扣店、李宁官方拍拍店；(2)

李宁官方授权店,包括李宁淘宝五洲商城、李宁淘宝古星专卖店、李宁淘宝古星折扣店、李宁易趣古星专卖店、逛街网李宁专卖店、新浪李宁专卖店等授权店。

为了更好地协调网络营销渠道和传统渠道之间的关系,李宁公司主要做了以下事情:

(1)在销售的商品上进行区分。李宁公司在线下各专卖店的销售以正价新品为主,而在专门的打折店中以销售库存产品为主。网上商城主要以正价新品的推荐和限量商品为主,包括明星签名的商品,这些商品瞄准的是少数消费者。而淘宝商城的网店则进行一部分库存商品的销售。(2)网络渠道和和传统渠道产品价格一致。李宁公司把各种网店纳入自己的价格体系中。在B2C方面,李宁沿用地面渠道与经销商的合作方式,与网上的B2C平台签约授权李宁的产品销售;对于C2C中的网店,李宁虽没有与之签订正式的授权协议,但通过供货、产品服务以及培训的优惠条件,将其纳入自己的价格体系中。据李宁电子商务部林力介绍,目前已有400余家C2C网店纳入了李宁的管理体系。(3)整顿网络渠道和传统渠道。为了协调好网络营销渠道和传统渠道之间的关系,李宁公司对很多网店及传统渠道进行了一次整顿,目的是杜绝线下经销商、制造商违规出货。

启发总结

李宁公司是一家以传统渠道为主的企业,有自己的品牌,在进行网络营销渠道建设的时候,网络上已经有一些自发形成的网上商城渠道,李宁公司采取的策略主要是整合现有的渠道资源,通过授权的形式收编现有的网络渠道资源,同时也在各大平台上开设自己的网络直营店铺,这可以看成是李宁公司对网络营销渠道的试水。紧接着李宁公司以自建平台的形式开通了自己的官方商城。在渠道协调上,李宁公司采取的主要策略是区分线上和线下产品销售的种类以及统一产品的价格。在网络营销渠道的推广上,主要是通过在一些综合型门户网站上做广告以及搜索引擎营销的方式。总体来看李宁公司所采取的网络营销渠道战略是成功的,但同时还有一些问题,比如没能很好地协调两种渠道,依然存在渠道冲突的问题;在网站的建设方面还有些需要改进的地方,比如网站打开速度较慢,官方商城的建设没能很好地体现和用户之间的交互。总而言之,李宁公司的网络营销渠道建设对于服装企业具有极高的参考价值。

(资料来源:http://www.mba.org.cn/anliku/8296.html)

第一节 网络渠道功能与类型

一、网络渠道概述

(一)传统营销渠道的定义

根据美国市场营销学家菲利普·科特勒的定义:"营销渠道是指某种货物或劳务从生产者向消费者移动时,取得这种货物或劳务所有权或帮助转移其所有权的所有企业或个人。简单说,营销渠道就是商品和服务从生产者向消费者转移过程的具体通道或路径。"传统营销渠道通常具有以下特征:首先,渠道的起点是生产者,终点是消费者(生活消费)和用户(生产消费);其次,渠道的参与者是中间商,中间商是指商品在流通过程中经过的

网络营销

每一个直接或间接转移了商品的所有权的中间机构;最后,渠道中商品流通的前提便是商品所有权的转移。

传统的营销渠道按照有无中间环节,可以分为直接渠道和间接渠道两种。由生产者直接把产品销售给最终用户的营销渠道称为直接渠道,即直销;由于直接分销渠道两端为生产者和消费者,没有中间商,因此可以称为零级渠道;至少包括一个中间商的营销渠道则称为间接渠道,即分销。还可以根据中间商的数量来对营销渠道进行分类,间接分销渠道则根据中间环节的数量分为一级、二级、三级甚至多级的渠道。具体分类情况如图10-1所示。

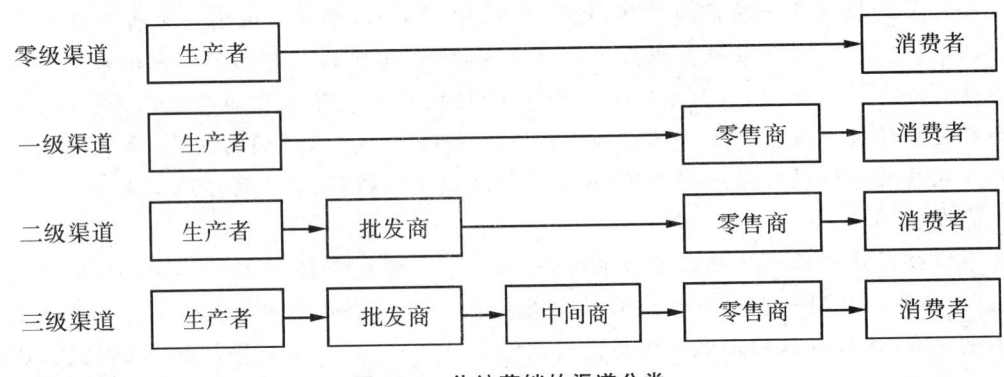

图10-1 传统营销的渠道分类

(二)网络渠道的定义

网络渠道与传统营销渠道最大的不同在于,它借助互联网的力量实现产品从生产者向消费者的转移过程,一方面向消费者提供产品信息以帮助消费者进行购买决策,另一方面协助交易双方完成交易过程。值得注意的是,这个过程并不一定是一手交钱一手交货的。与传统营销类似,网络渠道可以分为直接分销渠道和间接分销渠道,直接分销渠道是直接通过互联网实现产品或服务从生产者到消费者的营销渠道(简称网上直销);间接分销渠道是融入互联网技术的中间商机构提供的间接营销渠道。其中直接分销渠道为零级分销渠道,这与上述传统形式中的零级分销渠道没有很大差别。间接分销渠道中,只存在一级分销渠道,仅通过一个电子中间商来实现买卖双方信息交流,而不存在多个批发商、代理商、零售商构成层级的情况。网络营销渠道的具体分类如图10-2所示。

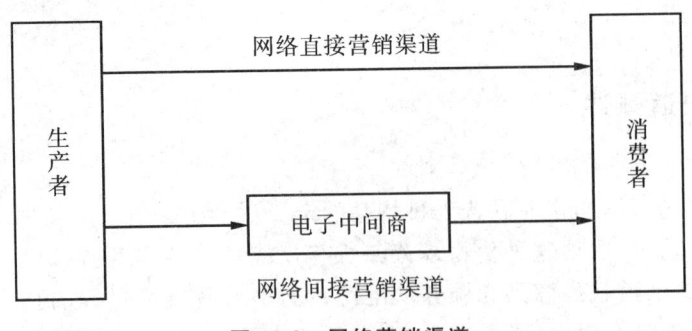

图10-2 网络营销渠道

（三）传统营销渠道与网络营销渠道的区别

1. 作用分析

传统营销渠道是指某种货物或劳务从生产者向消费者转移时所需经过的流通途径。在传统的营销渠道中，除了生产者和消费者外，很多情况下还有大量的独立中间商和代理中间商存在。商品或服务通过营销渠道完成了商品所有权的转移，也完成了商品实体或服务的转移。

传统营销渠道的作用是单一的，它仅仅是商品从生产者向消费者转移的一个通道。从广告或其他媒体获得商品信息的消费者通过直接或间接的分销渠道购得自己所需的商品，除此之外，他们没有从渠道中获得任何其他的东西。这种营销渠道的畅通，一方面依赖于产品自身的品质，另一方面则主要依赖于广告的宣传和资金流转的情况。

网络营销渠道的作用则是多方面的。第一，网络营销渠道是信息发布的渠道。企业的概况以及产品的种类、质量和价格等，都可以通过这一渠道告诉用户。第二，网络营销渠道是销售产品、提供服务的快捷途径。用户可以从网上直接挑选和购买自己需要的商品，并通过网络方便地支付款项。第三，网络营销渠道是企业间洽谈业务、开展商务活动的场所，也是进行客户技术培训和售后服务的理想的园地。所以，开展电子商务不仅仅标志着一个企业的信息化水平和现代化程度，而且可以给企业带来实实在在的好处。

2. 结构分析

相对于传统的营销渠道，网络营销渠道也可分为直接分销渠道和间接分销渠道，但其结构要简单得多（见图10-2）。网络的直接分销渠道和传统的直接分销渠道一样，都是零级分销渠道，这点没有大的区别。重要的是间接分销渠道，网络营销中仅有一级分销渠道，即只存在一个信息中间商沟通买卖双方的信息，而不存在多个批发商和零售商的情况，因而也就不存在多级分销渠道。

3. 费用分析

无论是直接分销渠道还是间接分销渠道，网络营销的渠道结构较之传统营销的渠道结构大大减少了流通环节，有效地降低了交易成本。

通过传统的直接分销渠道销售产品，企业通常采用两种具体实施方法：

第一种方法是直接出售，没有仓库。例如，工厂在某地派出一个推销员，但在当地不设仓库。这个推销员在当地卖了货物后，把订单邮寄给工厂，工厂把货物直接寄给消费者。在这种方法中，工厂需要支付推销员的工资和日常推销开支。

第二种办法是直接出售，设有仓库。在这种方法中，工厂一方面要支付推销员的工资和费用，另一方面还需要支付仓库的租赁费。

通过网络的直接分销渠道销售产品，网络管理员可以从互联网上直接受理从世界各地传来的订单，然后直接将货物寄给购物者。所需的费用仅仅是网络管理员的工资和极为便宜的上网费用，人员的出差费用和外地仓库的租赁费用都不再需要。

通过传统的间接分销渠道销售产品，中介机构是必不可少的。在产品由生产单位流转到最终用户的过程中，中介机构常常还不止一个。中介机构越多，流通费用就越高，产品的竞争能力也就在其流转过程中渐渐消失。

网络的间接分销渠道完全克服了传统的间接分销渠道的缺点。网络商品交易中心通过互联网强大的信息传递功能,完全承担起信息中介机构的作用。同时它也利用其在各地的分支机构承担起批发商和零售商的作用。这种网络商品交易中心将中介机构的数目减少到一个,使得商品流通的费用降到最低。

二、网络渠道功能

与传统营销渠道一样,以互联网作为支撑的网络营销渠道也应具备传统营销渠道的功能。营销渠道涉及信息沟通、资金转移和事物转移等。传统的营销渠道有三大功能:订货功能、结算功能和配送功能,网络营销渠道在此基础上还具有信息功能和促销功能。

(一)订货功能

网络分销渠道能够为消费者提供产品信息,用户和消费者浏览企业网页上的商品,选中后可以直接在网站上下订单,并进行支付和交货。网络订货功能的实现通常由购物车完成,购物车的作用与超市中的购物篮相似,消费者选购商品后,将其放入购物车中,系统会自动统计出所购物品的名称、数量和金额,消费者在结算后生成订单,订单数据进入企业相关数据库,为产品生产、配送提供依据。

(二)结算功能

消费者在网站上购买商品后,可以通过多种方式方便地进行付款,企业提供多种结算方式。目前国外有几种结算方式:信用卡、电子货币、电子支票等;而国内付款结算方式主要有:邮局汇款、货到付款、信用卡、电子货币等。电子货币是一种以数字形式流通的货币,它通过一个适合于在互联网上进行的实时支付系统把现金数字转换成一系列的加密序列数,通过这些序列数来表示现实中各种金额的币值。用户在开展电子货币业务银行开设账户并在账户内存钱后,就可以在接受电子货币的商店购物。但是电子货币对软件和硬件的要求都相当高,存在货币之间的兑换问题以及因用户的硬盘损坏导致电子现金丢失的风险。

目前一些网上银行提供电子钱包等工具。电子钱包是顾客在电子交易中常用的一种支付工具,在小额购物时普遍使用,它是一种以智能卡为基础的电子现金支付系统,具有信息存储、安全密码等功能。用户预先在智能储值卡中存入一定的金额后,交易时就直接从储值账户中扣除交易金额,它彻底改变了传统的"一手交钱一手交货"的购物方式,是一种有效的、安全可靠的支付方式。

(三)配送功能

一般来说产品分为有形产品和无形产品,对于无形产品如服务、软件以及音乐等可以直接在网上进行配送;而有形产品的配送则需要仓储和运输,一些网络企业将配送交给专业的物流公司进行,商品流通的过程包括信息流、商流、资金流和物流四个方面的传递,在网络比较发达的情况下,信息流、商流和资金流可直接通过网络渠道来完成,但是物流即商品的实体运动必须借助传统渠道通过存储和运输来完成。然而,不是每个企业都有实力,建立自己的完善的物流配送体系,专业的第三方物流公司应运而生。网上销售要获得快速、健康的发展,安全、高效的第三方专业物流公司尤显重要,专业配送公司的存在是国外网上商店得以迅速发展的原因所在。

（四）信息功能

它是指生产者通过网络向消费者提供产品的种类、价格、性能等信息，满足消费者的信息需求。

（五）促销功能

它是指通过网络发布和传播有关产品的、富有说服力的、吸引消费者注意力的沟通材料等。

三、网络渠道类型

网络渠道可以根据是否有中间商分为网络直销渠道和网络分销渠道。

（一）网络直销

1. 网络直销概述

网络直销是指生产商借助互联网、计算机通信和数字交互式媒体等技术而不通过其他中间商，将网络技术的特点与直销的优势结合起来进行商品销售，从而直接实现企业营销目标的一系列市场行为。与传统直接分销相同，网络直销同样没有营销中间商的参与，并同样具有订货、支付和配送等功能。目前常见的网络直销方法有两种：一种方法是直销企业建立自己的互联网站点，拥有自己的域名、设计独特的网站主页，并由专门的网络管理员处理有关产品的销售事务；另一种方法是企业通过相关的信息服务商在其他网站上发布信息，企业利用相关的信息与客户进行联系和谈判，虽然这一过程中有信息服务商参与，但主要的销售活动依然由生产商和消费者双方共同完成。

网络直销有以下几个特点：第一，相关服务的便捷性。顾客可以直接在网上订货、付款，这大大方便了顾客。生产者通过网络直销渠道为客户提供售后服务和技术支持，特别是一些技术性比较强的行业，如IT业，可以提供网上远程技术支持和培训服务，在方便顾客的同时，也降低了生产者为顾客服务的成本。第二，网络直销渠道的高效性。网络直销大大减少了过去传统分销中的流通环节，消除了支付给中间商的费用，有效地降低了成本。生产者可以根据顾客的订单按需生产，实现零库存管理。同时，网上直销还可以减少过去依靠推销员上门推销的昂贵的销售费用，最大限度地控制营销成本。第三，人机互动性和信息的可反馈性。利用互联网的交互特性，网络直销从过去的单向信息沟通变成双向直接信息沟通，增强了生产者与消费者的直接连接。网络直销能弥补企业与消费者之间交流方面的不足，厂家在网上发布有关产品信息、使用电子邮件等工具，及时实现与顾客一对一的互动交流。企业可以很容易地获得消费者的反馈信息，跟踪消费者的需求及其变化情况，根据他们的要求安排生产和销售，避免了传统企业在接到订单之前就已经完成了产品制造的盲目性，使企业能充分应对消费者的需求多样性。

2. 网络直销的劣势

第一，网络环境相对混乱。随着网络应用的推广以及电子商务的普及，越来越多的企业开始建立自己的企业网站，但随之而来的是参差不齐、真伪难辨的企业网站大量出现。这些网站导致网络消费者的关注力分散和信任度降低，很多消费者浏览网站时走马观花，网络营销常常不能产生预期的效果。

第二，消费者缺乏对产品的直接感知。互联网作为信息的载体，消费者仅仅通过网站获得产品型号、性能、质量等数据和文字信息,并不能对产品实物进行直接感知。这不仅容易产生消费者预期与实物的偏差,也让一些生产者有机会用劣质产品欺骗消费者。

第三,购物安全问题有待解决。网络购物中消费者常常要使用信用卡进行交易,不可避免地要输入卡号和密码,这给犯罪分子以可乘之机,给网络直销的健康发展带来隐患。

3. 我国网络直销存在的问题

(1)采用网络直销的企业在实施供应链管理中的阻碍。采用网络直销的企业实施供应链管理是企业间竞争的必然选择,但目前该类企业在实施供应链管理时还存在很多阻碍。

①信息化普及程度不够。在供应链管理过程中,一般会使用条形码技术、数据库技术、电子订货系统、射频技术、电子数据变换和全球定位系统等信息技术手段,因为这是推进供应链系统信息共享的关键和提高供应链绩效的根本。但是,目前的信息化条件还远远不能满足供应链管理信息技术使用的要求。

②横向一体化与网络化实现困难。横向一体化即利用企业外部资源快速响应市场需求。它形成了一条从供应商到制造商再到分销商的贯穿所有企业的"链",这就是供应链。这条链上的节点企业必须达到同步、协调运行,才有可能使链上的所有企业都受益。但是,目前"链"脱节现象严重。比如在网络直销中,消费者与销售部、销售部门与生产部门之间的联络大多通过电子邮件手段,直邮的反馈率并不高。研究表明,电子邮件的平均回复率只有 83%。这必然会导致响应及时性的降低。

③物流系统化、专业化欠缺。在供应链管理实施过程中,物流的经营绩效直接决定整体交易的完成和服务的水准,尤其是物流信息对于企业及时掌握市场需求和商品的流动具有举足轻重的作用。但是,当前物流大多只是作为商务活动的辅助职能而存在,其本身并不构成企业管理的重要领域,业务管理也往往分散进行,没有总体统一的协调和控制。

④服务个性化有待加强。在网络直销模式下,企业突破了时空的界限,生产过程和消费过程达到了和谐统一,使得企业的供应链更加简洁、高效、开放和灵活,从而需要有完美的个性化服务。但是,很多网络直销企业要做到个性化服务还有很长的路要走。

⑤信息共享性与管理高效性亟待改进。网络直销要求整个交易过程实现电子化、数字化、网络化,信息流、资金流、物流之间的动态联系,是实现供应链管理的前提和基础。但当前我国正处于电子商务的初级阶段,很难达到以上要求。另外,顾客对产品的信任度也不可忽视。在网络直销中,顾客与商家不直接接触,顾客往往会产生一种不真实或不信任的心理,这种心理会阻止其主动购买的动机。

(2)网络直销与中间商的冲突。在传统营销渠道中,中间商是重要的组成部分,中间商在广泛提供产品和进入目标市场方面发挥最高的效率。网上直销渠道的建立使得生产商和最终消费者能直接连接和沟通,传统中间商的职能发生了改变,由过去的环节的中间力量变为为直销渠道提供服务的中介机构,如提供货物运输配送服务的专业配送公司、提供货款网上结算服务的网上银行,以及提供产品信息发布和网站建设的互联网服务提供商(ISP)和电子商务服务商,传统营销中间商凭借地缘获取的优势被互联网的虚拟性削弱,同时互联网的高效率的信息交换改变了过去传统营销渠道的诸多环节,将错综复杂的关系简化为单一关系。

通过网络直销，生产商把产品直接送到顾客手上，交易费用降低，利润大幅增加。消费者感觉能控制销售环境，生产商也由于能够同最终用户直接接触而可以更有效地安排未来的营销活动。这种销售方式对传统零售商的冲击确实很大。德国有关专家的研究指出，大型零售商确实担心互联网的存在会导致自身地位的丧失。但另一方面，它们也具备生产商所不具备的优势，它们知道如何向消费者推销，它们有信誉和经验的优势，经营的产品范围很广。生产商即便在互联网上为自己的产品建立一个网上商店，也并不能向消费者提供一种完善的购物环境。因此，生产商只能以低调的方式创建网络商务，或者只在网站上销售部分产品。

（二）网络分销

1. 网络分销概述

网络分销是指企业借助互联网技术在生产商和消费者之间建立电子商务平台（简称电子中间商），基于该网络平台开展的分销行为。这个平台能够为买卖双方提供交易信息，并在互联网技术的助力下实现交易效率的提高和交易行为的专业化，带来规模经济。与传统分销渠道不同，网络分销渠道中只存在一级分销，即只存在一个电子中间商来对交易提供支持，并不存在多个中间商的情况。网络分销的出现在一定程度上弥补了网络直销的不足，解决了购物安全、信用危机和信息环境混乱的问题。例如，阿里巴巴、中国商品交易中心、淘宝网等都是国内知名的中介机构，它们用长期积累的信誉和支付宝等技术工具保证了网络营销的顺利推行。虽然这一新生事物发展时间尚短，仍有许多问题亟待解决，但在网络市场中发挥着不可替代的重要作用。

2. 网络分销的形式

网络分销可以分为网络代理、网络代销和网络批发三种形式。

（1）网络代理。网络代理一般也面向个人网店。网络供应商建立自己的网络批发商城，展示自己的产品。代理商通过与供应商建立分销关系，在代理商的网店中展示供应商的产品。当顾客在代理商处下单后，代理商直接让供应商发货。供应商收取代理费和成本价，而代理商获取差价利润。

（2）网络代销。网络代销一般也面向个人网店。网络分销商把自己的货品通过自己创建的网上分销平台展示，分销会员把相中的商品的图片和信息添加到自己开设的网店里。当有顾客需要时，分销会员负责介绍商品并促成交易成功，然后通知网络分销商代为发货。分销会员主要靠差价获得收入，对个人来说，是一种零风险的创业模式。

（3）网络批发。网络批发一般面向个人网商、实体店铺、网上专业店铺等。网络批发与传统的货品批发形式是一样的，只不过是通过网络的形式，网络分销商把自己的货品在自己创建的网上分销平台展示，分销会员直接通过网络下规定数量的订单，付款拿货或压款经销。

3. 网络分销的优势

（1）简化网络交易活动。

随着网络交易量的增多，众多的商业机构都从传统经营转向网络经营，海量的信息分散存在于网络上，这对消费者作出购买决策和生产商提高运营效率都带来了阻碍。电子中间商的存在使得人们在购买时能够快速获得相关的、可信任的信息，从而高效完成订购过程。

举例来说,如图10-3所示的在网络虚拟市场中只有三个生产商和三个消费者,没有网络中介服务商的交易情形。每个生产商都利用网络直销分别接触三个顾客,一个生产商要想销售自己的产品,需要面对三个消费者;一个消费者要想买到自己需要的商品,也要面对三个生产商,这个系统要求九次交易联系。而在现实交易中,一个产品的客户是成千上万的,许多畅销品甚至每天都会有上千笔交易,与此同时,一个产品领域的生产商也往往是数以百计的,这样在网络交易进行过程中,买卖双方将会在信息交流和决策过程中耗费大量的时间和精力。而电子中间商的出现能够缓解这个问题,如图10-4所示,三个生产商通过同一个网络中间商和三个消费者发生联系。网络中间商在这里发挥了商品交易机构集中、平衡和扩散的三大功能,每个生产者就只需通过一个途径(商品交易中介机构)与消费者发生关系;每一个消费者也只需通过同一途径与生产商发生关系。在网络直销中必须发生的九次交易关系由此减少到六次。计算表明,当存在五个生产商和10个消费者时,这种交易关系可由50次减少到15次。由此可见,网络中间商的存在,大大简化了市场交易过程,减少了必须进行的工作量,加速了商品由生产领域向消费领域的转化,从而大大节省了交易费用。

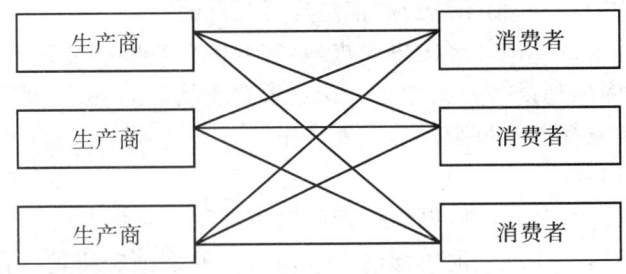

图10-3 没有电子中间商的买卖双方信息交换示意图

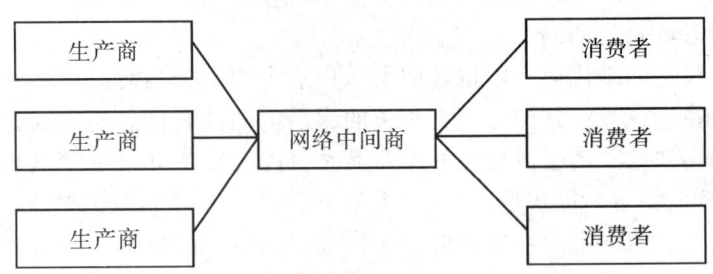

图10-4 有电子中间商的买卖双方信息交换示意图

(2)降低交易业务的风险。

从结算上看,网络中间商通常采取统一的结算模式,即在几家指定的商业银行开设统一的银行账户,对资金实行统一管理,避免各种形式的资金截留、占用和挪用,提高资金的风险防范能力。另外,统一的结算方式也可以解决"到货不付款"或"付款不发货"的信誉问题。

(3)有利于规模化订货。

对于生产商而言,规模化生产的性质决定了它们必须追求平均订货规模的扩大,而在网络直销过程中,消费者往往零散下订单,给生产者的生产带来了麻烦。作为连接生产者和消费者的纽带,电子中间商能够克服这种弊端,一方面通过最短的渠道销售商品,满足消费者对产品的需求;另一方面能够通过计算机对订单信息进行处理,支持订单的批量组货过程,满足生产商对生产规模的要求。

4. 网络分销的劣势

由于发展时间较短,网络分销渠道还不成熟,存在一定的缺点。例如,目前缺乏明确的法律法规对网络分销行为进行规范;日渐增多的生产商和消费者的参与要求网络电子中间商对交易系统进行扩容和技术改进;网络环境过度复杂等等。

5. 网络分销在我国的特殊意义

随着电子商务在我国的快速发展,我国网络购物市场迅速壮大,网络分销正变得越来越重要。

(1)网络分销避免了传统分销方式的落后性。在我国传统分销方式模式中,一般都是采用区域分销的形式,即厂家—总代理—区域代理—地方代理—零售商。采取这样的分销模式,厂家在维护和管理过程中往往存在一些难题,例如人员配备不足、管理不到位等。网络分销模式刚好解决了传统分销的这些问题。网络分销模式通过网络平台,可以创建产品数据库管理分配产品及下线代理商。同时,网络分销平台减少了企业人力、物力的投入,降低了产品的成本,再加上现代物流运输和配送的便利性使产品的运输更加方便,缩短了运输时间。

(2)网络分销渠道有充足的市场空间。依托网络平台,企业可以利用有限的资源以低成本进行有效的控制,跨越了时间和空间的限制获得最大化利益。显然,网络分销解决了许多我国中小企业面临的困境。我国大多数中小企业宣传和推广成本不足,通过加入网络分销平台解决了宣传和推广难题,企业拥有充足的空间进行品牌宣传和推广,增强口碑营销和品牌效应。网络分销使企业与客户零距离沟通,更加有利于产品的销售,避免了传统市场上的不良竞争方式。

第二节　网络市场中间商

一、网络市场中间商

中间商是指在制造商与消费者之间"专门媒介商品交换"的经济组织或个人。网络中间商就是基于网络的提供信息服务中介功能的新型中间商。

随着电子商务在全球范围内的蓬勃发展,市场交易关系和交易行为正在发生重大的变化,互联网重新设定生产者和消费者之间的关系,使生产者与消费者能够直接进行交互沟通。生产者可以利用互联网直接向消费者提供商品和服务,消费者则可以通过互联网直接向生产者订购商品和服务,或者直接向生产者提出个人需求和建议,定制个人化的商品或服务。传统价值链中的中间商的作用面临消失的威胁,很多学者对电子商务环境下中间商是否还有存在的必要提出了质疑。

然而,电子商务的发展并没有使中间商消亡,反而使中间商越出了传统的范畴而获得了新的发展,这些新型中间商在网络市场中发挥出其独一无二的优势。

(一)网络中间商的类型

由于网络信息资源丰富、信息处理速度快,基于网络的服务可以快速搜索产品,但在产品(信息、软件产品除外)实体分销方面却难以胜任。目前出现许多基于网络(现阶段为Internet)的提供信息服务中介功能的新型中间商,称为网络中间商。下面分类介绍这种以信息服务为核心的电子中间商。

1. 目录服务

目录服务是利用Internet上目录化的Web站点提供信息检索服务,现在有三种目录服务:(1)通用目录(如Yahoo!),可以对各种不同站点进行检索,所包含的站点分类按层次组织在一起;(2)商业目录(如Internet商店目录),提供各种商业Web站点的索引,类似于印刷出版的工业指南手册;(3)专业目录,针对某个领域或主题建立Web站点。目录服务的收入主要来源于为客户提供Internet广告服务。

2. 搜索服务

与目录不同,搜索站点(如Lycos、Infoseek)为用户提供基于关键词的检索服务,站点利用大型数据库分类存储各种站点介绍和页面内容。搜索站点不允许用户直接浏览数据库,但允许用户向数据库添加条目。

3. 虚拟商业街

虚拟商业街是指在一个站点内链接两个或两个以上的商业站点。虚拟商业街与目录服务的区别是,虚拟商业街定位某一地理位置和某一特定类型的生产者和零售商,在虚拟商业街销售各种商品、提供不同服务。站点的主要收入来源是其他商业站点对其的租用,如新浪网开设的电子商务服务中,就提供网上专卖店店面出租。

4. 网上出版商

由于网络信息传输及时而且具有交互性,网络出版Web站点可以提供大量有趣和有用的信息给消费者,目前出现的联机报纸、联机杂志属于此类型。由于内容丰富而且基本上免费,此类站点访问量特别大,因此出版商利用站点做Internet广告或提供产品目录,并以广告访问次数进行收费。

5. 虚拟零售店(网上商店)

虚拟零售店不同于虚拟商业街,虚拟零售店拥有自己货物清单,可以直接销售产品给消费者。通常这些虚拟零售店是专业性的,定位于某类产品,它们直接从生产商处进货,然后以一定折扣销售给消费者。目前网上商店主要有三种类型:第一种是电子零售型,这种网上商店直接设立网站,网站中提供一类或几类产品的信息供消费者选择购买;第二种是电子拍卖型,这种网上商店提供商品信息,但不确定商品的价格,商品价格通过拍卖形式由会员在网上相互叫价确定,价高者就可以购买该商品;第三种是电子直销型,这类站点是由生产型企业开通的网上直销站点,它绕过传统的中间商环节,直接让最终消费者从网上选择购买。

6. 站点评估

消费者在访问生产商网站时，由于站点庞杂内容繁多、往往不知该访问哪一个站点。提供站点评估的站点，可以帮助消费者根据以往数据和评估等级，选择合适的站点进行访问。通常一些目录和搜索站点也提供一些站点评估服务。

7. 电子支付

电子商务要求在网络上交易的同时实现买方和卖方之间的授权支付。现在授权支付系统主要有：信用卡，如 Visa、Mastercard；电子等价物，如填写的支票；现金支付，如数字现金或通过安全电子邮件授权支付。这些电子支付手段，通常对每笔交易收取一定的佣金以减少现金流动风险和维持运转。目前我国的商业银行也纷纷提供电子支付服务。

8. 虚拟市场和交换网络

虚拟市场提供一个虚拟的场所，任何符合条件的产品都可以在虚拟市场站点内进行展示和销售，消费者可以在站点中任意选择和购买，站点主办者收取一定的管理费用。如我国对外贸易与经济合作部主办的网上市场站点——中国商品交易市场就属于此类型。

9. 智能代理

随着 Internet 的飞速发展，用户在纷繁复杂的 Internet 站点中难以选择。智能代理根据消费者偏好和要求预先为用户自动进行初次搜索，在搜索时还可以根据用户自己的喜好和别人的搜索经验自动学习优化搜索标准。用户可以根据自己的需要选择合适的智能代理站点为自己提供服务，同时支付一定的费用。

资料链接 10-1

2013 年 1 月 CNNIC 发布的《2012 年中国网民消费行为调查报告》中提到：互联网尤其是上网搜索改变了用户的消费行为模式。在 CNNIC 调查社区进行的搜索营销调查显示，有 77% 的互联网用户在购买产品之前会上网搜索信息。根据下图中 AISAS 模型，搜索作为整个消费行为最重要的瓶颈，搜索结果有没有、搜索结果好不好会直接对消费行为造成影响，并通过分享成倍扩散。网络上的信息、评论对购物决策的影响已经逐渐超过传统媒体。

（资料来源：www.ccic.net.cn）

（二）选择网络中间商的影响因素

利用网络间接销售渠道销售商品和服务，必须谨慎地选择网络中间商，这是影响网络营销效果的关键因素。在互联网飞速发展的今天，网上每天都在诞生着新的中介服务商，这些中介服务商的功能作用、服务特色、服务质量差别非常大，在筛选网络中介服务商时，要考虑功能、成本、信用、覆盖、特色和连续性六大因素。

1. 功能

网络中间商所能够提供的功能服务，是选择网络中间商时所要考虑的最重要因素。网络中间商必须具备如下功能：(1)信息收集功能，要有收集和传播网络营销环境中有关潜在与现行顾客、竞争对手和其他参与者的营销信息的能力；(2)网络促销功能，要具有强有力的网络促销方式的开发能力，同时还具有迅速传播促销信息的能力；(3)网络谈判功

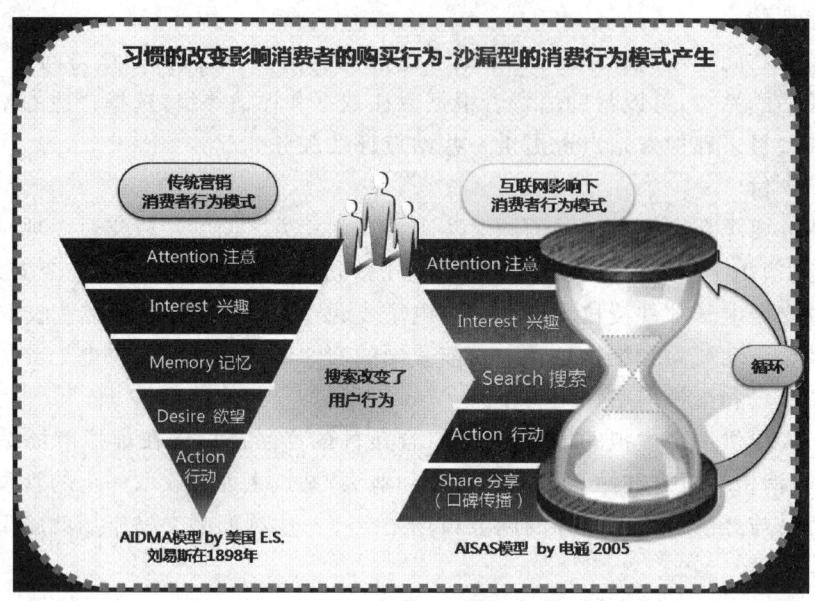

能,能够在网络上谈判撮合买卖双方的意愿,使买卖双方就价格、数量等条件达成协议并顺利实现商品劳务所有权的转移;(4)网络订货功能,能够根据网络消费者的需求反向向商品和劳务的供应商管理者提出订货要求;(5)网络融资功能,有能力融资,以负担从事网络分销工作所需费用;(6)网络付款功能,能够完成在网络上向买方收款、向卖方付款,当然,这离不开与银行或其他金融机构的联系。

2. 成本

这里的成本是指使用网络中间商时的支出。这种支出分为两类:一类是在中间商网络服务站建立主页时的费用;另一类是维持正常运行时的成本。在两类成本中,维持成本是主要的、经常的,成本的大小与所选择的网络中间商有关,因为不同的中间商对成本的支出有较大的差别。

3. 信用

这里的信用是指网络中间商所具有的信用度的大小。目前我国还没有权威性的认证机构对网络中间商进行认证,因此在选择中间商时应注意其信用程度。

4. 覆盖

覆盖是指网络宣传所能够到达的地区和人数,即网络站点能够影响的市场区域。对企业来讲,站点覆盖面并非越广越好,还要看市场覆盖面是否合理、有效,最终是否能够给企业带来经济效益。

5. 特色

每一个网络站点都受到中间商总体规模、财力、文化素质的影响,在设计、更新过程中表现出各自不同的特色,因而具有不同的访问群。企业应当研究这些访问群(即顾客群)的特点、购买习惯和购买频率,进而选择不同的电子商务交易中间商。

6. 连续性

网络发展的实践证明,网络站点的寿命有长有短。一个企业要想使网络营销持续稳定地运行,就必须选择具有连续性的网络站点,在用户或消费者中建立品牌信誉、服务信誉。为此,企业应采取措施密切与中间商的关系,防止中间商将别的公司的产品放在经营的主要位置。

二、网络市场中间商与传统市场中间商的区别

与传统中间商一样,网络中间商起着连接生产者和消费者的桥梁作用,同时帮助消费者进行购买决策和满足需求,帮助生产者掌握产品销售状况,降低生产者与消费者达成交易所需的成本费用。但网络中间商与传统的中间商存在着很大区别:

(一)存在前提不同

传统中间商存在是因为生产者和消费者直接达成交易的成本较高,而网络中间商是对传统直销的替代,是中间商职能和功效在新的领域的发展和延伸。

(二)交易主体不同

传统中间商是直接参加生产者和消费者交易活动的,而且是交易的轴心和驱动力;而网络中间商作为一个独立的主体存在,不直接参与生产者和消费者的变易活动,但它提供媒体和场所,同时为消费者提供大量的产品和服务信息,为生产者传递产品服务信息和需求购买信息,高效促成生产者和消费者的具体交易的实现。

(三)交易内容不同

传统中间商参与交易活动,需要承担物质、信息、资金等变换活动,而且这些交换活动是伴随交易同时发生的;而网络中间商作为交易的一种媒体,主要提供的是信息交换场所,具体的物质、资金交换等实体交易活动由生产者和消费者直接进行,因此交易中的信息交换与实体交换是分离的。

(四)交易方式不同

传统中间商承担的是具体实体变换,包括实物、资金等;而网络中间商主要是进行信息变换,属于虚拟交换,它可以代替部分不必要的实体交换。

(五)交易效率不同

通过传统中间商达成生产者和消费者之间的交易需要两次,而中间信息变换特别不畅通,造成生产者和消费者之间缺乏直接沟通;而网络中间商提供信息交换可以帮助消除生产者和消费者之间的信息不对称,在有交易意愿的前提下才实现具体实体交换,可以极大地减少中间信息不对称而造成的无效交换和破坏性交换,最大限度地降低交易成本、提高交易效率和质量。

第三节 网络渠道设计

一、网络渠道设计原则

网络营销渠道与传统营销渠道紧密关联,应根据渠道设立的基本原理,统筹设计企业的网络营销渠道。

网络营销

(一)营销渠道设计的概念

营销渠道设计是指在市场调研的基础上,根据企业外部环境和企业的战略目标、自身的优劣势,对企业的渠道结构、渠道管理办法等进行的规划活动。

营销渠道的设计包括在公司创立时设计全新的渠道以及改变或再设计已存在的渠道,后者也称为营销渠道再造。除了生产商外,批发商(消费品类与工业品类)以及零售商也都面临着渠道设计问题。

有效的渠道设计,应以确定企业所要达到的市场为起点。从原则上讲,目标市场的选择并不是渠道设计的问题。然而,事实上,市场选择与渠道选择是相互依存的。有利的市场加上有利的渠道,才可能使企业获得利润。渠道设计问题的中心环节,是确定到达目标市场的最佳途径。

(二)营销渠道设计的目标

营销渠道设计的目标是:以服务企业营销目标为总体要求,设计出确保企业产品或服务高效便捷到达用户手中的销售通道。

企业的营销目标是企业总体目标的组成部分,营销目标必须服务于企业的总体目标,并与总体目标保持一致。对渠道目标而言,它又是企业营销目标的组成部分,必须为营销目标服务,并与营销目标保持一致。

那么,如何制定渠道的目标?渠道目标要符合企业总体营销目标对营销渠道的要求。因此,渠道目标应以相关目标市场期望的服务水平来阐述。具体地说,渠道目标通常以公司如何、何时、何地使其产品满足顾客的要求来表述。这就要求渠道目标应该明确而具体,以便使渠道设计具有可操作性。在可能的情况下,渠道目标最好以量化的方式表述。不同企业对渠道目标的阐述不尽相同,例如某个人电脑公司将渠道目标阐述为:"可以让想买电脑的人在30分钟车程内方便地购买。"某减肥品公司的渠道目标是:"在一年时间内使公司的产品在本地80%的超级市场中得到展示。"

(三)营销渠道设计的原则

1. 畅通高效原则

所谓畅通是指营销渠道的效力能够顺畅到达目标市场;所谓高效是指渠道不但有较高的产品流通速度,还能保持较低的流通费用水平。因此,根据畅通高效原则,所设计的渠道不仅要能让目标顾客在适当的地点、时间以合理的价格买到满意的产品,还要能够提高企业产品的流转速度和降低渠道费用。通过使渠道保持畅通高效,可以在满足顾客便利购买的同时,降低企业的渠道费用,从而增加企业的盈利水平和竞争优势。

2. 稳定性原则

营销渠道对企业来说是一项战略性资源,它一经建立就对企业的整体运作和长远利益产生重要的影响。因此,应该用战略的眼光构建营销渠道。渠道建立之后,不能轻易改变,应保持渠道的相对稳定性。当然,渠道还需要具有可以进行小幅度调整以适应经营环境变化的弹性。调整时,应综合考虑各个因素的变动情况,使渠道始终在可以控制的范围内保持基本稳定。

3. 发挥优势原则

企业的竞争优势可以体现在许多方面,如成本、技术、财务、管理、渠道等。在设计营销渠道时,要注意考虑是否有利于企业竞争优势的发挥。从营销方面看,设计渠道时适应该将渠道与产品、价格、促销结合起来,增强营销组合的整体优势。

4. 协调平衡原则

在设计渠道时,企业不能单纯追求自身的利益最大化,而忽视甚至侵害其他渠道成员的利益。保障其他渠道成员的利益是渠道成功的前提,渠道成员之间的合作、冲突、竞争关系需要理顺。

(四)营销渠道设计的影响因素

1. 商品因素

(1)产品特性

鲜活易腐的产品为了避免拖延及重复处理增加的损失风险,通常需要直接市场营销;单位价值高的商品也应由企业推销人员销售而不通过中间商。一般而言,商品单价越低,营销渠道越多,路线越长;反之,单价越高,路线越短,渠道越少。为了较快地把新产品投入市场、占领市场,生产企业应组织推销力量,直接向消费者推销或利用原有营销路线展销。体积过大或过重的商品应选择直销或中间商较少的间接渠道;对式样、款式变化快的商品,应多利用直接营销渠道,避免不必要的损失;具有高度技术性或需要经常服务与保养的商品,营销渠道要短。

(2)产品数量与市场周期

产品数量大,往往要通过中间商销售,以扩大销售面。产品在生命周期的不同阶段,对营销渠道的选择是不同的,如在衰退期的产品就要压缩营销渠道。

资料链接 10-2

中国网 2013 年 04 月 19 日新闻,传统零售行业普遍面临租金、人工成本等不断上涨的压力,小家电如果再想进入传统渠道就感到负担沉重。实际上,利用虚拟的电子商务平台,以低价为主要卖点拓展网上销售渠道,已经成为众多小家电企业的共同选择。毕竟,它们原本就具备转型快、产品体积小、物流成本更低等诸多优势。

目前,高端小家电多集中在传统渠道,受到高收入群体的青睐;而网络渠道上,从低端到中高端的小家电种类非常之多,选择余地极大,吸引大批追求实惠的网民。网络似乎成为小家电企业目前及未来更为倚重的渠道。"网络的发展很快,网购也在逐渐成为一种生活习惯,当习惯形成,市场就会有很大的上升空间。"中国电子商会副秘书长陆刃波解释道,小家电生产快捷,原料成本低,有诸多优势,很容易在网络上成为抢手货。

大概是由于进场费高昂等原因,大的连锁电器卖场现在越来越难寻觅到廉价的小家电,比如,1 000 元的豆浆机和电饭煲、2 000 多元的微波炉、3 000 多元的空气净化器、4 000 多元的饮水机、5 000 多元的油烟机正在逐步替代 200 多元的电饭锅、300 多元的微波炉、200 多元的加湿器、300 多元的饮水机、400 多元的豆浆机和 1 000 多元的油烟机。

但是,你只要轻点鼠标,进入几个大型的网上商城,质优价廉的小家电商品比比皆是,足以让你挑花双眼。

2. 市场因素

(1) 消费者购买习惯

顾客对各类消费品的购买习惯,如最易接受的价格、购买场所的偏好、对服务的要求等均直接影响分销路线。

消费品中的便利品(如香烟、火柴、肥皂、牙膏、大部分杂货、一般糖果、报纸杂志等)的消费者很多(因而其市场很大),而且消费者对这种消费品的购买次数很频繁,希望能够随时随地买到这种消费品,所以,制造商只能通过批发商和为数众多的中小零售商转卖给广大消费者,因此,便利品营销渠道是"较长而宽"的。

消费品中的特殊品(如名牌男西服等),因为消费者在习惯上愿意多花时间和精力去物色这种特殊的消费品,所以特殊品的制造商一般只通过少数几个精心挑选的零售商去推销其产品,甚至在一个地区只通过一家零售商经销其产品,因此,特殊品的营销渠道是"较短而窄"的。

产业用户一般都是购买次数少(设备要若干年才买一次,制造商所需要的原材料、零件等都是根据合同一年购买一次或几年购买一次),每次购买量大。这就决定了制造商可以把产品直接销售给产业用户,而一般不能将产品直接销售给消费者,因为制造商多次、小批量销售会增加成本。

(2) 市场分布情况

如果潜在顾客分布面广、市场范围大,就要利用长渠道,广为推销。

对于国际市场聚集的地区,营销渠道的结构可以短,而一般地区则采用传统性营销路线即经批发与零售商销售。

对于具有季节性的商品,应采取较长的分销路线,要充分发挥批发商的作用。

如果一次销售量大,可以直接供货,营销渠道就短;一次销售量少,就要多次批售,渠道则会长些。

3. 竞争者

一般地说,制造商要尽量避免和竞争者使用一样的营销渠道。如果竞争者使用和控制着传统的渠道,制造商就应当使用其他不同的渠道或途径推销其产品。例如,美国雅芳公司(Avon)不使用传统的营销渠道,而采取避开竞争者的方式,培训漂亮的年轻妇女,挨家挨户上门推销化妆品,结果盈利甚多也很成功。

由于受消费者的购买模式的影响,有些产品的制造商不得不使用竞争者所使用的渠道。例如,消费者购买食品往往要比较品牌、价格等,因此食品制造商就必须将其产品摆在那些经营其竞争者的产品的零售商店里出售,这就是说,不得不使用竞争者所使用的渠道。

4. 制造商

(1) 制造商的产品组合情况

所谓产品组合情况,是指公司的产品种类与型号情况。某公司产品种类的多少,表明该公司的产品组合的宽度;而各种产品的型号规格数目的平均数,则表明该公司的产品组合的深度。某公司产品组合情况,就是这个公司的产品组合的宽度和深度情况,也就是这个公司的产品的种类、型号规格等情况。

公司的产品组合情况会影响营销渠道的选择。如果制造商的产品组合的宽度和深度大(即产品的种类、型号规格多),制造商可能直接销售给各零售商,这种营销渠道是"较短而宽"的;反之,如果制造商的产品组合的宽度和深度小(即产品的种类、型号规格少),制造商只能通过批发商和零售商转卖给最终消费者,这种营销渠道是"较长而宽"的。

(2)制造商控制营销渠道能力情况

制造商需要控制营销渠道,就要加强销售力量,从事直接销售,使用较短的营销渠道。制造商能否这样做,取决于其声誉、财力、经营管理能力等等,即渠道控制力。

如果制造商的产品质量好,誉满全球,资金雄厚,又有经营管理销售业务的经验和能力,就有可能随心所欲地挑选最合用的营销渠道和中间商,甚至建立自己的销售力量,自己推销产品,而不通过任何中间商,这种营销渠道是"短而窄"的。

反之,如果制造商(公司)财力薄弱,或者缺乏经营管理销售业务的经验和能力,一般只能通过若干中间商推销其产品,这种营销渠道是"长而宽"的。

5. 环境因素

渠道设计受到环境因素的影响,这些因素包括社会文化环境因素、经济环境因素、竞争环境因素等。

社会文化环境因素是指一个国家或地区的思想意识形态、道德规范、社会风气、社会习俗、生活方式、民族特性等因素的总称,以及与之相联系的概念包括消费者的时尚爱好和其他与市场营销有关的社会行为。

经济环境因素是指一个国家或地区的经济制度和经济活动水平,以及与之相联系的人口分布、资源分布、经济周期、通货膨胀、科学技术发展水平等因素。经济环境对渠道的构成有重大影响,例如,生产集中、人口分布面广,营销渠道就长。西方国家以自助服务出售食物为主的超级市场的出现,是以科学技术发展到一定水平,消费者能看懂包装上的说明文字为前提的。如果没有电视、报纸等大众宣传媒介,没有现代化的包装技术和冷冻技术,没有收款机和其他自动化设备,超级市场就不可能出现。一些不发达国家尽管可以从国外引进上述技术装备,但由于文盲多,大多数消费者看不懂包装说明文字,超级市场就难以普及。

竞争环境因素是指其他企业对某营销渠道及其成员施加的经济压力,也就是使该渠道的成员面临被夺去市场的压力。竞争会影响渠道行为,任何一个渠道成员在面临竞争时有两种基本选择:一是跟竞争对手开展一样的业务活动,但必须比竞争对手做得更好;二是可以采取与竞争对手不同的业务行为。如日本的手表开始打入美国市场时,一反欧美手表通过百货商店、珠宝商店销售的传统渠道,而是采用由众多杂货店、折扣商店这种面向广大低收入阶层的销售渠道,从而取得了成功。日本的小汽车、家用电器、照相机、复印机之所以能成功地打入欧美市场,是与日本企业采取"让中间商先富"的渠道策略分不开的。

二、网络渠道冲突

(一)渠道冲突产生的原因

在网络销售中,电子商务使得生产商和消费者之间的关系链大为缩短,相关库存和管理费用降低,中间环节减少也节省了大量资金,最终使得产品能够以较低的价格到达消费者手中。这一方面给企业带来了新的选择；另一方面也给传统渠道也带来了一些新问题，即渠道冲突问题，主要表现在：

1. 利润重新分配

在传统渠道中，每一级中间商在产品的转移之中获得利差分配，并以此作为其费用开支的弥补和利润的来源，这是中间商参与渠道中产品转移或者代理商品的驱动力。

网络营销中的电子商务平台却使得生产者能够绕过这些传统的渠道成员，剥夺其利润分配，直接与消费者进行对话。生产者不仅扮演了新型终端的角色，还能够在最大化利润的同时收集消费者和竞争者的信息，提高消费者忠诚度和市场竞争力。这就出现了与传统分销商的利润竞争，引起传统分销商的抵制，从而导致原有渠道的动荡。

2. 客户资源重新分配

与利润的争夺类似，网络渠道的出现也使传统渠道面临客户流失的危机。虽然很多企业开展网络销售只是出于一种尝试的态度和补充的意愿，但对于客户就是生命的传统分销商而言，客户的流失等同于利润与市场的流失，更何况这些客户一旦尝到了网络购物低成本和便捷的"甜头"，通常很难回头。为了争夺生存权，传统渠道与网络渠道的冲突在所难免。

3. 搭便车现象发生

传统渠道的优势在于对产品实物的感官和柜台专业人员的介绍，但随着企业网站信息的逐渐完善，消费者常常根据网络上介绍的分销商地址前去让经验丰富的销售人员介绍产品的具体情况如性能、优缺点和与竞争品的比较，并对实物进行尝试操作和考察，最后作出决策回到网络上以更低的价格购买，这占用了传统渠道商的资源，并导致其利润的丧失。

（二）渠道冲突的类型

1. 水平渠道冲突

这是指同一渠道模式中同一层次中间商之间的冲突。产生水平冲突的原因大多是生产企业没有对目标市场的中间商数量和分管区域进行合理的规划，使中间商为了各自的利益互相倾轧。在生产企业开拓了一定的目标市场后，中间商为了获取更多的利益必然要争取更多的市场份额，在目标市场上展开"圈地运动"。例如，某一地区经营 A 家企业产品的中间商，可能认为同一地区经营 A 家企业产品的另一家中间商在定价、促销和售后服务等方面过于进取，抢了自己的生意。如果发生了这类矛盾，生产企业应及时采取有效措施，缓和并协调这些矛盾，否则，就会影响渠道成员的合作及产品的销售。另外，生产企业应未雨绸缪，采取相应措施防止这些情况的出现。

2. 垂直渠道冲突

这是指同一渠道中不同层次企业之间的冲突。这种冲突比水平渠道冲突要更常见，例如，某些批发商可能会抱怨生产企业在价格方面控制得太紧，留给自己的利润空间太小，而提供的服务（如广告、推销等）又太少；零售商对批发商或生产企业可能也存在类似的不满。垂直渠道冲突也称为渠道上下游冲突。一方面，分销商从自身利益出发，采取直销与分销相结合的方式销售商品，这就不可避免地要同下游经销商争夺客户，大大挫伤了下游渠道商的积极性；另一方面，当下游经销商的实力增强以后，不满意目前所处的地位，希望在渠道系统中更大的权力,也会向上游渠道发起挑战。在某些情况下,生产企业为了推广自己的产品,越过一级经销商直接向二级经销商供货,使上下游渠道间产生矛盾。因此,生产企业必须从全局着手,妥善解决垂直渠道冲突,促进渠道成员间更好地合作。

3. 不同渠道间的冲突

随着顾客细分市场和可利用的渠道不断增加,越来越多的企业采用多渠道营销系统,即运用渠道组合、整合。不同渠道间的冲突指的是生产企业建立多渠道营销系统后,不同渠道服务于同一目标市场时所产生的冲突,如网络销售渠道与传统销售渠道的冲突。因此,生产企业要重视引导渠道成员之间进行有效的竞争,防止过度竞争,并加以协调。

(三)渠道冲突的管理

针对网络营销渠道冲突,企业必须制定详略有当的渠道策略,针对长期和短期的利弊考量,通过对网络营销渠道和传统渠道的有效细分和具体定位,综合企业内外部环境的具体因素,结合企业的发展战略和市场定位,对企业的营销组合策略进行制定和调整并强化对渠道的管理,推动渠道之间的合作和互补,发挥协同作用,减少渠道冲突。

1. 制定全方位的营销目标,进行营销目标管理

针对渠道之间的冲突,企业应该针对市场竞争状况,首先树立一个明确的超级目标,以指引全方位的目标管理,团结各渠道的成员。超级目标是指渠道成员之间通过细分和定位,形成协同关系,在优势互补的条件下实现整体目标。全方位目标管理的内容包括渠道控制、市场定位、顾客服务等方面。当渠道之间产生冲突时,应以超级目标为指导,对冲突进行协调。

2. 进行合理的渠道设计

渠道设计包括对网络营销渠道进行创新性设计,构建新型营销渠道;进行促销方案的设计,对具体的促销形式、资金人力投入、地理位置选择等进行设计;进行网络营销渠道与传统营销渠道分层次的整体匹配设计,提高整体的协调性,避免资源浪费。

3. 构建有效的渠道沟通机制

渠道成员之间的有效沟通能够帮助彼此有效解决观念和行为上的冲突,并可以通过有效的沟通机制和一系列沟通措施来强化其主观意识的趋同性,减少主观观念和客观行为差异引起的渠道冲突,最终实现渠道的细分和定位,各自经营,减少资源争夺。

三、网络渠道管理

网络营销渠道的管理与传统营销渠道管理一样,设立营销渠道是赢得市场的基础,管理好营销渠道是赢得市场的关键。向管理要效益,通过管理提高效率,是渠道管理的目标追求。

作为一项管理活动,营销渠道管理与其他活动并没有什么本质区别。它也是要通过协调与整合他人的工作活动,与他人合作,有效地完成渠道任务。不过,由于它除了要协调与整合企业内部人员的工作活动,还要协调与整合企业外部的工作活动,所以更为复杂,有着与一般管理活动不同的特点。

(一)营销渠道管理的内涵

营销渠道管理是以营销渠道为对象的管理活动,是管理活动在营销渠道这个对象上

的具体化。因此,营销渠道管理可以定义为:为了实现营销目标,通过计划、组织、激励、控制等环节协调与整合营销渠道中所有参与者的活动的过程。根据这一定义,营销渠道管理的内涵可以从以下方面来理解:

第一,管理的目的,是为了使整个渠道的运行过程有更高的效率。

第二,管理的对象,是营销渠道中的所有参与者,既有可能是企业内部的员工或外设机构,也可能是其他的企业或个人。

第三,管理的具体内容,是营销渠道的各种功能流,包括实物、资金、信息、促销等。

第四,管理所采用的主要措施是计划、组织、激励和控制。渠道管理者通过执行这些职能,协调与整合营销渠道中所有参与者的工作活动。

(二)营销渠道管理的目标

营销渠道管理的目标是指在一定时期内通过有效的渠道管理所要达到的预期成果。营销渠道管理的目标主要表现为以下指标:

第一,市场占有率目标。市场占有率是指一定时期内企业的产品在市场上的份额。它是反映企业营销能力的一项指标,与企业的规模和竞争力有关。

第二,利润额目标。利润额指企业分销活动能给企业带来的利润数量。利润额的多少反映了企业的经营状况,利润额指标不仅是渠道管理的目标,也是企业经营活动的指标。

第三,销售增长额目标。销售增长额是企业发展状况的基本指标,反映分销效果与以往同期相比的增长情况。该指标与市场占有率指标密切相关,一般来说,市场的占有率提高了,商品的销售额也会增长。

上述三个指标是密切联系的,都反映了企业发展的经济实力和竞争力。

(三)营销渠道管理的意义

营销渠道是否合理和畅通,关乎企业经营的成败,具有重要意义。如果由于管理不到位而使企业的营销渠道不畅通,企业的产品就难以转化为货币,企业就将失去生存发展的源泉和动力。所以说,营销渠道管理是一个企业生存的命脉。

作为一个优秀企业的经营者和管理者,在制订其经营管理方案时,要特别重视对营销渠道的管理。要善于对渠道成员进行选择、激励、评价和调整,充分调动各类中间商的积极性。

本章小结

1. 网络营销渠道与传统营销渠道最大的不同在于,它借助互联网的力量实现产品从生产者向消费者的转移过程,一方面向消费者提供产品信息以帮助消费者进行购买决策,另一方面协助交易双方完成交易过程。

2. 网络营销渠道除了具有传统的营销渠道三大功能——订货功能、结算功能和配送功能外,还具有信息功能和促销功能。

3. 网络营销渠道可以根据是否有中间商分为网络直销渠道和网络分销渠道。

4. 基于网络提供信息服务中介功能的新型中间商,可称为网络中间商。

5. 在筛选网络中介服务商时,要考虑功能、成本、信用、覆盖、特色和连续性六大因素。

6. 与传统中间商一样,网络中间商起着连接生产者和消费者的桥梁作用,同时帮助消费者进行购买决策和满足需求,帮助生产者掌握产品销售状况,降低生产者与消费者达成交易所需的成本费用。

7. 网络营销渠道与传统营销渠道紧密关联,应根据渠道设立的概念、目标和原则,统筹设计企业的网络营销渠道。

8. 在网络销售中,电子商务不仅使得生产商和消费者之间的关系链大为缩短,一方面给企业带来了新的选择,另一方面也带来了渠道冲突问题。渠道冲突主要分为三种:水平渠道冲突、垂直渠道冲突、不同渠道间的冲突。

案例讨论

七匹狼:解决渠道冲突 培养网络经销商

传统渠道进军电商,电商渠道开始加紧综合化路线,并积极拉拢传统品牌商入驻。在这样的电商大潮中,传统品牌如何将电子商务纳入自己的渠道战略中是许多传统品牌的老板们思考的问题。是依托自身另起炉灶,还是利用现有电商渠道做好网络分销?

传统服装品牌七匹狼的做法是"先放水养鱼,再对大经销商进行招安扶持",这样的实践未必是最好的模式,但或许能给意欲进军电商新渠道的传统企业带来一些启发。

大多数传统品牌在涉足电子商务的过程中,总会遇到内外两大矛盾:外部的电子商务渠道和经销商渠道的冲突,内部的电子商务部门与其他部门的冲突。"这是因为电子商务作为新业务,并没有厘清与传统渠道和业务部门的利益关系。"七匹狼实业股份有限公司电子商务中心(以下简称七匹狼电商)总监钟涛指出。据了解,去年,七匹狼在淘宝平台上的销售额达到了 6.2 个亿,这样的成绩正缘于七匹狼电商的有效策略:先放水养鱼,再对大经销商进行招安扶持。

七匹狼的产品从 2008 年开始在淘宝上销售。那时候,大多数传统品牌商还没有对电商渠道引起重视。当时,网络上销售的主要是库存货或者串货来的商品。"我们的策略是扶良除假。"钟涛表示。当时七匹狼自己还没有涉足网络销售,也没有经验。因此,对于网上销售七匹狼产品的网店,只要其不卖假货,公司对其价格、拿货渠道等都不加干涉。

与此同时,七匹狼电商也在淘宝平台上开设了自己的旗舰店,其目的是了解这个市场的规则。只有在市场中运营,才能知道谁做得最好。

经过渠道乱战,淘宝平台上 2010 年就发展起来五个大的经销商,平均一年的回款量为 3 000 万元,营业额为 5 000 多万元,七匹狼将其称为"五虎上将"。在 2010 年后,七匹狼电商开始以网络渠道经销授权的方式,对渠道进行梳理规范,同时对"五虎上将"进行"招安"。

七匹狼的网络渠道授权分为三个层次:第一层是基础授权,回款达到 500 万元就可获得基础授权,中级授权是回款量在 1 000 万元,高级授权是 3 000 万元。实际上,无论是"五虎上将"还是其他层次的授权,这些网店起家都经历过串货、低价竞争等问题。"而在拿到授权后,经销商若再有串货、卖假等行为,就会'杀无赦'。"

网络营销

对于网络经销商的管理,并不仅仅是简单的授权。以"五虎上将"为例,最初,这几个大经销商同在淘宝平台,时常会打价格战。被招安后,七匹狼电商部门开始挖掘他们各自的优势,帮助他们找到自己的差异化,这些大经销商有的擅长休闲产品,有的擅长商务类产品,有的擅长用户数据分析。找到各自的优势之后,钟涛对这些经销商进行了有针对性的引导。

七匹狼还有类似于线下加盟店的"大店扶持计划",即单独返点。据钟涛介绍,在线下,某些大区的经销商会在当地做一些品牌推广的活动,这样的运营费用总部会承担30%。线上的"五虎上将"也被视为大店,七匹狼对他们的优势进行挖掘后,会有针对性地进行扶持,这样他们就愿意一致对外了。

很多传统线下品牌为了解决线上线下渠道冲突,采取了线上创立新品牌或者线上生产网络专供款的策略,而七匹狼并不这么做。七匹狼的线下线上冲突不明显,这与七匹狼的线下模式有关。据了解,七匹狼依托加盟店扩张,按照其政策,加盟店如果三年不赚钱,总部就要收归直营,第二年不赚钱就要被监管。因此,七匹狼的线下店全国只有1 000多家。在这种情况下,线下经销商往往不愿意囤货,如果能卖掉150件,往往只进100件,这样会避免因库存压力带来损失。而线下库存压力小,对于线上的折扣销售就没有那么敏感。

七匹狼的电商部门也并不专门针对网络设计生产网络专供款。在传统线下渠道,经销商会根据不同的区域消费特点进行选货。钟涛指出,在互联网平台,每个渠道的用户也有差异性,不同的经销商也有各自所擅长的品类。而七匹狼整个集团的SKU足够多,每个线上经销商也会根据平台特点和所长来选货。网络空间虽然是无限的,但经过测算,淘宝平台上一个店面最优的款数是200~270款。因此,不同经销商选出来的款式还是有很大差别的。

另外,线上有些款,线下店面是没有的,这并非专门生产的网络专供款。这种款型产生的途径有两个:一是某些款可能有太另类等原因,线下销售并不好,而线上的聚合效应却能把喜欢这款产品的顾客聚合起来,将这一款式变成线上专卖;另一途径是,大经销商发现竞争对手或者网络品牌某款产品销售较好,便可提出将这个款式吸收成七匹狼线上专有的款式。

记者在天猫平台上看到,七匹狼电商也开设了自己的官方旗舰店。从页面设计和产品配置上看,这家店不仅承担了销售任务,更多地还承担了品牌宣传的任务。

"我们要把官方旗舰店的销售额控制在30%以内。"钟涛指出,要搭建互联网上的可控分销体系,必须形成一个金字塔式的销售体系。位于塔尖的是旗舰店,但是塔基应该是由业绩成长性良好的授权店组成,中间是"五虎上将"这样的大经销商。如果旗舰店的销售量增长过快,而使其他店铺增长缓慢,就会形成一个柱状体系,虽然旗舰店业绩可观,但品牌在整个互联网市场中所占的份额就有限。

讨论:
(1)如何理解七匹狼公司管理线上和线下渠道的模式?
(2)同是线上渠道,如何理解网上旗舰店和网上经销商的差异?

(资料来源:http://www.cnad.com/html/Article/2012/1018/20121018093630435.shtml)

思考题

1. 传统营销渠道与网络营销渠道的区别有哪些?
2. 比较分析网络直销渠道和网络分销渠道。
3. 网络中间商的主要类型有哪些?
4. 网络市场中间商与传统市场中间商的区别有哪些?
5. 网络营销渠道设计的影响因素有哪些?
6. 如何对网络渠道进行管理?

第 11 章 网络促销策略

知识目标：
- 理解网络促销的概念、特点与功能
- 了解网络站点推广的原则和方法
- 理解主要的网络公关关系

能力目标：
- 设计和实施网络促销组合

案例导读

如果您想不起来您在哪看过这一广告词，那您可以回想一下您最近路过的公交站牌、广告牌以及看过的电影预先片。也就是说，您将被即将到来的索尼电影"2012年"的广告浪潮所包围。该电影讲述的是古代玛雅人预言的发生于2012年12月21日的一场"全球性灾难"。

这部影片在 2011 年就首次推出了营销和广告活动。早期的电影预告片鼓励观众"谷歌一下 2012 年"。当时,索尼电影公司还没有为该电影投放任何搜索广告。一些博客批评其口号误导了观众,与影片无关;而另一些博客则认为索尼是在历史事实的基础上编造了一个令人兴奋的故事。

近一年后,索尼数字电影公司(SonyPicturesDigital)的网络营销活动也越来越强大,甚至包括之前错过的搜索广告。

索尼的战略有趣地结合了之前的挑逗广告(如"搜索 2012 年")、病毒营销和传统的电影模式广告。娱乐公司一般都拥有大量的广告预算,因此他们有能力使用那些正在试验阶段的新技术,也能结合使用那些已经试验成功的技术。除了其挑逗广告,互联网用户还会发现索尼电影公司的官方网站,以及 InstituteforHumanContinuity.org 中的相关微型网站。在影片中,名为"人类延续组织"的虚构组织的任务是找出确保人类延续的最好办法。

该电影的营销人员已将这一主题应用到一个强大的网站中,通过该组织的相关背景资料、发布的虚构新闻以及一些互动功能,比如注册参加"生存彩票",选举 2012 年的领导人等,鼓励访客沉浸在电影的故事情节中。那些参与选举的访客可以参加比赛,将有机会赢得墨西哥坎昆的玛雅遗址游或其他奖励。

这一精妙的营销策略还没有结束。在该网站的"关于人类延续组织"单元,提到了第二个病毒营销网站:ThisIsTheEnd.com。该博客由"现代启示录预言家查理-弗罗斯特"维护。这是电影中的一个主角,由演员伍迪-哈里森(Woody Harrelson)扮演。当然,该组织也有一个 YouTube 频道,拥有 Facebook 和 Twitter 的群组。而查理-弗罗斯特在 Facebook 上也拥有粉丝页面,这进一步模糊了虚构和现实的界线。

如果这还不够,MovieViral.com 有文章显示,至少还有另外四个网站,以及相关的社交媒体也在维护,其中包括围绕电影中的另一个虚构人物写的阴谋书而展开的站点。

总结:索尼在宣传"2012 年"这部电影时,考虑非常周全,竭尽所能地激起潜在观众的兴趣,并让他们参与其中。而最值得一提的是,这不是一个群龙无首的广告活动,索尼公司的宣传工作不仅做得早,在影片发行日期的前几个月就推出了官方网站和病毒营销网站,而且坚持进行更新,发布新帖子,甚至还提供了该电影的其他娱乐信息,如本该辞职的人类延续组织外交官的故事。

(资料来源:http://www.admin5.com/article/20091119/192994.shtml)

第一节 网络促销概述

一、网络促销概念及特点

(一)网络促销的概念

网络促销是指利用计算机及网络技术向虚拟市场传递有关商品和劳务的信息,以引发消费者需求,唤起购买欲望和促成购买行为的各种活动。传统市场营销属于强制性营销,最能体现强制性特点的两种促销手段就是广告和人员推销。传统广告企图以一种信息灌输的方式在客户心中留下印象,根本不考虑消费者是否需要这类信息,而且内容固定,信息传递和反馈隔离、滞后;人员推销根本不经过允许和同意,推销人员主动敲开客户的门,进行强势信息灌输,容易引起反感。在传统营销中,企业占主动地位,而网络营销则与其相反,它的促销是充分尊重顾客的意愿,使顾客成为主动方。

(二)网络促销的功能

网络促销的功能主要表现在以下几个方面:

(1)告知功能。网络促销能够把企业的产品、服务、价格等信息传递给目标公众,引起他们的注意。

(2)说服功能。网络促销的目的在于通过各种有效的方式,解除目标公众对产品或服务的疑虑,说服目标公众坚定购买决心。例如,许多同类产品往往只有细致的差别,用户难以察觉。企业通过网络促销活动,宣传自己产品的特点,使用户认识到本企业的产品给他们带来的特殊效用和利益,进而乐于购买本企业的产品。

(3)反馈功能。网络促销能够通过电子邮件及时地收集和汇总顾客的需求和意见,迅速反馈给企业管理层。由于网络促销所获得的信息基本上都是文字资料,信息准确、可靠性强,对企业经营决策具有较大的参考价值。

(4)创造需求。运作良好的网络促销活动,不仅可以诱导需求,而且可以创造需求,发掘潜在的顾客,扩大销售量。

(5)稳定销售。由于某种原因,一个企业的产品销售量可能时高时低、波动很大,这是产品市场地位不稳的反映。企业通过适当的网络促销活动,树立良好的产品形象和企业形象,往往有可能改变用户对本企业产品的认识,使更多的用户形成对本企业产品的偏爱,达到稳定销售的目的。

(三)网络促销与传统促销的区别

虽然传统的促销和网络促销都是让消费者认识产品,引起消费者的注意和兴趣,激发其购买欲望,并最终实现购买行为;但由于互联网强大的通讯能力和覆盖面积,网络促销在时间和空间观念、信息传播模式以及顾客参与程度等方面与传统的促销活动相比发生了较大的变化。

1. 时空观念的变化

以产品流通为例,传统的产品销售和消费者群体都有一个地理半径的限制,网络营销大大地突破了这个原有的半径,使之成为全球范围的竞争;传统的产品订货都有一个时间的限制,而在网络上,订货和购买可能在任何时间进行。这就是现代最新的电子时空观。时间和空间观念的变化要求网络营销者随之调整自己的促销策略和具体实施方案。

2. 信息沟通方式的变化

多媒体信息处理技术提供了近似于现实交易过程中的产品表现形式;双向的、快捷的、互不见面的信息传播模式,将买卖双方的意愿表达得淋漓尽致,也留给对方充分思考的时间。在这种环境下,传统的促销方法显得软弱无力。

3. 消费群体和消费行为的变化

在网络环境下,消费者的概念和客户的消费行为都发生了很大的变化。上网购物者是一个特殊的消费群体,具有不同于消费大众的消费需求。这些消费者直接参与生产和商业流通的循环,他们普遍大范围地选择和理性地购买。这些变化对传统的促销理论和模式产生了重要的影响。

4. 对网络促销的新理解

网络促销虽然与传统促销在促销观念和手段上有较大差别,但由于它们推销产品的目的是相同的,因此,整个促销过程的设计具有很多相似之处。所以,对于网络促销的理解,一方面应当站在全新的角度去认识这一新型的促销方式,理解这种依赖现代网络技术、与顾客不见面、完全通过网络交流思想和意愿的产品推销形式;另一方面则应当通过与传统促销的比较去体会两者之间的差别,吸收传统促销方式的整体设计思想和行之有效的促销技巧,打开网络促销的新局面。

二、网络促销的影响因素

研究哪些方法对网络销售具有促进作用,首先要对消费者网上购物的过程和行为做必要的了解。消费者的一次网上购物活动要经历多个环节才能完成,可分为三个基本阶段:商品决策阶段、费用决策阶段、顾客服务决策阶段。每个阶段又包含多个不同的环节,每个环节都可能对网络销售成功与否产生影响。网上购物三个阶段及其对网络销售的影响如下:

(一)商品决策阶段对网上购物的影响

商品决策是消费者成功实现网上购物的基础,其中包括商品查询、浏览商品介绍等步骤。消费者首先要在大量的商品中找到自己感兴趣的商品,然后根据网上提供的商品介绍,进一步判断是否符合自己的期望,然后才能将合适的商品放入购物车。事实上,对于网上购物者来说,找到自己需要的商品并不是一件简单的事情。一般来说,由于网站首页和主要频道页面可以发布的信息有限,并且也不可能将所有的商品都放在主要页面上,这样就为用户发现商品带来了困难,除了依靠销售商的重点推荐之外,主要依靠搜索功能来寻找自己需要的商品。但由于商品名称的专用性、用户搜索技巧和网站搜索功能等因素的影响,并不一定都可以发现自己需要的商品。

(二)费用决策阶段对网上购物的影响

费用包括商品本身的价格和送货费用,这两项因素对于消费者的购买决策都有重要影响。由于电子商务一开始就将降低销售成本作为一大优点进行宣传,在消费者心目中早已形成了网上购物比较便宜的印象,大多数网站销售的产品也会比商场购买价格更低,价格水平是否满足消费者的期望仍是影响最终购买的因素之一。而且用户可能在不同的网站之间进行价格比较,如果没有价格优势,很可能会失去这个用户。除了商品价格之外,送货费用也是消费者比较关心的一个因素。尤其在一个订单总额比较低的情况下,如果送货费用占消费总额的比例过高,会影响最终的购买决策,因此一些网站往往采用免费配送的方法来吸引顾客。CNNIC 发布的历次《中国互联网络发展状况统计报告》中关于"用户由于何种原因进行网络购物"的调查得出了一致结论,用户之所以愿意在线购物位于前三项的原因是:节省时间、节约费用、操作方便。由此可见,在网站功能和服务以及商品配送时间相对不变的情况下,费用是对消费者购买产生影响的重要因素。

(三)顾客服务决策阶段的影响

顾客服务包括购买过程的服务和售后服务,前者包括在购物时发现问题后是否可以在常见问题解答中找到答案,以及通过电子邮件、电话、即时信息等咨询是否可以得到满意的答复;后者则包括是否可以快速、准时地收到货,是否可以对订单进行查询,以及是否有合理的退换货政策等。此外,消费者在一个网站首次进行网上购物时,一般还需要注册个人信息,这样才能获得网站的送货服务。在用户注册过程中,涉及个人信息保护等因素,尤其是联系电话、收货地址等信息。如果网上销售商没有明确的个人信息保护政策,用户可能不愿意提供这些真实信息,网上购物同样无法完成。对个人信息保护重视不够,会让相当比例的用户对网上购物失去信任,这是任何促销手段也无法解决的问题。

归纳起来,对网上销售具有明显影响的因素包括:(1)网上购物网站基本功能完善,网页下载速度快、导航清晰、用户注册和操作简单、订单查询和管理方便;(2)商品丰富,并且易于查询;(3)商品介绍信息全面,便于用户进行购买决策;(4)网上销售商对畅销商品的推荐;(5)顾客对商品的评价;(6)网上销售商的促销活动,如会员通信、优惠券、有奖销售、折扣、对 VIP 会员的优惠措施等;(7)商品价格优惠;(8)合理的退换货政策;(9)送货时间快,并且送货费用低;(10)个人信息保护政策;(10)方便的付款方式;(11)在线顾客服务水平高,如常见问题解答内容全面,回复 E-mail 咨询时间快,有多种顾客服务方式,如 800 电话、实时帮助系统等。在所有这些影响网上销售的因素中,商品价格和购物费用、网上销售商对商品的推荐和优惠措施等在一定程度上可以受到相应的促销活动的影响,因此网上促销方法也是针对这些因素进行设计的。这也说明一个基本问题,即无论什么促销方法,都需要建立在网站功能和服务完善、产品信息丰富、产品质量可靠、顾客服务水平高、产品价格优惠这些基础上。离开了这些基础,什么样的在线促销手段都难以发挥应有的作用。

资料链接

2013 年 1 月 15 日,中国互联网络信息中心(CNNIC)在京发布第 31 次《中国互联网络发展状况统计报告》。报告显示,截至 2012 年 12 月,我国网络购物用户规模达到 2.42 亿,网络购物使用率提升至 42.9%。与 2011 年相比,网购用户增长 4 807 万人,增长率为 24.8%。在网民增速逐步放缓的背景下,网络购物应用依然呈现快速的增长势头。团购领域数据显示,我国团购用户数为 8 327 万,使用率提升 2.2% 达到 14.8%,团购用户全年增长 28.8%,继续保持相对较高的用户增长率。

网络经济快速发展的同时,手机端电子商务类应用也在迅速扩张。网民使用手机进行网络购物相比 2011 年增长了 6.6%,用户量是 2011 年的 2.36 倍;此外,手机团购、手机在线支付、手机网上银行三类用户在手机网民中的比例均有所提升,这三类移动应用的用户规模增速均超过了 80%。

(资料来源:www.cnnic.net.cn)

三、网络促销组合及实施

如何实施网络促销,对于绝大多数企业来说都是一个新问题。因此网络促销人员必需深入了解产品信息在网络上的传播特点,分析自己的产品信息的接收对象,确定合适的网络促销目标,制定切实可行的实施步骤,通过科学的实施打开网络促销的新局面。网络促销的具体实施过程包括六个方面:

(一)确定网络促销的对象

网络促销对象主要是那些可能在网上实施消费行为的潜在顾客群体。随着 Internet 的日益普及,这一群体也在不断壮大。他们主要包括三部分人员:

1. 产品的使用者

即实际使用或消费产品的人。实际的需求是这些人实施消费的直接动因。抓住了这一部分消费者,网上销售就有了稳定的市场。

2. 产品购买的决策者

即实际决定购买产品的人。多数情况下,产品的使用者和购买决策者是一致的,尤其在虚拟市场上更是如此,因为大部分网上消费者都有独立的决策能力,也有一定的经济收入;但是也有许多产品存在购买决策者与使用者相分离的情况,例如,一位中学生在网上某个光盘站点发现了自己非常想要的游戏,但购买的决策往往需要他的父母作出。因此,网络促销也应当把购买决策者放在重要的位置上。

3. 产品购买的影响者

即看法或建议上可以对最终购买决策产生一定影响的人。通常在低值、易耗的日用品购买决策中,这部分人的影响力较小,而在高档耐用消费品的购买决策上,他(她)们的影响力可能会起决定性的作用。这是因为对高价耐用品的购买,购买者往往比较谨慎,一般会在广泛征求意见之后再做决定。

(二)设计网络促销的内容

网络促销的最终目标是引起购买,这是要通过设计具体的信息内容来实现的。消费者实施购买是一个复杂的、多阶段的过程,促销内容应当根据消费者目前所处的购买决策过程的不同阶段和产品所处的生命周期的不同阶段来决定。在新产品刚刚投入市场的阶段,消费者对该产品还非常生疏,促销活动的内容应侧重于宣传产品的特点,以引起消费者的注意。当产品在市场上已有了一定的影响力,即进入成长期阶段,促销活动的内容则应偏重于唤起消费者的购买欲望;同时,还需要创造品牌的知名度。当产品进入成熟阶段后,市场竞争变得十分激烈,促销的内容除了针对产品本身的宣传外,还需要对企业形象做大量的宣传工作,树立消费者对企业产品的信心。当产品进入饱和期及衰退期时,促销活动的重点在于密切与消费者之间的感情沟通,通过各种让利促销,延长产品的生命周期。

(三)决定网络促销的组合方式

促销组合是一个比较复杂的问题。网上的促销活动主要是通过网络广告促销和网络站点促销两种促销方法展开。但由于每个企业的产品种类、销售对象不同,将会产生多种网络促销的组合方式。

企业应根据网络广告促销和站点促销两种方法各自的特点和优势,结合自己产品的市场状况和顾客情况,扬长避短,合理组合,以达到最佳促销效果。网络广告促销还可分为"推式"战略和"拉式"战略,"推式"战略的主要功能是将企业的产品推向市场,获得广大消费者的认可;"拉式"战略的主要功能是紧紧地吸引住用户,保持稳定的市场份额。通常，日用消费品，如食品饮料、化妆品、医药制品、家用电器等，网络广告促销的效果比较好；而计算机、专用及大型机电产品等采用站点促销的方法比较有效。在产品的成长期，应侧重于网络广告促销，宣传产品的新性能、新特点。在产品的成熟期和饱和期，则应加强自身站点的建设，树立企业形象，巩固已有市场。企业可根据自身网络促销的能力确定这两种网络促销方法组合使用的比例。

(四)制订网络促销的预算方案

在网络促销实施过程中，使企业感到最困难的是预算方案的制订。在互联网上促销对于任何人来说都是一个新问题，需要在实践中不断学习、比较和体会，不断地总结经验。只有这样，才可能用有限的精力和有限的资金收到尽可能好的效果，做到事半功倍。制订网络促销的预算方案需要注意：

首先，需要确定开展网上促销活动的方式。网络促销活动的开展可以在企业自己的网站上进行，其费用最低，但因知名度的原因，其覆盖范围可能有限，因此可以借助一些信息服务商进行，但不同的信息服务商的价格可能相差很大。所以，企业应当认真比较投放站点的服务质量和价格，从中筛选出适合本企业促销活动开展、价格匹配的服务站点。

其次，要确定网络促销的目标是树立企业形象、宣传产品，还是宣传服务。围绕这些目标来策划投放内容的多少，包括文案的数量、图形的多少、色彩的复杂程度，投放时间的长短、频率和密度，广告宣传的位置、内容更换的周期以及效果检测的方法等。这些细节确定了，对整体的投资数额就有了预算的依据，与信息服务商谈判就有了一定的把握。

再次，要确定希望影响的是哪个群体、哪个阶层，是国内还是国外的。因为不同网站的服务对象有较大的差别，有的网站侧重于消费者，有的侧重于学术界，有的侧重于青少年。一般来说，侧重于学术交流的网站的服务费用较低，专门的商务网站的服务费用较高，而那些搜索引擎之类的综合性网站费用最高。在使用语言上，纯中文方式的费用较低，同时使用中英两种语言的费用较高。

(五)评价网络促销的效果

网络促销实施到一定的阶段，应对已执行的促销内容进行评价，看实际效果是否达到了预期的促销目标。

对促销效果的评价主要从两个方面进行：一方面，要充分利用 Internet 上的统计软件，对开展促销活动以来站点或网页的访问人数、点击次数、千人印象成本等数字进行统计。通过这些数据，促销者可以看出自己的优势和不足，以及与其他促销者的差距，从而及时对促销活动的好坏作出基本的判断。另一方面，评价要建立在对实际效果全面调查分析的基础上。通过调查市场占有率的变化情况、销售量的变化情况、利润的增减情况、促销成本的升降情况，判断促销决策是否正确。同时还应注意促销对象、促销内容、促销组合等方面与促销目标的因果关系的分析，从中对整个促销工作作出正确的判断。

(六)注重网络促销过程的综合管理

网络促销是一项崭新的事业。要在这个领域中取得成功，科学的管理起着极为重要的作用。在对网络促销效果正确评价的基础上，对偏离预期促销目标的活动进行调整是保证促销取得最佳效果的必不可少的一环。同时，在促销实施过程中，加强各方面的信息沟通、协调与综合管理，也是提高企业促销效果所必需的。

第二节　网站推广

一、网站推广原则

网络站点作为企业在网上市场进行营销活动的阵地,站点能否吸引大量流量是企业开展网络营销成败的关键,也是网络营销的基础。站点推广就是通过对企业网络营销站点的宣传吸引用户访问,同时树立企业网上品牌形象,为企业营销目标的实现打下坚实的基础。

网站推广与传统的产品推广一样,需要进行系统安排和计划,应当遵循以下几条原则:

(一)效益/成本原则

站点推广必须进行投入,既然有投入,就应当考虑产出。所谓效益/成本原则也就是核算成本、计算盈利的原则。比如对增加1 000个访问者带来的效益与成本费用要进行比较,要认真分析这样一种投入产出是否为经济的、有效益的(当然效益包括短期利益和长期利益)。

(二)稳妥慎重原则

宁慢勿快,在网站还没有建设好而且不够稳定时,千万不要急于推广网站,第一印象是非常重要的,消费者给你的机会只有一次,因为网上资源太丰富了,这就是通常所说的网上特有的"注意力经济"。

(三)综合安排实施原则

网上推广手段很多,不同方式可以吸引不同的消费者,因此必须综合采用多种方式,以吸引更多消费者到网站上来。

二、网站推广的阶段特征及主要任务

(一)网站推广的阶段特征

1. 站点策划与建设阶段

在站点策划与建设阶段,站点还没有建成发布,真正意义上的站点推广并没有开始,虽然在这一阶段不存在访问量的问题,不过这个阶段的"站点推广"仍然具有非常重要的意义。其主要特点表现在:

(1)"站点推广"很可能被忽视。大多数站点在策划和设计时往往没有将推广的需要考虑进来,这个问题很可能在站点发布之后才被认识到,然后才回过头来考虑站点的优化设计。

(2)策划与建设阶段的"站点推广"实施与控制比较复杂。一般来说,一个站点的设计开发无论是自行开发还是外包给专业服务商,都需要由技术、设计、市场等方面的人员共同完成,不同专业背景的人员对站点的理解会有比较大的差异。例如,技术开发人员往往只从功能实现方面考虑,设计人员则更为注重站点的视觉效果,如果没有一个具有网络营

网络营销

销意识的专业人员进行统筹协调,最终建成的站点很可能与网络营销功能相差甚多。因此在这个过程中对策划设计人员的网络营销专业水平有较高的要求,这也就是为什么一些站点建成之后和最初的策划思想有差距的主要原因所在。

(3)策划与建设阶段的"站点推广"效果需要在站点发布之后得到验证。在站点建设阶段所采取的优化设计等于"推广策略",只能凭借站点建设相关人员的主观经验来进行,是否能真正满足站点推广的需要,还有待于站点正式发布一段时间后的实践来验证。如果与期望目标存在差异,还有必要作进一步的修正和完善。也正是这种滞后效应,让设计开发人员更加容易忽视站点建设对站点推广影响因素的考虑。这些特点表明,站点推广策略的全面贯彻实施涉及多方面的因素,需要从网络营销策略整体层面上考虑,否则很容易陷入站点建设与站点推广脱节的困境。目前这种问题在企业中普遍存在,这也是企业站点往往不能发挥作用的重要影响因素之一。

2. 站点发布初期

站点发布初期通常指站点正式开始对外宣传后大约半年左右的时间。站点发布初期推广的特点表现在:

(1)网络营销预算比较充裕。应用于站点推广方面的企业网络营销预算通常在站点发布初期较多,这是因为一些需要支付年度(季度)使用费的支出通常发生在这个阶段。另外,为了在短期内获得明显的成效,新站点通常会在发布初期加大推广力度,如发布广告、新闻等。

(2)网络营销人员有较高的热情。这种情感因素对于站点推广会产生很大影响。在站点发布初期,网络营销人员非常注重尝试各种推广手段,对于站点访问量和用户注册数量的增长等指标非常关注。如果这个时期站点访问量增长较快,达到了预期目的,对于网络营销人员是很大的激励,可能会进一步激发工作热情;反之,如果情况不太理想,很可能会影响网络营销人员的积极性,甚至使他们对站点推广失去信心,此后很长一段时间可能不愿继续尝试其他推广方法,一些企业的网络营销工作也可能就此半途而废。所以工作人员的情感因素也是站点推广效果的重要影响因素之一。

(3)站点推广具有一定的盲目性。尽管营销人员有较高的热情,但由于缺乏足够的经验,缺乏必要的统计分析资料,加之站点推广的成效还没有表现出来,因此无论是站点推广策略的实施上还是站点推广效果方面都有一定的盲目性。因此宜采用多种站点推广方法,并对效果进行跟踪控制,逐渐发现适合于站点特点的有效推广方法。

(4)站点推广的主要目标是用户的认知程度。推广初期的主要目标是站点访问量快速增长并得到更多用户了解,也就是获得尽可能多用户的认知,引起用户对站点的注意;产品推广和销售促进通常居于次要地位。在采用的方法上,主要以新闻、提供免费服务和基础站点推广手段为主。在这个阶段应该尝试应用各种常规的基础网络营销方法,同时要注意合理利用营销预算。因为有些网络营销方法是否有效尚没有很大的把握,过多的投入可能导致后期推广资源的缺乏。在这个阶段所采用的每项具体站点推广方法中,有相应的规律和技巧,这些内容将在站点推广的具体方法时详细介绍。

3. 站点增长期

经过站点发布初期的推广,站点拥有了一定的访问量,并且访问量仍在快速增长中。

这个阶段仍然需要继续保持站点推广的力度,并通过对前一阶段的效果进行分析,发现最适合本站点的推广方法。

站点增长期推广的特点主要表现在:

(1)站点推广方法具有一定的针对性。

由于站点发布初期尝试了多种站点推广方法,并取得了一定效果,为后期有效推广站点积累了实践经验,因此在站点增长期做进一步推广时往往更有针对性。

(2)站点推广方法的变化。

与站点发布初期相比,增长期站点推广的常用方法会有少量变化,一方面是已经购买了年度服务的推广服务如分类目录登录、付费会员等处于持续发挥效果的阶段,除非要继续增加付费推广项目,否则这些方面不需要更多的投资,不过这并不是说就不需要站点推广活动了。相反,为了继续获得站点访问量的稳定增长,需要采用更具有针对性的站点推广手段,有些甚至需要独创性才能达到效果。

(3)站点推广效果的管理应得到重视。

站点推广的直接效果之一就是站点访问量的上升,站点访问量指标可以通过统计分析工具获得,对站点访问量进行统计分析可以发现哪些站点推广方法对访问量的增长更为显著,哪些方法可能存在问题,同时也可以发现更多有价值的信息,例如用户访问站点的行为特点等,跟踪分析站点访问量的增长情况。

(4)站点推广的目标由用户认知向用户认可转变。

站点发布初期阶段的推广获得了一定数量的新用户。如果用户肯定站点的价值,将会重复访问站点以继续获得信息和服务。因此在站点增长期的访问用户中,既有新用户,也有重复访问者,站点推广要兼顾两种用户的不同需求特点。站点增长期推广的特点反映了一些值得引起重视的问题:作为网络营销专业人员,仅靠对站点推广基础知识的了解和应用已经明显力不从心了。增长期对站点推广的方法、目标和管理都提出了更高的要求,有时甚至需要借助于专业机构的帮助才能取得进一步的发展。这也就说明,这个阶段对于站点能否进入稳定发展阶段具有至关重要的影响。如果没有专业的手段而任其自然发展,站点很可能在较长时间内只能维持在较低的访问量水平上,最终限制了网络营销效果的发挥。

4. 站点稳定期

站点从发布到进入稳定发展阶段,一般需要一年甚至更长的时间,稳定期的主要特点如下:

(1)站点访问量增长速度减慢。

站点进入稳定期的标志是访问量增长率明显减慢,这时采用一般的站点推广方法对于访问量的增长效果不明显,访问量可能在一定数量水平上下波动,有时甚至会出现一定的下降。但总体来说,正常情况下站点访问量应该处于历史上的较高水平,并保持相对稳定。如果站点访问量有较大的下滑,应该是一种信号,需要采取有效的措施。

(2)访问量增长不再是站点推广的主要目标。

当站点拥有一定的访问量之后,网络营销的目标将注重用户资源的价值转化,而不仅仅是访问量的进一步提升,访问量只是获得收益的必要条件,但仅有访问量是不够的。从访问量到收益的转化是一个比较复杂的问题,这些通常并不是站点推广本身所能完全包含的,还取决于企业的经营策略和企业盈利模式。

(3)站点推广的工作重点将由外向内转变。

由外向内转变也就是将以吸引新用户为重点的站点推广工作逐步转向维持老用户以及站点推广效果的管理等方面,这是站点推广周期中比较特殊的一个阶段。这种特点与站点建设阶段在某些方面类似,即主要将专业知识和资源面向站点运营的内部,而且这些工作往往没有非常通用的方法,对网络营销人员个人的专业水平提出了更高的要求。

站点稳定期推广的特点表明,站点发展到稳定阶段并不意味着推广工作的结束,站点推广是一项永无止境的工作,站点的稳定意味着初级的推广工作达到阶段目标,保持站点的稳定并谋取新的增长期仍然是一项艰巨的任务。

(二)站点推广各阶段的主要任务

在站点发展的不同阶段,每个阶段中站点推广具有各自的特点,这些特点也决定了该阶段站点推广的任务也会有所不同。为了制定有效的站点推广策略,还需要进一步明确这四个阶段站点推广的任务和目的。站点推广四个阶段的主要工作任务见表11-1。

表11-1 站点推广阶段主要任务

发展阶段	站点推广的主要任务
规划站点策划建设阶段	规划站点总体结构、功能、服务、内容;站点开发设计及其优化
站点发布初期	常规站点推广方法及实施,尽快提升站点访问量,尽可能多了解用户
站点增长期	常规站点推广方法效果的分析;制定和实施更有效的、针对性更强的推广方法,重视推广效果
站点稳定期	保持用户数量的相对稳定,提升品牌的综合竞争能力,为站点的下一轮增长做准备

三、网站推广方法

(一)搜索引擎注册

门户网站的搜索引擎是大多数网民想要找寻网络上某种信息时,第一个会考虑的方法,主动到这些搜索引擎注册公司网站资料,让需要的使用者可以很快搜寻到所要的网站,是一种便宜又很有效率的方法。因此到各大门户网站注册的用户越多,就表示从这些门户网站导入的流量会越多,被搜索到的几率也就越大。此外,有些网站在提供注册的服务之外,还通过一些技巧让网站资料更容易被查到,以及查询时排名会排在较前面的位置,这也是一种良好的网络营销方法。

(二)建立链接

与不同站点建立链接,可以缩短网页间距离,提高站点的被访问概率。一般建立链接有以下几种方式:

(1)在行业站点上申请链接。如果站点属于某些不同的商务组织,而这些组织建有会员站点,应及时向这些会员站点申请一个链接。

(2) 申请交互链接。可以设计小型的网站识别图示,然后寻找具有互补性的站点,并向它们提出进行交互链接的要求,双方互换广告,这样可以无形中提升网站的访问数量。例如手机网站的主要网络使用者就是对手机有兴趣或是想买手机的消费者,因此,选择与自己网站性质类似的网站做广告链接交换,可以将目标客户导入自己公司的网站,以减少不必要的营销预算支出。

(3) 在商务链接站点申请链接。当站点提供免费服务的时候,可以向网络上的许多小型商务链接站点申请链接。只要站点能提供免费的东西,就可以吸引许多站点为你建立链接。在寻找链接伙伴时,可以通过搜索寻找可能为站点提供链接的地方,然后向该站点的所有者或主管发送电子邮件,告诉他们可以链接的站点名称、URL 以及 200 字的简短描述。

(三) 发送电子邮件

电子邮件的发送费用非常低,许多网站都利用电子邮件来宣传站点。利用电子邮件来宣传站点时,首要任务是收集电子邮件地址。为防止发送一些令人反感的电子邮件,收集电子邮件地址时要非常注意。一般可以利用站点的反馈功能记录愿意接受电子邮件的用户电子邮件地址,另外还可以租用一些愿意接受电子邮件信息的通信列表,这些通信列表一般是由一些提供免费服务的公司收集的。

(四) 发布新闻

及时掌握具有新闻性的事件(例如新业务的开通),并定期把这样的新闻发送到你的行业站点和印刷品媒介上,在公告栏和新闻组上加以推广。互联网使得具有相同专业兴趣的人们组成成千上万的具备很强针对性的公告栏和新闻组。比较好的做法是加入这些讨论,让邮件末尾的"签名档"发挥推广的作用。

(五) 提供免费服务

提供免费资源,在时间和精力上的代价都是昂贵的,但其在增加站点流量的功效上可以得到回报。应当注意的是,所提供的免费服务应是与所销售的产品密切相关的,这样所吸引来的访问者同时也就可以成为良好的业务对象。也可以在站点上开展有奖竞赛或者是抽奖活动,将可以产生很大的访问流量。

(六) 病毒性营销

病毒性营销方法并非传播病毒,而是利用用户之间的主动传播,让信息像病毒那样扩散,从而达到推广的目的。病毒性营销方法实质上是在为用户提供有价值的免费服务的同时,附加一定的推广信息。常用的工具包括免费电子书、免费软件、免费 flash 作品、免费贺卡、免费邮箱、免费即时聊天工具等可以为用户获取信息、使用网络服务、娱乐等带来方便的工具和内容。例如,设计了一个好用的程序工具,除了通过网站下载之外,还可以通过抽奖活动鼓励,引发网友间的 E-mail 传送,如果这是一个有趣的或有用的小程序,则可能会一传十、十传百,该网站也得到了宣传。如果应用得当,这种病毒性营销手段往往可以以极低的代价取得非常显著的效果。

(七) 快捷网址推广

指合理利用网络实名、通用网址以及其他类似的关键词等网站快捷访问方式来实现网站推广的方法。快捷网址使用中文自然语言与网站 URL 建立起对应关系,这给习惯使用中文的用户提供了极大的方便,用户只需输入比英文网址更加容易记忆的快捷网址,就可以访问网站,用自己的母语或者其他简单的词汇为网站"更换"一个更好记忆、更容易体现品牌形象的网址。例如选择企业名称或者商标、主要产品名称等作为中文网址,这样可以大大弥补英文网址不便于宣传的缺陷,因此在网址推广方面有一定的价值。随着企业注册快捷网址数量的增加,这些快捷网址用户数据也可相当于一个搜索引擎,这样,当用户利用某个关键词检索时,即使与某网站注册的中文网址并不一致,同样存在被用户发现的机会。

(八)发布网络广告

利用网络广告推销站点是一种比较有效的方式。比较经济的做法是加入广告交换组织,广告交换组织通过不同站点的加盟后,在不同站点交换显示广告,起到相互促进的作用。另外一种方式是在适当的站点上购买广告栏发布网络广告。

(九)使用传统的促销媒介

使用传统的促销媒介来吸引访问站点也是一种常用方法,主要包括:

(1)将网址放在信头、名片和电子邮件的签名文件上,这样潜在的浏览者就有可能看到它。

(2)在员工制服上印上网址,这是一种流动的广告。

(3)将网址印在杯子、T恤、钥匙链等促销品上,是每天提醒人们访问网站的好方法。

(4)在发给新闻写作人员的新闻通讯中包含企业网址。

(5)将网址放在黄页广告中,这是人们每天都看的地方。

(6)将网址印在送产品的轿车或卡车的侧面。

(7)将网址印在产品目录每一页的底部,以便客户能够方便地进入网站。

(8)申请好记的网址。例如新浪、搜狐、网易等,都是以日常生活中经常会出现的名词作为公司的名称和网址,这样的好处是:当人们需要这家公司的信息时,不用再费一番心力去查,就可以直接输入网址,并链接到公司的网站来。

第三节　网络销售促进与公共关系

一、网络销售促进

网络销售促进是指利用网上促销工具刺激顾客购买产品或者使用服务的活动。互联网作为新兴的网上市场,网上的交易额不断上涨。企业为了扩大和占领网上市场,就应当采取一定的网络促销方式。网络销售促进的主要方式包括:

(一)网上折价促销

折价亦称打折、折扣,是目前网上最常用的一种促销方式。由于网上销售商品不能给人以全面、直观的印象,也不能试用、触摸,再加上配送成本和付款方式的复杂性,如果商品价格没有比传统商场、超市的价格低,消费者进行网上购物和订货的积极性会下降。而幅度比较大的折扣可以促使消费者进行网上购物的尝试并作出购买决定。

目前大部分网上销售商品都有不同程度的价格折扣。折价券是直接价格打折的一种变形,有些商品因在网上直接销售有一定的困难性,便结合传统营销方式进行。在网页上提供可下载打印的优惠券,潜在顾客可通过访问网页获得此优惠券,凭此优惠券到当地商店购买商品时可获得优惠,如肯德基、麦当劳经常使用此方法,这一方面可增加网站访问量,让更多的消费者了解企业,另一方面可促进销售。

(二)网上变相折价促销

变相折价促销是指在不提高或稍微提高价格的前提下,改进产品或服务的质量,较大幅度地增加产品或服务的附加值,让消费者感到物有所值。由于网上直接价格折扣容易使消费者怀疑产品的品质,利用增加商品附加值的促销方法会更容易获得消费者的信任。

(三)网上赠品促销

赠品促销目前在网上的应用不算太多,一般情况下,在新产品推出试用、产品更新、对抗竞争品牌、开辟新市场等情况下利用赠品促销可以达到比较好的促销效果。

赠品促销的优点在于:一是可以提升品牌和网站的知名度;二是鼓励人们经常访问网站,以获得更多的优惠信息;三是能根据消费者索取赠品的热情程度总结分析营销效果和对产品本身的反应情况等。

赠品促销应注意赠品的选择:一是不要选择次品、劣质品作为赠品,这样做只会起到相反的作用;二是明确促销目的,选择适当的、能够吸引消费者的产品或服务;三是注意时间和时机,注意赠品的时间性,如冬季不能赠送只在夏季才能用的物品,另外在危急公关等情况下也可考虑不计成本的赠品活动,以挽回公关危急;四是注意预算和市场需求,赠品要在能接受的预算内,不可过度赠送赠品而造成营销困境。

(四)网上抽奖促销

抽奖促销是网上应用较广泛的促销形式之一,是大部分网站乐意采用的促销方式。抽奖促销是以一个人或数人获得超出参加活动成本的奖品为手段进行商品或服务的促销,网上抽奖活动主要穿插在网上调查、产品销售、扩大用户群、企业庆典等活动中。消费者或访问者通过填写问卷、注册、购买产品或参加网上活动等方式获得抽奖机会。

网上抽奖促销活动应注意以下几点:(1)奖品要有诱惑力,可考虑大额超值的产品吸引人们参加;(2)活动参加方式要简单化,网上抽奖活动要策划得有趣味性和容易参加,太过复杂和难度太大的活动较难吸引访客;(3)抽奖结果的公正公平性,由于网络的虚拟性和参加者的广泛地域性,对抽奖结果的真实性要有一定的保证,应该及时请公证人进行全程公证,并及时通过 E-mail、公告等形式向参加者通告活动进度和结果。

(五)网上积分促销

积分促销在网络上的应用比传统营销方式简单和易操作。网上积分活动很容易通过编程和数据库等来实现,并且结果可信度很高,操作起来相对较为简便。积分促销一般设置价值较高的奖品,消费者通过多次购买或多次参加某项活动来增加积分以获得奖品。

积分促销可以增加上网者访问网站和参加某项活动的次数,可以增加上网者对网站的忠诚度,可以提高活动的知名度等。

现在不少电子商务网站"发行"的"虚拟货币"应该是积分促销的另一种体现,如一淘网的"集分宝"、京东商城的"京豆"等。网站通过举办活动来使会员"挣钱",同时可以用仅能在网站使用的"虚拟货币"来购买本站的商品,实际上是给会员购买者相应的优惠。

(六)网上联合促销

由不同商家联合进行的促销活动称为联合促销,联合促销的产品或服务可以起到一定的优势互补、互相提升自身价值等效应。如果应用得当,联合促销可起到相当好的促销效果,如网络公司可以和传统商家联合,以提供在网络上无法实现的服务;网上销售汽车的公司和销售润滑油的公司联合促销等。

(七)网上免费资源促销

免费资源促销的主要目的是推广网站。所谓免费资源促销就是通过为访问者无偿提供访问者感兴趣的各类资源,吸引访问者访问,提高站点流量,并从中获取收益。利用免费资源促销要注意的问题:(1)首先要考虑提供免费资源的目的是什么,有的是为形成媒体作用,有的是为扩大访问量形成品牌效应;(2)其次要考虑提供什么样的免费资源,目前网上免费资源非常丰富,只有提供有特色的服务才可能成功,成为追随者永远不可能吸引访问者,因为网上的信息是开放的,要访问肯定是访问最好的,这就是网上赢家通吃原则;(3)最后要考虑收益是什么,世上没有免费的午餐,只要在允许的范围之内,访问者是愿意付出一点代价的,当然不能是金钱,因此收益可能是通过访问者访问从广告主获取收益,或者通过访问者访问扩大品牌知名度,或者通过访问者访问扩大电子商务收入。当然利益有短期和长期的,有现金和无形的,这都是需要综合考虑的,毕竟免费资源对站点来说不是免费的。

以上七种是网上促销活动比较常见的方式,其他如节假日促销、事件促销等都可以与以上几种促销方式结合应用。但要使促销活动达到良好的效果,必须事先进行市场分析和网上活动的可行性分析,并与整体营销计划结合以实现预期的促销效果。

二、网络公共关系

(一)网络公共关系的概念与特点

1.网络公共关系的概念

公共关系是一个组织运用传播手段使组织与公众相互理解和相互适应,为提高组织知名度和美誉度、树立良好的组织形象促进组织目标的实现,而进行的一种有组织的活动。利用信息沟通的原理和方法,公共关系的成本比广告低得多,而且往往比广告更为有效,因此是一种重要的促销手段。网络公共关系是指建立在互联网基础上的公共关系。

2.网络公关要素

所谓公关要素是指公关主体、公关客体和公关中介。

网络的各种组织、团体、企业、个人都可以是公关主体,这里我们讨论的公关主体主要是指网络企业。网络的互动性使网络企业在公关活动的几乎所有环节中都能发挥主动作用。这一特征是网络公关与传统公关相比更具优势的根本原因所在。

网络公关客体又称网络公众,是指与网络企业有实际或潜在的利害关系或相互影响的个人或群体。网络社区有两种类型,一种是围绕网络企业由利益驱动形成的垂直型网络社区,包括投资者、供应商、分销商、客户、雇员和目标市场中的其他成员等;另一种是围绕某一主题形成的横向网络社区,包括生产类似产品和提供相应服务的其他企业以及同企业一样面临类似问题、分享相同价值观的个人、组织、社会团体、行业协会及联合会等。他们活动的主要场所有各类网络论坛、新闻组、邮件清单等。这两类社区的成员和相关网络都存在着实际或潜在利害关系,所以他们是网络企业公关的客体。

网络上公共关系的中介和传统的公关中介没有太多的差别,网络公关和传统公关一样能实现以下目标:建立企业更有利的形象;将产品展示给更多的公众;在目标客户中增强形象、提供信息并创造对产品的需求;与新客户建立关系;巩固和老客户之间的关系。

3. 网络公关的特点

网络公关与传统公关(这里指通过报纸、杂志、电视、广播等媒体进行的新闻传播)相比,有着更加明显的优势。

(1)公关主体的主动性强

公关主体即公共关系活动的发动者。传统的公关主体通过传统媒体如报纸、杂志、电视和广播等向大众传播信息,因为要借助第三方即传统媒体的参与,因此多数情况下,传统媒体对于企业公关信息的发布具有决定权。企业要进行公关活动,必须与传统媒体合作。然而,由于网络互动的特点使企业能掌握网络公关的主动权,更便于与公众沟通。在网络公关中,企业可以依托自身的网络平台开展工作,通过网络论坛、BBS、新闻、电子邮件或其他方法直接发布信息,而且不受篇幅和时间、空间的限制,自如地开展公关活动。

(2)公关客体的参与性强

公关客体即公共关系所要影响的对象。网络的虚拟性和隐匿性为公众自由发表言论提供了平台。网络公关的客体可以主动和企业进行沟通与交流,使得信息的获取和传播增加了主动性。值得注意的是,消费者在互联网上对企业公关活动的参与与相互影响会直接影响企业的口碑,这对企业的网络公关活动提出了较高的要求。

(3)交互性强

在网络公关中,互动性得到增强,这体现在两方面:一方面,企业可以更加直接迅速地了解消费者的意见与建议,从而促使其公关策略设计更加合理;另一方面,消费者真正参与到公关活动中,对同一个时间、同一个策略,每个消费者都会有不同的感受与评价,这也使得企业可以及时获取用户的反馈信息。此外,由于互联网即时互动的特性使网络公关还具有创建企业和客户"一对一"关系的优势。

(4)高效性

网络公关的高效性体现在企业的公关活动可以通过网络平台快速进行,企业的公关人员可以同时面对多位用户进行解答,帮助用户快速解决问题,增加了企业和消费者之间的交流与沟通。此外,由于互联网中信息量的传播没有限制,也使得企业传播的公关信息量得到极大的提升。

4. 网络公关信息的重要性

现在,人们已渐渐习惯于在网络站点的新闻档案页面上寻找企业的最新信息。所以企业应使真实世界中的新闻发送和网上新闻发布同步进行,将网络公关活动视为企业营销活动的部分。另外,如果企业的雇员、客户或股东事先要求企业将新消息通知他们,可通过电子邮件或手机短信等将新闻发送给他们。

网络营销

编辑人员可在互联网上搜索新闻、争论、消费者的议论,企业营销人员可在网上进行市场调研等。公司可将企业新闻放在新闻档案页面,如果有重大新闻也可放在首页上。除了企业站点上可获得企业的新闻外,还可在许多网络新闻服务商的站点上获得新闻,企业在这些站点上可面向记者发布新闻,但需付给服务商一定的费用。

记者们可到网络论坛、新闻组等场所寻觅信息源,在这里可以读到人们关于某个问题的争论,及对企业、产品的评论。例如,如果人们对某个品牌计算机的软硬件的新产品不满,他们就会在各种计算机主题网站的论坛上提出批评,甚至是激烈的批评。

互联网上的私人邮件清单使记者能私下与有关人士交流意见。精明的记者还会利用互联网与公关界的大腕儿们建立起友好的关系,在他们自己的站点上发布工作日程安排,这样有利于公关人员及时与他联系,或在站点上发布文章说明他们现在的工作内容,隐含的意义就是告诉企业公关人员:"这是我目前感兴趣的内容,如果你有相关信息请与我联系!"另外一些记者还会在网上发送他的新闻信札,包括的内容有:他们目前的工作内容、行业中的议论话题、工作日程安排等。总之,新闻界利用互联网收集信息、发布新闻,而企业的公关人员要善于利用互联网使自己成为新闻界有用的信息来源。

(二)网络公共关系的主要形式

网络公共关系的形式主要有以下几种:

1. 站点宣传

站点宣传也称网站推广,其目的是通过对企业网站的宣传吸引用户访问,从而实现宣传和推广企业产品和服务的目的。因此,企业的网站是企业进行网络市场营销活动的重要阵地,增加企业网站的访问量是企业实现网络促销目标的关键。

2. 网上新闻发布

与传统新闻发布不同,网上新闻发布不需要投入大量人力、物力和财力进行筹划和安排,使用较少的费用就可以以最快的速度将新闻发布出去。网上新闻发布可以通过以下三种方式实现:一是通过网络新闻服务线发布新闻;二是通过企业自己的网站发布新闻;三是通过相应的新闻组或邮件列表发布新闻。

3. 栏目赞助

由企业对网站的某些栏目提供赞助,访问者可以通过赞助页面直接链接到企业的网站,从而增加企业网站的用户访问量,扩大企业网站的知名度。企业赞助的对象往往是一些会议、公共信息、政府或非营利的活动,从而吸引公众对其产品和服务的关注。

4. 参加或主持网上会议

网络论坛经常举办专题讨论会,吸引了许多消费者的参与。网络会议的参与者可以看到其他人提交给会议的发言,同时自己的发言也被许多人关注。参加与企业有关的专题讨论,并积极发表意见,可以提高企业的形象和知名度。

5. 发送电子推销信

网络公共关系的一种常用方式就是给新闻记者或者编辑发送电子推销信,在信中简述企业的推销内容及请求,例如邀请记者采访企业人员、参观企业并撰写有关企业的报道等。这要求企业的公关人员与新闻记者或编辑建立良好稳定的关系,通过多种途径收集有关新闻记者的电子邮件地址。通过新闻记者对企业的采访与报道,提升企业在公众中的知名度。

(三)网络公共关系策略

与公众建立并维持良好的关系是企业公共关系的一项基本任务,因此,制定合适的网络公关策略成为必然要求。

1. 网络公共关系策略制定的一般步骤

(1)确定网络公关目标

在网络公共关系的建立过程中,确定公关目标是企业所要解决的首要问题。企业应该遵循目标明确的原则,事先确定一定时期内企业的公关目标。

(2)设计网络公关模式

在这一环节中,企业应该注意要让网上公众很容易找到公司的网址,设计有特色的公司主页,使企业网站吸引公众。

(3)确定网络公关的载体

网络公关的载体即网上传播信息的工具。在选择公关目标和公关模式后,企业的公关人员就需要确定有效的信息传播工具。在网络公共关系中可以选择的主要传播载体有传统媒体电子版、网络广播电视节目以及新闻论坛等。公关人员应该根据具体情况选择有效的传播工具。

(4)制作网络公关的材料

网络媒体可以使网上互动新闻稿件的信息量远远多于传统媒体的新闻稿件。企业在制作网络公共关系材料时,应注意以下四个方面:首先,在新闻稿件的顶部和尾部添加联系信息链接,以便使网上公众能够及时方便地与企业人员进行互动;其次,将新闻稿件与企业站点中过去的新闻稿件进行链接,以方便公众对企业发布的新闻事件有进一步的了解;再次,将新闻稿件与其他站点中的相关信息进行链接,方便网上公众进一步获取信息;最后,企业可以在新闻组中添加一定的图片信息,从而吸引网上公众的注意力。

(5)发布网络公关信息

企业应该根据目标受众的特点,对传播的公关信息进行精心设计,并根据不同地域、不同习俗、不同民族以及不同消费行为和消费心理来提供符合消费者需求的信息。

2. 与新闻记者建立友好关系的策略

与新闻记者建立友好关系的策略包括以下几方面。

(1)坦诚。企业的信誉在网上难建易失,而且记者们利用网络更容易查清信息是否真实,所以与新闻记者建立友好的关系的第一条原则就是要开诚布公。

(2)有用的信息来源。与记者建立友好关系的另一个重要策略是使自己成为他可依赖的有效的信息来源。要想做到这一点,应当注意:对记者的请求、提问及时回复;根据记者的需要积极为他们提供企业、产品等各方面的信息;使记者能和本企业中掌握信息的人员顺利接触;全面细致地了解企业、产品的情况;了解竞争者的有关情况;了解整个行业的情况;如果对一些问题不能回答,坦率地承认并许诺尽力找到问题的答案。

(3)利用电子邮件或短信和记者联络。电子邮件和短信与电话联系相比有许多优点。记者们通常要花大量的时间出席新闻会议、展览会、采访新闻人物等,电话联系的效果常很难令人满意,而且费用较高。电子邮件和短信则可以较好地克服这个问题,因为电子邮件和短信没有时间段的限制,记者可以在空闲的时候根据情况给予答复,而且企业可以得到记者的明确答复。

(4)考虑记者接受信息的方式。不是所有的记者都欢迎电子邮件这种通信方式,有的可能喜欢你发传真、邮寄或打电话给他。在向记者传递信息之前,首先要问清楚他喜欢哪种信息接收方式。

(5)不要滥用电子邮件。尽量不要同时给许多记者发同一个电子邮件,因为很可能出现报道冲突的情况;不要通过读者或听者反馈的电子邮件地址给杂志社、报社、电台、电视台发电子邮件,这样邮件可能到不了记者手中;要以企业新闻发言人的身份发送电子邮件,否则记者可能会以为你是其他人员,你的意见不能代表企业的意见,从而不会重视你的信息。

(6)在新闻组、邮件清单等场所发现记者的要求。精明的网络记者会在网络论坛、新闻组等场所发出他的要求,征求信息源、采访对象等。通过检读与本企业有关的网络论坛、邮件清单上的信息发现记者的需求,及时回复他们的请求,是与他们建立关系的有效方法。

(7)参与由记者、编辑主持的网上闲谈。很多记者、编辑经常主持一些杂志的网上闲谈、网上会议。在这些场合,你可以通过发言、提问等方式给他们留下深刻印象。

3.电子推销信的写作策略

公关中的一种常用策略是给有关记者发送电子推销信。写电子推销信首先要遵循简洁的原则,直切主题。电子推销信全文最好不要超过一个屏幕的大小(24行)。根据记者的需要合理安排内容,不同的记者需要的信息重点也不相同,所以企业给所有的记者都发送内容重复的电子推销信不太合适。在发送电子推销信时,要先考虑记者的目标公众是哪一种:网络社区、垂直市场、零售商和分销商。

记者的目标公众不一样,他们所写文章的侧重点也不一样。如面向零售商的新闻记者要寻找的信息是制造商采用哪些激励措施来刺激零售;面向广大消费者的记者则寻找他的读者感兴趣的新产品的信息;面向垂直市场的记者要了解介绍新产品对企业的股票会有什么影响等。了解记者的信息需求,可使企业的电子推销信更有效。

4.网络社区的公关策略

网络使企业直接面向社区发布新闻成为可能,而不需要新闻记者或编辑的介入。虽然由记者采写的新闻对企业有很大的价值,但也不应忽视企业直接面向网络社区发布新闻的作用,这是因为记者或编辑会对新闻稿作删改,不可能完全从企业的角度写作。他们对企业的新闻稿常见的可能处理方式是:完全放弃;全文印发,这是非常罕见的情况;部分采用,但不加任何评论;部分采用,加入竞争者的评论;部分采用,加入分析家的评论,改换了你的观点;部分采用,和竞争者的内容同时编放在一起;删除了支持你的主要观念的关键事实。这几种处理方式中除了全文印发以外,其他方式对企业均有或多或少,或明显或潜在的不利影响。所以企业有必要在可能的情况下,将企业自己撰写的新闻稿公之于众。直接面对网络社区的公关策略如下:

(1)通过网上新闻服务商直接发送企业新闻。这样可以避免新闻媒体的介入,直接面向网络社区发送企业的新闻稿。社区成员可以用关键词搜索找到这则新闻。通常利用发送新服务商发送新闻的费用比传统媒体上的花费要低得多。

（2）在自己的站点上发布新闻稿。越来越多的网络企业采用此策略。

（3）在与本企业有关的网络论坛上招贴企业新闻稿。企业采用这个策略时首先要选择相关的论坛，并确信这个论坛系统管理员（sysop）允许其上招贴新闻（可先给论坛系统管理发送一个询函，得到肯定答复后再发送新闻）。客户可通过浏览新闻库中的新闻标题列表或用关键词搜索他感兴趣的新闻，当他选择了一则新闻的标题，屏幕上就会出现这则新闻的简短概述，如果他想阅读整幅新闻稿则可将其下载到计算机上。值得一提的是这些新闻会在论坛新闻库中保留很长时间，所以一则新闻常常能带来好几年的效益。

（4）创建面向网络社区成员的单向邮件清单。通过创建面向客户、零售商、编辑及其他网络社区的重要人物的单向邮件清单，及时将企业新闻发送给他们，可以巩固和提高企业与他们的关系。邮件清单是一种允许你将信息发送到清单地址上的电子邮件信箱中的工具。采用这种策略需要注意的是，要得到每个清单中成员的同意才可将企业信息直接发至他的电子邮件信箱，否则就会违背网络礼仪。

（5）帮助网络社区成员解决问题。企业对网络社区的无私奉献会得到真诚回报。通过为网络社区成员提供有用的富有创见的信息，可以提高企业形象，建立企业的网上信誉。这对企业尤其对网络企业来说可谓无价之宝。

（6）提供简明扼要的专题文章。这类文章就某些专题提出富有洞察力的建议、实际的操作步骤等，这样做能给人一种是该专题专家的印象，有利于企业形象的树立。如果你是一个财会方面的专家，可写类似于"减少纳税的十种途径"的文章；如果你是心理学方面的专家，可写类似于"缓解紧张感的十种方法"的文章等。人们非常欢迎这类文章，因为它不仅信息量大，而且简短易读。这类文章也容易写作，首先陈述问题，然后提出几点意见或步骤。

（7）鼓励其他途径对文章的采用。竭力鼓励其他途径免费采用文章可以提高企业知名度，为企业创造利益来源。

（8）利用网络会议建立面向网络社区的公共关系。互联网和网络服务商能为企业提供多种形式的网络会议的服务。为了举行一个成功的网络会议，企业应让客户知道会议讨论的内容、举行会议的时间、使用会议工具的方法等。这些信息可放置在企业常见问题释疑（FAQ）文档中，客户在方便时可以阅读。

本章小结

1. 网络促销是指利用计算机及网络技术向虚拟市场传递有关商品和劳务的信息，以引发消费者需求，唤起购买欲望和促成购买行为的各种活动。

2. 网络促销的功能主要表现在五个方面：告知功能、说服功能、反馈功能、创造需求、稳定销售。

3. 网站推广与传统的产品推广一样，需要进行系统安排和计划，应当遵循效益/成本原则、稳妥慎重原则、综合安排实施原则。

4. 站点发展有不同阶段，每个阶段中站点推广具有各自的特点，这些特点决定了该阶段站点推广的任务也会有所不同。

5. 网络销售促进是指利用网上促销工具刺激顾客购买产品或者使用服务的活动。互联网作为新兴的网上市场,网上的交易额不断上涨。企业为了扩大和占领网上市场,就应当采取一定的网络促销方式。

6. 网络公共关系是指建立在互联网基础上的公共关系。由网络公关主体、网络公关客体、网络公共关系中介三个部分组成。

7. 网络公关与传统公关(这里指通过报纸、杂志、电视、广播等媒体进行的新闻传播)相比,呈现出公关主体的主动性强、公关客体的参与性强、交互性强、高效性的特点。

8. 与公众建立并维持良好的关系是企业公共关系的一项基本任务,因此,制定合适的网络公关策略成为必然要求。

案例讨论

案例一 聚美优品的网站推广

聚美优品的前身是团美网,2010年3月由陈欧、戴雨森、刘辉三人创立于北京,它是中国第一家专业化妆品团购网站,也是中国最大的化妆品团购网站。2010年9月,为了进一步强调团美在女性团购网站领域的领头地位,深度拓展品牌内涵与外延,团美网正式全面启用聚美优品新品牌,并且启用全新顶级域名。同年,中国互联网协会(商务部和国资委批准评级机构)授予聚美优品所属公司北京创锐文化传媒有限公司A级信用认证。2010年12月,在由《互联网周刊》举办的中国互联网经济论坛上,聚美优品获颁"2010年度最受女性欢迎的团购网站"。国际一线品牌法国兰蔻(Lancome)也选择和聚美优品进行官方合作,共同开展团购活动。聚美优品从一天销售额不足百元到销售总额过亿,用了不到一年的时间。2011年,聚美优品优雅转身,自建渠道、仓储和物流,自主销售化妆品。以团购形式来运营垂直类女性化妆品B2C,打造另类的时尚购物平台。聚美优品的宗旨为"聚集美丽,成人之美",致力于为用户提供更优质专业的服务,让变美更简单。

聚美优品的网站推广主要是:

(1)从最初每日一件限时折扣团购模式到如今每日多件产品限时抢购,在品类管理上主要以推荐明星产品搭配其他产品进行销售。聚美优品的化妆品团购模式,不是简单的团购信息提供者,而像是一个销售售化妆品的B2C平台,本质上就是一个垂直行业的B2C网站。但聚美优品也与大多数化妆品B2C模式不同,聚美优品主要卖最畅销的20%那部分化妆品。

(2)推出手机版聚美优品,随时随地浏览抢购。

(3)利用明星代言推广,娱乐营销。突破传统IT行业的营销定位,以娱乐时尚的形象从众多电子商务网站中脱颖而出。2011年4月21日,韩庚正式签约聚美优品,成为其首位代言人。这位素颜依然俊美异常的男子,汇集万千关注与宠爱。2011年携手聚美优品,改变了人们对美丽的态度与生活方式。

(4)极为全面的保障措施,确保消费者的无风险购物。聚美优品致力于创造简单、有趣、值得信赖的化妆品购物体验。

(5) 以女性为主打：聚美优品网站专注于服务女性，根据女性的特点来设计整个网站。比如网站的界面采用粉色，代表着高雅、温柔、甜美可爱的形象，是众多女性喜欢的颜色；同时粉色也有舒缓精神压力的作用，让女性顾客一边浏览商品，一边放松心情。而且网站还有一些男性的化妆用品，这也很好地展示了女性顾客顾家的形象，关爱自己的同时，也不忘关心家人。

(6) 博客、微博推广。聚美优品有自己的官方博客，分栏为团美美容课、香氛物语、真假识别、背后的故事等等。顾客可以在上面自由评论，了解一些品牌的知识以及聚美优品创业以来的历程，拉近与客户的距离。聚美优品在2010年4月在新浪开通了官方微博，目前有粉丝36万，微博8 000条，通过微博来发布一些团购信息，并为粉丝提供关于美容与健康的讯息，保持了与大家的很好互动。

(7) 奖励会员推广。聚美优品的会员如果成功地邀请到一个人注册会员将获得15元的奖励。

(8) 利用其他媒体进行推广。聚美优品一直与媒体保持着密切的关系，网站被众多媒体报道，如中国日报、中国经营报。聚美优品创始人陈鸥是《非你莫属》的嘉宾，他出众的表现也为网站赢得了很好的声誉。

(9) 增加分享。聚美优品上的商品信息可以分享到QQ空间、人人网、新浪微博、MSN、腾讯微博、开心网、网易微博、搜狐微博、腾讯朋友、百度贴吧、淘江湖、豆瓣、百度收藏等网络平台上。聚美优品有一个口碑报告栏目，顾客在这里分享自己购买以及使用商品的感受，通过这些来与其他人进行沟通。而且写得好的顾客还有一定的奖励。通过口碑中心把大家在使用商品的感觉全部写出来，好的与大家分享，不好的效果警惕他人，这种方法又提高了顾客的忠诚度。

讨论：

(1) 登录网站，实地体验并讨论聚美优品公司的网站推广模式？

(2) 聚美优品的网站推广模式是否具有普遍性？

(资料来源：http://blog.sina.com.cn/s/blog_8c43901f0101441t.html)

案例二　佳洁士躺着中枪了

2012年4月29日23:30，一个id为@evayicat的网友在她的微博上发布了一条信息："今天跟某工业企业CEO吃饭，他说他们一家从美国搬来上海后各种小麻烦，前阵他女儿抱怨佳洁士牙膏味道不对，他不信，在他女儿的坚持下，他将信将疑地把牙膏拿去自己的试验室化验，结果是，里面竟然连氟的成分都没有，尽是各种工业废料，从此他们每次回美国都要搬很多牙膏回来……氟值几个钱啊。"@evayicat的微博有1 937个粉丝，活粉率是75.5%(微博风云数据)，看样子是个真人，不是营销号。从她的微博内容还可以进一步推断她是个港漂，金融业从业者。这样也初步排除了竞争对手雇人作案的可能性。但是，正是这条不起眼的微博，引发了一家跨国巨头的公关灾难。

从4月29日当晚23:38第一条转发开始，截至5月3日中午，这条看上去不那么靠谱的传言已经有了38 292个转发(还不加上媒体号加工后再发布的)。其中还不乏名人(黄健翔、王利芬、袁腾飞)助推。结果，一次看似随机而寻常的消费者的抱怨，转眼变成了佳洁士的公关灾难。

网络营销

事件主角——佳洁士的回应姗姗来迟。在 evayicat 的微博转发数突破一万后,直到5月2日上午7:14,佳洁士才在其官方微博上发布了第一条回应:

#佳洁士品牌声明#? 佳洁士秉承全球一致质量标准,符合各国法规。我们在华销售牙膏以氟化物为防蛀有效成分,产品出厂前均经严格测试,安全有效并符合牙膏国标GB8372。我们正努力与原发帖人联系以获取更多信息。佳洁士品牌声誉良好,对因假冒产品或不实言词带来的后果,不排除诉诸法律途径。

几个小时后,当天中午12:49分,佳洁士又发布了一条微博:"佳洁士所有牙膏上市前均经具有国家检测资质的实验室检测,且定期送样检测,其中包括含氟量的检测。附图中为实验室对佳洁士检测报告示例。对于含氟牙膏总氟量标准,中国国标与欧盟标准相同。牙膏含氟量标识于产品外包装。真金不怕火炼,谣言止于智者,佳洁士感谢广大消费者的信任,并欢迎大家的监督!(附图是国家轻工业牙膏蜡制品质量监督检测中心的检测报告)"

事实证明了这是一次愚蠢的网络公关。本来,公众愤怒的矛头恰在于政府监管部门的失职,以致对政府部门的信任已经掉到冰点。现在拿出"有关部门"的质检部门,无非增添让政府部门为自己背书之嫌。在微博时代,这种打官腔式的陈词滥调除了徒增网民的厌恶之外,起不到任何辟谣的作用。

讨论:
(1)结合材料分析,此次事件突出了网络公关的哪些特点?
(2)在此事件中,你认为佳洁士应该使用哪些网络公关策略?
(3)假设你是佳洁士的管理层,接下来你该如何处理这一事件?

(资料来源:http://hi.baidu.com/xiebaogeng/item/d78df40e027ab391a3df43d3)

思考题

1. 网络营销促销的实施过程包括哪些步骤?
2. 网络营销站点推广的阶段特征及主要任务分别是什么?
3. 网络营销站点推广的方法主要有哪些?
4. 网络销售促进的主要方式有哪些?
5. 网络公共关系的形式主要有哪几种?
6. 针对不同的网络公关对象,所采取的公关策略有什么不同?

参考文献

1. 冯英健.网络营销基础与实践[M].北京:清华大学出版社,2007.
2. 褚福灵.网络营销与渠道管理[M].北京:中国人民大学出版社,2012.
3. 刘芸.网络营销与策划[M].北京:清华大学出版社,2010.
4. 乌跃良.网络营销理论与实践[M].北京:机械工业出版社,2012.
5. 杨坚争.网络营销教程[M].北京:中国人民大学出版社,2002.
6. 杨学成.网络营销[M].北京:中国人民大学出版社,2011.
7. 赵文清.网络营销基础[M].北京:人民邮电出版社,2011.
8. 王永莲,孙菲.网络营销[M].北京:北京理工大学出版社,2010.
9. 薛辛光.网络营销学[M].北京:电子工业出版社,2003.
10. 乌跃良.网络营销[M].大连:东北财经大学出版社,2009.
11. 杨立军.网络营销实务全案[M].北京:电子工业出版社,2011.
12. 尚晓春.网络营销[M].南京:东南大学出版社,2002.
13. 胡增理.网络营销(第2版)[M].北京:中国物资出版社,2009.
14. 郝戊,王刊良.网络营销[M].北京:机械工业出版社,2008.
15. 王宏伟.网络营销[M].北京:北京大学出版社,2010.
16. 邓少灵.网络营销学[M].中山:中山大学出版社,2009.
17. 王通.SEO网络赢利的秘密[M].北京:清华大学出版社,2010.
18. 成倞媛.网络营销[M].成都:西南财经大学出版社,2008.
19. 凌守兴,王利锋.网络营销实务[M].北京:北京大学出版社,2009.
20. 刘晓敏.网络营销理论与实务[M].北京:北京理工大学出版社,2009.
21. 程小永,李国建.微信营销解密[M].北京:机械工业出版社,2013.
22. 赵玉明,杜鹏.网络营销[M].北京:人民邮电出版社,2013.
23. 胡蠹明等.21世纪的网络营销.广州:暨南大学出版社,2012.